叢書・ウニベルシタス　996

限界の試練

デリダ，アンリ，レヴィナスと現象学

フランソワ＝ダヴィッド・セバー
合田正人 訳

法政大学出版局

François-David SEBBAH
L'EPREUVE DE LA LIMITE

This book is published in Japan by arrangement with
PRESSES UNIVERSITAIRES DE FRANCE
through le Bureau des Copyrights Français, Tokyo.

目次

謝辞

本書は一九九八年一月に審査を受けた博士論文を書き改めたものである。まったくもって現代的な領野に書き込まれたこの仕事の指導を引き受け、みずからの専門的能力の恩恵に私を預からせてくれたジャック・コレットに感謝の念のすべてを捧げたい。フランソワーズ・ダスチュールには、以下の考察に彼女が払ってくれた寛大なる配慮と、長きにわたって不断に私に惜しみなく向けてくれた励ましに、心の底から感謝する。ジャック・コレットとフランソワーズ・ダスチュールに加えて、リュドルフ・ベルネ、ジャン＝トゥサン・デザンティ、ジャン＝ミシェル・サランスキは快く審査委員となることを引き受けてくれた。彼らから頂戴した貴重な指摘に感謝申し上げたい。これらの指摘が以下の考察に活かされていることを願うばかりである。

ジャック・デリダ、ジャン＝トゥサン・デザンティ、ミシェル・アンリにも記して深謝申し上げる。彼らは、以下の考察のなかでそれぞれ自分の仕事に係わる部分に目を通してくれ、私が歩んでいる道をそのまま歩み続けるようといつも私を勇気づけてくれた。

アラン・キュニョ、アンヌ・モンタヴォン、ジャコブ・ロゴザンスキ、フランソワ・ルーセルにもお礼を言いたい。彼らは草稿を読み返すことで、私が最終的な仕上げをするのを手伝ってくれた。なかでも特に、この仕事の練成過程に付き合ってくれたミレイユ・セギーに感謝の念を捧げたい。

タイプ原稿を読み返してくれたエリザベート・ルミールに衷心から感謝する。

テクストの読解という孤独な作業は、少なくとも私にとっては、論議によってたえず鼓舞されるのでなければならない。だから、私としては最後に、この七年間私がみずからを書き込んできた数々の哲学的論議の空間に係わっていたすべての人々に感謝したい。私が特に思いを馳せているのは、雑誌『アルター』（*Alter*）やコンピエーニュ大学のTSH学科や国際哲学コレージュの枠組みのなかで私が交わすことのできた実り豊かな意見交換のことなのだが、国際哲学コレージュは今日、本書をその叢書の一冊に加えてくれたのである。

序

この仕事は、その起源とは言わないまでも、少なくともその推進力を、エマニュエル・レヴィナス、ミシェル・アンリ、ジャック・デリダたちのテクストとの出会いのうちに有している。

この出会いはトラウマだった。その衝撃ゆえに、哲学的読解の快楽は科せられた苦痛の感情と決して分かつことのできないものだった。いくつもの驚きがあった。まず、これらのテクストは、少なくともその一部分は、文学テクストであるように思える。今述べたことはもちろん、そのような特徴がこれらのテクストの本質のすべてであって、それゆえ、これらのテクストの哲学テクストとしての資格を否定しなければならないことを意味しているのではないし、逆に、哲学と文学との混同を擁護せねばならないということを意味しているのでもない。このことが意味しているのはまずもって、存在するものをそれが存在する限りで開示しようとする哲学的要請が、これらのテクストにあっては、言語への作用——とはいえ言語それ自体ここでは「働きかける」べきものとみなされているのだが——とも、そのようなものとして特異な様式《スティル》＝文体とも不可分であるということでしかない。

しかし、それだけではない。これは上記のテクストが有する範例的なトラウマ的力能を示す事態なのだが、われわれにとっては、これらのテクストの様式＝文体は暴力《ヴィオランス》たることをその意義深い特徴としているように見えたのだ。暴力と言ったが、それはロゴス、命題たることを要求するロゴスに対する暴力であって、例えば、逆説、隠喩、撞着語法、更に、ある者たちにとっては併置法《パラタックス》の執拗な実践のなかでそれは明らかになる。テクストを読むこと、それがこのテクストの指し示す思考活動を自分自身で再び行使することであるなら、このような暴力へと、読者は最初に晒されることになる。

これらの仕事はおそらく意味《サンス》を産出してはいる。けれども、これらの仕事は危険なことにも、フッサール現象学がまさにみずから「厳密な学」たらんとする限りで、その理念に住みついた明証性と言語の透明性という理想と袂を分かつのではないだろうか。この問いは提起されないわけにはいかない。なぜなら、これらの仕事はすべてが現象学と関係を維持しており、現象学は各々の作品の本質と係わっているのだから。われわれとしては、逆もまた真であることを示すべく試みるだろう。すなわち、現象学の本質も、現象学がこれらの仕事とのあいだに維持する連関と係わっているのである。ただ、意味深いことなので、ぜひとも指摘しておくべきなのは、これらの仕事のいずれもが、それ以前に構成されていた現象学の「基本路線」のなかには書き込まれていないということである。どの仕事も何らかの仕方でそれを超過している(excéder)と主張しているのだ。

いずれにしても、「論理実証主義」なる運動に属する哲学者アジュキエヴィッチ(1)(Adjukiewicz)にとって、フッサール的本質視(*Wesensschau*)がそれ自体ですでに、真の科学哲学によって要請される明示的論議に不可欠な直接的で字義通りで一義的な表現とは矛盾を来たす、言語の隠喩的で単に暗示的な使用の典型であるとするなら、このような基準に即して測られたアンリ、レヴィナス、デリダの仕事にいかなる判断が下されうるかは苦もなく垣間見られる。

もちろん、われわれがこの基準を自分の基準とすることはない。このような基準は、われわれがここで関心を抱いている著者たちの読解を端的に不可能にしてしまう。そうはいってもやはり、これらの著者が、哲学的なものが哲学的なものであるために、不断に維持されるべき明示的論議の明晰さへの要請を過酷な試練にかけていることに相違はないのだが。ただ、このような要請にはおそらく、それがみずからの力能の限界（limite）を試すべく諸地域で冒険に身を投じる勇気が本質的に属している。ここで読解されたテクスト群はわれわれをこの限界へと導くものであり、それこそが、トラウマを与えるという性質をこれらのテクストがもつ本質的な理由のひとつなのである。

　このような性質を現象学的方法の実践をめぐる問いの中心へと置き直すことで、われわれはここで何が賭けられているのかをはっきりさせたい。実際、先に述べたような様式的＝文体的暴力は、過剰な様式＝文体という事態として、より正確に記述されるとわれわれには映った。そして、言うまでもないことだが、エクリチュールの様式＝文体と、ここで問われている現象学的記述の様式＝文体は不可分なのである。

　われわれが読解した著者たちは、徹底性《ラディカリテ》への配慮が逆説的にも行き過ぎになりうるということを試しているのではないだろうか。徹底性の言説が過剰な言説に反転しうるということ――言い換えるなら、自分自身の一貫性ならびに自分自身の妥当性という拘束を侵犯するということを。その場合に賭けられているのはまさに現象学的還元という根本的な操作であって、「現象学的還元」とは言い換えるなら、現れるものへの現象学的眼差しを、現れるものがいかに現れるかならびにその環境へと、純粋な現れることへと送り返すことである。それは、いわば過度に徹底的であろうと欲する身振りそのもののなかで、自分自身を裏切りうるものではないだろうか。

　M・アンリ、E・レヴィナス、J・デリダの読解は、現象学的方法の過剰な実践に直面するのではないだろうか。過剰の現象学（une phénoménologie *de* l'excès）――、この表現における「の」は、主格を表わすと同時に目的格を表わすものと解さなければならない。過剰の記述へと向かおうと欲しているがゆえに、節度、言い換えるなら決定的な拘束についての一切の感覚を喪失してしまった、そのような現象学の実践なのである。ある種の暴走の犠牲となった現象学と言ってもよいだろうが、それというのも、かかる現象学における起源的なものへの配慮は、倒錯した仕方で、現れることの領野を超過するものへと必ずや向かわざるをえないからだ。このような現象学は、起源的なものにおける競り上げとも名づけうるものによって特徴づけられる。

だからこそ周知のように、かつて「古典的な仕方で」、現象学の「ポエジー化」との非難を、現象学の「神学化」との非難に結びつけることができたのだ。われわれは次のことを示そうと努めるだろう。たとえ現象学の「神学化」との非難が、現象学の過剰な実践に対して必ずや提起されるべき問いの場所を真に指し示しているとしても、それはかかる実践の複雑さと豊穣さを隠蔽しているのだ、ということを。このような現象学を神学的企ての単なる再燃と同一視することは、それに特有の試練を回避するというリスクを冒すこと、というよりもむしろ、それを回避するよう努めることではないだろうか。過剰のいかなる実践もが神学的な本性を有しているのだろうか。この最後の問いを提起するに際しては、それをいまひとつの問いで裏打ちすることを忘れるべきではない。すなわち、かかる実践は、たとえ「神学化」と同一視されることがないとしても、そうしたリスク――もしくは誘惑――につねに直面しているのではないだろうか。

そういう次第で、われわれとしては、「神学的転回(2)」をめぐる問いを、われわれの話の根本的な問いにするつもりこそないが、この問いの問題構成的な使命を回避しないよう努めるつもりである。いや、それどころか、この使命を成就するべく努めさえするだろう。この問いを、われわれの読解の総体を構造化している以下の問いと結びつけることで。すなわち、現象学において、過剰の実践から何を期待することができるのか。

とすると、われわれの問いかけは明らかに、少なくともある程度まではカント的な姿勢を伴っている。現象学的方法の実践に関して、われわれは、カントが知一般について、「仮象の論理学」としての弁証論と名づけたもの、言い換えるなら、与えられたものの領域を超過するものへ向けての運動のリスクを予感している。周知のように、カントにとっては、この運動は「仮象の論理学」であるがゆえに不当で、錯覚を産み出すものである。それは避けることのできない倒錯なのだが、何の倒錯かというと、人間の精神にとって本質的で「肯定的な」ある特徴、絶対的なものと全体性を求める人間の精神の欲望（この欲望は現象学においては起源性への欲望として再演される）につきものの倒錯なのである。

過剰の実践について問いかけること、それはしたがって、より正確に言うなら、それを侵犯することで初めて過剰が過剰となるような限界の実践に関心を抱くことである。この場合には現象学が問題なのだから、正当性をもたらすところの限界——みずからを成就するところの規範としての限界——とは、現れる限りで現れるもの、みずからを与えるものの領域の限界なのである。

だから、われわれの問いかけはここでもなおカント的な着想にもとづくものだが、ただ、やがて分かるように、限界の意味づけをめぐるわれわれの解釈、それについてわれわれが示唆する使用法はカント的なものではない。

以下の研究の第一部は以上のような問題系を究め、明確化し、下支えしている。ただ、われわれとしてはまず、以下のような仕方でこの研究の方向づけを粗描しておきたい。現象学的方法の過剰な実践がこの方法に固有の数々の拘束を破壊してしまうなら、その場合、このような暴力を豊穣さに転じることができるのかどうかという問いが提起される。ここにいう豊穣さは、場合によっては得られるかもしれないものであって、それが直接的かつ即座に与えられることはありえない。なぜなら、最初にあるのは暴力だからだ。現象学における限界ならびに過剰の善き使用は総じてどうなっているのだろうか。ここで取り上げるテクストは現象学における過剰の善き使用の仕方を示しているのだろうか。それとも、それらは全面的に過剰なテクストであって、場合によってはそれらが得るかもしれない豊穣さは、排他的にとは言わないまでも、まずは、読者がこれらのテクストをどう使用するかに懸っているのだろうか。

　この問いかけは、互いに他に組み込まれることなく絡み合った、二つの次元に即して定式化される。現れることそのものについて記述する際の現象学のこれらの実践に、豊穣さはあるのだろうか。これらのテクストの過剰によって科せられたトラウマは逆説的にも、その宛先、とは言わないまでも少なくともその受容者を、哲学する主体として産み出しえるのではないだろうか。

　ここで理解されるのは、われわれの出発点となった読書の印象が——これらのテクストとの出会いにおけるトラウマが——単に問題系への最も直接的な通路だったわけではないし、ましてや、最も表層的な通路だったのでもないということだ。これらの仕事が過剰の善き使用もしくはその善き管理という問いを提起しているとして、その場合、倫理的と形容できるこの問いかけは、受容をめぐるある美学と不可分である。トラウマを与えうるというこれらのテクストの力能へと私が全面的に晒されるまさにその身振りのなかで、これらのテクストを善用するか否かという責任は、それらを読む私に帰されるのであって、そうなると、これらのテクストの現象学的豊穣さと、哲学する主体としての私の誕生は同じ事態であることになる。

後でわれわれは、限界ないし過剰のこのような実践が、時間性との対峙のなかで典型的な仕方で作動させられていることを示すべく努めるつもりである（第二部）。

次にわれわれは、この実践をより正確に試練（*épreuve*）として特徴づけたい。そこから〈自己〉が出来するところの試練、もっと正確に言うなら、〈自己〉がそこでつねにすでにみずからを試しているところの試練として（第三部）。実際、過剰がつねに破壊の脅威である以上、過剰は、試練のうちで生きるのとは別の仕方で生きることに自己を捧げることができるだろうか。限界の試練はつねにすでに、〈自己〉自身によって試練にかけられた〈自己〉――〈自己〉の試練から出来する〈自己〉――と同じ運動に属しているのではないだろうか。

「主体性の試練」という想念は、M・アンリによって明確に主題化された。また、われわれとしては、〈自己〉がそこから出来するところの「トラウマ」というレヴィナス的想念も、そこで自己との出会いが生じるところの限界の「忍耐」（endurance）というデリダ的想念も、「主体性の試練」という表現でもって、的確かつ明晰な仕方で定式化されるという点を示すべく努めたい。これら三人の著者にとっての課題は、いわゆる経験ならざるひとつの経験を指し示すことである。なぜこの経験がいわゆる経験と異なるのかというと、この経験は主体によって構成されることさえなく、それゆえ、この経験は主体の一切の活動ならびに客体化する一切の光に先立っているからだ。とはいえ、ここにいう経験は、自己触発の闇と受動性のなかで、そこから〈自己〉が出来するところの自己との連関を前提としている。まさにこれは、「自己自身を試すような試練」なのである。

様々に異なる布置のなかで、主体性をそれなりの仕方で起源的なものたらしめること、それはこのように、われわれが読解する仕事の大きな特徴なのだが、その一方で、これらの仕事は近代が主体性なるものに付与した数々の特典と特権を主体性から剝ぎ取り、それを徹底的な受動性に、アンリ的でもあればレヴィナス的でもある表現で言うと、「自分自身に追い詰められた」主体性の自己の純然たる内在性へと送り返すことになる。しかも、これらの仕事がそうするのは、このような主体性がそれよりも古き命令によって産出されていることをそれらが示すのと同じ運動によってである。われわれとしては次の点を記述するべく努めることにしたい。いかにして、また、不条理に陥ることなしに、主体性はある意味では自己自身と起源を同じくすることができ、いうなれば、自己触発の試練の内在性のなかにつねにすでに捕らわれているのと同時に、自分よりも古きものへとみずからを曝露することで出来することができるのか。

別の言い方をするなら、われわれが読む著者たちはみな、それぞれが現象学を実践する――その試練を蒙る――に際して、志向性を超過してしまう（それというのも、志向性とは、現れるものである限りでの現れるものすべてにとっての媒体、もっと根底的には、自分を与えるものすべてを自分に与えうるという力能にフッサールが与えた名称なのだから）ということ、それがいうなればひとつの事実であるということ、それをわれわれは示唆したいと思っているのだ。志向性は三名いずれにとっても、三名全員がこの方向だけに執着していたわけではおそらくないが、ある決定的な方向に向けて超過される。〈自己〉（Soi）へ向けて、ただし、志向性の光よりも古き〈自己〉へ向けて。加えて、自分たちの仕事をこのような試練の証言であるとともにその主題的記述でもあるものたらしめたことも、これら三人の著者たちの共通点である。

いずれ理解していただけるだろうが、これらの哲学は、自分自身よりも古き宛先と係わることを起源とするような主体性という問題系をその主題としている。と同時に、これらの哲学はある意味ではそのすべてがひとつの宛先のうちに存しており、それらは、哲学する主体性の破壊と産出という両価的な徴しのもとに置かれたトラウマのなかで、ある受取人へと与えられるのだ。本研究の第四部は、これらの仕事における主題系について、暫定的に、あるいはまた不器用に、その形式の「入れ子構造」(mise en abîme) と形容できるものに、若干の光を投げかけることを企てている。

問題の核心に迫るに先立って、われわれは、われわれの企ての本性ならびにわれわれが従った方法について若干の補足的な説明をもたらしておきたい。

現代フランス現象学のパノラマを造ることが課題ではない。密接に係わるいくつもの理由で。

第一に、現代フランス現象学の著名な代表者たちの多くについて、本書ではまったく言及がなされていないか、それとも、まったく暗示的に、遠回しに言及されているにすぎない。それというのも、われわれの企てはそれほど野心的なものではなく、現代フランス現象学のひとつの家族 (*famille*) にだけ関心を向けているからである。ひとつの家族とはどういう意味だろうか。ひとつの家族は「家族的雰囲気」によって、言い換えるなら、類似 (ressemblance) によって特徴づけられる。「類似」とは、全面的には決して解明されることも形式化されることもないが、しかし、意味の担い手として課せられるようなひとつの特徴である。類似が決して形式化されえないのは、定義からして、正確な類似なるものが存在せず、正確な類似は同一性と化してしまうからだ。どんな類似もそのうちにある差異を保持しており、逆に、類似のうちで差異が差異として与えられるのはある共通性＝共同性を背景としてのことでしかない。ウィトゲンシュタインは、言語についての純粋に形式的な特徴づけから自分を解き放ったときに、「家族」の概念を主題化したのだが[3]、彼は次のような仕方でそれを主題化している。相異なる諸要素を結びつける有意味で還元不能な類似の絆の複雑な網目が存在しうるのを示すこと、それが彼にとっての課題だったのだ。この網目はそれを全面的に形式化することは決してできないが、にもかかわらず、唯一の同じ「家族」のなかにこれら多様な要素を書き込むことを可能にする。ただ、これら相異なる要素は、数々の共通の特徴から成る固定的総体を共有＝分有しているわけではない。このような場合に、それらの要素は「家族的雰囲気」を有すると言われる。指摘しておかねばならないのは、ひとつの「家族」を構成する多様な諸要素に「本質的な」共通分母がいわば実在しない以上、ひとつの家族の縁（*bords*）は明確ではなく、採用された視点に応じて変化しうるということだ。ひとつの「家族」の境界線に内属した揺らぎゆえに、この境界線は、省察のこれこれの契機によって特別に目指された賭金と相関的な仕方で、繰り返し配置し直されうる。

この仕事のなかでわれわれは、ウィトゲンシュタインが「家族的雰囲気」と命名したものにも比すべき型の関係を明らかにしたいと思っている。このようにして、われわれは次のことを示すべく努めたい。すなわち、たとえ、ここで読解された仕事の共通分母で、しかも、各々の仕事の本質を成すようなものをいかにしても見出すことができないとしても――もし見出されるとすれば、そのような読解は還元的な読解であろう――、これらの仕事は、それ特有の思考可能なものの領野を規定するとともにそれを開くような、必ずしも明示的ではない諸関係を維持しているのだ。

正確さの領域をはみ出すような意味の豊穣さの理解を放棄したくないのであれば、「家族的雰囲気」に関心を抱く必然性について譲歩してはならない。ひとつの家族の「縁」が定義からして明確さを欠いている以上、これこれの思想家とここで画定された家族との類似――たとえ彼がこの家族にまずもって属していないとしても――を示すことはつねに有意義であろう。なぜ彼がこの家族にまずもって属していないかというと、それは、この類似がそのつど特殊な視点にもとづいて価値をもつからだ。このようにして産み出された境界線の複雑化は、かかる境界線の決断力と決定力を決して変質させることはないだろう。逆に、ピッチ角〔航空機・船舶の水平方向からの角度を指す語。問題と取り組む角度を指す〕の変異のなかで、数々の類似と差異の戯れのなかで、家族的雰囲気は徐々に肯定されていくのだ。このように、本研究の道筋は線形的な加重によってよりもむしろ、問題系をめぐるピッチ角の変異のなかで描かれることになる。

それでもなお、ひとつの欠点には用心しなければならない。数々の類似と差異を求めての果てなき探索に身を投じてはならないだろう。レヴィナスとアンリとデリダはある意味では同じことを言っているという点を示そうとすると、多大な重荷と粗暴さがあることになるだろう。それにもかかわらず差異というものがいかなるものかを続いて明示すべきであるとすると、それには多大な素朴さがあることになるだろう。かくして、われわれの課題はまさにこうなる。すなわち、「家族的雰囲気」の発掘を通じて、思考のある領野が、それに固有な問題構成的配置において開かれることを示し、この領野を見る手助けをすること。おそらく、やがて気づくことになるだろうが、この家族に属する相異なる仕事を結びつける絆は、これらの仕事が、各々ウィトゲンシュタインの言うように同じ仕方でそうであるところのものの総和のなかで相互に対応していなければいないほど、より強固になるのだし、また、一本のケーブルを成すために綯《な》い合わされた繊維のいずれも、ケーブルの一端から他の端まで通じていて、ケーブルの堅固さを保障したりはしないのである。

このように、われわれの作業はある意味では、現代フランス現象学のひとつの家族をめぐる厳密な記述の試みとしてそれを読むことができる。それゆえ、お分かりいただけるだろうが、家族を構成するものとしてわれわれが銘記したこれこれの特徴についてのあまりにも大きな相違（dissemblance）は、いずれかの個々の仕事がわれわれの関心の中心にあるのではないことを正当化してくれる。もっとも、局所的な類縁性を指摘するために、あるいは逆に、対位法の要領で、われわれが執拗にある個別の仕事を参照することはありえるだろうが。

例えば、われわれはポール・リクールの仕事を検討してはいない。それというのも、われわれは家族的雰囲気の構成的特徴として、思考の身振りの暴力的で過剰な性質を銘記したのだが、周知のように、リクールはというと逆に、恭しい解釈学という徴しのもとにみずからの哲学的実践を位置づけていて、この解釈学の寛大さは、読まれたテクストに何よりも暴力を振るわないことを大いに重視するものだったからだ。もうひとつ例を挙げておくと、お気づきになるだろうが、われわれは決定的な諸点でジャン＝トゥサン・デザンティの仕事を参照しているが、彼の仕事をここで規定された家族に組み入れることはなかった。なぜなら、現れることの領野を超過しようと欲しているとの嫌疑がデザンティにかけられることはありえないし、また、彼の現象学は、主体性を起源的なものたらしめるどころか、構造主義的身振りを通じて、主体性の構成を、形式的諸構造から成るひとつの体系を起点として把握しようと努めているからだ。ただし、後でこの点を示すべく尽力するつもりだが、時間性に関するデザンティの記述とデリダの記述とのあいだにある類似を出現させるのは、きわめて有益なことだろう。

とうとう最後の例を挙げるところまで来たが、やがて分かるように、われわれは自分が関心を抱いている家族をしばしば他の家族との対照によって特徴づけている。したがって、後者の家族は遠回しに考察されるだけで、それ固有の問題構成的根づきを起点として考察されてはいない。このいまひとつの家族の主たる代表たちを年齢順に列挙しておくと、まずはＨ・マルディネ、次にＪ・ガレッリとＭ・リシールが来る。現象学のメルロ＝ポンティ的実践から着想を得ていることが、この家族を構成する類似的特徴である。だから、この家族もまた、志向性を超過するもの、志向性よりも古きものを探ろうとしているのだが、この身振りは起源的主体性へとこの家族を導くどころか、起源的無名性へとそれを導いていくのだ。メルロ＝ポンティの系譜を重視したがゆえに、われわれは、自分が係わっている家族にリシールを組み込むことはしなかった。もっともリシールは、いくつかの点でレヴィナスの過剰の現象学に近似した過剰の現象学を主題化しているのだが。

現代フランス現象学のある特定の家族に関心を抱くものであるがゆえに、ここで呈示された「リスト」は必然的に不完全である。

最後にわれわれとしてはある誤解を予防しておかねばならないが、実のところ、本研究の課題は地図作成（cartographie）では絶対にない。

以下の作業は、現代フランス現象学――もしくはそれを構成する諸家族のうちのひとつ――の領土について、語の厳密な意味における地図を作成することに存してはいない。以下の作業はもっと控え目である。とはいえ、それは単にこの作業が網羅的でないからだけではない。E・シュトラウスの足跡のなかでH・マルディネが究めた風景（paysage）と空間（espace）との区別を採用して、われわれが空間としてではなく風景として現代フランス現象学と取り組んだその限りで、以下の作業はある意味では、現代フランス現象学の一領域の内部でわれわれが実行した歩みの証言でしかないのである。われわれがみずからを書き込んだ領野の動的でいまだ完成されざる性質は、この領野に対して唯一の姿勢を採るようわれわれを強いているのだが、実を言うと、この姿勢はわれわれの考えでは思考の営みにふさわしいもの、つまり、環界（*Umwelt*）への没入であって、それは、対象たらしめられたものを前にしての傍観者の態度ではないのである。数々の仕事のなかで思考すること、それはみずからをある風景のなかを散策する者たらしめることであって、思考の空間を表象する地図を傍観する者たらしめることではない。このような条件づけはいくつかの帰結を伴わずにはおかない。すなわち、風景が風景であるのは、そこに位置づけられた意識によってそれが中心を有している限りであり、したがって、風景はこの意識にとっての絶対的な〈ここ〉であり、風景をその一部とするようなより広い空間へのいかなる統合からも切り離されているのだ。「われわれは風景のなかに没入している。われわれのここはそれ自身としか係わっていない。われわれがどこに足を運ぼうとも、われわれの地平はわれわれと共に移動する。われわれはつねに起源にいる。われわれは迷ってしまう」[4]、とH・マルディネは書いている。このことが意味しているのは、風景とそこを動く個別的意識とが互いに他方によって存在するのは、両者の各々をその相手に与える限りで、両者の各々を自己自身へともたらす、そのような等起源的な関係によってのみだ、ということである。だから、風景とはひとがそこで散策する場所であって、それを踏破するものではない以上、客観性が欠如してしまったところで、以上のことから、主観的印象を描き出すようなまったく相対的で恣意的な価値しかもたないと演繹するなら、それは粗悪な過ちであろう。散策者なしには風景はないということが本当だとして、逆に、依然として始動期にある風景のほうも、それを誕生させた視線を強制し、その現出の身振りの作業を方向づけているのだ[5]。現象学的実践がどこに存しているのかを示唆するために、われわれは自分の責任で、デザンティの使用した比喩を進んで取り上げたい。すなわち、現象学者は指物師のようにある意味ではその素材に働きかけ、加工しなければならないし、現象学者はその素材を現れさせるために素材の表皮を取り除かねばならない。けれども、この行為はつねにすでに事物そのものの抵抗によって、木材の脈と節によって導かれている。

風景の「上から」よりもむしろ、風景の「なかから」私が投じる視線は、考察の対象となるような張り出しの姿勢がそこに根づき、また隠蔽している沃土を構成している。数々のテクストにおいても人生においても、現象学者はこの視線と係わらねばならない。たとえテクストが人生を深淵に宙吊りにするしかないとしても。マルディネの言うことを聞くなら、これは厳密な意味での逆説だが、端的に風景のなかでどこかに向かうのと同様に、思考の風景のなかでどこかに向かうためには、「そこで行方不明になる」術を知らねばならないということが分かる。言い換えるなら、あたかも風景のなかに「突き落とされる」かのように、まさに風景によって貫かれる術、更に言い換えるなら、風景の最初のリズムによって捕らえられ、すでにしてそれを刷新する術を知らなければならないのだ[6]。

この意味では、先述の領野についての記述は、この領野への介入と不可分である。だから、ここで呈示された記述は、恣意的なものたることも「客観的なもの」たることも望んではいない。生成しつつある哲学に関心を抱いているのだから、この記述は定義からしてある客体の規定ではありえない。客体化は距離を置くこと、言い換えるなら、客体との断絶を、ひいては客体の完成を含意しているのだから。歴史というものが、ある意味では死者たちから自分を切り離し、客体化による距離化の行為を通じて死者たちの死を証示し、この死を仕上げることを本義としたこの実践であるとして[7]、その場合、ここでのわれわれの作業はいかなる場合にも哲学史というジャンルには属してはいない[8]。

とはいえ、そこから、われわれが系譜〔親子関係〕に関心を抱いていないと結論するのは誤っている。ある意味では、われわれはそのことだけに関心を抱いているのだ。これから読解されるテクストは、ある伝承を受け入れ、それを証示する試みとみなすこともできるのだから。ただ、そのようなことが可能となるためには、係わっているテクスト――その著者たちが生きているにせよ、最近かどうかはともかく死去しているにせよ――を生きたものとみなすという条件が満たされることが不可欠である。つまり、ここではテクストは、何かを産出し、そうすることでみずからを再び産出するものとみなされねばならないのだが、それにはおそらく、新たな変動がその代償となるだろう。というのも、思考の生は、端的に生がそうであるように、反復されることがないからだ[9]。

われわれが記述したばかりの企ては、複数のコーパスと主題への拡散というリスクから身を護ることをわれわれに可能にするひとつの読み方を含んでいる。だからこそ、われわれはここで、言うまでもないことだが、デリダ、アンリ、レヴィナスの哲学の内容についてひとつの綜合を企て、そこに、言及された他の数々の仕事の「概観」を付すことはしなかったのだ。そのような修練はほとんど哲学的なものではない。われわれはまた、哲学史家のやり方で、数々の問題系の構成を一歩一歩辿りながら、これらの仕事の発生的で構造的な研究を企てるつもりもない。この種の作業はわれわれの能力を超えるものであるとともに、修練の規模をも超えてしまう。それに、この種の作業は、すでに構成された客体を前提としている。しかるに、先に強調しておいたことだが、ここではそうではないのだ。すぐに指摘しておきたいのは単に次のことである。すなわち、われわれのコーパスとのこの連関の特殊性は、われわれの言説とそれが話題にしていることとのあいだで生じる感染によって記されるのだが、その際、われわれは例えば、それぞれレヴィナスとデリダから借用した「隔時性」(diachronie)、「二重拘束」(double bind) の観念を作動させた。このことはおそらく方法論に係わる諸問題を提起している。それらの問題は、複数の哲学的テクストに、われわれが唯一それらにふさわしいと考える仕方で接近するために支払うべき代償なのである。この接近の仕方とは、教説の内容を要約することでも、論証もしくは体系を分析することでも、その主要概念を見定めることでもなく、更にはテクストに問いを提起することでさえない。そうではなく、テクストのなかで思考すること、テクストをひとつの媒体とみなし、この媒体が、他のいかなる媒体も可能にしなかった、そして、これからも決して可能にしないであろう思考を可能にすると考えることなのだ。ということは、ここでの課題は、みずからを内容に浸透されうるものたらしめることではないし、更には数々の問いに浸透されうるものたらしめることでもなく、みずからを、ある「思考の身振り」に、数々の問いを提起してそれらを再び実行するためのある仕方に浸透されうるものたらしめることであって、これは、これらの問いにわれわれを占拠させること——なぜなら、これらの問いは真に力の場であるからだが——であると同時に、独特な引き受けを通じてそれらを移動させることでもある。さながら航海者が水と風によって運ばれると同時に、そのなかでみずからを方向づけていくのと同様に。

読解に関するわれわれの二人の師は、互いに正反対の位置にいるように思えるかもしれないが、ベルクソンとデリダである。なぜベルクソンかというと、彼は教説の拡がりを超えて、直観の強度——教説の活きた力を成し、そこで展開されるが、同じくそこで希釈され隠蔽されてもいる——にまで自分を高めるよう勧めているからだ[10]。これはつまり、ベルクソンがわれわれが進んで著者の「弁別的姿勢」(posture diacritique)と名づけたいものを把握するよう誘っているということだ。まさに差異を産出することで、哲学の領野に書き込まれる、そのような姿勢を把握せよ、と。これはまた、ベルクソンが、すでに構成された諸観念よりもむしろ、それらの構成の母型、L・シュピッツァーの言う意味での思考の様式を見定めるよう誘っているということでもある。

しかし他方では、直観における十全な自己現前に用心し——とは言わないまでも少なくともそれを問題にし——、そうすることで、あたかも論拠を示された思考の忠実な番人(たち)に立ち戻るようにして、というよりもむしろ、さながら隔たりを介してのようにテクスト(群)に立ち戻らねばならないのではないか。しかも、ここにいう隔たりはおそらく、われわれをいつも意味から遠ざけ、つねにすでに意味の現前を蝕んでいるような起源的隔たりなのではなかろうか。この作業仮説はデリダ的な仮説である。J・デリダがわれわれをそれへと誘っているテクストの使用は、テクストの統御された論証を辿ることではなく、逆に、テクストの不意をつき、テクストを強いて統御不能に至らしめ、テクストを「脱構築する」ことに存している。この方法を前にしてためらいが生じうるということは知られている。すなわち、逆説的なことだが、テクストの自己統御を破るとはいえ、この方法はそれ自体が統御のひとつの帰結なのではなかろうか。統御を脱構築するとはいえ、この方法はテクストの上に張り出す態度として現れるのではなかろうか。もちろん、テクストを閉じることではなくテクストを開くことが課題なのだが、にもかかわらず、その結果として、統御〔主人、師による支配〕の影はなおもくっきり浮かび上がってくる。師の姿が至るところから問いかけるために現存しているのではもはやないとしても、そのイロニックな亡霊がどこでもないところから問いかけるという点で、そうなのだ。そこにとどまるなら、デリダ的「脱構築」を正当に扱うことにはならないだろう。決して忘れてならないのは、テクストの不意をつくのは、より起源的な動機づけのなかで、テクストによって不意をつかれるためでしかないということだ。脱構築することは否定の身振りではない。脱構築すること、それはウィと言うことであり、創り出すこと（inventer）である、とJ・デリダは言う。言い換えるなら、「力の場」がわれわれを占拠するに任せることなのだが、このことは、どんな計算も、どんな意味の予測をも放棄するための力をもつという最大限のリスクを引き受けることのなかでしか生じない。お分かりのように、脱構築と直観の力は、たとえそれらが相対立しているとしても、互いに矛盾しているわけではない。脱構築はある思考から力を、この思考における思考されざるものを解き放つ。思考されざるものはというと、それ自体が統御のひとつの審級なのではなく、一切の統御を解体するものにほかならないのだが、脱構築のルールを守るなら、それは脱構築する身振りそのものをまずもって解体せざるをえないだろう。

テクストのなかに身を置き、そのなかで移動するこのような仕方は選択を含んでいる。強調ならびにそれとは反対の軽減を含んでいる。そのため、例えばレヴィナスにおける「他者の顔」（visage d'autrui）についての問いは、彼におけるいわば「花形の」問いであるにもかかわらず、その問いに関してはほとんど何も読解されることはないだろう。逆にわれわれは、批判的配置のなかに位置づけられるものとして以外の仕方では、J・デリダが主体性（subjectivité）という観念をほとんど記すことがないにもかかわらず、デリダにおける主体性の観念をめぐる分析を呈示する。その際、われわれとしては、こうした場合に「当然のごとく」課せられるかに見えるデリダのコーパスの一部分、すなわち固有名や署名について問いかけるテクスト群を優遇してそれらにこだわることはしなかった。ぜひとも信頼していただきたいのだが、これは無知でも過度の浮薄さでも「主観的」選択の恣意性でもない。このように複数の視点と展望を設定すること、それは、描き出された現象学的家族の配置によって強いられた事態なのである。この配置をあらわにすることは、いくつかの「偽の家族的雰囲気」、いくつかの表層的類似を解体することを、あるいは逆に、いくつかの特徴や対照を「強制して」、最初はほとんど目立たなかった類縁性を開示することを含んでいた。

したがって、以下に読まれる作業は、フランス現象学のひとつの家族を決定している数々の拘束を試練にかけ、そうすることで、思考の領野——誰もが試すことのできるものとしての——の開けについての証言——特異なものとしての——をもたらそうと試みる、受容と伝達のひとつの仕方なのである。

第一部　現象学的合理性の批判に向けて

第一章

探　求

探求の領野と賭金

フッサールの現象学的方法は数多くの後継者を有している。しかも、現下の現象学的風景は単に多様であるのみならず、少なく見積もっても、数々の緊張関係に取り憑かれている。まず第一に、例えばH－L・ドレイファスの試みとE・レヴィナスの試みのように、相矛盾するとは言わないまでも大いに異なる試みが、同じ先祖、同じ名前、同じ場所を引き合いに出すのを目にして驚かないわけにはいかない。前者はフッサールを――その直接の子孫からは認知されなかったが――古典的認知主義の父として呈示しているが、[1] 後者はというと、〈他性〉を一切の狙いを産み出す構成不可能なものとみなすことで、起源性（originarité）へのフッサールの要請を徹底化すると主張しているのだから。より詳細に見るなら、採用された展望に応じて、各人が絶対的に正当な後継者〔嫡子〕としてとともに、絶対的に異端的で怪物的な後継者として現れるのだが、これこそ一切の親子関係の法則ではなかろうか。正当な後継者という点で言うと、レヴィナスは絶対的に正当な後継者である。彼は思考と意識一般の一切の自然化を拒み、存在についての存在的了解の一切のモデルから離脱せんとする、フッサールとハイデガーによって着手された仕事を継続している。しかるに、厳密な学としての現象学の目からすると、レヴィナスの省察は実に胡散臭いものと映るだろう。彼の省察はどんな思考をも超過する超越をめぐるもので、時に、詩的とも、更には「巧言的」とも形容しうる様式をもって姿を現すのだから。おそらく、ドレイファスによるフッサール読解も正当なものである。それは、形式的諸規則の位階的総体としてのノエマをめぐるフッサールの記述に依拠し、そうすることで、体験されたもののマテーシスへの厳密な要請を継続している。かくしてドレイファスの読解は、それが意識を自然化し、そこでおそらく厳密さと正確さとを混同している点で、正当であるのと同様に異端的で「怪物的」な読解でもある。

これらの子供たちのあいだでは、疎通《コミュニカシオン》は不可能であるように見える。両者のあいだの底なしの差異は、同一の源泉との交叉配列《キアスム》的な関係によって産出されるのだが、彼らは現下の現象学的領野の状態の範型であるようにわれわれには思えるのだ。

誰が現象学を尊重し、誰が現象学を裏切っているのかを考えることは、ほとんどここでの課題ではない。それは、現象学がいかなるものでなければならないかについての知識の所持者として自己措定することを含むのだから、こうした姿勢については、端的にそれは哲学的なものなのかどうかと問うことができる。ここで先決するべきは、現象学のこの変幻極まりない能力がその力強さと豊穣さの徴しなのか、それとも逆に、その弱さの徴しなのかを考えるその仕方である。弱さであれば、現象学は、少なく見積もってもきわめて多様な「神学的唯心論」「形式的自然主義」など他の企てに取り憑かれ、それによって操られうるものとなるだろう。現象学という名をひけらかすことができるのは、現象学が空虚な抜け殻である限りにおいてでしかないだろう[2]……。

隔時的（diachronique）と呼びうる視点から見た場合、この多様性は顕著であるが、それは共時的な視点からも目を引く。現象学はまずもって、また本質的にひとつの方法であるのだから、この能力は驚くべきものであって、現象学が様々な領野に影響を及ぼすこの能力に注意を促さないわけにはいかない。倫理学、美学、政治学、社会学、民族学、精神医学、心理学など、これらすべての領野が現象学的アプローチを容認しているが、そのいずれにおいても――厳密に事実にのみ係わる視点から確認できることだが――現象学がひとつの主導的な方法として認められたことはなかった。この視点からもまた、このような多様性が豊穣さの徴しなのか、それとも弱さの徴しなのかという問いが生じる。

こうした現象学の多様性の只中にあって、現象学的方法の豊穣さという問いを念頭に置きながら、われわれはあるひとつの家族のなかに身を置くのだ。

この家族についてては、地理と時系列に係わる基準の助けを借りて、それを特徴づけることができる。われわれは最新のフランス現象学に関心を抱いている。サルトルやメルロ＝ポンティ以後の現象学、生成途上であるような現象学に。われわれが念頭に置いている主要な仕事は、E・レヴィナス、M・アンリ、J・デリダの仕事である。とはいえ、ひとつの「家族的雰囲気」（air de famille）を引き出そうと企てつつ、そうすることで、われわれは他の数々の仕事とも交わるよう導かれるだろう。「同じ航跡」――メルロ＝ポンティの「航跡」――「のなかで互いに交差する」H・マルディネ、J・ガレッリ、M・リシールの仕事、――あるいはまた、別の岸辺から認知されるJ－T・デザンティやG・グラネルの仕事、更にはJ－L・マリオンの仕事などと。因みに、マリオンの仕事については、われわれが研究する「家族」との極度の近さのうちにそれを位置づけたい誘惑にかられるだろう。そうであるなら、課題は数々のコントラストを浮き彫りにすることであろう。時には、これらのコントラストは明示的で、更にはその存在を自己主張してさえいる。しかし時には、逆に、まずは強固な類似として与えられているもののまさに只中で、これらのコントラストを引き出し、あらわにするのでなければならない。

あらかじめ注意を促しておくと、予感された「家族的雰囲気」は自明の理ではない。それどころか逆に、「家族的雰囲気」というこの領野それ自体の内部でも、ピッチ角に応じてたえず変化する分割に即して、誰かと誰かを結びつける類縁性を強調することもできれば、相互の無関心を強調することもできれば、更には、誰かと誰かを切り離す敵意をさえ強調することもできるのだから。とはいえ、われわれは、自分の企てている「裁断」が単に時系列の恣意性にだけもとづくものではないとの仮説に立っている。ここでひとつの「世代」について語ることができるとしても、それはある意味で、単に事実に関する言明ではないだろう。このことを簡潔にすぎる仕方で、また、もっと暗示的な仕方で語るなら、これらの著者たちはみな――各々の姿勢は大いに異なり、しばしば敵対し合うことさえあるのだが――現象学についてのデリダの以下のような最近の発言を、自分の発言とみなすことができるのではないかとわれわれは仮定している。「また別の仕方で、私は今日でもなお、現象学を比類ない厳密さをもつ学問とみなしている。ただ、当時［一九五〇年代に］支配的だったサルトル版もしくはメルロ＝ポンティ版の現象学ではまったくなく、むしろそれに抗して、それなしでのことなのだが」(3)。そうだとすると、われわれが自分の作業をそこに集中する仕事は少なくとも、まったく否定的なひとつの因子を共有していることになろう。すなわち、サルトル的でもメルロ＝ポンティ的でもない現象学を創設しようと努めるという因子を。

再編成のこのような基準は、仮にそれが、そこから棄却の態度を引き出すのではなく、主題論的類縁性を超えて、現象学的方法の実践のなかに存する断絶を示すものを引き出すのであれば、有効であるようにわれわれには思える。

それというのも実際、現象学は、方法の「理論化」（「現象学の理念」のような）であるに先立って、また、事実としてすでに構成された教説の本体であるに先立って、まずもってひとつの方法であらねばならないからだ。[4] フッサールに完全に同意して、ハイデガーは書いている。「現象学は、それが正しく自分を理解するのであれば、方法に関するひとつの概念である。したがって、現象学は存在者についての一定の内容を有した主張《テーゼ》を言明しなければならないとか、それは自身の「視点」なるものを擁護するとかいった想定は、即座に排除される」[5]、と。この方法はまるごと、実証諸科学の方法とのコントラストによって決定される。他のものを前提とすることなき徹底性への要求ゆえに、ある実証的な所与に依拠するどころか、この方法は、自然的態度（この態度は実証諸科学の管轄に属している）から身を引き剝がすことを本義とした操作のうちに本質的に存している。この操作は、一切の信念を、一切の実在的措定を中性化《ヌートラリゼ》することに存している（中性化することは否定することではない）。

われわれは「現象学的還元」をめぐるこの規範的定義〔一切の実在的措定の中性化〕を想起したが、その際、この定義の単に指示的な性質を見誤ることはなかった。現象学的還元はそのすべてが姿勢であって、プラトン的眼差しの転回と同様、行使されるときにしか真に与えられることはない。その結果、哲学的気質に応じて、ひとは現象学的還元と係わる二つの仕方のあいだで揺れ動くことになる。還元の成就への確信のなかに身を置くか、それとも、還元の内在的未完成の動揺のなかに身を置くかなのである。いずれの場合にも、自然的態度から現象学的態度への移行点に内属する、理論的要綱によっては統御できない不分明な性質が表現されている。現象学的テクストは、現象を直接的かつ十全に与えることはできないから、勧告に属するある仕方に、ある操作を実行するべしとの教唆に属しているのだが、この操作は、第一人称でのその実行や、誰もが試すことのできる努力とリスク、他人によって得られた「成果」に頼って自分はなしで済ますことのできない努力とリスク以外の場所では決して与えられることはない。現象学的方法がひとつの技術《テクニック》でないのもそのためである。もっともその際、技術ということで考えられているのは、機械的に適用するだけでよい手続きを司る諸規則の総体のことであるが。次のようにハイデガーが想起を促していることを踏まえれば、現象学的方法はなおさら技術ではないだろう。「現象学的方法は、一切の科学的方法と同様に、事象と接しつつこの方法が進歩を可能にしたに応じて、発展し、変化していく。科学的方法は決して単なるひとつの技術ではない。科学的方法がひとつの技術になるなら、それはそれ固有の本質から堕落してしまう」(6)。このことは、方法とは「発明術」であるという、デカルトがわれわれに教えてくれたことを思い起こすことに等しい。言い換えるなら方法は、方法それ自体の知としては、おのが対象の特殊性に直面してそれが描く道程の特異性に先立って存在するのではない。方法はつねにリスクを伴っているのだ。

ところで、フランスの現象学者たちが現象学的方法を認知した際の仕方を見るなら、次のことに気づく。

――フッサール現象学を全面的に徹底化すると主張しつつ、サルトルはこの現象学のうちに身を置いたのだが、それは、彼がこの現象学を意識の哲学として、言い換えるなら、一切の現れることを自分に与える自己現前としての意識の独自性と絶対性の哲学として完成するという意味での徹底化だった(7)。

――メルロ＝ポンティ――次に述べる点で彼はサルトルよりも現代フランスの現象学者たちに近く、それゆえ彼らによってより多く「読まれている」――は、世界による意識の凌駕、不断に作動している可逆性の不安定さゆえに把持するのがきわめて困難な絡み合いの両義性に対して注意深くあろうとしている。その意味では、彼は意識の力能の限界に、ひいては現象学的方法による解明の力能の限界に身を置いている（彼は例えば、現象学的方法の「開けごま」、すなわち「還元」の完遂不可能な性質を強調することで、その不分明さを示している)。限界の思想家であるとはいえ、メルロ＝ポンティは断絶(*rupture*)の思想家ではなく、逆に相互浸食(*empiètement*)の思想家である。

——われわれが関心を抱いている著者たちは——これは少なくともわれわれの作業仮説なのだが——次のことによって特徴づけられる。第一に、限界における＝限界上での現象学の実践によって。第二に、両義性を記述するのに必要なニュアンスよりもむしろ、超出(*excession*)の運動の暴力に属するような限界の実践によって。これをもって、われわれは次のことを言っておきたい。これらの著者たちは現象学的方法に固有の根本的諸概念や諸拘束を徹底化するべく大いに努めたので、きわめて逆説的なことにも、徹底性＝根底性は過剰へと、それも、方法の刃を削るどころか、それを炸裂させるような過剰へと転じるのではないかと問うことも正当であるほどなのだ。われわれによると、これこそ、単なる経験的・発生的効果を超えて、現象学者たちのあいだに認められる、時に驚くべき近親性を成すものなのである。彼らは現象学運動の絶頂点、その最高強度の点かつ／もしくは彼方に身を置き、そのため現象学運動を爆発させてしまったように思える……。

結局のところ、こう言うことができる。われわれの企て——それは、生成しつつある数々の哲学のうちに、しかも思考の諸領野が開かれるその場所に身を置くものである以上、哲学史には属さないのだが——は、哲学史よりもむしろ航海に属している、と。現代フランス現象学というこの「銀河」のなかで、いかにしてみずからを方向づけるというのか。現象学的方法がここではその限界に、その豊穣さの最果てに、と同時に、その敗北もしくは災厄の果てにまで推し進められているとの仮説を立てるなら、今発した問いは格別に際立つことになる。このような領野のうちに身を置くとき、今日、現象学的方法から何を期待できるのだろうか。

導きの糸——志向性の概念

われわれの探求は、数々のコーパスと多様な主題的領野を探索せんとするものなのだから、拡散してしまうことをよしとしない限り、まずもって思考の内容に注意を向けることはできない。われわれの探求は何よりもまず、現象学的方法を認知する際の様々に異なる仕方に関心を抱く。ということはつまり、われわれの探求は数々の姿勢と数々の様式に関心を抱くということだ[11]。ひとつの姿勢へと向かうこと、それは、思考のなかにあって、一切の主題化（それゆえ、主題化それ自体の一切の主題化）に先立ち、思考を決定するものへと向かうことなのだが、この決定はほかでもない、創始に伴う恣意と事象そのものによってつねにすでに課せられる必然性とをより分けることができないような始原的決定のなかでなされる。したがって、ひとつの姿勢へと向かうことは、驚きへと、更には、哲学的と命名された一切の思考を創始するところのトラウマへと向かうことであって、このトラウマは、存在が存在する（もしくは存在しない）ということのトラウマでさえなく、現象学がわれわれに示しているように、もっと正確に、かつもっと起源的に、「それがみずからを与える」（もしくは与えない）ことのトラウマである。思考の姿勢はいずれもこの出来事＝事件に立ち向かおうとする試みであり、それへと向かう最初の身振りである。すなわち、身をかわす姿勢であるか、出会いの姿勢であるかなのである……。

　思考の数々の様式ならびに対象の数々の領域の只中でのわれわれの探求の導きの糸、アリアドネの糸がまずもって志向性の概念であるのもそのためだが、フッサールが言うところでは、この概念は真に現象学の主要テーマである[12]。後でもう一度ふれるつもりだが、実際、フッサールにおける志向性とは、一切の存在がそこでは存在の意味として与えられるような神秘的な束をカバーするところの技術的名称である。志向性が現象学的言説の第一義的主題であり、現象学的言説がそこへ向けて「還元し」、言い換えるなら、そこへ向けて「送り返す」ところのものであるのは、志向性がより起源的に、とはいえ純粋に操作的でそれゆえ主題化されていないがゆえに、最初は自分自身にとっても明白ならざる仕方で、現象学的言説の実践の媒体であるからだ。事態かくのごとくであるのは、更に根本的な仕方で、志向性が存在の意味一切を構成する力能であるからだ。以上はフッサールによって志向性が呈示される際の仕方である。[13] たとえ志向性へのフッサール的信頼のなかにただちに身を置かないとしても、少なくとも次のことには気づくだろう。（超越論的）還元と結びついた志向性——両者の絆の強度を試してみなければならないだろう——が、現象学の実践にとっての中心的操作概念であることに。

以上、「ワイドな」焦点化を施して、われわれの探求の領野ならびにその賭金を示してきたが、今はより小さな規模で作業するのが妥当である。志向性の数々の限界的実践へとなぜ向かうのか。なぜこのような実践を選ぶのか。

哲学的な作業は、たとえこの作業がいかにそれ特有の資料体のなかでは精緻であろうとも、決定的な回答がほとんどもたらされることのない数々の大いなる問いのひとつによって基礎づけられることを、おのが責務としている。われわれがまずもってあらわにしようと企てるのも、この根底的な問いかけであって、続いてわれわれは、この問いかけによって意味を与えられる現代フランス現象学のひとつの潮流をめぐる研究のなかに、当の問いかけがいかにして凝縮され、そこでいかに要約されることになるかを示そうとする。

『危機』書でのフッサール以上に、近代的合理性の脆弱さをしかと見定めていた者はおそらく誰ひとりとしていない。言ってみれば、理性は、数学的ラティオとしてみずからを強化しつつも、それと同じ運動によって、自分の領野が徐々に縮小していくのを目の当たりにするのだ。より正確なものになればなるほど、理性はより狭隘になり、人間的経験のいわばすべての面を手放し、ひいては、それらを根底的非合理主義に委ねるのだが、かかる非合理主義の実践的諸帰結は周知の通りである。われわれは、精密諸科学のなかで作動している合理性と同様の合理性が非合理的な振る舞いとの共存をみずからに禁じないような思想の時代を生きている。なぜ合理性がこのような共存をみずからに禁じないかというと、それは、合理性が、みずから限定した狭隘な領野にまさに閉じ籠ることで、おのが豊穣さを引き出しているからだ。

かくして、「ワイド」ではあるが隅から隅まで厳密であるような合理性、計算的であるよりもむしろ意味付与的な合理性の創出という問題が提起される。

これこそ、一九一一年以降、フッサールが現象学という名称を付与したところの要請にほかならない。厳密な学としての現象学[14]は、自然諸科学を統治しながらも精神の独自性を見失うばかりの正確性の覇権をまぬかれねばならないと同時に、ディルタイ以後の精神諸科学において中心的な精神（*Geist*）の概念に刻印されている不分明さをもまぬかれねばならない。同じひとつの運動によって、現象学は次の二つの選択肢を短絡的に結びつけようとする要請のなかで構成される。すなわち、一切の所与を不断に自然化し、存在者の起源へ向けての一切の問いかけを排除することをやめない一方の実証主義と、実体のない何らかの背後世界のために所与を放棄せよという誘惑にさらされた他方の形而上学の戯画という、二つの選択肢を。「われわれは真の実証主義者（もしくは経験論者）である」、とフッサールが書くことができたのは、彼がまさに所与をその物理‐数学的理解から解き放ち、それによって、「形而上学的」問いかけを復権したからなのだが——ここにいう「形而上学的」とは、存在するものに対する問いかけの根底性と、始まりそれ自体の産出とを同時に意味している。したがって、このような形而上学的企ては逆説的にも、そしてまた、きわめて厳密な仕方で、事象そのものに戻ることを含意しているのだ。ところで、これはフッサールが「形而上学（的）」という措辞を改めて引き受けることをしなかった理由でもある。われわれにとってこの措辞は、「歴史的伝統によって沈殿させられた数多くの多様な堆積物」を想起させかねないもので、これらの堆積物のうちには、「形而上学（的）という漠たる概念のもとに、過去の様々な形而上学的体系の思い出が雑然と混在して[15]」いるのだが、フッサールはというと、この措辞よりも「第一哲学」「超越論的哲学」などの表現を好み、それらをみずからの歩みの各段階で用いたのだった[16]。したがって現象学は、歴史的に構成された形而上学の終焉のまさにその点で——しかも形而上学の処刑に手を貸しつつ、「形而上学的」要請の根底性を再び賦活し、最後にはそれを自分自身に対してあらわにしたいとさえ欲していることになる[17]。

この要請の高みで自分を維持し、この要請に伴う数々のアポリアと対峙するために、フッサールが作動させた決定的な創出物こそが志向性であった。この概念は二重の資格で価値がある。存在論的と認知論的という緊密に絡み合った二つの展望において。事実、「実在化する」ような一切の了解から絶対的に解放され、存在（すること）の意味の構成すべての源泉として承認される限りで、意識は志向性として理解されるだろう。同じ運動によって、意識は一切の意味を解明する力能となり、最後には、現象学的言説それ自体のうちで決定的な操作的概念となるだろう。

ところが、現象学の数々のテクストの読者は、われわれが関心を抱いているフッサール以降の現象学者たちにおいて志向性の概念がいかなるものと化したかに必ずや驚くことになる。志向性の概念は過酷な試練にさらされたのであり、志向性の概念を根底的なものにすることは、その展開というよりもむしろその乗り越えを意味していた。しかも、この乗り越えはほとんどヘーゲル的なものではなく、否定は実際には真理を保存することも高めることもないのだ。ある者たちにおいては、この乗り越えは転覆させ逆転させるものであり、他の者たちにおいては、それは骨抜きにすることだった(18)。この乗り越えは多くの者たちからは来るべき現象学の課題そのものとして呈示されている。

より仔細に見るなら、志向性を批判するに際しての、フッサール現象学の継承者たちの標的は、少なくとも「象徴的な意味では」デカルトによって開かれた近代の空間に――如何ともしがたい仕方で――志向性をなおも繋ぎ止めるもの、つまり、エゴ論的な主体性と表象である。それは、彼ら全員のうちに、その仕方は相互にまったく異なるけれども、エゴがそこに根づくような、エゴよりも起源的な起源性を引き出そうとする明白な意志が存在しているからである。その際、ある絶対的現前、更には一種の「超‐現前」を指し示すにせよ（前者がアンリで後者がマリオン）、逆に、起源には起源は存在せず、如何ともしえない不在があるだけだということを確認するにせよ（それぞれ意味＝方向は異なるが、レヴィナスとデリダが典型的な例で、この観点からするならそこにリシールを付け加えることができるだろう）。認知論的な視点からすると、このことは次のことを含意しているように思われる。すなわち、ここで試みられているのは、せめて、自己への再集中――（純粋）〈エゴ〉――という形式のもとに意識が自己統御するような「場所」の手前には行き着こうとすることであり、おそらく、もっと徹底した仕方で、意識の解明能力の手前、更には意識の綜合能力の手前にまで近づこうとすることなのである。

したがって、フッサールにとっては厳密さそのものであった徹底性への要請は逆説的にも、認識可能なものの限界の彼方にまで導き、カントが狂信（*Schwärmerei*）と呼んだものへと転じかねない。厳密さへの要請がその反対のものへと変容するかに思えるのだ。

ここで、正確を期すために補足しておくのが妥当であろう。志向性を超過すると主張する徹底化の数々の身振りのなかには、様々に異なる様式を見分けることができるのである。

――すでに述べたように、サルトルは、志向性の概念をエゴから「純化し」「浄化する」ことで、それを徹底化すると主張している。結局のところ、フッサールにおいては、志向性はどうしようもなくエゴと結びついていたのだが、サルトルは、エゴから志向性を解き放つことで、それを成就しようとした。もっと言うなら、意識であるという志向性の位格の絶対性を志向性に対して保証しようとした。なぜ「意識」と言うかというと、サルトルが叙述している自己性は、対自としての自分自身の無化によって空虚なものにされたとしても、やはり自己への現前であり――それどころか、自己への現前でしかない、言い換えるなら、これ以上はないほどの意識であるからだ[19]。そういう次第で、サルトルはわれわれの探求領野には属していない。

――ハイデガーとメルロ゠ポンティは銘々がそれなりの仕方で志向性をそれよりも起源的なものから派生させようと試みている。前者は存在論的差異から、後者は世界の絡み合いから。この場合、志向性は、それを派生させた根本的構造を明らかにするというより以上に、それを隠蔽するような予兆にすぎない。

――最後に、われわれの研究はこの最後の身振りに係わるものなのだが、志向性をそれとは別の構造に解消することも、志向性よりも起源的なものから志向性を全面的に派生させることもなしに、志向性を超過しようと努めることができる。その際には、志向性をそのエゴ性において動揺させるのみならず、さらにもっと徹底的に、意識であることについてもそれを動揺させ、意識の構成能力をまぬかれるもの、意識よりも起源的で、意識をそれ自身へともたらすかに思えるものに留意することになろう。この課題は、志向性がそれにつねにすでに先立つであろうものと係わるその仕方を説明づけることを含意している。この連関は逆説的なものでしかありえない。志向性は、それよりも古き意味のうちに起源的なものを認知するとしても、この起源的なものから因果的に派生したものとしては把握されえないし、この起源的なものから自身を分離させた道を逆向きでみずから踏破すると主張することもできない以上、そうならざるをえないだろう。志向性は生まれたのだ。定義からして、自分自身の生誕という出来事には立ち会えず、逆に生誕は志向性という視点につねにすでに縛られているのだが、そうである以上、志向性は還元不能な遅れに囚われている。

そこで問いはこうなるだろう。志向性の内的縁を起点として、志向性の限界をいかにして探るのか。なぜなら、志向的諸拘束の厳密さをもはや尊重しなくなることを回避したのであれば、この内的縁の上に身を持していなければならないからだ。われわれが研究しようとしている著者たちは、この身振りを実践することをはっきりと要求しているか（レヴィナス、デリダ、マリオン）、他所に身を置くかのどちらかである（本質的には、これはミシェル・アンリの見事なまでに孤独な身振りである。彼は志向性の限界を尊重することもそれを侵犯することもない――彼にはそんなことをする必要がない。なぜなら、非志向的な、つねにすでに起源性のなかに身を置く能力を通じて、自分に固有の束縛を指し示しているのだから）。志向性の限界をめぐる実践が要請されるにせよされないにせよ、この実践がまさに始められるにせよそうでないにせよ――また、この実践を要請している者たちは必ずしもそれを実行しているわけではないし、この実践を無視している者たちがそれを時に実行していることもあるのだが――いずれの場合にも、この実践はかかる領野のなかで方向を定めるのを可能にする有効な道標である。これが少なくともわれわれの仮説である。

このことを別の仕方で、もっと正確に言うなら、その思考の身振りの暴力性という観点からわれわれが先に定めた家族、つまり、合理性の権能をめぐる問いをみずからに提起しつつ定めた「家族」は、ここで「再び見出される」のだが、もうひとつのピッチ角、主体性の問いというピッチ角からするならこれは偶然の出来事ではなく、少なくともこの点を示すのがわれわれの課題である。

実際、志向性のなかでは合理性という動機と主体性という動機が絡み合っていて、後者は、前者がそうであるような認知論的力能が存在論的に投錨される場なのである。主体性は何よりも、綜合、同一化の極であり、したがって、その意味を名指しすべきものの極ではないだろうか。先に想起したように、まさに主体性こそ、それが存在の存在的で現動的な了解の残滓である限り、すなわち、構築以外の何ものでもない限り、フッサール以降の現象学の主要な標的を成している。しかしながら、ハイデガーのような人物、もっと明白な仕方でなら、メルロ＝ポンティのような人物の身振りがこうして、単なる表面の効果とは言わないまでも、より根本的な構造の襞でしかないものとして主体性を暴くに至るのに対して、われわれが関心を寄せている著者たちの身振りは、批判に「抵抗」を突きつけるものとして主体性を発見している。もっとも、この批判は主体性に突きつけるべき正当かつ根底的な批判なのだが。まずはエゴ性の形式を「剝奪され」、次いで、より根底的な仕方で意識の全面的権能を「剝奪されて」も、主体性は存続する。自己の始原性が残るのだ。こうして残るものは、「デカルト的幻影」でしかないもの――更には、ハイデガー的解体（*Abbau*）の後でこの幻影の回帰が示す究極的抵抗なのだろうか、それとも、ある「還元不能なもの」なのだろうか。とはいえ、定礎的審級という意味ではもちろんなく、どんな眺めも、たとえそれをはみ出すものがあるとしても自己を起点としてしか捉えられず、自己へと割り当てられるほかありえないという意味で、「還元不能なもの」なのだろうか。したがって、ここでわれわれはJ・ブノワ[20]と同じくR・

ベルネ[21]とも交錯しているのだが、主体性の貧弱な権能は、それが根底的に危殆に瀕し、それが凌駕され、限界へともたらされたときに最も顕著に現出することになる。だから、主体性の貧弱な権能はなおも現出している——これまで以上に現出している。「ひと」が、私がこれらの権能の敗北に立ち会えるのは、これらの権能を起点としてでしかないという点で。近代人における勝ち誇った主体——この主体はフッサールにおいて最後の輝きを放つとともに最初の動揺を蒙っている——の名残のなかに、主体性は残存しているのではないだろうか。この残滓（reste）、というのは主体性は残滓、破片でしかないからだが、この残滓はそれゆえ、デカルトにおけるように、その還元不可能性が存在論的自己充足のなかで基礎の地位に祭り上げた形而上学的残留物（*restant*）などではなく、それとは反対に、つねにすでに穴があいてはいるが、潜水することもできず、あえて言うなら、水面を「漂い」、繰り返し浮き上がるところのぼろきれなのである。志向性の破片としてしか志向性がないのと同様に、破片と化した主体性としてしか主体性はないのではなかろうか。破片として飛び散るもの、「破裂する」ものだけが現出し、現象を成すのだろうか。

　これらいくつかの仮説の変奏のなかに、数々の重要な相違が認められることだろう。しかし、いずれにしても、主体性は破片であるか（レヴィナス、マリオン）、亡霊であるか（デリダ）、あるいはまた、もうひとつの可能性——主導的に基礎を築くには程遠い、自分自身で押し潰された可能性——であって（アンリと再びレヴィナス）、それは主体の尊大さの廃墟のなかで、また、この廃墟によって生き延びるのだ。したがって、主体性とはまさに、合理性への要請が改めて肯定されるとともに（中心化もしくは同一化の極としてのフッサール的主体性を参照）、この要請がその反対物（純粋な受動性の有限性——あるは逆にその絶対性——、更には純粋差異化、純粋な相対性）に転じかねない場なのである。

現象学的合理性批判の諸要素

われわれが関心を抱いているところの現象学的「家族」を決定し、この選択の数々の理由を明らかにした今、残された課題は、この「家族」に正当な仕方で接近する際の思考の構えと同じく、この「家族」に向けて発しうる問いかけの型をも明示することである。

われわれは少しずつ現象学の方へと運ばれ、そこに、どんな精確さとも無関係な厳密さを有する合理性、物理‐数学的な狭隘な合理性と非合理性との二者択一をショートさせうるようなこの広範な合理性をそこに見出そうとしたのだが、まさにその只中では、厳密さの不在の幽霊が徘徊しており、更には顕著な仕方で脅威と化しているのである。

周知のように、例えば現代フランスの何人かの現象学者に対して、非難――範例的＝模範的な価値をもつ非難――が突きつけられた。すなわち、意識の手前ないしその彼方で始原的なものと再び結びつくことを試みることで、哲学的厳密さへの要請を裏切ってしまったというのである[22]。

これこそまさに、『フランス現象学の神学的転回』[23]のなかでD・ジャニコーが展開した攻撃の要点である。『厳密な学としての哲学』以来、「厳密さ」はフッサールにおいては徹底性＝根底性への要請を意味している。課題は、与えられたものを始原的領野へと連れ戻すことであり、この始原的領野はやがて、意味構成の源泉で「ある」ものとして啓示されるだろうが、こうして、意味はその根への遡行のうちに投じられることになる。だから、ほとんどの現象学者たちの構えは、現象学の突破口を開いた功績ありとみずから認めていた哲学者たちに対してフッサールが取った態度を、当のフッサールに対して再生産することに存している。すなわち、見なければならなかったことを、この哲学者たちがどの点において見たか、しかし、どの点において彼らはその光景に耐えることができず、どの点においてその光景を覆い隠してしまったかを示すことに。どの点において、彼らが十分遠くまで行かなかったかを示すことに。まさにこの点で、ジャニコーは始原的なものへの競り上げのなかに、加速的熱狂化の過程があることに気づいているが、それゆえ、この競り上げは徹底性＝根源性をその反対物に転じるのである。その場合、還元はもはやあるゴールを目指す手段では[24]ないだろう。すなわち、意識の十全なる自己現前の必然的明証性にもとづいて、まさにゴールを狙うことではもはやないのだ。それとは逆に、還元の純粋な運動はそれ自体で価値をもつことになろう。そして、この運動は――原理的には――いかなる原理〔始原〕でも満足せず、明証性のいかなる台座で停止することもありえないだろう。始原的なものの探求は、徹底化されると、探求の始原性へと転じ、この探求の運動は、つねにすでに再始動しているがゆえに、不断に再始動するだろう。（これは、懐疑論的懐疑の亡霊が、デカルトの方法的懐疑の上を漂っているのと少し似ている。[25]）したがって、レヴィナスのような人物は、哲学における方法として、「強意」、「昂進」、更には「誇張法」に訴えるのである。そのとき、これらの著者が晒されている二重の疑念のことはよく知られている。

一、同じひとつの動きによって、意識による解明能力と現象性双方を凌駕するものへと向かうことで、彼らは、命題的ロゴスにまさに光を当てるために、このロゴスを「集摂する」ところのロゴスからともすれば遠ざかり、それに代えて詩的暗示をたてるというリスクを冒している。

二、彼らはまた超越によって魅了され、ひいては、神学的タイプの言説によって操られるというリスクを冒している。実際、基礎を欠いているがゆえに終わりなきこの探求、まったき厳密な意味で無起源《アナー》＝無秩《キー》序なこの探求に、ある意味で――単にひとつの意味＝方向で――終止符を打つ唯一の方法は、この「無起源《アナーキー》＝無秩序の原理」を、もはや終わりなき探求の動因ではなく、逆に、それを前にして私が自分の探求能力すべてを放棄せざるをえないようなものたらしめること、これである。とはいえそれは、私の探求能力がそこに突き当たるような土台の堅固さと私が出会うからではなく、逆に、絶えずこの能力を凌駕し、ひいては逃れ去るものが、まさに逃れ去るものとしてみずからを与えるからである。[26] この点ははっきりさせておかねばならないが、ここで懸けられているのは、いささか漠然とジャニコーが言っているような神学的なものであるよりもはるかに、信（*foi*）なのである。指摘しておくが、この第二の非難は、われわれが関心を抱いている家族の成員全員にあてはまるものではもちろんなく、不可避的に逃れ去るものの不在を「超－現前」の徴し、更にはその贈与として解釈する者たち、それも、存在的なものに加えて存在論的なものをも超えた「存在」の贈与として解釈する者たちにあてはまる。

　したがって、二つの「下位－族」(sous-famille) をしっかりと区別しなければならない。与えられるものの現前に直《じ》かに接する始原的隔たりとしての不在を説く思想家たち（デリダとレヴィナス。この観点からすると、彼らに近いのはデザンティ、グラネル、マルディネ、リシールである）を前にして、十全なる贈与ないし「超－贈与」を説く思想家たち（アンリ、マリオン）が区別されるだろう。[27] この点はいくら指摘してもしすぎということはないだろうが、「神学的」現象学と「非神学的」[28]現象学との境界線は、十全な現前についての叙述のうちに身を置く者たちと、時間化（時間的隔たり）を始原的なものとして叙述することに専心する者たちとのあいだの境界線とを正確に一致している。これら二つの使命が呈示している数々のアポリアは、相反する──更には相矛盾する？極を起点として呈示されているとはいえ、時に相似たものとなる──、この近さはぜひとも解明されねばならない。[29] この解明は、それが精緻なものであるためには、境界線を引けという要請の只中に存する震えを見定めねばならないのではなかろうか。（例えばミシェル・アンリは、表象的構造の手前に存する始原的啓示の思想家であるが、彼はまた、内在性そのものに踏みとどまる思想家でもある。もっと明白な例としてエマニュエル・レヴィナスを挙げると、彼のことをジャニコーは「神学者的」現象学者のひとりとして有無を言わせず「分類している」が、レヴィナスは何よりも、無神論としての哲学を要請した思想家ではないだろうか。彼が隔時性と呼ぶもののなかで、内在性を起点として把持された根底的な時間的隔たりの思想家ではないだろうか。)[30]

こうした問いかけの細部についてはともかく、厳密さの不在という幽霊が、現代フランス現象学の領野を力強く徘徊しており――その徴しはありあまるほど存在する。みずから過剰なものと化す徹底化に押されて、厳密さが狂信（*Schwärmerei*）に転じるという、この逆説的反転を試練にかける、それも最も範例的な試練にかけるのはまさに志向性である。というのも、志向性とは、合理性への要請が改めて確証されるのとまったく同時に、志向性をして計算的理性の制限を免れさせるはずの変身が試みられるところの場であるからだ。

だから、現象学に対する批判（カント的意味での）は不可避である。そこを超えると、起源的なものへ向けての探索の徹底性が突如として過剰に反転するような、現象学的領野の限界を標すべく試みなければならない。このような批判的作業は、二つの主たる欠陥を警戒しなければならない。現象学的「正統性」を尊重する者とそうしない者とを決定すること、現象学的純粋さのレッテルを分配することを課題とみなすなら、思い違いをすることになろう。フッサールが絶えず繰り返していたことだが、現象学はひとつの理論ではないし、ましてやひとつの教義でもなく、この点に関して正統派など存在しないのだ。このことはまた、現象学的領野の限界を標せという要請が、この領野を自己閉鎖的なものたらしめたいという誘惑と混同されてはならないという意味でもある。与えられた領域を超えて自由に現象学を彷徨させることで、現象学を厳密さという拘束一切から解き放つことが過剰であるとするなら、現象学を寒さにかじかんだかのように縮こまらせ、遂には、実証的企図に甘んじさせることで変質させることはまさに、それと対称的な過剰を成している。

それゆえ、もし現象学がその限界上以外のどこにもないことが明かされるなら、――もし、カントにおける理性と理念との関係のなかで作動しているのが見られる過程に似た過程によって、みずからの限界を絶えず超過しようと欲することが現象学的省察の本性に属しているのなら、現象学を外部へと開くと同時に、この領野を画定することが使命でなければならない。われわれの問いかけはカント的な型の問いかけなのだが、かくしてこの問いかけは、批判的所作に残存する素朴さ――この素朴さは、純粋なものを不純なものから分離する可能性を、疑問の余地のない仕方かどうかはともかく土台とすることに存している――をまぬかれるべく試みなければならない。しかしながら、これと同じ運動によって、境界線を引けという要請にもまさに耐えなければならない。かかる使命は、多くの点で、矛盾に晒されているように思える。強い意味での逆説に踏みとどまるために、矛盾に伴う不整合性の彼方へと、折衷案が抱える脆弱さのはるか遠くへとみずからを高めようとするわれわれの企てについては、デリダがわれわれの導き手となりうるだろう。デリダは実際、感染という相のもと、起源的混交を思考せよとの要請に立ち向かったからだ。ここにいう感染は、未分化なものや未規定性のうちにまず身を置くことを意味しているのではもちろんないが、「一方」〔一者〕と「他方」〔他者〕、純粋なものと不純なものとの創始的分割という立場を不安定化させている。そして、彼が二重拘束《ダブル・バインド》という想念(31)についてもたらした読解は、一方の、かつて混合されたものの未規定性と、他方の、最初の分離の措定とのあいだの対立を短絡させることを可能にしながらも、不整合性を強いられることがない。すべてでありかつ「純粋に」一方であるものと、すべてでありかつ「純粋に」他方であるものとを、同時に思考することに成功しなければならない。一方は他方によってのみあり、他方は一方によってのみあるのだから。言い換えるなら、このようなものは、決して純粋でも無傷でもないが、純粋なものと想定された二つの要素の混合の単なる帰結では決してないのである。われわれの探求の枠組みにおける仮説では、われわれが関心を向けている現代のフランス現象学は次のような二重拘束《ダブル・バインド》に範例的に晒されている。すなわち、この二重拘束は、現象学が、一方ではそれ自身に立ち戻り、自分を「取り戻す」ものでありながらも、他方では十全にそれ自身であるためには過剰であることを望み、E・レヴィナスの表現を用いるなら、絶えず「自分を過剰なものに」しなければならないという矛盾した行為に囚われたものであることを望むのである。言い方を換えるなら、これは自分自身に対する不誠実、自分自身の中断であって、現象学は、自分自身に忠実であるためには、こうした不誠実、中断に同意しなければならないのだ。このような言い回しは、現象学のなかで最も内奥にあるものを起点とすることで、彼方への横溢の運動が要請される(32)という意味をそれがもつ場合には、正当である。このとき、「振り子運動」、振幅は不可避である。なぜなら、現象学的省察にとっては、上記の二つの極のうちの一方として凝固することは、自分を裏切ることであるからだ。これら二つの極が十全な仕方で自分自身であるのは、一方が他方によってある場合だけである。これらの極がそれぞれ自分の運命に委ねられると、それらは、一方にとっては厳密さの不在のなかで、他方にとっては肯定的実証主義のなかで失われてしまう。ここで問われている二重拘束《ダブル・バインド》の不可能な分節を説明するために、「振り子運動」の隠喩——可知性の範型たらんとする隠喩——を呈示すること、それは、矛盾が手に負えるものとなるのはそれが時間のなかに書き込まれる場合に限られる、と言うに等しい。もっと正確に、もっと根底的に言うなら、矛盾を、それ自体がある意味では時間化そのものに他ならないとみなす場合に限られる、と言うに等しい。われわれはここでE・レヴィナスと交叉している。『存在するとは別の仕方で　あるいは存在することの彼方へ』で、哲学的言説は時間化「に」「属している」、いや、おそらくはその反対に、どんな時間化も言説であると示唆したレヴィナスと。より正確にいえば、レヴィナスは、どんな時間化も〈語ること〉という出来事の時間化であり、それは、哲学的言説を模範とする〈語られたこと〉の只中に存する〈語ること〉の谺であり、その痕跡である、と言おうとしている。これはレヴィナスが隔時性と呼ぶもので、それがここで作動しているのだ。分節不能なものの分節としての隔時性である。[33] レヴィナスの[34]（リシールもそうだが[35]）ペンの下に頻繁に見出される表現によると、横溢の諸局面と、現象学的領野に固有な拘束に内在する諸局面とのあいだの振幅、もっと正確には、「明滅」があることになろう。これら二つの局面は互いに互いを「可能ならしめるだろう」。ここで問われている「可能ならしめること」は、カント的意味で理解されるべきではもちろんない。なぜなら、超越論的綜合の一切の権能の手前に身を置かねばならないのだから。隔時性が不整合性もまやかしも隠し持たないためには、隔時性が隔たりであると同時に蝶番でもあるためには、隔時性が時間化そのものでなければならないが、だからといって、隔時性に課せられたアポリア的負荷がなきものとされるわけではもちろんない。

われわれがここで呈示している読解についての仮説はもちろん実際に試される必要がある。われわれの仕事は、この課題以外のどこにも存していない。いずれにしても、この仮説は、われわれの探求の序章からしてすでに、手始めにわれわれが提起した数々の問いをある新たな光のもとに照らし出すことを可能にする。いくつかの問いはその素朴さに送り返され、他のいくつかの問いはとにもかくにも複雑化される。

一、同じひとつのコーパスのなかで、現象学的方法に固有の拘束に内在する諸局面と、それにとって過剰な諸局面とのあいだの明滅が見分けられる場合には、「誰が現象学者か、誰がそうではないのか」という問いは根本的に思慮を甚だしく欠いたものであるということが分かる。

二、したがって、数々のテクストの同質性を信じるのをみずからに禁じなければならないし、著者の姿そのものではおそらくなく――テクストはつねにひとつの主体性が試練にかけられる場所ではないだろうか――、主人として作品を支配する著者という観念を放棄しなければならない。問いは、哲学的大胆さがこのとき一種のお忍びの状態を経験することで、より複雑なものと化す。どこに勇気があるのだろうか。勇気とは、現象学的領野の諸拘束の内部にとどまることだろうか、それとも、これらの拘束を踏み越えることだろうか。弱さとは、境界線の彼方への彷徨をみずからに許容することだろうか、それとも、J・デリダの表現を用いるなら、発明＝捏造のリスクを冒すことなく、境界線の内側に寒そうに引き籠ることだろうか。現象学的省察にとって、弱さとは根本的には、われわれがたった今記述したばかりの二つの極のうちのひとつとして凝固することではないだろうか。弱さとは、かつてないほど適切なフッサールの言葉をここで用いるなら、不断に再開するために、不断にみずからを解体する力を有さないことではないだろうか。

このように、以上が、続くページでわれわれが実践するつもりのテクスト使用を導く問いかけである。この問いかけは剽窃のジャンルにも罵倒のジャンルにも属さない。まさにこれらのテクストが再開せず、われわれに再開することを許容しないのであれば、ある意味では、これらのテクストから期待すべきものは何もないだろう。

志向性の破綻の只中に、束の間の明滅のなかに、このうえもなく見事な成功を読み取る術を学ぶべきではないだろうか。

第二章

志向性と非‐贈与性[1]

現代フランスの数々の現象学が相続したアポリアを、その「源泉」において改めて把持すること――というのも、そうすることは、ひとつの起源をそれとつきとめる可能性をみずからに認めてしまう安易さに欺かれる可能性を最もまぬかれているからだが――、ひいては、発生的もしくは系譜学的とも形容しうるような視点から、いかにしてこれらの現象学がその件《くだん》のアポリアを相続し、それを試すのか、その仕方を特徴づけるのが妥当であろう[2]。

フッサール

この仕事を下支えている仮説によると、現代フランスの現象学はいうなれば、そこで方位を定めることができなければならないようなひとつの領野である。それは太陽系のごときもので――各々の惑星の位置を定めたうえで、位置関係を遠隔的に命じるのだが――フッサールこそこの重心であろう。他の天体はというと、デリダ、デザンティ、アンリ、レヴィナス、マリオン……といった名を有している[3]。これらの天体はときには近さの関係にあり――更にはそれらの軌道が交錯することさえしばしばある――、ときには無関心な「非関係」のうちにある。後者の場合、次のように考えるのであれば何とか納得がいくようにわれわれには思える。すなわち、これらの互いに平行な軌道は、互いに他の軌道にとっては不可視のものであるとはいえ、相互に見誤ることでさえも、それらがフッサールとのあいだに確立した連関の型によって方向づけられている、と。(例えばデザンティは、フッサールのうちに、他の何にもまして、数々の志向的織物がそれぞれ固有の内在性にじかにもとづいて自己解明することを探り、これらの織物の上に〔超越的に〕張り出すような一切の援助の資源を拒否したのではないか。この資源とは、例えば超越論的主体性であったり、彼の探求の視点からすると「もっと悪しきもの」たるひとつの神学的極であったりするのだが――、結局はデザンティ的読解を方向づけているそうした要請ゆえに、彼は――異論の余地なき無関心の事例を挙げるなら――J-L・マリオンと出会うことができなくなるのではないか。もちろん、その逆の例を構築することも可能であろう。)

与えられるものをそれが与えられる限りで厳密に記述しようという現象学的気遣いに捕らわれたフッサールは、周知のように、数々の知覚的狙いの充実を必然的に傷つける不一致を強調した。つまり、感性的事物は「粗描」「射影」(*Abschattungen*)を通じてしか与えられないのである。[4] それゆえ、フッサールが一致と起源性を区別するために払った配慮もまた周知の通りである。知覚的狙いが私に、事物のひとつの側面しか与えないとしても、このシルエットを通して、事物そのものが私に「生身で」、それ自体として、起源的に与えられるのである。対象は、それに私が向ける眼差しのなかで、現象として、全面的に、余すところなく私に与えられる。まさにそのようなものとして、現象として、私の眼差しの相関項である限りで、対象はみずからを顕現する。他方で、対象がそのすべての側面を通じて与えられること、そのような贈与性（donation）は私には叶わないことでしかありえない。

だから、一致と贈与性は峻別される。両者は同じ平面に存してはいないのだから。一致は贈与性のひとつの様式である。したがって、贈与性なしには一致は存在しないが、贈与性は一致なしでも可能なのである。

とはいえ、これはP・リクールが示唆しているように思われることだが[5]、意識という領域と意識それ自身との根底的一致がやがて、外的世界の現実の贈与性とは対照的に、その領域の絶対性を定義することになる。意識が意識として描かれるのを可能ならしめる数々の狙いは、十全に一致した仕方で充溢させられるほかありえない、というのだ。あたかも、二つの基準の一方が他方の縁戚たりうる場合には、一致の基準は、贈与性の起源性の基準と近似することができ、更にはそれと一体化しうるかのように。

一方と他方の区別は、それがたとえ避けられないものだとしても、このように曖昧さを欠いていないわけではない。曖昧さは不整合ではなく、それは逆に、次のことを告知している。すなわち、知覚の水準ではフッサールは、数々の狙いが有する与えるものとしての力能を、それらの狙いが充溢される際の不一致といとも容易く区別することができたのだが、それは結局のところ、贈与性がつねに、対象との出会いのなかでとは別のところで作動しているからなのである。知覚的狙いの不一致が贈与性の力能を不安に陥れることはありえない。なぜなら、一切の狙い――知覚的なものであれそうでなかれ――がその相関項を与えるのは、それがこの相関項をみずからに与える限りにおいてだからであり、また、一切の狙いが相関項をみずからに与えるのはまさに、他ならぬ己が自己贈与性の絶対性を基底として一切の現象をみずからに与える力能として、言い換えるなら、自分自身と絶対的に一致したものとして、それが自己顕現するに応じてでしかないからである。

一致せざるものも確かにそのものとして与えられはするが、単に、一致とは別の様相でそうなるにすぎない。大きく見て、この点は強調しておかねばならないが、フッサールにとってはこのように、現象学のなかには非‐贈与性（non-donation）はありえないのだ。因みに、フッサールにとっては知覚的不一致がつねに、知覚の統制的理念のごときものとして機能する十全な一致の地平のうちで捉えられているということも、そのことを証示している。知覚とはちがって、ある種の直観的狙いは、それ自体として与えはしないし、起源的に与えることもない。にもかかわらずやはり、これらの狙いは与える。隔たりを、とは言わないまでも、少なくとも、「ずれ」を「ずれ」として与える。これが現前化（*Vergägenwärtigungen*）[6]である。直観的狙いとは反対に、意味的狙いはというと、それらは空虚である。けれども、「空虚」とはいえ、それはフッサールにおいては、根底的に、また絶対的に、いかなる現前的所与もないという意味ではありえない。意味的志向は対象を与えはするが、単に狙われた対象としてそれを与える。意味的狙いが「空虚」であるということ、それはしたがって、これらの狙いが充溢を待ち望んでいるということを示しているにすぎない。たとえこの充溢が、これらの意味的狙いに関しては、構造的に阻止されるとしても。つまり、意味的狙いは依然として、いや、これまでより以上に、その意味と存在を、十全なる現前から引き出しているということであって、これらの狙いは全面的に十全なる現前へと向かうとともに、たとえ権利上だけにせよ、この十全なる現前を約束されているのである。

これはいくら指摘してもしすぎということはないだろうが、現象学的記述の実践、J‐T・デザンティなら「現場での現象学の実践」と言うところのものは、贈与的意識の至高性を不断に不安定なものたらしめる。一切の現象をみずからに与えるよりも起源的な仕方で、自分自身を自分に与える限りで、これらの現象をみずからに与えるような贈与的意識の至高性を。フッサール、とりわけ第二期のフッサールは、意識とは、還元がそこへと導き、また、還元によってそのようなものとして顕現されるところの絶対的原領域（*Urregion*）であると、絶えず主題的に説明し続けた。しかしながら、その同じフッサールの細密な現象学的記述を読んでいくと、ある疑念が生まれてくる。現象学的方法に固有の諸拘束がそこへと導いていくような起源的なものよりもむしろ、われわれはここで、それ自体としては問われることのありえないある秘密の決断――それは現象学的実践を創始した決断だが、現象学的実践を可能にするまさにそのことで逆説的にも審問されてしまう――と係わっているのではないだろうか。これこそ、フッサール主義に取り憑いた緊張ではないだろうか。そして、フッサール主義はというと、場合によっては、記述的実直さによってそれを絶えずあらわにし、また、場合によっては、あたかも臨終の時のように、贈与的意識の絶対的性質をまさに改めて確証することで、それを絶えず隠蔽し、祓おうとするのではないだろうか。これこそ、フッサールがそこに囚われていたであろう振り子運動ではないだろうか。和解することはできないが、互いに不可欠であるような二つの極のあいだの振り子運動。現象学の理論という視点から見ると、最後に残るのは、意識の囲い込むところの絶対性である。けれども、現象学的記述の実践という視点から見ると、事象そのものが、絶えず逃れ去りながらも、記述的領野ならびに、それを飽和させると強弁するテクストを不断に開き直すのではないだろうか[7]。

このような緊張関係については、その数多の徴しをフッサールのうちに見出すことができる。われわれとしては、他人と時間に関する現象学的記述に際してフッサールが切り抜けねばならなかった数々の困難をごく手短に指摘するにとどめるが、ここではそれで十分であることを願いたい。

一、仮に他人が与えられるとしても、それは、起源的に与えられたものとして、ではまさしくない。そして、「不可避的に指示的構造を有した他人についての、起源的解釈を介した知覚」に関するF・ダスチュールの次のような指摘に同意するほかないだろう。「ここではっきりと分かるのは、知覚的不可能性、言い換えるなら現前化の不可能性よりも、フッサールが、不可能性の経験、言い換えるなら、現前化不能なものの経験としての知覚のほうを好んだということである（…）[8]。」

二、過去はどうかというと、それは私に起源的に与えられるが、「生身で」与えられるのではない[9]。ある意味では、過去に含まれた隔たりは、他者経験のなかに存するような隔たりほど根底的なものではない。というのは、過去については、フッサールによると、贈与性の起源性が存続しているからである。そうではあるが、過去把持とはちがって、再‐想起は、純粋な〈私〉の統合的役割を要請している。なぜなら、意識の流れは、それ自身の水準では、その連続性のうちに巻き込まれているからだ。もっと根本的なところで、仮に、過去把持が、解体しつつある印象以外の何ものでもないという理由で、ある意味では根底的な仕方で印象と隣接しているとしても、それでもなお、純粋な湧出としての印象は、過去把持を起点として、言い換えるなら、遅延のなかで、除去することのできない起源的な隔たりのなかでしか把握されえない……[10]。志向的意識の対象としてよりもむしろ、その秘められた住人として顕現された時間を前にした場合、自己からの自己自身の離脱のリスクを解明しなければならないという恐るべき要請と、志向的意識は対置させられるのではないだろうか。

これらはいずれも、意識の絶対性ならびに、現象に対するその統御は亀裂なきものではないのではないかという疑念を許容する徴候である。そうであるなら、知覚的不可能性それ自体にある新たな眼差しを投げかけることができる。この不一致はおそらくきわめて無害なものであって、それゆえ、フッサールが明言していることに反して、贈与性の力能そのものと係わっているのだろうか。この不一致は贈与性の権能の起源性と絶対性を妨害するのだろうか。

急ぎ足ながら、もっと仔細にこの不一致を検討してみよう。感性的事物が「粗描」によってしか与えられないとしても、それはフッサールにとっては、われわれの認識の力能一般、特殊にはわれわれの感覚の力能が有限であるという意味でもなければ、また――まっとうな論理ではその反対意見なのだが――事物がその仮象を超えたものであり、仮象によってあらわにされると同様に隠されるという意味でもない。志向性の概念は、相関関係のア・プリオリそのものとして、もっぱら主体に押しつけられるこのアポリア的配置をまさにショートさせることを切望している。なぜアポリアかというと、ここにいう主体が、まずもって自己自身のうちに閉じ込められており、ひたすらこの理由でのみ、「外部」と結びつくことに困難を覚えるからである。

そうであるなら、志向性の発見から以下のような諸帰結を引き出すこともまた不可欠なのではないだろうか。
一、眼差しに対する事物の不在化としての「粗描」は還元不能なものであり、また、眼差しと現象とのあいだにつねにすでに結ばれている連合の不可避的な所産なのだろうか。
二、(知覚的眼差しの)「彼方での現前」という意味での事物の超越を単に追い出すことが課題ではない以上、(存在者の)無がつねにすでに知覚のここ、内在性に宿っていることを銘記すべきではないだろうか。ここにいう無は、絶対的に根底的な不在、無であろう。なぜなら、この「存在者」は他のどこでも現前しない無「である」のだから[11]。時間というものがまさに意識のそれ自身のうちでの、それ固有の内在性そのものの崩壊の可能性であるなら、ここにいう現象の無、「彼方の現象」ならざるこの無は、知覚と時間性とのあいだの起源的共謀のことを考えるようわれわれを誘っているのではないだろうか。直接的には空間的なものである知覚的隔たりは、深い仕方で時間的なものではないだろうか。R・バルバラスが次のように書くとき、少なくとも彼と絶対的に合意しなければならないのではなかろうか。「つまり、粗描が真に理解されうるのは、時間という視点からのみである」[12]。

ところが、まさにフッサールはこれらの帰結を引き出すことはなかった。それらに手をつけるや否や、いつもそれらに蓋をしてしまうのだ。このような隠蔽は彼の語彙そのもののなかで典型的な仕方で徴しづけられる。先に指摘したことだが、数々の知覚的狙いについて、それらは一致することなく（inadéquatement）充溢させられると述べること、それはなおも、これらの狙いを一致（adéquation）の地平のなかで思い描くことである。余剰志向（*Mehrmeinung*）と地平という相関的諸観念は、眼差しをまぬかれるものの還元不能性よりもむしろ、眼差しをまぬかれるものが徐々に、隣接性によって、権利上は眼差しに対して改めて与えられるという考えを含意している。より根底的には、知覚を――一切の狙いと同様に――「空虚」「充溢」といった用語で概念化すること、それは、それ自体として問われることなき、フッサール現象学にとっての起源的なもの――フッサール現象学によって思考可能なものすべてがそれとの関係で規定されねばならないのだが――が現前（*présence*）であることを示している。これこそ、つねにすでに理論のなかで予め作動していることであって、そのことは、記述の実践に作用を及ぼしてそれを変形せずにはおかない。

つまるところ、数々の認識論がそのなかで身動きできなくなっているところの諸問題（独我論ならびに、それに附随して、何よりも表象の客観的価値に係わる問題）に関して、フッサールが、志向性の発明から利益を引き出す術を知っていたとしても、しかし他方では、彼はそれでもやはり、ある認識論のうちに、主体と客体の概念にとって有効な自己現前の範型のうちにまさに囚われたままだった[13]。知覚が問題となるときには、これまた彼持ち前のものである大胆さを前にしての「退却」は最大となる。すなわち、絶対的意識は充溢せる現前を全面的に支配するのでなければならず、しかも、この現前は絶対的意識そのものの現前であることが明かされる。最後には、絶対的意識の優位を、不在に対する現前の優位を回復しなければならないのだ。ある意味ではまさに純粋な破裂であり、純粋な自己との隔たりであるところの志向性は、純粋な自己現前、その絶対性における純粋な内在性であることが明かされるのでなければならないのだ。これはまた、理論的＝観照的決定が、たとえいかに記述によって不安定化させられていようとも、最後に勝利するのでなければならない、という意味でもある。

フッサールにおいて知覚が特権を有していることを思い起こしておこう。その他の数々の直観的活動は、（カテゴリー的直観のように）知覚にもとづいているか、（現前化のように）知覚ならびに知覚が基礎づける諸活動に及ぼされた変容から生じている。客体化することなき諸活動はというと、客体化する諸活動を前提としていて、これらの活動はいずれも、何らかの仕方で、知覚に何かを負うている。知覚のこうした特権を銘記するなら、その場合には、なおも未確定な仕方でわれわれが「非－贈与性」と呼ぶであろうものの、知覚の水準でのフッサール的否認とあえて名づけることもほとんどできるであろうものを見誤ることはできないだろう。

フッサール現象学の理論的諸拘束の内部では、非－贈与性は、つねにすでに厄介払いされているところのリスクというあり方をもつほかありえない。贈与性はその諸権利をつねに確立ないし回復しなければならない。たとえ、贈与性の起源的性格をしばしば引き下げねばならないとしても[14]。

しかしながら、非－贈与性のリスクは志向性の破綻を本当に約束するものなのだろうか。非－贈与性のリスクは――これは見た目だけ逆説であるにすぎないのだが――志向性を救出し、志向性を存在させるものではないだろうか。

どんな志向性にも課せられた形式的諸拘束を入念に調べてみよう。欠如以外の何が、空虚以外の何が志向性を引き起こすのだろうか。フッサールの言うように、志向性に住みついている空虚以外には。「〜へ向かう」動き以外の何ものでもないがゆえに、志向性は、それが十全に満足させられ、充溢させられる限り、いかなる意味＝方位を有するのだろうか、また、いかなる意味＝方位「である」のだろうか。ある意味では、志向性は隅から隅まで矛盾したもの「である」。つまり、志向性が成功するなら、それは死んでしまうのだ。絶対的贈与性なるものは、見ることと見られたものとのあいだの一切の隔たりの抹消を含意している。しかるに、見ることと見られたものは、両者を隔てることで、両者を関係づけ、そうすることで一方を他方に与える。隔たりを廃棄すると、二つの極（見ることと見られたもの）も廃棄されてしまう。あまりにも完璧に与えると、結局は、与える審級のみならず、贈物（don）――言い換えるならそれは与えるべき持ち札であるとともに与えられたものでもある――をも、そして最後には、受け取る審級をも、それ自体としては失うことになってしまう。現象をみずからに十全な仕方で与えるところの志向性は、みずからの自己解体を宣言し、あまりにもうまく自己を成就することで自殺してしまうのである。

M・アンリは、啓示のなかでの現象の現象性を、自分自身と絶対的に距離なきものとして把持することを提案しつつ、最も根底的な現象学を標榜している。以上に述べたことを踏まえるなら、この主張は正当なものだし、絶対的に首尾一貫している。アンリはつまり、自己と自己との距離のこの不在によって定義されるものそのものに訴えているのだが、このものは、まさにかかる距離の不在として、自己と自己との連関を構成するのであって――それが生であり、かつ（もしくは）情動性なのである。

贈与性の十全性を要請し、それによって、最初の段階で、絶対性の台座の上に志向性を据え――ひいては、力動的で脱‐存的な運動を、自己中心的なエゴとしての超越論的な極に縛りつけることで、この運動を吸収してしまおうとする、そのような現象学は、次の段階では、絶対的に首尾一貫した仕方で、志向性を自分自身の領野から追放するよう導かれるのではないだろうか。フッサールからM・アンリへと至る過程で[15]……。

M・アンリの企ての大胆さは、フッサールの系譜に欠点のない仕方で連なるような厳密さを備えたある要請のうちに存している。このような企てを真摯に受け止めないわけにはいかない。しかしながら、知られているように、こうした企ては数々のアポリアに直面している。真正な現象学は見えないもののなかに、非‐志向的なもののなかに存しているとする逆説が、全面的に支持しうるものでかつ実り豊かなものであるとしても、哲学をそのギリシャ的起源において創始したところの、見ることと言うこととの共謀の手前に――というよりもむしろその彼方に――身を置くことを要請するような哲学の実現如何については、問題は解決されないままである……。

われわれの話はさしあたりは、現象の啓示と志向性との連帯を断つアンリの道を更に先まで探索することにはない。それとはむしろ対照的に、われわれとしては単にこう指摘するにとどめたい。すなわち、現象学の根本的主題として、志向性を維持しようと欲するなら、その場合にはおそらく、非‐贈与性の観念を改めて検討するのが妥当な方途なのであると。

志向性に対しては、過度に与えてはならないし、すべてを与えてもならない。現象の何かが逃れ去るのでなければならない、と最初の近似で言うことができる。

フッサールに戻ろう。知覚の次元で、フッサールは同じひとつの身振りによって、非‐贈与性を指し示すとともに、知覚の根底性を「知覚的射影」の観念のうちに覆い隠したのだが、その彼はカテゴリーに関心を向けつつ、眼差しそれ自体を超過するしかありえないものを斟酌しながら最も遠くへと赴いたのだった。『眼差しと超過するもの』[16]のなかでJ・タミニオーは、ハイデガーの足跡に即して『論理学研究』の第六研究を読みながら、感性的なもののどこにも与えられることのないカテゴリーが、まさに感性的なものを還元不能な仕方で超過することで、つまり、感性的なものを狙う狙いを超過することで、いかにして感性的なものを知覚的狙いに与えるのかを示している。カテゴリーは感性的なものを還元不能な仕方で超過することで感性的なものを与えるのだ。逆に言うと、感性的なもののなかで自分を与えることを絶対的に拒むことを本義とする運動そのものを通じて、感性的なものの只中に自分を与えること、それこそがカテゴリーの様相そのものなのである。厳密には、カテゴリーは（そこに）存在しないものとして、そこに存在するもの（存在的なもの）を与える、自分を与えないことで与えるのである。

三つの指摘をまとめておこう。

一、超過するものは、志向性の構造的組成のなかで、自分に構成的役割が付与されるのをまさに目にする。

二、非‐贈与性は絶対的なものではありえない。あえて言うなら、感性的なものとカテゴリーは「隠れん坊」遊びをしている。現象は垣間見られるのでなければならない、さもなければ、現象が、その根底においてはまさに欲望であるところの志向的運動を引き起こすことはないだろう。このことはあまりにも知られすぎているが、根底的な非‐贈与性は、何もその外に脱出するよう促すことのない円環を成しているのであって、矢（もしくは狙い）を成しているのではない。構造の形式的拘束はしたがって二重である。

何も与えられていないのであってはならず、すべてが与えられているのであってもならないのだ。(17)

三、最後に、いくら指摘してもしすぎではないことだが、眼差しを超過するものを斟酌することはフッサール的問題系を、それ自身に対して超過的なとは言わないまでも、超過された眼差しの側に導くことは絶対にない。それとは逆に、すでにわれわれが特徴づけた身振りによって、フッサールは、別の方向に問題系を捻じ曲げ、競り上げによって現前を補完することで、垣間見られた非－贈与性のリスクを祓おうとするだろう。J・タミニオーが説明しているように、超過するものは、たとえ感性的なものとは別の仕方で与えられるとしても、与えられたものとして思考されることになるのみならず、それどころか、超過するものは、まさにそれが感性的なものとは別の仕方で与えられるがゆえに、与えられたものの最たるものとしてフッサールによって指示されることにもなるだろう。ある転倒のなかで、感性的な狙いを超過するものが、それ固有の次元で最も充実した現前として、あえて言うなら、最も完璧な現象、始原的現象として啓示されるだろう。こうしてフッサールは、カテゴリーと感性的なものというカント的二分法のなかに身を置きながらも、カテゴリー的直観なるものを記述することで、この二分法を危機的状態に置く。カテゴリー的直観は感性的直観よりも重要で、最大でさえあるような贈与的尊厳を有している。それというのも、カテゴリー直観を特徴づけることになるもの、それは射影によってではなく、逆に残余なしに与えることだからだ。

フッサールの視点にとって外的な視点からすると、こうして起こった転倒には驚かされるだろう。ある水準（感性的知覚の水準）で贈与性を超過するものが、贈与性の他の水準ではよりよく与えられたものとして啓示される――啓示されるほかありえない――のだから。

この点について、われわれはデザンティの分析と一致する。それによると、フッサールにおける志向的狙いは、二度——少なくとも——にわたって、しかも範例的な仕方で、相関項による凌駕のリスクを冒している。一度は、『時間講義』のなかで、この志向的狙いがその下限を生み出しかねない時間と直面したとき。いま一度は、『論理学研究』の第六研究で、この志向的狙いがその上限を生み出しかねないカテゴリーと直面したとき。『論理学研究』の第六研究をめぐるハイデガーの読解のことは知られている。それによると、存在的なものの尺度で規定された内在性と現前のうちに、『イデーン』第一巻の水準でエゴ化された絶対的意識の表徴のうちに再び転落するに先立って、眼差しに対する超過を指し示す——そうすることで存在論的差異を予感しつつ——ことで、志向性の脱‐存的開けをこのうえもなく強調したという点で、そこにフッサールにとっての最高度の突破があるというのだ。この読解とは別に、それとまったく矛盾することなく、もうひとつの読解を呈示することができる。それによると、『論理学研究』においてすでに、主体性それ自体は主題化されていないにもかかわらず、すでにしてある意味では、「内在化」の力能として主体性が作用していることになる。どんな意味も、それを私が生きているという点で、それがそうであるところのものである。このことは、フッサールによって援用された数々の言い回しを通じて徴しづけられる。すなわち、あらゆる狙いは、反復としての「私はできる」——カント的「私はできる」とはちがってそれは体験の特異性を有している——から発出する限りでのみ、それがそうであるところのものなのだ。したがって、『論理学研究』第六研究は、それがこの視点から『イデーン』と対立する限りで、『イデーン』を準備していることになる。一方から他方のテクストへと、こうした緊張関係の「通時化」が、この振り子運動がなされるのだが、われわれはそれを、絶対的なものとしての意識の内在性と眼差しの脱‐存的超越性とのあいだに認めたのだった。この点はいくら指摘しても十分ということはないが、かかる緊張関係は——少なくとも明示的かつ主題的には——二つの極のうちの前者に有利なようにしか調整されえない。実際、作動しつつある二元性のなかで、前者の極は他方の極に対して優越している。前者の極はほかでもない、内在化の力能である限りで、そのすべてが、アポリア、緊張関係の調整の能力そのものなのである。したがって、明示的かつ主題的に、優越は、超越論的意識、それも、その内在的体験が必当然的であるという点でのその絶対性に帰着しなければならない。この絶対性をある意味では称えている『イデーン』第一巻の第四九節は、地下的な仕方ですでに第六研究のなかで予告されているのだ。たった今われわれが見たいくつかの理由から、この地下潜行性は勝利に反転するほかありえなかった。最後の言葉が絶対的意識に対して究極の言葉が主題的に認められると、今度は逆に、眼差しを超過するものによる開けはたえず地下的に作用し続けることになる。

簡潔に、別の仕方で言うなら、フッサールによって垣間見られた非‐贈与性は、根底的なものとしては主題化されえないのだ。それはまず、ノエマ的と呼びうるような視点からすると、何も与えられないなら、志向的眼差しは生まれないからだ。しかし、それ以上に根底的に、何よりも、ノエシス的でヒュレー的でさえある視点からすると、狙いの只中に断層が刻まれるときでも、この断層は根底的なものとしては思い描かれえないからだ。志向的構造のなかに取り込まれると、この断層はそれ自身の解消の原動力なのである。

もっと正確に言うなら、われわれは「弁証法的運動」によりもむしろ、志向性の二重の体制に係わっている[18]。たとえ不断に眼差しが事象そのもののなかへとはるかに突き進むとしても、たとえ不断に眼差しが事象そのものによっていわば「開かれ」「惹起される」としても、その場合、そうした眼差しがこの〈脱‐存〉、この超越に耐えるのは、それが他所で同時に、自己への純粋な内在性の絶対性を享受するに応じてのことでしかない。これこそ、一切のヴィジョンの源泉であるような眼差しの盲点であり、一切の志向的超越の源泉であるような眼差しの内在性である。

ここでわれわれが呈示したのは、フッサール的な志向性の観念の中心に宿ったアポリアであり、思うに、それこそわれわれが話題にしている数々の現象学を惹き起こしたトラウマにほかならないのである。ただちに指摘しておくなら、フッサールの過剰なまでに豊かな仕事にもとづいて、その少なくともひとつのヴァリアントをもたらすことができるし、それは後継を残さないわけではないのだ。

今度は、志向性の非実在性《イレアリテ》という性格が強調されることになろうが、ここにいう非実在性は、エイドス〔形相〕の非実在性と連動した狙いの非実在性である。というのも、フッサールによると、どんな狙いもエイドスへの狙いであり、エイドスを介しての狙いである。志向性を絶えず開くためには、志向性がそのようなもの以外の何ものでもないためには、つまり、それ自体いかなる内世界的実在にも還元不能な純粋な開けの力能以外の何ものでもないためには、エイドスはここにあっても他所にあってもならない。狙いとエイドスとの戯れにおいて、まず最初に、一方と他方に、存続者——その原型は不可避的に存在的なものだろう——たる何かとして安定化するのをつねにすでに禁じるのは、戯れそのものである。エイドスのうち、いくつかのものは、われわれがすでに述べたように、感性的なものの只中にあって把持可能（もしくは把持不能）であって、そのようなものとしてエイドスは感性的なものを開き、それを与える。感性的なもののうちに、逆説的で亡霊的な様相で、統制的テロスの様相でみずからを刻印するのだ。したがって、これまで決して十分には指摘されていないことだが、エイドスはその亡霊性《ファントマリテ》によって特徴づけられるものであり、フッサールはそれらの霊性（*Geistlichkeit*）と言っている。ということはつまり、エイドスは一切の内世界的現実の混乱のなかに——実に逆説的な存続様相で——全面的に置かれているということだ。これらのエイドスは、ここにも他所にもないことで「存在する」。その点において、エイドスはここと他所を想定しているが、それはすでにしてここや他所から逃亡し、その道標をつねにすでにかき乱したためである。これはJ・デリダが、鎖で繋がれた理念性をめぐる見事な分析のなかで指摘したことである。[19]どんな理念性もその非現実性において内世界的実在を想定しているが、ただ、つねにすでに理念性は内世界的実在の光景をかき乱しているのだ。亡霊が内世界的なものには決して還元されることなくつねにそれへと再帰するなら、理念性とは亡霊である。もっともそのためには、亡霊は内世界的なものに——決して内世界的なもののなかにあることなく——、あたかもつねにすでに自分を触発し傷つけるものに繋がれているかのように繋がれていなければならない。

この亡霊的非実在性は、一切の意識的狙いならびに、それが自分に与える存在の全体を特徴づけており、存在は意味としてまさに亡霊化される。かかる非実在性が現象学の境位であり媒質なのである。

二つのことを指摘しておく。

一、超越と内在、所与ならざるものと所与をめぐる中心的アポリア、ただしこれまでとは別様に処理されたアポリアが認められるだろう。これまでわれわれは、フッサールにおける弁証法化不能で解消不能な緊張関係と思えるものの、形容矛盾的な性質を強調してきた。今、強調しておくべきは、フッサールの数々のテクストのうちにも、非実在性の主題、われわれが亡霊的と名づけたもののうちにも、いまひとつの型の了解が見出されるということだが、この型の了解はというと、真に志向的なこの「内在のなかの超越」を特徴づけると同時にそれを可能にするものとしてみずからを呈示することで、形容矛盾的性質の切先をまさに鈍磨させるものなのだ。

それでもやはり、このような非実在性が単なる現実と非現実との混成でないなら、また単なる妥協でないなら——そのようなことはありえないのだが——、それは数多くの側面で問題としての資格を維持し続ける。

——霊（*Geist*）と同じく、この非実在性も依然として、内世界的なもの、身体を前提とし、それを触発し、肉としてそれを幽霊化しようとする。

——もっと厄介な仕方で、この非実在性はフッサールの言説のなかでは否定神学のようなものとしてしか機能しないリスクを伴っている。志向性の王国を開き、もたらすためには、内世界性を相続した諸観念に「志向的」という語彙で「係数を付す」だけで十分だろうか。そのためには、フッサールが『論理学研究』の第五研究で模範的に行ったように、意識がそれでないところのものを記述するだけで十分だろうか。志向性においてはそもそも、主体／表象／客体が融合しており、この起源的融合に、主体／表象／客体の三つ組みを返しているのだが、近代哲学は三つ組みの各々の項を静態的実体として石化させてしまい、そのため、それらの実体間の関係は謎めいたものたらざるをえなくなったのだ。（それに対してこう言われるかもしれない。意識は存在的モデルに即して把握するべき実体ではないし、現象学的にそれ自身に対して啓示された表象も、世界内の事象についての意識におけるそれ自体静態的な絵ではない、と。）

——最後に、志向性の非実在性はなぜ、内世界的モデルから解き放たれた生きた現在、印象（*Impression*）たる純粋現前の様相のうちに根づいたものとして発見されねばならないのだろうか。（これを別様に言うなら、なぜ現実的なものの還元は非実在性として維持されることなく、『論理学研究』ですでに——そしてこの運動は絶えずより顕著なものとなっていくのだが——「実在的なもの」として反転することになるのだろうか。）

見られるように、亡霊性（エイドスの、志向性の、霊《ガイスト》のそれ）は、現実と非現実（非現実それ自体は現実に準拠することなしには絶対的に無規定なものである）とのあいだの卑近な意味での単なる混合、内世界的なものについての単なる「否定神学」ではないにせよ、所与と所与ならざるもの、超越と内在との諸連関を説明するためのひとつの了解のモデル、それも、形容矛盾的緊張関係とまったく同様にアポリアを孕んだ了解のモデルなのである。

ただちに次のことを指摘しておこう。これからも絶えずこの点に立ち戻るつもりだが、われわれの関心を占めている著者たちは、これらの矛盾を孕んだモデルを繰り返し取り上げることになるだろう（フッサールはこれらのモデルをそのようなものとして認知することなく彼らに遺贈した）。アンリ、マリオン、レヴィナスは、そしてデリダも彼なりの仕方で、先述の緊張関係を遂には消滅させかねないほどに、いや、実際に消滅させてしまうほどにそれに圧力をかけるだろう。デリダは、そしてレヴィナスもなお、亡霊と痕跡の側で作業するだろうが――この二重の帰属も後で問いただされねばならない。

二、フッサールにおいてすでに、主体性の問いは上記の緊張関係が最も顕著な地点であり、そこで超越と内在が縫合される地点であった。そうである以上、お分かりのように、主体性の問いに対するわれわれの関心は無根拠なものではまったくない。主体性の問いにおいて超越と内在が縫合されると言ったが、もっとも、いかなる仕方でもよいというわけではない。なぜなら、ヒュレー〔質料〕的体験の生きた現在もしくはその純粋内在性としての主体性は、この緊張関係のなかで、超越と開けの側よりもむしろ、「内在化」ひいては贈与性の側にあるからだ。もっとも、主体性は内在であるより以上に「内在化」であり、同一性であるより以上に同一化であるということ、それゆえ、超越（志向性そのもの）、非-贈与性による開けもまたまったく同様に起源的な仕方で主体性を構成しているということが指摘される場合は別であるが。そうだとすれば、主体性とは、内在でありつつも脱-存的開けでもあるものとしてこの開けの斜面をつねにすでに再び登るところの逆説的運動であろう。それは脱-存的開けに反する内在であるのとまったく同様に、脱‐存的開けによる内在でもあろう。

ハイデガー

現代フランス現象学の領野に関して太陽系の隠喩を用い続けようと望むのであれば、その場合には、二つの太陽が存在すると言わなければならない。しかも、第二の太陽（ハイデガー）は第一の太陽（フッサール）を蝕する傾向がある。とはいえ、やはり第一の太陽を起点として、第二の太陽は第一の太陽のねじれそのものとして書き込まれるのだが[20]。

われわれとしては、フッサールとハイデガー双方の貸借関係のなかでどちらの借りのほうが大きいのかという問いを論じるのは差し控えたい[21]。

ハイデガーは、フッサールのテクストに宿りながらも、フッサールのテクストによって抑圧されている力を解き放っている、と指摘することができる。

――認知論的観点からすると、表象の、より一般的には理論的＝観照的なものの優位――とにもかくにもフッサールにおいては維持されていたもの――には決定的な仕方で終止符が打たれる。象徴的なことに、志向性というフッサール的観念はハイデガー固有の語彙から一掃されている。ハイデガー的な思考の枠組みのなかでは、志向性はもはや派生的な現象としてしか記述されていない。それに対して、起源的であるのは数々の行動であり情緒的音調である。別様に言うなら、志向性は、それが自分でそうであると思い込んでいるものの解体のなかで自分自身へと啓示されるのだ。

――これは、より深いところ、存在論的平面で、フッサール的超越が根底化されているということだが、なぜそうなるかというと、フッサール的超越は今や生きた現在の純粋内在性の優位から解き放たれたからだ。超越はそのようなものとしてみずからを受け入れる。言い換えるなら、存在者ではまったくないものとして、更にはもっと広範に、現前者ではまったくないもの（ひいては自己への現前ではまったくなく、意識ではまったくないものとして）。ハイデガー的〈脱‐存〉の超越をフッサールの言語へと改めて翻訳するなら、R・ベルネとともに、「留保なき志向性[22]」という言い方をすることができるだろう。開けという純粋な出来事としての無は、もはや現前には従属しない（けれども、それはある意味では存在には従属したままであるように強く思われる。われわれとしては後でこの点に立ち戻るつもりだ）。主体性とは、超越と内在、所与と所与ならざるものとの戯れというアポリアを孕んだ事態の強度を証示する場所、というよりその徴候であるが、そのような主体性をめぐる問いの観点からすると、まったく「自然にも」、「現前の保護域」としての一切の主体性の根底的解体に立ち会うことになる[23]。

二つのことを指摘しておく。

一、ハイデガー的〈脱‐存〉の水平的性質を強調しておかねばならない。虚無は存在の地平に、それと同じ平面にあり、「他所」ないし彼方にあるのではないのだ。虚無は存在とじかに接しており、虚無は「存在であり」、仮に存在がその出来事そのものにおいて以外のどこにも存在しないとすれば、「存在は虚無である」という表現は無意味ではない。存在と無は、存続的なものをもはや何ら有しえないものの、「同じひとつの」可能化過程の表と裏である。水平的で〈脱‐存的〉な超越は、起源的な「可能事」、開けの純粋な力能、自己自身の可能化としての純粋な投企のために、一切の実体性（依然としてどうしようもなく、そして少なくともハイデガーによると、ある意味ではかつてないほどにフッサール的生きた現在に宿っているような実体性）を放棄することによってしか可能にならない。かかる超越は、それそのもの「である」のだ。

ハイデガー的超越のこの非‐超越性（超越という語彙の伝統的で実体化された意味での）――お望みならその非‐垂直性と言ってもよいが――に、フランスの数々の現象学者たち、とりわけメルロ＝ポンティは絶えずこだわってきた。そのようにこだわっているとは思われない者たち――例えばレヴィナスや更にはＪ‐Ｌ・マリオン、前者は高さをはっきりと要請しているのだから垂直性を復権しているとみなすことができるし、後者は存在を超えた贈与性を要求している――といえども、超越の水平的で〈脱‐存的〉な性質を単に回避したり無効化したりすることでは決して満足していない。この両名とハイデガーとの関係はこれよりもはるかに複雑である。なぜなら、一方も他方も、「脱実体化」というフッサールを祖とする身振りを強調することをハイデガーより以上に強く要請しているのだから。

二、いずれにせよ、ハイデガーに対しては、十分遠くまで行かなかったという「現象学的」非難を向けることができる。この場合には、「無」の方向へと十分に進まなかったとの非難となろうが、しかし、彼ハイデガーは、少なくともテクストの明晰な箇所では、フッサールよりもはるかに遠くまで現前を超えて突き進んでいる。実際、ハイデガーにおいては、虚無は存在者ではまったくないが、存在ではまったくないものではなく、ということはつまり、それは無が無ではまったくないということだ。存在の退却は、存在ではまったくないものとしては決して生起しない。存在の不在はつねに存在の約束そのものである。虚無は結局のところ存在の力能にほかならない。それは存在を孕んでいる。序でに指摘しておくと、存在の懐胎そのものとしてのこの不在は、ハイデガー的虚無を逆説的にもフッサール的生きた現在に類似させるのだが、注意すべきは、フッサール的生きた現在もまた現前の純粋な稠密さを有するのではなく、不在の作用を蒙っているということだ。それは現前の約束としての逆説的不在、潜在性、自分を抑えることで世界へとよりよく到来するものの懐胎、母性なのである。

したがって、高さとして超越を指し示しつつも、レヴィナスは水平性へのハイデガー的要請の何がしかに譲歩しかねないと懸念される一方で、ひとは逆にレヴィナスのテクスト[24]に依拠することで、ハイデガーもまた、自分が認知したもの——無の根底性——を存在につねに従属させることで、その手前にとどまったのではないかと懸念することができる。これとは反対にメルロ＝ポンティは、見えないものは見えるものを超えてはおらず、見えるもの以外のものではないとの考え、言い換えるなら、無は存在の数々の隙間に住み着くことしか決してなく、これらの隙間そのものであるとの考えを疑うことがなかった。けれども、無の存在へのこのような内在を要請したがために、無はもはや真に積極的な無ではなく、それゆえ、彼はあまりにも大きな儚さによって無を消失させかねず——それはある意味では無を尊重することでもある——、遂には、「無でさえない」ものとして、無はもはや脆い襞でしかなくなり、そこで、世界はそれ自身の永続的発生を生み出すのではないだろうか。次のような興味深いすれちがいを深く考察しなければならないだろう。そこでは、「超越の内在」を失いかねない者、レヴィナスが無の還元不能性を維持し、更には根底化しているのに対して[25]、「超越の内在」を徹底化する者、メルロ＝ポンティはというと、「無が無であること」の還元不能性を失いかねず、それに換えて世界を選ぼうとしている。この世界は確かに影に覆われ深々としてはいるが、その非‐実体性ゆえにかつてないほどに現前の寛大さであって、この現前は決して十全には与えられないが、しかし、つねに約束されたものであり続けている。「この側面」にしっかり立つことで、メルロ＝ポンティは——現象学的に申し分なくこの要請をあまりにも徹底化したがために——「無が無であること」としての超越の還元不能性への要請から遠ざかるリスクを冒しているのではないだろうか。

われわれがフッサールのうちに、遺贈された要請として読み取った、超越と内在、非‐贈与性と贈与性とのあいだの弁証法化不能な緊張関係のアポリアそのものがここで、ハイデガー的文脈に書き込まれることで、それが有する他なる潜在力のなかで明かされつつ、改めて作動しているのを看取できるのではないだろうか。そして、ここにいう要請はそのまま、対処不能なものを前にしてまさに対処するものが屈服するというリスクなのではないだろうか。その際、上記の緊張関係を覆い隠すにせよ、それを解消して、緊張関係を成す二つの要素の一方の優位のうちに、改めて見出された安逸のうちに身を置くにせよ、このことに変わりはない。

これこそフッサールとハイデガーがわれわれに遺贈した、非-贈与性をめぐる問いの状態である。非-贈与性を解明し、それを正面から取り上げること（いずれにしても、やはりハイデガーにはあてはまる）の理論的不可能性と、彼らが必ずやこの不可能性を地下的で執拗な試練たらしめざるをえないこと、この試練とのあいだに、非-贈与性をめぐる問いは置かれているのだ。決して十分に指摘されていないことだが、志向性の可能性そのものが、非-贈与性のこの不可能な対処に全面的に由来しているのである[26]。

更に分かるように、志向性という観念は結局のところ、現象学的語彙に属するテクニカルタームにほかならず、このタームは、現象学全体の盲点、フィンクのように語るなら、贈与性（donation）という不可避的に操作的なものたる現象学の概念を覆い隠し、そうすることでまさに、それを操作可能なものにする[27]。もっと正確には、贈与性が形成する星座について語らねばならないだろう（*Gegebenheit* のみならず *Gabe, Gebung* についても）。贈与性の観念のこの「星座的」性質は、それを主題化することの不可能性とは言わないまでもその困難をまさに表している。こうした星座が地下から現象学全体を灌漑している。現象学全体を下支えし、それを引き起こすものとして、それに向けて現象学全体が起源へのノスタルジーを抱きつつ向かうものとして。表象ならびに、その相関項でありながらも表象をあらわにするというよりそれを隠してしまう客体性よりも深いところ、能動性と受動性の対立よりも深いところまで掘り進むのを企てることで、贈与性はまさに、それに近づけば近づくほど逃れ去ってしまうように見える。(存在全体と存在の意味全体を)与えるところの贈与性それ自体は与えられるのだろうか。きわめて意義深いことに、「贈与性」という語彙は(あるいはより正確には、贈与性一般の意味論的界域は)、それが肯定的に語るのに成功したものによってよりもむしろ、それが語るのを拒むもの(*Vorstellung, Repräsentation, Objekt...*)によって価値を有する。一切の専門性を剝ぎ取られた状態で、とはいえ未曾有の広がりにおいて現前の成就されていく過程そのものを示さんとするこの「贈与性」という語彙は、ひとつの見出し語のようにきらめくリスクはないだろうか[28]。

現代フランス現象学、とりわけわれわれの研究している著者たちがそこに書き込まれているところの問題構成的枠組みは、以上のごときものであるように思える。どのような仕方で書き込まれているのかを見てみよう。

現代フランス現象学のなかでかつて拓かれ、今日も拓かれているいくつもの道がここに開通する。これから演じられる戯曲の登場人物たちを紹介するような仕方で、これらの道を簡単に呈示しておこう。

I(a). 意識の内在性の優位を肯定する糸と、開けの原理としての非-贈与性を絶えず思い起こさせる糸との絡み合いをほどくことは可能だが、その際、ひとはフッサールが要求したものとある意味では合致したやり方で、第一の糸だけを保持して、第二の糸を弱さとして告発する。第二の糸は、内在性としての自分自身の重さに耐えることのない内在性に〈脱-存〉が譲歩することとされるのである。これはM・アンリによって歩まれた道だが、この道については、それは意識の体験へと遡行するために、己が非実在性

——アンリにおいては否定的な含意を有している——に委ねられたノエマ的極を放棄すると言うことができる。もっと正確に言うなら、ノエマを放棄すると、それと連動してノエシスをも放棄し、一切のノエシス、一切の眼差しの手前にまで掘り進み、眼差しならびにその相関項たる現象よりも深く、それ以上に本来的なヒュレーに向かうことになる。しかし、こうしてあらわにされたもの、それは反‐現象ではないし、非‐現象でさえない。それは現象ならびに眼差しの本来性そのものであり、見ることと見られることの頂点であり、純粋な合致のなかで一方が他方に十全に現前し、この合致のなかに両者がつねにすでに吸収されていることである。そのときひとは、見えるものの現象学から、言い換えるなら志向性からも離れて見えないものへと向かうのだが、ここにいう見えないものは、いまだ与えられざる見えるものでも、見えるものの彼方でもなく、見えるものの下にあるものであり、自己啓示である。眼差しというこの表面を離れることで、ひとは、眼差しが非本来的なものである限りで本来的にそうであるところのもの、そして眼差しがみずからに与えるところのもの——形相——を離れて、『イデーン』のなかでフッサールがその可能性に言及したものを探索しようとするのだが、フッサール自身はといえば、同書の理論的要請におけるすべてがそのことを阻止しているかのように、その可能なるものを決して作動させることはなかった。それこそが質料的現象学なのだが、アンリにとっては、それだけが真に現象学的なものなのだ。

もっと正確にフッサールとアンリとの「親子関係」を確立しようとするなら、そしてその際、フッサールの行程のうちに見分けられる相異なる時期が互いに補完し合うことも互いに矛盾を来たすこともなく、互いに互いを啓示し合って、数々の緊張関係の領野として作品を啓示するということを勘案するなら、この身振りについては、それは『イデーン』第一巻のフッサールならびに最後のフッサールに忠実であるとともに不実な、同じひとつの運動であると言わねばならない。この身振りが『イデーン』第一巻のフッサールに忠実なのは、それが意識の絶対性を徹底化しているからだが、同じく徹底的に、意識の形相と超越論的運動を吸収してしまう点では、それは『イデーン』第一巻のフッサールにとって異端的である。ノエシス的現象学全体を超えてノエマ的現象学からヒュレー的現象学の深みへと遡行する点では、この身振りは後期フッサールの身振りを真に継続しているが、発生的歩みを伴うにはほど遠く、一切の時間化を糾弾するように見える点では、前者は後者と根底的に区別される。もっと正確には、M・アンリは〈脱-存的〉とみなされた時間性の非本来性を糾弾しているが、最新のテクスト群を見ると、この糾弾は、〈超越論的時間〉をより巧みに記述するためのもので、この〈超越論的時間〉は〈生〉をそれ自身へと到来させるところの運動なのである。この意味では、アンリにおける〈生〉の現象学はまさに「発生的」である。後でこの点に戻ることにしたい。

Ⅰ(b)．この最初の身振りと明白な近親性をもつものとして位置づけられるのは、ジャン=リュック・マリオンの身振りである。彼もまた贈与性の現前からフッサール的糸を引っ張っている。ただし、この糸の引き方ならびに追求されている目的が異なる。

〈脱-存的〉非本来性として指し示された現象極についての分析から方向転換するどころか、マリオン的問題系はこの現象極へと向かい、志向的相関関係のなかで優位を占めるものとしてそれを啓示し、そうすることでフッサール的優位を覆し、意識からその絶対性を剥奪しようとする。[29] この現象は一切の狙いをそれ自身へと与えるもので、この現象の自分自身への現前がいかなる欠損もない点で飽和的と称されるのだが、そのため現象は、現象を視野に収める眼差しからではなく、自分自身からこの現前を引き出すほどなのだ。それゆえ、J-L・マリオンは〔「飽和的」という〕この表現を用いていないとはいえ、現象はまずはそれを狙う狙いにとっては「飽和的」である。その意味するところは、現象がこの狙いを絶対的かつ十全に充実させ、遂には狙いを拘束する、それどころか、狙いを衰退させる、衰退したものとしてそれを存在せしめるに至るということだ。これはつまり、飽和させるとともに飽和させられる現象が、超過するものの秩序に真に属しているという意味である。[30] すなわち、現象は私の狙いを凌駕するのだ。だからこそ、現象の現前はもはや直観の規定に即しては記述されえないのだ。もっともその場合、直観——与えられたもの——が眼差しを充たすのは、予め直観がこの眼差しによって——直観として——召喚され強制されていたからでしかない。現象は超-権能であり超-現前である。自分自身を起点として現出し、そこで現象が眼差しの放棄を強いるような運動そのものによって眼差しを引き起こし、私の目を伏せさせながら私に見させるものとしての飽和せる現象は、起源的狙いである。同じひとつの運動によって、現象はこのうえもなく充実した現前であるとともに、自我の狙いの有限性を凌駕する現前、自我との対比で超-現前たる現前でもある。この超-現前を、梯の下から高みへと、自我から高みへと階層的に分割されたひとつの現前の最上段と解してはならないというのは本当である。このような現前は私の現前と比較可能なものではなく、私の強度に比して単に過剰な強度ではない[31]。かかる現前はもはや測定されるものではなく、そこでは過剰と充溢が一致している。ただ、アンリの歩んだ道との相違がそこで作動しているので指摘しておくなら、眼差しと見られたものについて、優劣を、更にはその諸属性を転倒しているとはいえ、マリオンは両者の二元性を保存している。同じひとつの運動によって、マリオンが超-現前を思考しているところで、アンリは現前の絶対性を思考している。実際、内在の充実せる自己現前のなかでは、見ることと見られることは一切の志向性の手前で廃棄されるのだが、それに対して、飽和した現象の現前の過剰は志向性を逆転させはするが、それを廃棄することはない——まったくその反対である。別の仕方で言うなら、マリオンは現前と贈与のフッサール的糸を紡ぎ出しており、その点ではアンリと近いが、他方では、狙いを凌駕するがゆえの現前の過剰がこの狙いを引き起こしており、この点においてマリオンはアンリと食い違っている。J-L・マリオンの表現による「普通現象」以上のものは、現象以下のものと同じ非-贈与性の効果を有するのだ。あまりにも充実した現前は不在とまったく同じく拒まれ、不在と同様に〈脱-存〉を呼び求める。ある超越者によって受動的に引き起こされた狙いの超越を思考する思想家たるマリオンの身振りは、この場合、確かにレヴィナスのそれと親戚関係にある。このようなものがマリオンに固有な交叉配列《キアスム》であり、それは、現前の純粋内在性についての思考を凌駕すると、今度はレヴィナス的超越へと彼を差し向けるのだが、ただしこの超越は、存在の欠損ではなく、存在の過剰な充溢というもうひとつの端で捉えられている。

Ⅱ(a)．なぜこう言うかというと、これはすなわち、非-贈与性から、現前の欠損から糸を引き出すことが[32]、フッサールから継承された理論的母型との関連で可能なもうひとつの身振りにほかならないからだ。

模範的な仕方で、E・レヴィナスの現象学はこの歩みを具現している。彼の現象学を導いている中心的直観のことは知られている。志向性がまさに〈脱-存的〉運動を行いつつも実際には同一化の企て以外のものでないなら、すなわち、自分へと還元するところの〈同一者〉(Même) による把持以外のものでないなら、その場合、こうした身振りは全面的に矛盾したものである。この身振りの成功は、この身振りそれ自体を無効にする。真に志向的性格を有するものとして、この身振りは自殺するのだ。なぜなら、それが自己から脱出するのは、よりよく自己のうちに戻るためでしかないからである……。だから、こう「考えないわけにはいかないのではないだろうか」。すなわちこの身振りは、こうして全面的に、一切の把持、まずは定義的把持をまぬかれるほかない、開けの力能として特徴づけられるもの、〈他者〉(Autre) の他性によって、起源的に、そしてまた、つねにすでに開かれていたのである、と。もっと正確に言おう。自我の志向性の敗北がこの志向性を存在せしめるのだ。別の仕方で、レヴィナス的語彙で言うなら、〈他者〉が〈同一者〉を与えるのであり、〈存在するとは別の仕方で〉が存在にきっかけを与えるのだ。〈他者〉のこうした受動的抵抗は、質料の惰性のようにではなく、逆に空気が漏れるように抵抗する、言い換えるなら、その存在論的重量によってではなく存在論的消耗として抵抗するのだが、そうした抵抗がかくして、数ある能動性のなかでも最も強力なものに転じるのである。それはあるひとつの狙いの能動性ではなく、超越的なものとして各々の意識の中核に差し込まれ、意識の内在性をこじ開け、それを存在させる唯一無二の狙いの能動性なのである。ここで目撃されているのはまさに、志向性についてのフッサール的図式の逆転である[33]。意識の中核に、より起源的な狙い、真の意味では志向性をもたない狙い、もはやほとんど志向的ではない狙い[34]が挿入されるのだ。この狙いがもはやほとんど志向的でないのは、それが綜合し同一化するよりもむしろ、解体するからである。この狙いは存在を与えるが、それはただ、逆説的に、とはいえ起源的に、つねにすでに存在を脱臼させていたからであり、かくしてこの狙いは、数ある受動性のなかでも最重要なものへと存在を差し向けるのである。自我のエゴ的意識がその超越論的尊厳を奪われるのは、この尊厳がいまひとつの志向性に委ねられるからではなく、〈他者〉としての〈他者〉が自己同一化されず(〈他者〉としての〈他者〉が自己構成せず、また、それが自我にとって構成不能であるという二重の意味で)、何ものをも同一化しないが、逆説的にも変質〔他者化〕させることによって豊穣なものであるからだ。〈他者〉としての〈他者〉はこのように、自我のすべての志向的狙いに住み着いた志向的ならざる起源的中核において、自我を指名するのだ。しかし指摘しておかねばならないのは、〈他性〉は〈同一者〉の只中でしか現れえないと、レヴィナスが絶えず強調していることである。〈同一者〉は、現出することが、言い換えるなら、束の間であっても存在することが可能な唯一の場所なのである。変質をもたらす超越は逆説的にも、それがそうでないところのものから、存在およびそれを集摂するもの、つまりロゴスの内在性を借り受けることでのみ実在する。つまり、かかる超越は痕跡という様相でのみ現出するのだ。したがって、この痕跡の観念はE・レヴィナスの哲学のなかで結節を成すものである。[35] 存在論的観点からすると、痕跡の観念は、現前とじかに接した不在、存在（する）のなかの〈存在するとは別の仕方で〉を表している。それはまた問題を成すもののただちに言語的な性質を表してもいる。すなわち、痕跡というものが読まれることを要請するものにほかならないとすれば、その場合、一切の現象に固有の脱現象化のなかで、存在（する）と〈存在するとは別の仕方で〉とのあいだで作動するものは、それと同じ運動によって、解釈への呼びかけであるからだ。要するに、痕跡の観念は、全面的に時間的なものであるから、存在（する）と〈存在するとは別の仕方で〉、見えるものと見えないものとのあいだのこの「あそび」（接合部に隙間があると言われる意味での）は全面的に時間的であり、時間化そのものなのである。そこで作動しているのは、このあそびそのものであり、すでにわれわれが述べたように、それはレヴィナスが隔時性（*diachronie*）と呼ぶところのものである。隔時性は時間と言語を解体することで時間を「作り」、言語を「作る」――そして言語は全面的に時間的なものとしてあらわになる。逆に言うと、隔時性がそこに「存している」ところの根底的中断が、無効で無意味なもののなかでの消失をまぬかれるのは、この中断が決して同一化されることなき痕跡のなかでそれが「響く」――いまひとつのレヴィナスの語彙を改めて用いるなら――場合だけなのである。

方法の観点からレヴィナスの哲学をフッサールの哲学との関係で急いで位置づけるなら、レヴィナス自身はこのような型の位置づけに着手していないとはいえ、レヴィナスの哲学は体験の中核に存する起源的なものに立ち向かうために、M・アンリのそれのように、ヒュレーの道に嵌まり込んでいくのだが、ただしそこでは絶対的に発生的な様相が現れる、と言うことができる。ここでなされているのは、発生という問題系の徹底化でさえあるのだ。レヴィナスは、現象学のうちにある受動性と時間的ずれの次元を強調しているのだが、こうして現象学は、真に「生誕の現象学」であることになる。

Ⅱ(b). J・デリダの仕事は、レヴィナスのそれとの明白かつ公然の近接性のなかに書き込まれる。とはいえ、フッサール註解者としてのレヴィナスが、フッサール註解者としてのデリダの注意を最も大きく引いているのではなく、哲学のデリダ的実践が、レヴィナスの数々のテクストのなかで作動しているいくつかの現象学的動機と通じているのであって、この密通が哲学のデリダ的実践にとって決定的なものなのだ。おそらく目的もやり方も異なるだろうが、それでもやはり、一方においても他方においても、起源における不在という動機が働かされている、というよりもむしろそれが働きを及ぼしているのである。

おそらく、不安を覚えることなしに「現象学者デリダ」について語ることはできないだろう。それほどまでに、デリダ自身、フッサール以後の現象学者たち全員に共有された構えと袂を分かつことで、フッサールの歩みのなかにみずからの仕事を余すところなく書き込むことはしなかったのである。ここにいう構えとは、フッサールによって開かれはしたが覆われた道において、フッサールよりも遠くに行くよう要請すること、「現象学者より以上に現象学者」たらんとすることに存している。だから、「デリダ＋現象学」を、言い換えるなら「現象学＋デリダ」をも省察の主題とするほうが妥当であろう。それほどまでに、デリダの仕事と現象学とのあいだで結ばれた連関は、これら二つの行程双方を形成したように思えるが、それと同じ理由で、両者を決して一致させることはないのである。

知られているように、デリダは『論理学研究』第一巻について一つの読解[36]をもたらすとともに、『幾何学の起源』についても一読解[37]をもたらしているが、これらの読解はいずれも（たとえ異なる仕方でであれ）ある仮説によって下支えされている。ハイデガー的動機にもとづいて練り上げられた仮説なのだが、それによると、フッサールは同じひとつの運動によって、現前の形而上学をその頂点にまで至らしめる一方で、現前の形而上学の不可能性を検証したのであって、この検証はほとんど引き受け不能なもの[38]、いずれにせよ主題化不能なものなのである。正確に述べよう。現前の公理論は理論的に主題化されると同時に、それがフッサールの探求の場であり、この探求に伴う数々の根本的観念がこの場で形成される限りでは、そのようなものとしては認知されないのである。フッサールは「現前の形而上学の最後の代表」を自認することはできないし、ましてや、そのようなものを自称するのを欲することはありえない。一切の哲学の明証として要請された限りでは、現前の公理論はもちろん、思考のひとつの時代が有する先入見とみなされることはありえない。非-現前の起源性はというと、それは厄介払いされ、更には否認さえされるが、それが一切の現前を可能にするという点で、かろうじて姿を現さないわけにはいかない。非-現前の起源性は、ハイデガーのいう意味で、この哲学の思考されざるものである。言い換えるなら、非-現前の起源性は、この哲学の言わんとすることによって内包されると同時に、この哲学を可能にした、いや、まさに不可能性としてそれを可能にした力そのものとしてこの哲学から逃れ去るしかありえないものなのだ。現前の形而上学はその不可能性そのもののなかにしか決して存することがない、これこそがJ・デリダの教訓である。確かにデリダはわれわれに同じく次のことも教えており、これはアイロニーなのだが、それによると、起源的ずれが垣間見られるのは現前の公理論を起点としてでしか決してない。なぜなら、ずれであるというその「本性」そのものゆえに、ずれは、自分を裏切ることなしには、逃れつつ自分を与えることはない。デリダのいくつかの語彙では、起源的遅延（*retard*）は代補（*supplément*）のなかでしか与えられず、それゆえ代補も同じく起源的である。これぞまさにひとつの「不可能な」主張——それが一切の現前の崩壊を確証しているという意味で不可能な――なのだが、にもかかわらず、それは徹底的な懐疑論的懐疑に帰着したりはしない。この主張の唱えるところでは、ずれは現前のなかでしか与えられず、したがってこの現前は確かに「幽霊的《スペクトラル》」現前なのである。この「不可能な」主張から「脱構築」は生じ、「脱構築」は同じひとつの運動によって、この「不可能な」主張からその諸帰結を引き出すとともに、それを実際に応用するのだ。逆説的な入れ子状態を成しつつ、「脱構築」はまさにそれが発見したもの、それが発明したものを作動させるが、ここでは「発明する」(inventer) はデリダ的意味で使われており、それによると、この語はある思考の思考されざるものへの曝露を本義としている。「脱構築」は、つねにすでにずれに住み着かれた現前の「共実体的」不可能性と同時に、このずれの贈与性の不可能性をも発見する。もっとも、ずれの贈与性の不可能性というよりもむしろ、ずれの贈与性はその起源的配付の不可能性のうちに全面的に存しているのだ。このことはまさに、現前の形而上学を解雇することはできないということを意味している。現前を起点とすることでしか、ずれはずれとして決して把持されえないからだ。これだけでも大したことだが、できることといえば、現前の形而上学は自分でそうであると思い込んでいるもの、純粋な自己現前ではないと、当の形而上学に理解させることだけである。しかし、これはフモール〔ユーモア〕をもって受け取るべきアイロニー的特徴だが、現前の形而上学に対してそう言えるのは、現前の形而上学そのものを起点としてでしかないのだ。これこそ、「脱構築」が指し示すとまったく同時に感得するところの過程である。したがって、「脱構築」が現象学的還元とのあいだに確立する連関は実質的なものである。たとえ脱構築が還元と一致しないとしても、ある意味では脱構築は還元から自律しておらず、この絆は、しばしばそう読解されるのとはちがって、無理解、対立、矛盾、更には現象学的企図の歪曲といった絆ではない。脱構築は、構成的意識の十全な自己現前への通路としての「還元」の不可能性をあらわにする。それを行うひとつのやり方は、数々のテクストが、意味の経験の直接性を蝕む還元不能な迂路を成す限りで、これらのテクストがあらわにすると同様に隠蔽する限りで、それゆえ、意味の十全なる現前との隔たりを穿つことでのみ意味をもたらす限りで、これらのテクストに依拠することである。しかし、「脱構築」はまた、ずれが、いかに「蝕まれて」いようとも現前のなかで、言い換えるなら、依然として精神的対象、テクストのなかでのみ与えられるということをあらわにしもする。その結果、精神的対象としてのテクストの両価性が生じる。内世界的物質性としては、それは意味と意識の純粋な自己現前を裏切る。そのような意味でのテクストは、健全で不可欠な裏切りを通じてかかる自己現前から隔たっていく。けれども、別の観点からすると、これは純粋な隔たりではなく、依然として現前のひとつの様相である。たとえそれがいかに虚弱化していようとも、また、それがいかに非-現前に取り憑かれているとしても……。それゆえデリダは、どんな恵みも痕跡と、テクストと、まさに痕跡としてのテクストと関連があると説明するとき、レヴィナスに最接近しているのである。[39]

このように、「脱構築」は還元の不可能性であると同時に、還元を欲しないことの不可能性でもある。それは、「還元」を欲することでしか還元の不可能性を語ることはできないと認める身振りそのものなのである。[40] 一切の言わんと欲すること(vouloir-dire)から思考されざるものを解き放てとの要請を語ることができるのは、究極的な言わんと欲することの只中においてでしかない。一切の自己現前、一切の言わんと欲することに伴う素朴さの「脱構築」は、同じひとつの運動によって、みずからになおも不可避的に住み着いている素朴さをあらわにしもする。このようなものが脱構築と現象学的還元との絆である。この絆は二重で矛盾を孕んでいる。まったく厳密な意味で、それは二重拘束《ダブル・バインド》なのだ。脱構築は還元の抹消であるのとまったく同時に還元へのノスタルジーであり、それは、還元に囚われたままでありつつも還元から離れることに存している。現象学的還元がまさに志向性へと送り返されるなら、その場合、デリダ的思考が与えるものは、まさしく志向性の脱構築であるのとまったく同時に、志向性の単なる破壊ならざるこの運動の只中での志向性の――弁証法的ならざる――保存でもある。周知のように、デリダが現象学の父祖のコーパスから別の数々のコーパスへとたちどころに漕ぎ進んだとき、彼は現象学について、それは自分にとってひとつの後悔の種であると言った[41]。この指摘には重大な価値を認めることができる。単に伝記的で心理学的な枠組みをはみ出すような価値を。後悔の念は、われわれに憑依すると言われる。亡霊のように[42]。そして、われわれに憑依するものから、われわれは自分自身ならざるものから逃れるように逃れることを欲する。しかもその際、われわれは、それをわれわれが掌握していないこと、逆にそれそのものがわれわれに住み着き、われわれのなかで語られ、われわれからの離脱を強いつつもわれわれに自分自身であることを許すのを経験するだろう。したがって、デリダの仕事が現象学とのあいだに維持する関係をめぐるわれわれの記述が正確であるなら、両者は相互に憑依し合っていると明言することができる。そしてこの連関は彼が話題にしていることそのものを（再）生産する。すなわち、純粋な現前は存在せず、現前はつねにすでに延期されているが、隔たりそのものはそのようなものとして十全に与えられうることは決してなく、後味、後悔の念、亡霊のごときものとしてその痕跡のなかでのみ見分けられうるのだ。

つまりこれらが、「現象学」という名のもとに現下に演じられている演劇の主役たちである。言い換えるなら、つまりこれらが、現象学的方法に住み着いた緊張関係がそこで展開されるところの思考可能なものの主たる領野である。これらの「登場人物」のあいだにいかなる関係が結ばれるのだろうか。彼らはわれわれに、過剰[43]が現象学に固有な拘束の領野の炸裂を引き起こすような悲劇的地形を遺贈するのだろうか、それとも、過剰が絶えず現象学的記述の可能事を活性化するような開かれた劇的構造を遺贈するのだろうか。

結局のところ、われわれが関心を向けているのは、現象学の公理論、顕著な例を挙げるなら、志向性が全面的にその門番にして管理人を務めるような直観の十全な現前であるところの、この「原理のなかの原理」[44]の限界を踏み越えることのリスクなのである。われわれは、このリスクを冒す二つの仕方を見出した。両者は対称を成してはいるが等価ではない――少なくともわれわれはそのような仮説を立てている。起源の欠損を支持する者たちがおり、起源における（過度に）十全な現前を支持する者たちがいる。抗争するがゆえに同じ問題の場所へと結集した、悲劇的な大家族の内的分裂のように。これこそ基礎的な分割、根本的な境界線であって、それはいかに複雑で紛糾していようとも、また他の数々の境界線を引くことができるとしても[45]、決定的なものであろう。

第三章

限界の問い

いずれにしても、この内的限界がわれわれの関心を引くのは、そのなかで作動しているのが現象学の限界そのものである限りにおいてである。

それゆえ、空疎な言葉を弄ぶことなく、限界において＝限界に働きかけるために、以下の頁でわれわれが使用するつもりの数々の概念的道具を明示するのが妥当である。

まず、フッサールそのひとにおいて、限界の観念の明確に区別された少なくとも二つの方法論的使用が見出される。

ドゥニーズ・スーシュ＝ダーグが指摘しているように、『論理学研究』の企てならびにそれを超えて現象学的行程全体を司っているのは、客観的理性における限界の不在という原理であり、そのことが「認識」ないし思考することの定義そのものを成している。「「それ自体で」認識可能なものとその存在はいずれも、その内容に関して規定されたひとつの存在である……」[1]。これは、われわれがすでにすれ違った、フッサール現象学のあの理論的付随物を思い起こさせるひとつの仕方である。つまり、認識することの力能には主観的有限性は存在しないのだ。認識可能なものの物差しは、まさに私がそれへと向かう際の運動にほかならない。したがって、この運動からは何も逃れることはできない。というのも、所与が存在するのはただ、私がそれを自分に与える限りにおいてだからである。もちろん、充溢されざるもの、更には構造的に充溢されざるものは存在するが、思い起こしておくと、このようにそこに与えられざるもの——それにのみフッサールはひとつの位格を授けたのだが——は充溢されざるものとして認知され制御されることになるだろう。なぜなら、それは充溢の物差しで測定されるからだ。

この原理については、『イデーン』第一巻にいう「諸原理の原理」がそれを二重化している。もっと正確には、カントの定言命法のどの定式もがその新たな面をあらわにするように、「諸原理の原理」はこの原理を別の仕方で表現しているのだが、そこからは少なくとも二つの重要な要素が生じる。第一に、本来的思考は、必当然性として現れる理念的客観性のなかで活動するということ。なぜなら、「主観的」狙いとその充溢との出会いが客観性そのものを成し、心理学的狙いの偶然性を本質的ならざるもののなかに放逐するからだ。ただ、それよりも何よりも、この原理のおかげで記述されるもの、それが、唯一本来的なものとしての相関的なア・プリオリであるということを指摘するのが重要である。これは、第一義的なものが「〜についての」である限りで、「どんな意識も〜についての意識である」、更には「どんな現象も〜についての現象である」と述べるひとつの仕方である。要するに、D・スーシュ゠ダーグとともに、この原理は「志向性そのものであり、この原理のなかで、〜についての意識としての意識の本質が開示される」と言わねばならない[2]。

われわれは志向性の限界的実践に関心を寄せている。そのわれわれの視点からすると、『論理学研究』においてすでに、志向性の本質を開示しようとすると、限界の観念と係わることになるという点を指摘するのはこのうえもなく重要である。しかし、これが決定的なことだが、ここで志向性にとって本質的なのは、限界の不在を主張することである。フッサールにとっては、志向性は限界なきものであることによってのみ志向性たりうるのであり、このことを語るのが志向性にとってはいわば必要不可欠で、それどころか緊急を要することなのである……。

最後のフッサール、それも最晩年のフッサールに目を向けよう。時間をめぐるC草稿のフッサールに。彼の関心はノエシス－ノエマ構造や、理念的客観性のような範例的で指針となる対象から離れて、意識の生の基底を原ヒュレーとして記述することへと向かったのだが、それでもなお、フッサールの注意を引いたのはやはり意識の絶対性であった。ただ今度は別の角度からであった。すなわち、意識の深奥にまで降りていこうと企てるとき、絶対的なものたる意識の純粋な内在性における自己への透明性は、依然として請い求められているとはいえ、掻き乱されることになる。後でもう一度この点に立ち戻るつもりだが、この混濁、それこそが起源的なものとしての時間なのである。いずれにしても、『論理学研究』、更には『イデーン』に宿るのとは別の、もっと不安な形式のもとで、「限界不在」の原理は回帰する。というよりもむしろ維持される。合理主義的数学者のいう客観性の絶対者に後続するのは、ドイツ観念論が話題とするような思弁的〈絶対者〉にきわめて近しい〈絶対者〉である[3]。その際、フッサールは次のような緊張のなかに捕らわれる。起源性を求めてやまないがゆえに、彼は「豊かな源」へと引き寄せられるのだが、そこでは、フッサールの合理的小道具は、どんなに彼が努力しても、一切の神秘主義にどんなに彼が抵抗するとしても、この「豊かな源」のなかへと溶解していきかねない。これは根底（*Grund*）の驚異であって、このとき、根底をあまりにも求めるともっと深い奥底（*Urgrund*）に直面することになるのだ。いずれにしても、限界の不在はつねに要請されているのだ。たとえそれが深淵性〔入れ子性〕という不安な相貌をまとうとしても。次のような言葉でフィンクは最晩年のフッサールの課題を特徴づけている。「フッサールは、数々の形成物がそこから発生するところの不定形の基底に戻ろうと欲している。彼はアペイロン、無制約なものを把持しようと欲しているが、とはいえその際、フッサールは、ヘーゲルの皮肉な表現によると、その只中では「すべての牝牛が黒くある」ような夜のうちに神秘主義的に埋没するのではなく、彼は無制約なものの起源的湧出（*Ur-sprung*）を把持しようと欲している（…）。」[4]

しかしながら、この後期の草稿群のなかには、剝奪されたものとして以外の仕方で限界の観念に言及している箇所が見出される。意識の認知論的であるとともに構成的な権能の限界が描かれているが、そのとき問題になるのはまさに時間性である。フッサールは、特に誕生と死について語るとき——そしてそのことは意味深長なのだが——、限界‐現象（*Grenz-phänomen*）という言い方をしている。しかし、この点に注意を促しておくのはこのうえもなく重要なのだが、限界それ自体はそこではフッサールによって*Grenz*として特徴づけられているのではなく、*Limes*〔極限〕として特徴づけられている。フッサールのなかの数学者は、数学において*Limes*と真に呼ばれているものがそれ自体として認識されるのは、この*Limes*がそれを起点として認識が可能になるものである限りでしかないのを思い出したのだ。したがって、*Limes*はこの機能を有したものとして認識されるだろう。*Limes*とは、認識がそれへと無際限に向かうところのものであり、[5]収斂点であり漸近点である。したがって、*Limes*は閉鎖性の原理としてよりもむしろ逆に開放性の原理として機能する。[6]フッサールにおいては、誕生と死は、生存ならびに思考の働きの還元不能な有限性を意味するどころか、また、制限するどころか、思考の絶対者への無限の飛躍を絶えず再開させるのである。

哲学そのもの——範例的にはヘーゲル哲学——が限界との[7]あいだに結ぶ連関、それについてデリダによって呈示された分析は、結局のところフッサールにとっても全面的にあてはまるように思われる。哲学が限界において＝限界を思考する場合、それは、哲学が根底的に〈他〉であるような〈他〉によって解消されはしないまでも感染される代わりに、限界上で身を危うくするという意味においてではなく、つねに哲学が限界を思考の対象そのものとしているという意味においてなのである。限界とある連関を結ぶこと、それは哲学にとっては、限界を思考すること——他の何ができよう？——である。その結果として、限界が哲学の限界と化すように。こうして哲学は限界からその不安定化させる力能を奪い、哲学それ自身の展開の内的動因へとそれを転じる。たとえ反語的にそうするとしてもこのことに変わりはない。ジャック・デリダが指摘しているように、ヘーゲルにおける否定性というあの制限もそうだし、フッサール的 *Limes* についても同様であるように思える。限界は、知と絶対者が相互的に係わるような場所で内的に使用される、飼い馴らされた他性として現れる。

　どうすればよいのか。哲学のなかにとどまるのを欲するなら、限界を踏み超えることはまったく問題にならない。したがって、哲学的なものの内的縁に身を置かねばならないのだが[8]、その際、デリダに続いてわれわれが気づいた否認、拒絶、回収の身振りの誘惑を避けねばならない。どのようにして？　このアポリアに直面して想起されるのは、ハイデガー的な解釈の諸原理である。存在論的伝統についてハイデガーは、「その積極的可能性、すなわちその限界をあらわにしなければならない（…）」[9]と書いている。ということは、限界はある哲学の不都合ないし不完全性を示すどころか、逆にその可能事そのものである。なぜなら、ある哲学にとってのその可能事、それは思考されざるものだからだ。限界を厄介払いしないこと、それを開示することが必要なのは、限界がまさにある思考の豊穣さであり、その予見されざるものの指示であるからだ。すなわち、この思考に宿る予見不能なもの、われわれがそれを発明するのと同様にわれわれを「発明する」ような予見不能なものの指示であるからだ。以上が哲学的なものの限界の本来的積極性である。ただし、それは囲い込むところの規定の完璧さとしてあるのではなく、可能事の未規定性への開けとしてある。

現象学的方法の限界を開示すること、それこそ、われわれが研究している「著者たち」がわれわれをそこへと誘っている身振りである。この誘いは、全員がそれを予告している限りでそうなのだが、全員がそうであるとはいえ、その仕方は確かに、事例に応じて明晰さも主張の強さも異なっている。

したがって、このような限界は真の意味での開けなのだが、それはこの開けが規定されたものを開いてそれを絶対知へと乗り越えるという意味においてではなく、この開けが真の意味で裂け目（*entame*, *Riss*）を成すという意味においてである。線の厚みによって囲い込むのではなく、切り込みを入れる線によって引き起こされた裂開であり、こうして〈他〉による触発へと開かれるのだ。[10]

おそらく言葉に先導されてはならないのだろうが、限界を試練にかけるに応じて限界を否認しているようにわれわれには思えるフッサールに関して、フィンクが次のように書いているのは意味深いことではないだろうか。（もう一度引用するが）「フッサールは、数々の形成物がそこから発生するところの不定形の基底に戻ろうと欲している。彼はアペイロン、無制約なものを把持しようと欲しているが、とはいえその際、フッサールは、ヘーゲルの皮肉な表現によると、その只中では「すべての牝牛が黒くある」ような夜のうちに神秘主義的に埋没するのではなく、彼は無制約なものの起源的湧出（*Ur-sprung*）を把持しようと欲している。それも、生の基底を引き裂く亀裂（*fracture*, *Riss*）――強調は引用者――として（…）。言い換えるなら、彼は時間をその過程において把持しようと欲しているのだ（…）。」[11]

現況を明らかにしておこう。

いかにして志向性の限界を、それを超えて現象学の限界を開示しつつも、この限界を踏み越えないでいられるのか。これは、その仕方が反省的なものかどうかはともかく、われわれの読んでいる数々のテクストが突き当たったアポリアである[12]。少なくともわれわれはそのように仮説を立てる。

われわれはこの点を示そうと試みたのだったが、仮に非‐贈与性が、志向性の特徴をなす自己への現前の炸裂を引き起こす恐れの大いにあるもので、また、この非‐贈与性が、現前の過剰もしくは現前の欠損によって「内在のなかの超越」を炸裂させかねない、いわばあまりにも根底的な超越のリスクをまさに成しているとするなら、限界はこうした非‐贈与性の観念のうちで示される[13]。したがって、非‐贈与性の観念は内的に両価的なものだ。それは、われわれに限界を認知させるのとまったく同じく、限界を踏み越えるリスクでもある。実のところ、挫折の二つのかたちがあるのだが、すべてを考慮に入れるなら、一方のかたちは他方のかたちよりも価値がある。ひとはまず、しくじるリスクのあるところまで自分を高めることさえできなかったがゆえに、挫折することができる。他方では、限界を凌駕する誘惑に屈することで挫折することができる。このことは少なくとも、限界の縁にまで達したことを意味している……。

現象学における非‐贈与性の使用をめぐる方法論的省察がかくして不可欠となる。この省察は、非‐贈与性の観念を主題化することなきフッサールによっては遂行されなかった。しかしながら、それは彼の数々のテクストのなかで作動している。簡略にそれを示すことができる。

生まれつつある現象学の調子（*Stimmung*）は反思弁的なものだった。フィンクがきわめて精確に述べているように、この現象学の課題は「先入見も体系化する構築もなしに、諸事象そのものを、歪曲された仕方でではなく端的にそれらが何であり、いかにしてそうであるのかを示すことである。［それは］「具体的な諸事象そのものに」最初で最後の言葉を与える。［それは］性急な「解釈」（*Deutungen*）によってこれらの事象を覆うヴェールからそれらを護ろうと欲する（…）」。フィンクは更に言葉を継いで、要点だけを記すならこう説明している。すなわち、このことは結局、諸事象と人間との出会いを、「哲学者である場合に人間が尊大にも体系と名づけるものから」解き放つことで、この出会いを可能ならしめるのだ。しかし、やはりフィンクが言っているように、「現象の現象性それ自体は現象的所与ではなく」、「存在者の現れはそれ自身が現れるところの何かではない」。こうして現象学は、「呈示可能な」所与へのほかならぬ配慮によって、この所与、「事象そのもの」を超えたところに眼差しを向けるべく促されるという緊張関係に、更には矛盾に捕らわれるのではないだろうか。これに対しては、こう反論することができる。いやフッサールは、彼に続く現象学者の大半は反対に、一切の現れることの「媒体」（少なくともフッサールにおいては、それは志向性である）を解明することで、それを、この「媒体」のなかで、「媒体」によって現れ、与えられるすべてのものよりも根底的で完璧な現れることとして発見している、と。そうではあるが、その場合にはやはり、感性的事象は贈与性の方法論的範例であることをやめなければならない。そうでなくとも、少なくとも疑念を言明することは可能になる。現象学的眼差しが、「呈示可能な」所与たる事象の上流に追いやられるなら、この眼差しが、現れさせることの力能の起源的な場所――それ自身が純粋な現れることである限りで――とこうして合致することを何が保証するのだろうか。また、「呈示可能な」所与たる事象、したがって記述可能な事象が存在しないところで、現象学的眼差しが思弁的構築に委ねられないことを何が保証するのだろうか。一切の贈与性の根を把持しようとの配慮は、一切の贈与性、ひいては志向的分析による一切の制御、言い換えるなら、少なくとも与えられるものが与えられるその仕方についての厳密な記述による一切の制御を超過するリスクの端緒となるのではないだろうか。そこでフィンクは、「志向的分析がその方法論的展開のなかで一種の生の哲学と化すのは意味深いことだ」

[14] [15] [16] [17]

と指摘している。というのは、志向的分析は、その根底性への要請を通じて、志向的生そのものへと逆流するからだ。そしてこのフィンクの指摘はJ・デリダによって継続され解明されることになるのだが、デリダはというとフッサールのうちにひとつの「形而上学」を識別している。その特権的な表現のひとつが「生の形而上学」[18]であるような「形而上学」を。晩年のフッサールの後期テクスト群に先に言及したが、そこでは、最も起源的なもの——言い換えるなら意識の自己時間化——を解明せんとする配慮ゆえに、絶対者の観念が中心に位置づけられており、それゆえ、これらのテクストは上記の疑念をより強固にすることにしかならない。

こうして、いわば火急の課題がまさに突きつけられることになる。非‐贈与性が志向的分析の諸拘束を超過し、現れるものの現れることの叙述で満足せよとの要請を超過するリスクを開く限りで、非‐贈与性に問いかけるという課題である。

これはフィンクが『デカルト的第六省察』[19]で行ったことである。そこで、われわれに固有の作業に着手するに先立って、彼の助言を聞いておこう。

そのためにはまず簡単に、同書第七節でフィンクが直面し、非‐贈与性（*Nicht-Gegebenheit*）の主題化を彼に強いることになる問題がいかなるものであるかを思い起こしておくのが妥当である。

超越論的エゴに対するいわゆる現象学するエゴ[20]の支配は揺るがされており、この解放、それが時間そのものである。この問題に直面して、フィンクは非‐贈与性の観念を明確に主題化しなければならなかった。彼はこの観念に現象学的高貴さを備えた自身の教養を捧げている。実際フィンクは、フッサールが絶対的贈与性の要請を放棄することなく、とはいえ思い描けないものを主題的に思い描くことなくこれらの限界の試練を絶えず蒙っているように見えるところで、贈与性の諸限界に現象学的位格を与える必要を明確に指し示している。絶対的な非‐贈与性がなければならないし、また、超越論的主体性の至上性は揺るがされねばならないのだ。与えられざる場所そのものに思考を向けるためには、遡行的現象学によってすでにして中継されている記述的現象学は、構成的現象学へと徹底化されねばならないが、これが徹底化なのか超過されることなのか、それが問題である。[21]記述することのできないもの、それを構築しなければならない。少なくともしばしのあいだは、『デカルト的第六省察』で彼が一挙に作動させているヘーゲル的「乗り越え」や和解とはほど遠い仕方で、フィンクは、現象学をその構築的契機において思考する必要と、「構築的現象学の理念の相対的構想不能性」との板挟みになって、緊張関係の試練を蒙っている。そして、この「相対的構想不能性」こそが、粗描、単なるメモでしかないのではないかという不安を彼に抱かせたのだが、それに対して、可能的な構築は絶対者の弁証法の作動のうちに存しており――、まさに一切の不安を鎮めるためにフィンクはすぐさまこの弁証法を援用することになるのだ！

非‐贈与性と構築をめぐるフィンクのこうした省察が、現代フランス現象学の文脈のなかでいかに豊かなものであるかはまったく明らかである。一方には、起源的なものに魅了され、それ本来のものであるはずの厳密さと縁を切って、記述の領野を超えて、それゆえしばしば神学的な天空へと陥っていく現象学があり、今一方には、厳格でありたいとの口実のもと、与えられた事象、「呈示可能な」事象に大いに執着するがために、「呈示可能なもの」の上流へと、そうした事象の贈与性の〈いかにして〉まで遡行することを拒むような現象学があって、そのあいだで選択することしかわれわれには許されていないのだろうか。後者の現象学はというと、遡行することの拒否の徹底性――頑なさと化した――のゆえに、遂には、実証主義的企図で我慢するというその本質に背くことになってしまうのだ。

みずからの正体を明かすことなき数々の思弁的構築に抗する最良の武器は、構築に伴う諸問題と正面から取り組み、同じひとつの運動によって、現象学的要請の観点から見た構築の必然性とそのどうしようもなくアポリア的な性質を引き受けることであると、フィンクはわれわれに教えているのではないだろうか。錯覚を生み出すものを前にして、贈与性の諸限界の承認とそれをめぐる省察における明晰さに勝るものが何かあるだろうか。あるいはまた、「制御されざる」[22]現象学的構築を前にして、この制御の諸様態を思考するのに専心することは、起源的贈与性に伴う数々のアポリアを否認することよりも、また現象学の領野から排除されることで現出する非‐贈与性を抑圧することよりも好ましいのではないだろうか。フィンクはこの制御の本質的様態を指し示している。構築的現象学は構成的現象学なしで済ましてはならず、前者は後者を回避してはならず、逆に後者を横切らねばならないのだ[23]。構築的現象学は現象学の限界上に位置しているが、それは現象学の内的縁に位置していなければならない。現象学のまさに果てに……。

賭けられているのはまさに、現象学のなかでの限界の使用という争点である。このことを別の仕方で言うことができる。争点は、もっと優雅な言い方をするなら、現象学が過剰とのその連関――もしくはその非‐連関――を「処理し」「統治する」その仕方のなかに位置づけられるべきなのである。

第二部　時間の前線

これより、われわれの以下の作業仮説を検証するのが妥当である。

一、贈与性と非‐贈与性との対立は、現代フランスの現象学的光景、とは言わないまでも少なくとも、先にわれわれが決定した現象学的方法の過剰な実践によって特徴づけられるこの「家族」を成形するために効果を発揮する。

二、その際、限界を実践する数々の仕方が作動するだろう。すぐに指摘できるのは、われわれの注意はもっと個別にはこれらの実践のなかの三つに向けられるだろうということだ。すなわち、限界と接するのを拒絶すること、限界を侵犯すること、限界に耐えることの三つである。

なぜ時間へと振り向くのか？

一、なぜなら時間は、フッサールの「なかで」決定されるアポリアに即して、起源的なものへの競り上げが十全に発展することになるその「場所」にほかならないからだ。時間は、『内的時間意識の現象学』においてすでに、ノエーシス的なものによって視野に収められたエゴの形式の手前にまで掘り進む現象学にとっては、最も深い構成の場所、原構成（*Urkonstitution*）の場所としてあらわになる。この現象学は意識の流れの誕生そのものへと向かうのだが、それに立ち向かえるのは唯一ヒュレー的な、それゆえ発生的な現象学だけである。[1] この起源はフッサールにとっては、単なる始まり（*Anfang*）ではないし、また、根拠なるものが、理論的なものの秩序における始まりの内世界的観念のデカルト的反復以外のものでは決してないなら、単なる根拠でもない。つまり、現象学がみずからにその名を与え、みずからを理論化したその局面、「第二の」フッサール、超越論的転回の局面においてすでに、あたかも純粋な内在性の確実性、ある意味ではその稠密さに向かうかのように絶対的意識の原領域（*Urregion*）に向かう還元ないし拡張というデカルト的道程は、そうであるはずだと考えられているほどには単純ではないのだ。それというのも、起源にしてからがすでに自己現前の単純さではないからだ。意識に対してデカルト的明証が求められるとしても、起源はつねにすでに複雑化させられているのだし、フッサール自身の意図からしてもつねにすでに複雑化させられていた。[2] たとえ最初は暗黙の仕方で、それも、いくつかのテクストはこの点を承認しようとしていないとしても、そうである。その直後に導入されたエゴの発生という主題が決定的な仕方で起源のこの複雑さを証示している。エゴの発生は、時間化され／時間化する流れの「滑り行く」土地に現象学的眼差しをただちに位置づけることで、単純な始まりないし根拠という誘惑を崩壊させるのである。[3] ただし、お気づきになるように、時間化が有する最も根底的なものへのフッサールの眼差しによるこの忍従は、デカルト的単純さから遠ざかりつつも、フィヒテ的調子の絶対者に近づくほかない運動によって贖われるようにみえる。そして、いずれにしてもこの運動のなかで、非創設的な起源への要請はより執拗なものとなる。ここにいう非創設的な起源なるものは、後にハイデガーによる省察の対象となるのだが、この起源はアルケーやテロスの公理論から解き放たれて、「湧出」（jaillissement）というその最初の意味へと送り返されるのだ。[4]

意識の時間性、もっと根底的には時間流としての意識は、原構成としての最も起源的な構成の場所である。それゆえ現象学的還元はかつてないほどに自然に反した運動となるだろう。流れが突如として逆流しようとし始め、その起源でのみずからの湧出を上流で把持しようと欲するのだから。この課題が有しうる未曾有さの高みにみずからを維持するためには、現象学的方法もまたその資源の限界に向かわねばならないだろう。なぜなら、現象学的方法は意識が自分自身に差し出そうと企てる鏡以外のものでは決してないからだ。この鏡はというと、自分に対してあまりにも忠実なもの、ひいては透明なものたらんとするがゆえに、最後にはもはや何も映すことがなくなる。周知のように、意識という原領域はフッサールにおいては、現象の位格の最たるものと非‐現象のそれとのあいだを揺らいでいる。実際、この原領域は一切の現象性の媒体＝環境であるが、この媒体＝環境はすでにして透明な鏡との一致であって、それゆえ原領域はそれ自体が現象の最たるものでもある。それはまさにこう言うことに等しい。すなわち、見ることがそこで展開されうるような自己と自己との隔たりの不在ゆえに、この原領域は自分を思い描くことができず、それは「現象なき」ことそのものなのである。しかし、還元不能な隔たりが認知され引き受けられるなら、それもまさに時間的ずれとして認知され引き受けられるなら、その場合、鏡は取り返しのつかない仕方で不透明なものとなる。この逆の意味でもまた、意識は非‐現象である。(5) このことは少なくとも次のような仕方で看取される。すなわち、『論理学研究』第一巻が、表出的で透明で非生産的な単なる層として要請していた言語は厚みをもち、肉化され、作品の質料がそれによって抵抗される身振りによって「加工」――それは作品のなかに作品を超え、それに先立つものが刻印されるためになされる――されるはずなのと同じ仕方で「加工」(6) されねばならないのだ。現象学は、どれだけそれを受け入れるかの程度は異なるとはいえ、「否定現象学」と化す。このような現象学は「否定神学」に伴う数々のアポリアに突き当たるのだが、その主たるものはこうだ。所与への配慮のなかで、一切の所与に先立ち、それゆえ非‐所与であるようなもの――それは与えるところのものまたは贈与性の展開そのものであって、この運動はひとつの贈与的審級をおそらく前提としてはいない――へと向かうとき、つねにすでに先立つものについて何を現れさせ、何を名づけるべきなのか。

一切の所与に先立つであろうもの、そのなかで私が自分に所与を与えるところの一切に先立つであろうもの、最後には、省察するエゴが贈与性を記述する際の操作的諸概念に先立つであろうものについていかにして語るのか。そのためには、フッサール現象学によって改めて採用された、西洋哲学における数々の大分割、とりわけ形相と質料の大分割の手前で思考し、表現しなければならないだろう。こうして周知のように「言葉が欠如し」、現象学は、そのようなものとして現象学がみずからを生きているか否かはともかく、否定的なものとなる。それは現象学が、起源のほうを向いたすべての哲学、なかでも種々の観念論のアポリアを共有しているからだ[7]。哲学はそのプラトン的起源以来われわれをこのような遡行へと誘っているのだが、印象から原型、複写から原本、最小の現前からそれに灌漑する源泉への遡行がまさに実行されるのかどうかを、いかにして知るのか。それとは逆に、私は遡行的錯覚のなかで、原本もしくは源泉を、自分の生まれた場所、自分がつねにすでに登記されている場所を起点として投影しているのではないか（ハイデガーの語彙では「存在者」を起点として「存在」を投影している、フッサールの語彙では「内世界的なもの」を起点として「超越論的なもの」を投影している……となる）。G・グラネルの表現によると「存在的雛形」となるが、それが、原本としてみずからを与えることの原本、もっと正確には、贈与性としてみずからを与えることの原本となっているのではなかろうか。

二、時間へと向き直ること、それはしたがって、自分自身から自力で自分を産むという、意識の常軌を逸した要請へと向き直ることである。これこそ、時にフッサールをして、超越論的エゴは死なないのと同様に誕生しないと言わしめ――それは超越論的エゴの絶対性を確証するひとつの仕方である――、時にフッサールをして超越論的エゴの受動的発生の過程を探査させたアポリアである[8]。これら二つの相矛盾した強制を共に維持すること、それこそまさに意識にとっては自己出産することである。こうした二重拘束《ダブル・バインド》は、意識が有する統御権能の能動性を自分で強調したのと同じ運動によって、意識を誕生という受動性や「自己脱去」へと追いやるフッサールにおいてほど決定的なものであったことはない。フッサールは探求されているものを厄介払いしようとしているかのようだ。しかるに、探求され一掃されるものは、意識のこの権能そのものに感染しかねないのだ。これが自己構成という荒唐無稽な企てである。すなわち、自己（*Selbst*）のなかで、自己によって起源（*Ur*）を把持しようという未曾有の要請なのである。ここには紛うことなく時間の現象学の傲慢《ヒュブリス》がある。意識が単に有限なものとしてのみずからを生きる場合には、意識が絶対的なものとしてみずからを生きる場合と同様、傲慢はないだろう。奢りは、意識が絶対的なものとして有限性——意識は有限性でもある——を絶対的に把持しようと欲することに由来する。逆に言うこともできる。意識は絶対的なものとして、まさにその有限性において自己を把持しようと欲している。傲慢は、無限に有限なものとして自己を認知することに存している。

自己構成であるようなこの自己出産は、志向性の内的縁にみずからを位置づけることで、志向性の限界に身を置こうと企てているわれわれにとってはまさに格別なアポリアであるはずだ。

三、フッサールのなかで懐胎されたこのアポリアによって初めて導かれ、われわれが研究しているテクスト群によって継承された問題は以下のような問題である。私から逃れるものが根底的にわれわれから逃れるとして、私は「それ」と無関係なのだろうか。しかし、触発を根底的なものにするなら、触発を破壊することになる。私ともはや関係をもたないほどに私のすべての権能を凌駕するものは、もはや私を触発することはない。私の受動性は、「あまりにも」絶対的なものになることでまさに私を解き放ち、もはや受動性ではなくなる。(9) 私が私を触発するものと関係しなければならないとして、触発を迎え入れることに存する最小限の活動をしても私が触発を解消しかねないというのが本当だとするなら、いかにして関係を「裏返さず」におれようか。私を囲い込むことなく私を触発するものと、いかにして私を関係させるのか。

そのようなものとしての非‐贈与性はどうなっているのか、それが賭けられている争点である。非‐贈与性は「不在を作るもの」ではなく、疎隔化を作るものである。非‐贈与性は触発の不在ではなく、権能に対する侮辱、あるいは少なくとも権能に不快感を与えるものとして与えられる。非‐贈与性において、私は自由のひとつの形式である軽快さのなかにいるのではない。それは遺産なき者、何も与えられなかった者の形式であるが、そうではなく、このとき私はある意味ではつねにすでに強奪された者としてある。そしてこの盗みが与えるものだということ、それこそ時間的隔たりのなかで視野に収めるべきことなのである。[10]

われわれに課題として改めて課せられるのは、贈与性の限界そのものとしての非‐贈与性に耐える――あるいは耐えるのを拒む――様々な仕方を、起源的時間性という母型的であるがゆえに範例的な場所において特徴づけることである。[11]

現代フランス現象学の風景の配置換えに向けて

そういう次第で、われわれの仕事のこの部分では、贈与性の限界の多様な実践を探査することで、われわれの研究している領野の配置換えを素描しなければならない。われわれは、贈与性と時間性をめぐる問いが起源的に交叉する点で（この点に）働きかけるつもりだが、その際、読解されている諸作品のなかで最も明白に露出しているこれら二つの糸――贈与性の糸と時間性のそれ――から成る糸に依拠することにしたい。ただし、これら二つの糸の一方を引くことはつねにもう一方の糸に導く。というのも、二本の糸はつねにすでに撚り合わされているからである。

われわれは二つの研究を提案する。ひとつは、M・アンリとE・レヴィナスがそれぞれ『内的時間意識講義』にもたらした読解に奥行きをもたらすことに費やされ、いまひとつは、J・デリダとJ－L・マリオンが各々それなりの仕方で贈与《ドン》と／もしくは贈与性《ドナシオン》を起源的なものたらしめたその仕方に関心を向ける。比較というやり方はある風景を素描し、一個の思想のなかへの閉じ籠りを回避することを可能にしてくれる。それは何よりも、外見上の対立の背後に存する近さをあらわにし、逆に、外見上の近さの背後に存する対立をあらわにすることを可能にしてくれる。

以下がわれわれの作業仮説である。

一、レヴィナスの思想とアンリの思想は、超越への根底的な要請と内在への根底的な要請として相対立しているように思えるが、これらの要請は「内在のなかの超越」というフッサール的母型の炸裂にある意味では由来する。にもかかわらず、これらの思想は裏と表の内密な近さを有しているのではないだろうか。こうした近さが疑いないものであるなら、その場合、この思いがけない近さ、それも曖昧な近さはこれらの思想の一方と他方についてわれわれに何を教えてくれるのだろうか。

二、贈与《ドン》の問題系（デリダ）と贈与性《ドナシオン》の問題系（マリオン）とのあいだに存する明白な交叉をまさに超えて、マリオンの仕事は、不可能性としての贈与《ドン》というデリダ的アポリアとの類縁性を、このアポリアがみずからの仕事の糸口となった限りで、絶えず主張している。つまりマリオンの仕事は親子関係を主張しているのだ。けれども、このような親子関係の主張——それがかくも誇示されること自体意味深長ではないかと考えることができる——は、これら二つの問題系のあいだのおそらくは還元不能な隔たりを消し去る定めにあるのではないだろうか。しかし、この隔たりはきわめて重大なものなので、差異よりもむしろ対立を意味しているのではないだろうか。なぜこの隔たりはマリオンによって入念に「裏返された」のだろうか。この隔たりは何を意味しているのだろうか。

したがってここでは、比較だけを目的とした比較をおこなうことは問題にならないだろう。比較は、ここで比較を下支えしている構造化する仮説に結びつけられることでしか価値をもたない。すなわち、弁別基準は志向性の（言い換えるなら贈与性の）限界を管理する仕方のうちに存しているのだ。M・アンリをE・レヴィナスに近づけることは、現前の充溢の哲学としてアンリの哲学が一切の限界を知らないにもかかわらず、ある意味では彼の意に反して、アンリを、志向性（贈与性）の限界の引き受けへと導くことではないだろうか。それはまた、アンリとマリオンとの隔たりを示すことではないだろうか。しかし、われわれが進んでマリオン的「超現前」と名づけたいものはそのようなものとして一切の限界の侵犯として明白に与えられるもので、この種の「超現前」とアンリ的現前とのあいだには明白な類似が存在しているのだ。デリダからマリオンへの隔たりをあらわにすること、それはまた、たとえ暗黙裡にであっても、レヴィナスからマリオンへの隔たりを示すことではないだろうか。デリダとマリオンを分離しているものがデリダをレヴィナスに接近させるなら、顔の問題系とイコンの問題系とのあいだには数々の類似が存在しているにもかかわらず。(12)

限界の作業に耐える者たちと、この作業を絶えず厄介払いする者たちとのあいだに――切断の鮮明さを軽信することなく――分割が施された以上、数々の類似、更には数々の両義性の背後で、光景は転覆されるのではないだろうか。

第一章

志向性の限界にて

――『内的時間意識講義』の読者、M・アンリとE・レヴィナス(1)

現代フランス現象学の領野の地図作成者たらんとする者にとって、志向性――現象学の主要テーマ――ならびに、それが最も過酷な試練にかけられること――それはフッサールが志向性を時間へと方向づけ、志向性を時間に直面させたときに起こった――はおそらく、格別なもしくは戦略的な「通過地点」を構成している。この場所は、たとえそこですれ違うことは稀れだとしても、誰もそれを避けることはできない。一、われわれはここで、M・アンリの軌道とE・レヴィナスの軌道という二つの軌道を辿り、それらはまさしく時間というフッサールの問題系が占めるのと同じ「場所」に置かれてはいるが、同じ道を逆向きに通ったかのように一度もそこで出会うことがなかったということを示すつもりである(2)。そうするために、われわれは、「ヒュレー的現象学と質料的現象学」(3)によって『内的時間意識講義』について呈示されたアンリの読解を描写し、それを起点として今度は、『存在するとは別の仕方で　あるいは存在することの彼方へ』(4)でのE・レヴィナスによる同一テクストの分析が形成するその鏡像的倒立を示すべく努めたい。この「反射」の過程（それはもちろん、引き合いに出された著者たちによっては主題化されていない）においてはおそらく、一方に最初の直観があり、他方にそのイマージュがあるのではない。そこにあるのは――多分この仮説は大胆にすぎるように思われるかもしれないが――、自分自身にもたれかかった同じひとつの思考なのではないだろうか。

二、しかし、この真に内的な争点は、現象学的方法の豊穣さと限界に係わるところのいまひとつの争点に取って代わられる。あらかじめ二つの問いかけを明らかにしておこう。

(a) 志向性の限界に問いかけるに際して、なぜ時間へと向かうのか。

それはおそらく、「対象‐時間」そのものが志向性にとって扱いにくいものだからである。聖アウグスティヌス以来知られていることだが、存在と非‐存在との混合物である時間は、ロゴスとして安定化させられることがない。けれども、時間についてのフッサール的問題構制の独自性を成しているのは、時間が意識にとって奇異な「対象」だということである。なぜかというと、時間は意識そのものからして起源的なもの――しかもこの起源的なものは「始まり」としても、この語の論理的意味で「根拠」としても記述されえない――であることが明かされるからだ。結局のところ、時間とは、自己自身のうちにとどまりつつも、世界へと身を投じる純粋な活動として、一切の事象をみずからに与える権能たる志向性、それが自分自身に自分を与えようと努める「場所」なのである。『講義』が厄介払いしようと努めているアポリアのことは知られている。すなわち、起源は、起源であるがゆえに、それを把持しようと努める身振りそのものから逃れ去るのだが、この身振りによって起源は起源であるのだ。みずからの起源を把持しようと努めながら、志向的眼差しは、より起源的な志向性の形式のもとで、自分自身を「対象」として捉えてしまう。（この課題を前にして、フッサール現象学の方法は、受動的綜合の観念ならびに、縦の志向性と横断的志向性とに「分岐した」二重の志向性の観念、作動的志向性の観念を練り上げねばならなかった。いずれの観念についても、それらが解消しようと努めているアポリアそのものによって、当の観念が「取り憑かれ」、ひいては不透明化させられたままなのではないかと考える権利が当然ある。）起源性への要請は、探求されている志向性が、客体化せざるもの（というのも、客体化する眼差しよりも起源的であるから）として、また、「受動性」（というのも、構成する能動性、ひいては能動性と受動性の対立に先立つものであるから）として要請され、予感されることを含意している。ここには志向的交叉配列《キアスム》のひとつの様式があるのだが、それは、身体的／肉的という交叉配列に伴う数々のアポリアにも比すべきアポリアを呈していることが知られている。志向性は——こう言ってよければそれがいかに「善き」意志を有していようとも——「客体化するもの」(5)にとどまり、それゆえ、みずからが係わっているもの——そのまさに「対象＝客体」——に自分自身の素材を与えることで、それを「感染」させてしまうのだが、それは実際不可避であるように思える。なぜなら、志向性が認識しようと努めているのは志向性そのものにほかならないからであり、また何よりも、認識されること——もっと広く言うと構成されること——はまさに志向性の正体である純粋な眼差しのもとに捉えられることに存しているからである。しかし、こうしてまた志向性は、自己を認識するに際して、他なるもの（客体的で受動的なものではなく）として自己を認識するのを欲しながらも、自己自身と同一なものとして自己を認識しなければならないという眩暈に捕らわれ、そこに失われていくのではないかとの疑念も生じるだろう。

志向性は時間のなかで自分自身と出会おうと努めるのだが、こうして志向性が出会うのは、それが、認識する、もっと広くは構成する権能である限りでの自分自身の限界なのである。

(b) そうであるなら、なぜアンリ的読解とレヴィナス的読解のほうへ向かうのか。不十分なものと判断されたフッサール的還元を徹底化することを提案しながら、これらの読解は志向性を「衰弱させ」、遂にはその母型（「内在のなかの超越」）を壊してしまう。かくして問いは次のようになる。これは志向性に課せられたねじれなのだろうか——その場合、志向性はどの程度までねじれに耐えられるのだろうか——、それとも、これは断絶の暴力なのだろうか。

もしたまたま、それ固有の意味に即して志向性が「解‐体」（dé/faite）されるような、志向性の敗北（défaite）を結論として選ばねばならないとしても、それでもやはり、時間についてのテクスト群のなかでは[6]——これはそれらのテクストをわれわれが選んだ理由にほかならない——アンリとレヴィナスが意識の内在性にじかに働きかけているということを指摘しなければならない。それというのも時間とはまさに次のようなものだからだ。すなわち、志向的意識がそこで自分自身の崩壊に直面するが、自分自身以外には「そこから脱出するための」資源をもたないような場所である。時間とは、志向的意識が自分自身のうちでその限界にぶつかるところの場所なのである。このことが含意しているのは、現象学的言説は、それ自身の放棄を解明するためには自分自身以外の資源に頼ることがないということだ。すなわち、志向性の作動的権能に、そしてそれだけに[7]。われわれはこの点を示したいのだが、この観点からすると、アンリとレヴィナスの歩みは範例的なものである[8]。限界上に位置することは、手前にとどまる者の安逸も、彼方に赴く者の安逸も自分には認めないことを含意している[9]。

今はわれわれによる読解に着手する時である。

最も起源的なものを引き出すべく努めながら、アンリとレヴィナスはただちに印象に、ほとんど印象にだけ関心を向ける。印象が（「与えるもの」たる）原印象（*Urimpression*）である限りで、彼らは印象に関心を向けるのだが、ただ、原印象であるとはいえそれは過去把持的に変容されている（志向性のなかで、志向性によって「与えられ」ている）。時間性、感受性ならびに／もしくは印象の触発的情動性、志向性は、起源的に結び合わされている。したがって、この原細胞（印象／過去把持）は、J－T・デザンティの語彙を借りるなら、ひとつの結び目を形成している。この結び目はそれを解く時間を「作る」のだが──時間がある意味ではまさに一切の実体、まずは時間そのものの実体を解体するもので、それ以外の何ものでもないなら、この結び目を切断することなくそれを解くことはできるのだろうか。

まずM・アンリの後をついて行こう。

周知のように、彼の課題は、最も根底的な内在性──内在性だけが根底的なものなのだが──を思考することである。なぜなら、どんな現出も地平をこじ開ける身振りを想定しているがゆえに、自力で自分を支えることはできないということ、それを『現出の本質』は示したからである。（自己を「外に投げ出す」ものは、自己を根拠づけたり自己を受容したりすることはできない。）

このようにフッサールはひとつの方法、現象学の根底性（もっともアンリはこの方法の根底性を不十分なものとみなしている[10]）をM・アンリにもたらしただけではなく、ひとつの領野──まさに内在性をももたらした。ただし、この領野はフッサール自身によって半ば隠蔽され、放擲された領野である。実際、フッサールの現象学的歩みは見ることに委ねられている。志向性は全面的に〈脱‐存的〉であり、それでしかなく、その結果「存在論的崩壊」が生じる。志向性というこの純粋な眼差しのもとで孕まれる以上、内在性は失われ、この喪失が「存在論的崩壊」を生み出すのである。

なぜそうなるかというと、見ることの超越がただちに形式＝形相（*forme*）だからである。言い換えるなら、それは、ある内容がそれにもとづいて現出するところの地平であって、それ自身では決して内容ではないのだ。結合と展開の原理ないし法則ではあるが、それ自身では決して、結合され展開されるものではないのだ。アンリの現象学は、質料に対する形相の伝統的優位を覆し、更には形相／質料の二元性から脱出しさえすることで、全面的に質料的なものとしてみずからを思考している。[11]（確かに、『イデーン』第一巻の八六節はヒュレー的現象学を独立したひとつの学問として呈示していたが、その反面で、すべてが、フッサールの枠組みのなかではこの学問を不可能なものにしていた。）別の仕方で言うとこうなる。理論的＝観照的思考が「見」させるものである以上、つねにある意味では客体化するものである——客体化する狙いとは異なる様々な狙いをフッサールが尊重しているとはいえ——志向性の目前で、狙われることなきものへと向き直らねばならないだろう。すなわち、感覚へと、もっと正確には情動性（なぜなら、感覚は感覚されたものの超越へと開かれていくから）へと向き直らねばならないだろう。以上がフッサール的印象についてのアンリ的理解なのである。

志向性——〈脱‐存的〉超越である限りでの——それ自体が与えられないなら、まさにもっと「深く」、志向性の背後に隠れたもうひとつの贈与性、自分自身を与えるとともに志向性を与えるところの贈与性を探さねばならない。自己による自己への自己の自動的贈与性、これがアンリにとっての感情の、情緒の定義である。現象学的分析の全体がそれへと導かれていくのだ。

したがって、『講義』はアンリにとって、フッサールが原印象を、あえて言うなら「見失った」（まさにそれを過度に視野に入れたがために）、そのような戦略的テクストとして現れる。しかし、同じひとつの運動によって、このテクストはまた、印象が有する「原的」で「自動的」な贈与性の未曾有の権能が一瞥されるような場所でもある。フッサールの分析がこの印象を失うことしかできないとしても、周知のように、彼の分析は印象を「新しきもの」として把持することに全力を傾けている（まさにそうすることで、印象を裏切ることになる。根底的に新しきものはまさに一切の構成的把持の不意を襲い、それをはみ出すのだから）。そして、これはフッサールの目には「より悪しきこと」、言い換えるならM・アンリの目には「より善きこと」なのだが、まさしく原印象――裏切られた――がいずれにしてもその奇異な権能を一瞥させるがゆえに、志向性は徹底化され、その最後の力を汲み取ることになる（二重の志向性の問題系を参照[12]）。要するに、このテクストは志向性が印象にそこで勝利するところのテクスト――ただしこの勝利はあまりにも犠牲の大きな勝利である、なぜなら、志向性は自分が探しているものを自分に与えると強弁するまさにそのときにこのものを喪失し、その全体が起源への探求であるがゆえに、それによって自分自身を喪失するのだから――なのだが、それはまた、原印象が束の間現出するのに成功するテクストでもある。ただ、それはまさに束の間のことでしかありえない（例えば生きた現在の観念のなかでのように）。別の仕方で言うなら、時間が〈超越〉の最たるものであり、かつてないほどに志向性が〈脱-存的〉な場所であるのは、時間のなかでのみ印象の内在性がかくも脅威的なものと化すからである。『講義』の歩み全体が、歪曲すると同時に厄介払いすることを目指している[13]」。

志向性によって原印象が調教され馴化される過程で、M・アンリが目印をつけたいくつかの大きな段階を指摘しておこう。まず、ただちに印象それ自体が与えられるのではなく、それは志向性によって「今ここにあるものとして」与えられる。これは、みずからの起源を示すと強弁しながらも自分自身を与えるところの「起源的意識」の根本的両義性である[14]。だから、過程は回避不能である。ひとつの「今」があるや否や、ひとつの「過ぎ去ったばかりのもの」があり、次いで「過ぎ去ったもの」がある。要するに、時間があるのだ。原印象は現実化されざるものだ。なぜなら、原印象を与えると強弁する志向的意識がこの原印象に取って代わるからだ。「いったい時間とは何なのか」。M・アンリにとっては、それは（未来把持的志向性の）「いまだない」の非実在性にほかならず、もっと範例的には、過去把持の「もはやすでにない」

の非実在性にほかならない。この観点からすると、『講義』のなかで過去把持に認められた特権は、この非実在性、すなわち時間の脱現実化する権能をはっきりと示している。現在については、この場合それは、フッサールの語彙によると理念的限界にほかならず、言い換えるなら、M・アンリにとってはヒュレー的配分の非現実化にほかならない。志向性は結局のところ、「扱いにくい」対象としての時間の厳しい試練に服するのではなく、逆に志向性は、時間として、非実在的でかつ非実在化する過程として開花するのだ。M・アンリは存在論的「破産」「無化」「崩壊」という表現を用いている。『内的時間意識講義』では、志向性は時間によって動揺させられているが、より大きくこの試練に依存している。なぜなら、そこでは志向性は時間を、それ自身の緯糸《よこいと》を形成するものとみなしているからだ。志向性に固有な数々の拘束を勘案するなら、これ以外のいかなる結末も本質的な意味では思い描けなかっただろう。

縦の志向性は時間のなかで志向性の非実在性を頂点にまで高める。時間があるのは、視野に収めているものを「殺し」、その遺骸から一切の質料、一切のヒュレー的肉を一掃する志向性の過ちゆえのことである。すなわち、超越の非実在性は形相＝形式の非実在性であり、こうした形相的＝形式的超越、それが時間なのである。そしてある意味では、志向性が損傷させるのはまさに志向性自身である。志向性は、自己に損傷を負わせることでみずからを志向性として産出するのだ。この非実在化の過程、その展開をM・アンリは『講義』を通じて追求している。その突出した諸契機を指摘しておこう。

一、上記のような形相＝形式が、流れそれ自体、すなわち、たとえ流れがつねにあるヒュレー的質料の流れであるとしても、流れの最前景に移行するということ。

二、このことは過去把持の特権、もっと正確には、変容のなかでの印象と過去把持の接合が有する特権を含意している（印象は過去把持的変容にしか、そのなかでしか与えられないのだから）。

三、こうして原印象は従順に今の「形相＝形式」の内容と化す。なぜなら、原印象はもはやそれ自身によってではなく、今の時点で流れのうちに到来することでしか与えられないからだ。これこそM・アンリにとっては最も「深い」歪曲なのである。印象が、構成されたものに変装させられるだけではなく、脱−存的時間性の構造が印象のうちに投入され、その結果、遂にこの構造が印象の本質を定義するに至る。そうなると印象は知覚として、言い換えるなら、空間的な、とはいえ何よりも時間的な外在性のほうを向いたものとして思考されるだろう。ひとつの「今」は、ひとつの新たな今に向けられた眼差し以外の何ものでもないのだ。M・アンリにとっては、時間による、時間のなかでの印象の「殺害」がかくして成就される。

四、受動的綜合の観念は、印象の受動性にその権利を改めて与えようと企てるが、この受動性は根底的なものではない。なぜなら、それは「まどろんだ」能動性にすぎないからだ。それは、すでにして起こった生産——それでもなお生産であるもの——の残存物である。要するに、受動的綜合はそれでもなお、やはり綜合なのである。(15)

このようにフッサールは、自分に与えると強弁していたものを脱実在化することで、振り子運動のうちに囚われている。あるときには彼は志向性のために、印象の不安をもたらす不気味さを一掃するが、あるときにはもっと小心にも、彼は、自分が望むことなくこうして到達した非実在性としての「空虚」を厄介払いし、その際、「それ自体は生産されたものならざる」(16)印象の特殊な独自性を、生きた現在として肯定している。しかし、フッサールはこの第二の極から第一の極にただちに送り返される。第二の極を根底的に思考することが不可能であるがゆえに。

M・アンリの軌道はわれわれをどこへ導いたのか。

驚かされるのは、「時間とはいったい何か」というフッサールの問い——それはすでにしてアウグスティヌスの問いであった——が、『講義』を読むM・アンリの問いではまったくないということだ。超越の最たるものとみなされた時間は、内在という実在の反対物——もしくはそれと矛盾したもの——である。時間は、ただひとつM・アンリの関心を引くものの「裏」なのだ。こうして、アンリの哲学全体が、時間を厄介払いせよとの要請として理解されうるものとなる。この分析には微妙な含みをもたせなければならない。すなわち、それが「自己の触発」である限り、内在性はある内的「運動」を宿している。内在性は自分を与え、与えられ、自分を受け取る、それもこうした「過程」そのものに先立って。内在性は自己における〈自己〉の到来であり、〈生〉であって、事物の死んだ不動性ではないのだ。最新のテクストのなかでは、[17] M・アンリはこの「営み」のうちに本来的時間を見ようと欲している。〈脱 - 存的〉時間を糾弾するみずからの最初の直観を裏切ることなく、それどころか逆に、この最初の直観を補強しつつ、彼は、ほかならぬ自分に固有な数々のカテゴリーの只中から、単に時間を排除するのではなく、時間を「思考する」ための手段をこうして自分に与えたのだ。こうした「逆転」については語るべきことが多くあるだろうが〈脱 - 存的〉ならざる時間とは何か。それを説明すると強弁する現象学的言語の位格はいかなるものか)、それを語るなら、厳密な意味でわれわれの主題であるものからわれわれを遠ざけることになるだろう……。

いずれにしても、われわれの作業仮説は確証されたようにわれわれには思える。

一、M・アンリの哲学が時間の「排除」へと向かうように思えるとしても、彼は、時間と立ち向かい、そうすることで意識の内在性にじかに働きかけた現象学者たち、それも、つねに現象学の資材（その操作的諸概念）だけをもって働きかけた現象学者たちに属している。構成的意識を「乗り越え」なければならないとしても、それはこの意識を離れて神学的タイプの「より高き境界標」に向かうためではなく、それが隠しているものの最深部にまで掘り進むことによってである。〈生〉はこう言ってよければそれを歪曲する意識の「下に」あるのだが、決してそれとは別のところ、つまりはその「彼方」にはない。

二、したがって、M・アンリが志向性の限界をあらわにしてみせ、遂には、一切の悪の、つまりは一切の超越の原因として志向性をみずからの現象学から排除するところまで行ったとしても、にもかかわらず彼は、現象学の実践を起点として、こう言ってよければ「内部から」それを行っているのだ。志向性の「敗北」がひとたび既得のものとなっても、アンリ的現象学の内容は全面的に現象学的なものなのかどうかという問いは未解決なままなのだ。そうではあるが、M・アンリは一挙に志向性の彼方に身を置くことはないし、現象学のなかで、現象学によって、志向性の限界に至っている。こうして彼は、志向性が――様々な解釈に即して――そのすべての炎をもって輝いたり（フッサール）、その最後の炎を放ったりする（アンリ）地点に至った。彼は、志向性が勝ったとしても負ける（失う）ような、この限界に至る。志向性は印象そのものを、純粋な湧出としての印象を失うのである。

正確を期そう。M・アンリは、フッサール的志向性の限界――ここで限界は否定的意味で使われ、無力を意味している――をあらわにしているのだが、この限界は、〈内在性〉、〈生〉、〈質料〉、フッサールの語彙では原印象――いずれも純粋現前の「名称」である――を明かすことが――いやそれらを隠すこともできないのだ。このように、みずからの現象学の課題が、現出によって、「見せること」によって隠蔽されたものを明かすことにある以上、M・アンリは志向性を排除する。だから、M・アンリは志向性の限界を試練にかけることを要請した者たちには属していない。逆にM・アンリは、彼の数々のテクストがいわばその指標であるような思考の次のような諸拘束を作動させることを要請している。すなわち、彼自身ならびにすべての読者に――M・アンリの歩みを哲学の核心に根づかせるこの普遍化する要請に留意しよう――、絶対的な〈生〉のそれ自身へのそれ自身による啓示に接することを可能にする諸拘束を、である。したがってM・アンリは、限界の有限性の思想家ではなく、あえて言うなら「絶対の啓示者」――（もっと本質的には、彼のうちで、彼の数々のテクストのなかで啓示されるのは〈生〉でしかありえない）――を自認している。そうではあるがやはり、アンリの企てにとって外的な視点から見ると、志向性の手前に身をおくとともに言語の超越を「乗り越える」――超越する――試みは、アポリアの最たるものとして現れるかもしれない。この視点からすると、M・アンリはおそらく現象学とその主要テーマである志向性をその限界へと導いているのだろう。ひとつの問いが課せられる。M・アンリは、自分を失うかもしれないとのリスクを冒して、最も本来的な根源性を試練にかけているのか、それとも、カント的意味での限界を彼は踏み越えているのか。後者の場合には、内在性の啓示は、振り子運動をしながら、現象学的体験野の彼方なる構築としてあらわになるだろうが[18]。

E・レヴィナスの道程はM・アンリのそれと同じだが逆向きに辿られているというわれわれの仮説を簡単に検証しておこう。『講義』の読解において、ある意味では、一方が始めるところで他方は終わり、またその逆にもなっている。

アンリが情動性の内在の〈脱‐存的〉時間化――とはいえ時間を排する限りでかかる内在は存在する――を糾弾するところで、レヴィナスは逆に、時間を根底的に隔時性（*diachronie*）（これが本来的時間にレヴィナスが与えた名前である）として思考することができない不能を嘆く。M・アンリが〈脱‐存的〉時間でないものを思考しようと欲しているところで、E・レヴィナスは〈脱‐存的〉時間を越える時間を思考しようと欲している。

周知のように、E・レヴィナスにとっては、存在〈〈同〉〉は、一切の他者性を存在に還元しようとする行為以外の何ものでもない。したがって、存在は隅から隅まで矛盾しており、何ものもそれを逃れられない以上、存在は自己‐破壊してしまう。だから、存在はつねにすでに〈他者〉によって開かれていると考えねばならない。かくして〈他者〉は存在を存在それ自体に与えるのだ。この「過程」はその「存在するとは別の仕方」において時間性の最たるもの、隔時性「である」。

伝統的には、時間は存在と非‐存在の混合、存在の変化〔他者化〕と考えられている。変化の過程である限りで、時間、それは〈他者〉である[19]。だから、ある意味ではE・レヴィナスは、時間化という問題系のなかに自己を「置く」ことしかできなかった。結局のところ、彼の哲学全体が、ギリシャ人たち以来哲学によって時間に与えられてきた意味を逆転せんとする努力として解釈できるものだろう。すなわち、時間は「喪失」ではなく、与えるところのものであり、時間は肥沃さであり誕生なのである。『講義』は志向性を、そのなかでは「構成されないもの」、志向性のなかでそれを逃れるものに直面させるのだから、『講義』の読解はE・レヴィナスにとって、彼自身の隔時性の哲学を構築するために決定的なものである。

『存在するとは別の仕方で　あるいは存在することの彼方へ[20]』のなかには、M・アンリにおいて読まれるのと同じタイプのフッサール批判、それと同じタイプの負債の承認が見いだされる。一方にはアンリにおける負債と批判があり、他方にはレヴィナスにおける負債と批判があるのだが、それらが周知のように、相異なる――対立してさえいる――意味内容に根ざしていながら、それらが同じ構造に属しているということはどれほど強く論証したとしても行き過ぎではないだろう。もっと根底的に言うなら、これらの意味内容の構造が同一的なものに依存している限りで――それに応じて――、これらの内容はあまりにも完璧な仕方で対称的なものとして相対立しているのではないだろうか[21]。フッサールは、隔時性を根底的に思考するのを自分に禁じたのと同じ運動で、隔時性の存在を予感していたのかもしれない。〔フッサールは〕内在を思考できなかったとの非難（M・アンリ）と対をなしているのは、超越を思考しえなかったとの非難（E・レヴィナス）である。

これらの相矛盾する抗議は実際ひとつの同じ抗議をなしているが、この過程の相異なる契機や項はそれらの名を互いに交換した。回収せんとする志向性は原印象をそれ自体として存在させない、いやもっと正確には「存在するとは別の仕方で」存在させないとしてレヴィナスはかかる志向性を叱責している。ただ、彼は問題となっている諸観念の解釈を「逆転」させているのだ。――まったく同じく、そのE・レヴィナスの解釈を「逆転」させたのがM・アンリであるとも言うこともちろんできる。レヴィナスは回収せんとする志向性を「内在」と名づけているが、それに対して、原印象は他者性を含意しているのである。『講義』のこれら二人の読者の闘いは、動機の対立とは裏腹に、ある意味では共同＝共通のものであり続ける。なぜなら、アンリからレヴィナスへと、志向性と原印象が超越と内在というその質を交換するとしても、超越と内在それ自体も非本来性と本来性というその含意を交換するからだ。

M・アンリが原印象を、情動性の純粋に内在的な「原」恵みないし「自動的」恵みとみなしているのに対して、E・レヴィナスは原印象を感受性として、感じることと感じられることとの始原的隔たりとして解釈しており、この隔たりゆえに、感じることと感じられることは存在するのだ。原印象とは自己への最初の隔たりであって、そのため、自己は内在という自身の重みに屈することなく実存することができる。印象は自分自身のもとで窒息する。あるいはE・レヴィナスが言うように[22]、印象は自分自身の「栓を抜く」のだ。彼は、そこから主体が生まれるような自己との最初の隔たりについて語っている。存在への一切の関与を「生産する」――とはいえ問題は構成する行為では決してない――ところの最初の離脱について。
M・アンリにとっては純粋内在であるこの原印象は、E・レヴィナスにとっては超越である。なぜなら、原印象はレヴィナスによって、志向性を解体し、それを変質させ、それを開くものとして、それゆえ志向性を排するものとしてよりもむしろ志向性に〈存在〉を与えるものとして捉えられているからだ。M・アンリにとっては、自分自身の重みで押し潰された内在の苦しみがおのずと享楽に転じるのだが、E・レヴィナスにとっては、この苦しみはつねにすでに自分自身から解放されることを要求している。志向性を驚かせるこの力能は単に志向性を不安に陥れるもの、志向性が厄介払いしようと企てるものだけではなく、志向性をより軽やかなものにすることでそれが存在するのを可能にするものでもある（M・アンリによって糾弾された存在論的「刈り込み」はE・レヴィナスにおいては肯定的機能を見いだす）。体当たりで次の逆説と立ち向かわねばならない。すなわち、原印象がそれ自身の可能性、志向性（それを織ることが可能なものの領野をまさに構成している）を「可能にする」のだ。「可能事に先立ち、その不意を襲うところの現実的なもの」、これぞまさに現在の定義そのものではないだろうか。

　けれども、志向性は、原印象に時間の流れのなかでの位置を指定することで、原印象を秩序のなかに連れ戻す。E・レヴィナスとM・アンリは同一の過程を描いている。すなわち、志向性が原印象を飼いならしてしまうのだ。対象化することなき意識にして対象的ならざる意識としての生きた‐現在、更には、もしそれが可能なら、非志向的な意識としての生きた‐現在はまさに一瞬しか持続できない……。

　E・レヴィナスが説明していること、それは、原印象という「自己との隔たり」、起源的位相差が意識にとって受け入れ可能なのは、二つの極を分離するずれが、その吸収をいわば成すものによってつねにすでに裏打ちされている場合のみであるということだ。これらの極のあいだの距離を維持する志向的狙いが、まさにそれによって、この距離を踏み越えるのである。ただちに、つねにすでに、まさに「存在する」ために、原印象は、それをなおも待望しているか、すでにそれを回収している志向的意識によって住まわれている。原印象の不安を与える新しさは、能動性と受動性がそこで絶対的に渾然一体を成すような自発性、言い換えるなら「創造」として、時間の起源であるに相違ないだろう。ところで、実際には時間は、それが歪曲し、そうすることで飼いならすところの己が起源のうちにつねにすでに流し込まれている。ただ、これは時間の眼差しのもとで時間の起源を安定させつつ、この起源にひとつの存在、ひとつの実体を授けるための唯一の仕方である。

『講義』の二つの読解、E・レヴィナスのそれとM・アンリのそれは見事に一致している。すなわち、志向性は縦の時間的志向性として開花し成就されるのであって、原印象はフッサールにおいては時間に捧げられている（フッサール的時間は志向的織物を織ることでしかありえない）。時間を見出すこと、それは、まさに印象を摑んでいるがゆえに印象を「失う」ことである。

しかしE・レヴィナスは、M・アンリとはちがって、だから志向性ならびに志向性が包摂するとともに可能ならしめる言語を排除できるし、そうしなければならないとは考えていない（志向性は始原的な「すでに語られたこと」であり――受動的綜合の「すでに語られたこと」である）。実際レヴィナスは、隔時的印象、起源的隔たりは志向性においてしか響きえないという事実を想定している。M・アンリは、フッサールにおけるように志向性は最後の語ではないと要求するのみならず、それの現象学領野からの排除をも要求しているのだが、それに対してレヴィナスはというと、志向性をその〈他者〉によって開こうと努めており、このことは、かかる開け――そのようなものとしての――は、それが開くもののなかに書き込まれていることを含意している。したがって、凌駕されながらも、志向性はしっかり存続する。志向性はまさに、それを凌駕するものによって存在させられるのだから。志向性の〈同〉は隔時性のパルマコン〔薬、毒〕のごときものなのだ。志向性の〈同〉は隔時性を殺すものにして、しかし、隔時性がそこで現出しうる唯一の場所なのである。隔時性が存在させるもの――この意味でパルマコンはその「患者」のお蔭でのみ存在する――、それは実存の内在性を授けるところの志向性の〈同〉であり、かかる実存の内在性のうちに隔時性はその痕跡を刻むのだ。（ここには回避不能な振り子運動があって、それは、隔時的超越の「存在論とは別様の」始原的なものから、実存者ならびにその骨組みを保証するロゴスの内在性へと絶えず送り返される。この内在性も〔隔時的超越と〕まったく同じく第一義的なもので、それというのも、この内在性は一切の現出と一切の「語られたこと」の境位であるからだ。すなわち、この振り子運動そのものが真に始原的なものなのである。）レヴィナスは、隔時性の未曾有さとしての時間と、志向的織物としての時間との必然的接合を記述することに存する課題に直面している。語彙のまったき厳密さにおいて、志向性の限界を記述することが問題なのではないだろうか。

ここでもなお、この限界は、志向性そのものに内在する視点にもとづいて認知されるのであって、「他所」から認知されるのではない。志向性の内在性を起点とするのでなければ、現象学の解明という固有の権能を起点とするのでなければ、哲学者として、また現象学者としてどこを起点として語るというのか。変質は内在性の中核にあるのであって、他所のどこにもない。とりわけ時間についての数々のテクストのなかにはない。超越は時間のなかでは何よりも「後 - 越」(rétroscendance) であり、「意識的状態の内在性を起点とした、後方超越」[23]なのである。

まとめておこう。『内的時間意識講義』でのフッサールは、時間の奇異に直面することをみずからに可能ならしめるために、志向性がもつ回収の権能を強化しているが、その点では『論理学研究』で措定された客観的理性における限界の不在という原理に彼は忠実であったと言えるだろう。[24] このテクストを読みながら、M・アンリは逆に、志向性の、それも典型的には時間という形式のもとで勝ち誇った志向性――それは本来的なものを隠してしまう――の排除を要求している。断固として説明的な視点から見るなら、志向性の手前にいることとともに、絶対的なものに接近することを要求するテクストは、そうすることで、志向性の諸権能の諸限界を逆説的かつ根底的に試練にかけているとの仮説を立てることができる。E・レヴィナスはというと、これらの権能の脆弱化に立会い、その限界を明確に引き受けている。加えて意味深いのは、言語とその解明の権能はつい最近までM・アンリのような人物によって問題の地位に高められることが決してなく、M・アンリは〈脱‐存的〉時間のうちに、ロゴスの現出権能を脅かすものではなく、逆に、同じ生地の非本来的なものを看取し、この非本来的なものをも現象学の体験領野から排除するべきと考えたのだが、それに対して、E・レヴィナスにとっては、隔時性についての問いは同じひとつの運動によって〈語られたこと〉の限界についての問いであって――隔時性を排除する身振りではないのだ。

結論として、『講義』についてのアンリ的読解とレヴィナス的読解を結合するかに思える「反射」――逆転し歪曲する――の連関は脇に置きつつ、フランス現象学の領野で進み行くための暗中模索のなかで、これらの読解がどの点で実り豊かであるかを説明しておこう。

時間に働きかけながら――われわれはこの点を示したかったのだが――、E・レヴィナスとM・アンリは、現象学的資源が彼らにもたらすもの以外の何も自分に認めはしない。そのとき彼らは、フィンクの言う意味での操作的概念として、志向性と原印象の概念を範例的に作動させているようにわれわれには思える。操作的概念とはまさに、自分自身が探求の媒質＝環境である限りで解明されることがないので、主題化された概念を照らし出すに応じて影のなかに留まるような概念にほかならない。光をもたらす行為そのものがこの概念からすると影のなかに留まるのだ。原印象と志向性はわれわれに影と光の素早い駆け引きをもたらすのではないだろうか。一方が他方を照らし出すにまさに応じて前者は影のなかにあり、両者は一方が他方にとって相互的に操作的なものとなるのであって、それゆえ、同時的には構成不能で解明可能ならざるものである。原印象は、ある意味ではつねにすでに志向性に先立つのだが、そうした志向性をまぬかれる影のなかにまさしく留まる。そして志向性はというと、志向性もまた——それはフッサール現象学の枠組みにおいて解明と構成のなかで一切の光をもたらす力能であるにもかかわらず——影のなかに留まる。なぜなら、志向性が原印象のなかで追い詰めるのは自分自身の秘密、自分自身の秘密の鍵であって、志向性は一切の謎の鍵であろうとするからだ。このような現象学的操作性をこそ、E・レヴィナスとM・アンリは根底的に証示しているのではないだろうか。こう言うことで、われわれは、E・レヴィナスもM・アンリも言わないであろうことを言っている。特にM・アンリはそうは言わないだろう。彼は、〈脱−存的〉表象という非本来的な光の背後にあるところの、内在の仄暗さに触れることを要請しているのだから。しかし、われわれにとっては、われわれがこれらの著者たちにおいて読むこと、それは思考の内容であるよりもむしろ、限界において志向性に働きかけるひとつの仕方である。「限界」はここでは、数学者たちがこの概念を援用する際の意味にほぼ近い意味で理解されねばならない。すなわち、それ自体としては決して到達されず認識されないが、それを起点として理解が可能になるもの、このような機能をもつものとしてしかそれ自体としては決して認識されないものとして。この意味で、志向性と原印象は相互に「限界づけ」合うのではないだろうか[25]。

第二章

現象学が与えるもの
――J・デリダとJ-L・マリオン、不可能なものと可能性

1　通常の現象と亡霊の時間（J-T・デザンティ、J・デリダ）

われわれはここで、時間性の問いと贈与性の問いが交差し、挑発し合うような起源的問題系をJ・デリダとJ-L・マリオンが画定し、それに住まう仕方との関係を示すことにしたい。われわれは明示的にはJ-L・マリオンのテクストにはほとんど言及しないだろうし、J-T・デザンティの『時間についての省察』[1]の読解から始めるだろう。これこそ若干の先行的説明を要することであろう。

おそらくJ-T・デザンティのこの著作は、多大な注意を向けられるのにふさわしいものである。それも、ここでわれわれが同書に与えることのできるより以上に、はるかに多くの注意を向けられるべきものなのだ。われわれはこの著作を、遠まわしにのみ、われわれの問題系の展望においてのみ研究する。J-T・デザンティの『時間についての省察』とJ・デリダの『時間を与える』[2]とのあいだに見られる数々の

親近性を探知することで、フランス現象学の領野のなかに存する、ほとんど目立たないが、われわれがこれからそれを示そうと努めるように、決定的なものたるひとつの方位を徴しづけ、それによって、その風景の明確な輪郭を改めて配置できるようにしなければならない。

この標識を立て、こうしてデザンティとデリダを結ぶ道を描くことは、われわれの考えでは、現前の消失および不可能性としての贈与《ドン》というデリダ的思考と、可能性および現前の過剰な豊かさとしてのマリオン的贈与性《ドナシオン》とを分離する隔たりをあらわにする、ひとつの仕方ではないだろうか。マリオンによって立てられた数多の標識は、あたかもひとつの起源へ向かうかのようにデリダ的問題系に向かうその方向を示しているのだが、これらの標識は、その他の数々の道がデリダを起点として拓かれるのではないかということ、そしてまた、これらの道程のうち、マリオンの諸テクストによって失われ、更におそらくは入念に隠蔽されさえしたかもしれないものはどれなのかということを思案するようわれわれを促す。これらその他の道々の開拓が実り豊かなものであるということこそ、デリダとの関係でのマリオンの戦略に対するわれわれの疑念の態度をア・ポステリオリに正当化するだろう。

したがって、まず手始めに、J-L・マリオンの『還元と贈与性』所収の「家庭使用のデリダ[3]」や、同じくマリオンの「贈与《ドン》の現象学的概念の素描[4]」から、デリダの札を剝がさねばならない。デリダとデザンティを時間性についての彼らの現象学的分析において近づけるものを指し示すことによって以上に、この対照性をはっきりと示すことはきっとできないだろう。ここで問題になるのは直接的に、デザンティの構造主義と名づけうるものではなく、それが暗に含んでいるところのものである。志向性そのものにおいて志向的諸拘束を画定せよとの要請、それは志向的諸拘束の「回路」の彼方に、これらの拘束を基礎づけうる存在論的極（超越論的主観性、更には神学的極も）を夢想することの拒絶を伴うのであって、しかもこれは、最も危険な時に、すなわち、志向性がその最も内密な他者、時間性に直面する際にそうなるのである。

確かにジャン゠トゥサン・デザンティの『時間についての省察』は、そこで著者自身が述べているように、五〇年以上にわたって彼の仕事であった哲学教授という仕事を実行しているところの書物として読まれることができる。そこには、時間に関するプラトン、アウグスティヌス、フッサールの諸テクストについての見事な教育的瞑想が読まれるだろう。

もちろん――そしてジャン゠トゥサン・デザンティはここでもその点を思い起こさせているが――哲学的テクストについての省察の諸契機はつねに、彼にあってはこの省察の実行と連動している。哲学史家は、読まれたテクストのなかで思考されるべきものを、自分自身のために、自分自身によって思考し直す限りでのみ真に、自分がそうであるべき者になる。そしてこの実行のなかで、私は独りである。著者とはまさに、彼が私に遺贈した数々の指標の束に住まわねばならないという要請を前に、ある意味ではどうしてよいか分からない状態に私を独りで捨て置く不在の他者なのだから。数々のテクストを読むこと、それはすでにしてそれらを解釈することであり、それらを解釈すること、それはすでに哲学者であること、自分自身の思考を生み出すよう命じられていることである。他なる思考に住まえという要請と、自分自身の思考を生み出せという要請とのあいだには、いかなる断絶もなく――逆に完璧な可逆性がある。哲学史家であること、それは哲学者であることであり、その逆でもあるのだ。

したがって、ジャン゠トゥサン・デザンティの『時間についての省察』は、それがみずからに要請を定め、数々のテクストを今・ここで生きさせるという不可欠なリスクを冒す限りで、哲学的伝統のなかに根づいた哲学者の仕事である。それはつねにこれらのテクストを再び見出すこと、しかし別の仕方で、言い換えるなら真に再び見出すことである。読むべきものとして与えられるのが会話であるのはなぜなのかもこうして理解される。書かれたテクストはひとつの哲学の中心紋〔入れ子〕のごときものだが、この哲学は、ひとりの対話者によって疑問に付された〈私〉の生きた現在のなかでまず体験されねばならない。ドミニック＝アントワーヌ・グリゾニ、彼はここで思考の「司教補佐」の役割を引き受けているが、その彼はしかしながら、録音された対話の生まの提示ではなく、書かれた「真の本でなければならない」と強調している。形式に係わるこの指摘の背後には、デザンティ哲学の偉大な教えのひとつがある。すなわち、どんな哲学的テクストも、生きるために私が思考しなければならない諸問題の様式《スティル》が生のなかですでに告知されている限り、現在のなかで描かれ、自己の身体のなかに根づいた生の様式の継続なのである。

　哲学的諸問題がそこに、最も通常の生――バック通りのあのバス、この手帳等々――にじかに密着してある以上、哲学史家＝哲学者はこう言ってよければ、「自然に」ある言語を話す。通常の生活にじかに現れるすべてのものの現れの諸条件を詳細に記述しようと試みるところの言語、すなわち現象学の言語を。

　これらの変奏の「対象」、つまり時間をなすところのものに移ろう。

時間はおそらく、これらの対話の「対象」であるだけではない。手始めに言っておくと、ジャン＝トゥサン・デザンティはこのテクストのなかで「時間と係わって」いる。それは彼が時間について話しているからであると同様に、時間性と格闘しながら瞑想するエゴの光景を彼がもたらすからでもあって、時間性について彼は、それが自分の言説の対象であるよりもむしろ、自分に住み着いた不安を掻き立てる住人、もっと根底的に、一切の主体性の秘密の住人であることに気づいている。

　周知のようにハイデガーは、哲学者の名に値する哲学者は誰も時間の問題を回避できないと言うことができたが、デザンティはというと、ひとは時間と対峙することから始めることしかできない（たとえ哲学的身振りのこの起源がしばしば埋もれたままであるとしても）、と明言している。

哲学的言説だけでなくすべての言説が――著者が説明しているように――、話されるべき創始的困難のなかで、その困難によって生まれるというのが本当であるなら、この最初の哲学的変奏は時間に自分を捧げねばならなかった。実際、言説はそのすべてが、崩壊するものそのものを集めよという要請である。そして「崩壊」の経験の最たるものは時間の経験なのである。私が時間について語ろうと決心するそれよりも前に、「時間を語る」ことの要請は起源的に現出する。時間が謎の次元の開けそのものであるからこそ、時間は私に話させる。デザンティは書いている。「時間についての数々の言説はつねに奇異なものである。あるとき、これらの言説はどこかで挫折することになるように思えるし、その場合には再開されることを、ただし、沖の海路を辿り直さねばならないように逆向きに再開されることを要請し[5]」、この再開の要請のなかに根を下ろす。そして、この要請はというと、プラトンならびにまさに時間の起源の問題から、アウグスティヌスにおける主体性の自分自身に対する生きられた不透明性としてのあの謎の表現へ向けて、言説を導いていく。

けれども、書物の第一部を構成するところのこの最初の行程は、時間が構成する起源的不安――「最も近きものは思考に対して最も遠きものとして開示される[6]」――を開示した後で、内密に体験されたもの、「時間的振る舞い」としての時間から（再）出発しなければならないという要請にわれわれを直面させる。

この起源的な実存論的状況と対峙しなければならない。言説は、時間を話さねばならないという要請から生じ、時間は、それが話される限りでのみ「存在する」。時間の糸と言説の糸は結び合わされるが、結び目がこれらの糸に先立ち、それらを構成するような仕方で結び合わされる。この場面に第三の主人公を加えなければならない。それがこれら二本の糸を結び合わせるのだ、と考えることのできる審級について何を言うべきか。この審級を「主体性」と名づけるべきだろうか。あるいはまた、その場合、この審級はこの結び目とあまりにも一致しているので、結び目を産出する審級であるよりもその結果なのではなかろうか。別の言い方をすると、この第三の糸は最初の二本の糸を「織り合わせるもの」なのだろうか、それともこの織りの帰結なのだろうか。「主体性」は、時間を語ることに存する身振りそのものから生まれ、それゆえ、「主体性」を引き裂くことそのものと衝突する。「主体性」は「解体」され、それと同じ運動で「形成」される。これが、原構成（*Urkonstitution*）のなかにフッサールが位置づけ、デザンティが再び取り上げた問題である。

テクストの第二部は、したがって、フッサールの『内的時間意識の現象学講義（一九〇五年）』の詳細な読解に存しているのだが、この読解は、時間と言説の結び目を、記述によって「解《ほど》く」という要請によって方向づけられており、このことはその結び目を切断しないことをまさに含意している。

著者は、フッサールの偉大な分析、なかでも有名な時間のダイアグラムを説明し、このダイアグラムについて、「単純な」操作的効力を備えた「ミニチュア」としてのそのあり方を強調するとともに、それを「力動化」した後で、それを謎の中心に身を置いている。すなわち、純粋な現前と純粋な無「を存在する」〔である〕という過去の――そして時間一般の――この性質をいかにして解明するのか、という謎である。こうして眼差しは起源的最小単位（a，a'）、印象／過去把持の最初の統一的単位に注がれる。意識のどんな自発性にも還元不能な新しさのうちで湧き出るものの純粋な湧出（印象）は、つねにすでに、過去把持のなかで回収される。現象学的分析の必要性は、矛盾が危惧されているところで、逆説を記述しうるというその能力を尺度として測られるだろう。

フッサールに対するデザンティの戦術はきわめて精緻である。彼が言うには、「再解釈する」ことが課題なのだが、それは「彼方に行くこと」ではないし、再生産することでももちろんない。空間的隠喩を用いたいのであれば、むしろ課題は、ハイデガーのいう後退（*Schritt zurück*）に近しいが、それとは異なる身振りを通じて「手前に退くこと」であると言っておこう。なぜなら、フッサールはある意味では、超越論的「封鎖」の容易さをみずからに認める点であまりにも遠くに行き過ぎているとも言えるからだ。デザンティが主張するところでは、フッサールはある意味では、時間的な自己構成が「主観性」にとって意味するところの、自己自身からの不安を掻き立てる離脱を探索したというよりもむしろそれを厄介払いした。そして、糾弾されるのはまさに、万物の自己贈与性の起源的で絶対的な権能としてのひとつの超越論的なものの位置である。[7]「超越論的主観性」の概念が、いまだ暗黙のものであるとはいえ、一九〇五年の講義を「俯瞰している」のではないか、これがジャン＝トゥサン・デザンティの疑念である。

この疑念をこう定式化することができる。超越論的主観性は、〈時間〉現象という事象そのものを裏切るところの、理論的でテクスト的なひとつの基盤構造なのではないだろうか。〈時間〉という内在的「崩壊」に「掛けられた外套」は、「超越の効果」によって翻訳される。現象学として真に仕事をすることは、「安全ネットなしに」仕事をすることを含意しており、その際、何らかの超越論的審級の救済的で回収的な影がそこにつねにすでに漂うことはないのだ。

超越論的なものなしに済ませることで、いかにして、数々の時間的振る舞いについてのフッサール的分析を「再開する」のか。これがある意味ではデザンティの問いである。

超越論的主観性は、フッサール的分析の厳密さの低下の帰結であって、現象学の主要テーマたる「志向性」を裏切っている。だからこそ、デザンティによると、超越論的なものなしで済ませることが、フッサールに真に忠実である唯一の仕方なのである。

これに続くのはこの解釈的分析のアウトラインである。だから、現象学者の眼差しは、印象／過去把持という起源的基礎単位（a a'）を探る。次の問いが課せられる。「持続した」ということと私が係わるのを可能にする隔たり、a'からaへと私を向かわせるところの隔たりはどのような型のものなのか。精神へと直接的に到来する素朴な応答、すなわち「想起」は脇に置いておかねばならない。ひとはまさしくひとつの過ぎた瞬間しか想起しない。想起は、すでに過去が、時間があることを含意している。それは時間の「後に」到来し、時間をその核心で構成することはない。

デザンティが言うには、このずれを、フッサールは志向性と名づけたのである。

だから、「時間の構成における仕事に特有な志向性はいかなるものか」を考えなければならない。しかるに、時間に直面すると、志向性は逸脱させられるように思える。まさしく、時間とはわれわれが語ったように、志向性に直面するものであるよりもむしろ、その隠れた住人であり、おそらく、より根底的には、志向性がある意味で住まうところのものそのものだからだ。志向性、純然たる狙い、純然たる「〜と係わること」は、それをまさに「凌駕する」ものと対置させられる。「志向性はその場合、下方の縁《ふち》、隠れた流れのような何かによって動揺させられる（…）」、とデザンティは書いている。

したがって、問題はこうなるだろう。いかにして縁の効果を無効にするのか。これはもちろん、「動揺を与えることなき」超越論的主体性のなかでの志向性の「超克」のおかげで、時間による動揺を抹消するということではない。すでに見たように、このような「超克」はデザンティにとっては、動揺（時間）も、動揺させられたもの（志向性）も、何も保持することがない。

「超越論的瞞着の審級」に訴えることを拒み、この幻影から目を覚ますことは、現象学をある領域へと投げ返すことになる。この領域では、いかなる「超越的」援助にも頼ることなく、意識の純粋な内在性にとどめておけとの要請に耐えなければならず、また、もし超越がそこにあるとすれば、それで問題になるのは時間の崩壊である。あらわにされた意識の手前への穿孔、もしお望みなら、「後－越」(rétroscendance)である。方法の点から言えば、それは志向性に踏みとどまること、志向性に固有の操作的源泉にとどめておくことである。われわれを罠へと導いた道のりこそが、われわれがその罠から脱け出すことを可能にしてくれるはずだ、と著者は説明している(8)。

志向性が記述されることによって、志向性の秘められた動揺、志向性の隠れた流れの（時間という）形式が、解明されるにいたるだろう。デザンティによれば、志向性の概念によって、フッサールはまさにこの、組織化されていながら「見えないマグマ」のように逃げ去らずにはいないものを指し示し、そして覆い隠したのだ。したがって、志向性はデザンティにとって最終的な答えではない。分析の結果、デザンティは志向性――みずからの基底を示しながら隠すような志向性――の基底をなす、「手前」へと向かう。隠れた流れの形式はまさに、志向性を通してしか、つまり、志向性を突き抜けずには接触できないのだが、志向性の媒介なしには接触できないのだ。

デザンティの分析は完全に一貫している。フッサールの志向性という観念を時間という隠れた流れに結びつける――解消不能なほど逆説的な――関係を明るみに出すためには、この観念を解釈しなければならない。まさにそれゆえ、志向性の他所（*ailleurs*）があるのだ。だがこの他所は彼岸（*au-delà*）ではなく、動揺を取り除く幻想や、時間に耐えるべしという要請を取り除く幻想を抱かせもするような、神秘的な超越性ではない。この他所は志向性の手前である。つまり志向性の此処《ここ》そのものであるのだが、それはこの他所が志向性の核心をなすからであり、志向性の媒介によってしか把握できないからである。

したがって方法の点から言うと、志向性がもつ諸拘束を我慢する必要があるということになる。それはつまり、志向性にとって外的で、志向性の存在論的な原因や究極的理由の役割を果たすような何らかの要素でもって志向性を基礎づけようとする誘惑には屈しない、ということを意味する。デザンティが照準を定めているのは、志向性が定義上そうで「ある」、まったくの空虚な思念に、存在論的な内容を詰め込む誘惑に対してなのである。志向性とはたんなる、投げかけられた弧である。それゆえ、この弧があたかも「宙吊りになって」いて、土台がないかのように見えてしまうことを避けて、弧にどちらかの「端」(bout)を与える誘惑に駆られることにもなる。その起源においてであれば、超越論的エゴ論が問題となり、あるいは思念された側の極においてであれば、神学が問題となる(つまり、「主体性」を存在させるのは超越性なのである)。したがって、志向性に固有の諸源泉に踏みとどまることは、デザンティにとって、狙いという純粋な形式にこだわることを前提とする。そして実際に、デザンティの分析は徹頭徹尾、「形式的」なのであり、形式的な地平に踏みとどまっていかなる内容もいっさい顧慮しないことに成功している。志向性の弧を記述する際にデザンティが使う文字は、同じようにすべて空虚な印であり、この空虚な印に住まう存在論的な住人と内容を名指し、夢想する誘惑に抵抗していると彼は語る。しかしながら、とデザンティは指摘する。おそらくは西洋哲学のすべてが、この夢想から成っている……。

これらの拘束を尊重することで、われわれはどこへ辿り着くのだろうか。

デザンティが「開放の回路」(circuit de l'ouverture) と呼ぶものの実施へと辿り着くのである。というのは、O↷Tという弧(Origine〔起源〕とTranscendance〔超越〕に住まうのは、あるXとX'のみ)がどこにも支えをもたないかのようでありながら、二つの極のどちらも含まないとするならば、考えられるのは「想起の弧」(un arc de rappel) O⇄Tである。志向性の弧を記述する時点から、想起の、双対的な弧を作動させる必要性が生じる。というのは、狙いはそのものとしては空虚なのだが、充塡されることを求めるからだ。この二つの性格の結合、つまり「空虚」でありながら充塡を求める性格の結合が、狙いを、それが「ある」がままに「あら」しめ、同時にX'へと押し出し、駆り立てるのだ。もし「空虚」しかないのであれば、狙いはなかっただろうし、もし「充満」しかないのであれば、やはり狙いはなかっただろう。ゆえに、狙われる極、つまりX'は、同時にみずからを与え、同時にみずからを拒まなければならない。みずからを与えることを拒みながら、みずからを与えなければならないのだ。その結果、つねにすでに、空虚な極であるX'の側から志向性の弧を再活性化し、志向性の弧をそれ自身へと呼び戻す、想起の弧が必要となる。志向性の覚醒（*réveil*）、である。志向性の弧とその双対は「開放の回路」を構成するのだが、その回路のなかでX極とX'極は、回路それ自体によって構成され、この構造にとって外的ないかなる存在論的な助け、あるいは「詰め込み」も必要としない。デザンティはそう言ってはいないが、開放の回路が構成している体系《システム》的構造全体への統合によって、XとX'、狙いの起源とその目標は構成されている、とまで書いてしまっていいかもしれない。この二者については、両者の分離が両者の最大の結びつきであると言うべきである。「回路」については、「開くものが閉ざす」と言うべきである。

次のような指摘も可能である。

一、志向性に踏みとどまるという拘束と、志向性に固有な操作的源泉にとどめておくという拘束は尊重されている。「開放の回路」は、それみずからの逆説的な循環性のなかで自分を「支えている」。

二、X極の住人は、回路と厳密に同時に存在する。さらには、ある意味で、回路から「帰結する」。少なくとも、回路を推進する者ではない。もう、超越論的エゴ論の出る幕はない。

強調してもしすぎることはないが、デザンティはこのとき、現代フランス現象学に繰り返しあらわれるテーマの一つ、受動的で自分自身から切り離されたエゴというテーマ（レヴィナスにおける〈無限〉のイデアによって開かれた〈自我〉、J－L・マリオンの狼狽する〈私〉、ポール・リクールの傷ついた〈コギト〉、等々）へと向かった。だがこの「到達」は、上述した諸哲学の対極にある思考の道のりの果てに、突如として出現したものである。すでに見たように、ともに彼のものである二つの思考の地平、つまり、ある種の「マルクス主義的構造主義」（明示的にではないにしろ、『時間についての省察』のうちに見られる）と現象学の二つが交差する点において、そして、「〈主体〉」と「〈構造〉」との、伝統的な対立の乗り越えにおいて、デザンティはこの「開放の回路」の住人を生み出したように思われる。この住人は、みずからと一致する「開きかつ閉じている」構造のなかに散種されている限りでのみ、同一性へと取り集められる。

著者は、開放の回路の住人を現存在とまで呼ぶに至り、次第次第に表立ってハイデガーのもとへと歩むようになる。というのもまさに、現存在と時間性の一致が記述されたからである。「開放の回路」の読解のひとつとして、時間の問題をピッチ角とすることが提案されたとき、何が発見されるだろうか。

発見されるのは、意識とは自己への現前の純粋な稠密性ではなく、「開放の回路」に適合するはずのもの以外ではありえない、ということである。だから、Xにおいて現前しているものであり狙いの起源にあるものは、ある空虚の形式にほかならず、それは狙われるX'極に由来して、Xにおける現前者が自己から離別する形式にほかならない。「現在は自己自身とは別のところから到来する」、とデザンティは書いている。逆説的にも、X極はみずからに固有の同一性への回帰という最初の経験をする。ゆえにこの回帰は、X極を一塊の全体的な現前性として開示しはしない。「Xは、自己の外の自己としてのみずからの同一性へと呼び戻される」。そしてもしこの呼び戻しの方が原初的であるなら、狙われるX'極の方が、思念の起源であるX極に何らかの仕方で先立つことになる。この非対称性が意味するのは、ハイデガーにおいて見られるような、未来の形式の根本的に第一義的な性格である（この点で、フッサールの分析において過去把持がもつ暗黙の特権性とははっきりと断絶している）。したがって、現存在とはある空虚の純粋な形式であり、内容としては、未来に発する、自分自身の無化だけしか持たないのである。

この驚くべきあり方、つまりみずからの無化の形式そのもので「ある」ことは、いかにして可能なのだろうか。みずからの無の形式以外の何ものでもないのに、いかにして存在するのか。ジャン＝トゥサン・デザンティの答えはこうだ。まさしく、形式（*forme*）であり、定式化（*formulation*）であることによってである、と。言説的論証性（discursivité）として、主体性はその無から発してみずからを取り集めるのだ。X極の住人である現存在は、狙われる側たるX'極の不在、もしくは少なくとも「逃亡」（dérobade）を、「徴しづけ」「指し示す」要請に直面している。つまり、ある象徴的なもの（そのすべてがある不在のものへの参照であるような形式）を生み出す要請に。「内的意識は様々な徴《マルク》しの空間に住まわれている」。なぜなら、「徴しを構成しているもの、それは徴しが行使する、ある不在のものへの送付の機能だからである」。

紆余曲折を経ながらも、デザンティの分析は、われわれを約束した場へとしっかり導いてゆく。その場とは現在よりも「さらに起源的な」場所で、そこで時間と言説が結びつくのだが、それらが結びつく仕方は、結び目がその二本の糸に先立ち、その二本を構成するという仕方であり、あるいはまた、自己の外にしか存在しないという不安定な「主体性」の純粋な形式――それは現存在と呼んでもいいだろう――に先立ち、これを構成する仕方である。

J−T・デザンティの『時間についての省察』[9]とJ・デリダの『時間を与える』を比較することは、危険でかつわざとらしい企てと思えるかもしれない。確かに、対象は同じものであるだろうが、現象学的記述の実践もテクストの実践もこれらの作品では根底的に異なっている。

しかしながら、これら二人の著者は、フッサール的な現象学とのあいだに問題含みの関係を——まったく異なった姿勢においてではあるが——維持するという共通点を有していると指摘できるかもしれない。この関係はあまりにも問題含みなので、両者ともフッサールの現象学を残らず自分のものとはしていないにもかかわらず、たまたまとは言えない仕方でそれを実践したり、それに問いを発したりしている。

デザンティは現象学的記述を必然的な契機と認識してはいるが、フッサールの現象学が粘り強く細密な記述のなかで事象そのものをおのずと現れさせた後に夢見た、超越論的エゴによる根拠づけ（fondation）を告発しなければならない限りでは、必然的に、この現象学を、自分の歩みのなかで乗り越えられたものと認識している、と言うことができるだろう。デリダについては、現象学と周辺的に——これは偶然的であることを意味しない——係わっていると言うことができるだろう。デリダは現象学の縁に住まい、現象学を限界づけている、と。つまり、事象そのものは実際のところテクストを通してしか狙われておらず、そのテクストはといえば、まさに事象そのものへの接近がはらむ問題性、つまり現象学的な企投の問題性を意味する事象として対象とされているのだ、と。

われわれの「底意」（idée de derrière）、読解上の仮説を更に推し進めよう。現象学について、同時代の他の諸々の身振りについてほど多くを語らず、表立って引き受けることも少ないのに、デザンティとデリダは現象学をより起源的に実践しているのではないだろうか。現象学的な方法にとことんまでつき合うことの不可能性をそれぞれ違った様式＝文体で試練にかけ、試すこと（faire l'épreuve）は、その方法に真に忠実であるのではないだろうか。そしてこの経験は、時間と対決する場面における以上により範例的な仕方でなされることがあるだろうか。

『時間を与える』は、デザンティがわれわれを導いたのとは別の地（site）を指し示し、別のルートを切り拓いている。そこでは、『時間についての省察』でのように、〈時間〉に関する議論を創設した偉大なテクストについての、ベルクソン的意味での直観を開示することが課題ではなく、主として哲学の、しかしそれにとどまることのない、ボードレールからモースに至る諸テクスト、[10] 哲学史という尺度で測るなら、いや、それ以外の理由でも周縁的テクストと評価されるであろう諸テクストを脱構築すること、すなわちそれらのテクストの不意を襲うこと——それらのテクストに不意を襲われることが課題なのである。それは通常の現象を記述することではない。そうではなく、まさしくその逆だと思われるのだが、現象という位格を拒絶する現象、すなわち贈与《ドン》を記述することである。それは亡霊的現象であり、その決定不可能性によって、哲学および合理性一般にとって本来的なカテゴリー上の対立をまぬかれ、哲学および合理性一般を創設する分割をまぬかれる。つまり質料と形相と、感性的なものと叡知的なもの、所与と非‐所与（non-donné）との対立と分割をまぬかれるのだ。だが、まさにここにおいてデザンティとの近接性が実質的で決定的なものとなるようにわれわれには思われるのだが、デリダにとっての課題は、あらゆる現象性を逃れるこの現象——後でこの問題に立ち戻り、贈与のこの性格づけがまったく同じように時間にも適用されうることを確認したい——を記述すること、それも、当の問題がいかに扱いにくいものであろうとも、分析する眼差しをその彼岸へと逸らせることなく、それを記述することなのである。こうしたことが、デリダに突きつけられねばならないアポリアと要請である。

ある意味で、贈与《ドン》の問いは、贈与性《ドナシオン》の問いとして限定され明示されるとき、現象学の問いとなる。デリダが現象学を参照したのは一時的なことにすぎないが、それは決定的な仕方での参照だったとわれわれには思われる。そこで問題になっていたのは同時に、現象学的なアプローチを制限することと、現象学から完全に逃れるのは不可能であることを明らかにすることだった。それゆえわれわれは進んで、このテクストが現象学のアポリアをいわば隠密裡に実践しているのだと言いたい。贈与性《ドナシオン》の問いへと、それをまぬかれることの不可能性へと導くかのように、導くところの贈与《ドン》の問いを実践しているのだ、と。贈与は、ある真正で起源的な持ち札（donne）へと遡ることを許さないと言い続けなければならないとしても、この不可能性を、それを試練にかけつつあらわにするのは、根本的に現象学的な様式での身振りの内側からでしかないのである。

贈与についてデリダは、事象そのものが把握不能であるように、贈与が把握不可能である――贈与は現象しかつ現象しない――のは、贈与があらゆる交換を起源的に断ち切ることであらゆる交換を創始するからだということを示している。より起源的には、贈与はあらゆる論理を、あらゆるロゴスを、つまり可能的で可視的な世界全体の骨組みを断ち切り、断ち切ることによって創始する。実際、存在の経済《エコノミー》に対してよりも、存在の全体が、経済、つまり交換による均衡の回復に属するものであるという事実に対して注意を払わなければならないのだ。だから贈与は、逆説的にも、同一性の過剰に脅かされているかのようである。それゆえ、ここでデリダはレヴィナスに最も接近する。もし〈同〉の一切の行為、一切の交換が〈同〉の秩序を再建することに向けられているなら、その場合、このような行為は自殺していることになる、というのも、このような行為はそれを可能にした「遊び」（jeu）を、そこで当の行為が繰り広げられるところの隔たりを解消することを目指しているからだ。したがって、存在を「引き離し」ながら、存在自身から何かを遠ざけながら存在を与える起源的な出来事、つまり贈与の地点に身を持さなければならない。そして、見えるものを与えるかかる分離が見えるものを引き裂くというこの不意の出来事、これこそがまさに「現象学的不可能性[11]」と名づけられるべきものである。

もし贈与がすべての事象を与えるとして、それは自分を自分自身に与えるのだろうか。（この問いに肯定で答えれば、アンリの辿った道を踏み込むことになる。）贈与は、「超‐贈与的」とでも呼ぶことのできるある審級から与えられることになるのだろうか。贈与について、贈与は自分を自分自身に与えると言うこと、つまり、みずからを統御する身振りのうちに贈与を全面的に位置づけることは、贈与がまったき驚異に他ならないのだとするなら、明らかに贈与を歪曲し裏切ることになるだろう。贈与が驚かせる力であるのは、贈与それ自体が起源的に驚かされる場合に限られる。純粋さというものが、異国での出発における自己の統御であるなら、純粋な贈与はない。

もし贈与が自分自身から自分自身で自分を与えないのなら、贈与の贈与性の場は他所に割り当てられるだろうか。

贈与が計算不能なものそのものである以上、贈与は、たとえ贈与としてであれ、規定されることはありえないということを、デリダは示している。贈与は、それが贈与であるならば、「贈与」の概念を逃れ、更にはまたその現象性さえも逃れ去る。私に与えられたものは、同じ動きによって私から盗み取られ、私に与えられなかったのでなければ、私に与えられることはない。盗み取られることで与えられ、与えられるがゆえに盗み取られるということ、これこそまさに贋金を特徴づけるもので、贋金はそれゆえ一切の贈与を象徴する（象徴することそれ自体が与える仕方のひとつである……）。ただし、象徴することが二つの秩序のあいだでの規制された交換を前提とするのなら、この象徴するという語はふさわしくない。一切の贈与と言ったが、もしそこで演じられているのが、一切の真正なるものを危機に陥らせることでないならば、それを「真正な」と形容することもできるだろう。

かくして、贈与が自分を与えるのを思い描けないのと同じ理由で、ある贈与する審級が、贈与を超えて、その十全な自由処分可能性の場へと単に退却したものとして（根底的に差延化されたものとしてではなく）標示されうるのを思い描くこともできない。より厳密に言うなら、贈与する審級が使用不可能であるのは、それがあまりにも使用可能であるからでしかないだろう。あたかも一切の使用可能性の「余剰」、超現前性、現前性の過剰な充満が受領者の領野を飽和させてしまうのと同様に。まさにここでは、贈与を贈与自身への内在性と規定することが拒否されているのだが、この拒否はというと、贈与を他所で「規定不能なもの」という形で規定するのに資するだけであって、しかもその場合、「規定不能なもの」という規定は、ひとつの場所が贈与に割り当てられてしまっている以上、もはやただの言葉以上のものではない。それゆえ、一切のロゴスならびに贈与に固有な一切の現象性を断絶させる力に耐え抜くこと、したがってある意味では、内在性の体制の断絶に耐え抜くことが必要だとしても、それは贈与の彼岸へと開かれることではありえない。J・デリダは、「贈与の彼岸はない」と書いている。彼はまた、贈与は「その縁《ふち》との関係を宙吊り」にしなければならないと言っているが、これは、ロゴスがそこで現象性を編み上げるところの内在性と断絶するとしても、それは彼岸――それはつまり信仰でもある――のうちに身を落ち着ける誘惑に屈することを意味しえないということを意味している。

贈与が贈与であるとして、贈与の逃避には際限がなく、その差延は起源的である。贈与をいかなる本来的な贈与する審級へ退去させることも、それに「還元する」こともできはしない。何ものかとして同定されうるようなものは何もなく――、このような審級をまさに同一化不能のものとして同一化する、神学的とも形容できる奇術には説得力がない。起源的な贈与性は、それ自身が現前性の過剰でなければ贈与することはないだろうが、そのような起源的贈与性をそれと指し示すことは、「真の」高邁《ジェネロジテ》は何も与えず、無を与えるのだという点を見誤ることになろう。「贈与は高邁なものであってはならない」とデリダは書いている。まったく同様に、それは、数々の否認にもかかわらず、ある信託の論理を再建することになろう。この信託の論理は、贈与の不在を贈与の此処《ここ》自体（son ici-même）へと、また贈与自体へと変換し、贋金としての贈与を、彼岸での超現前性という現生《なま》を約束する信用状へと変換するのだ。

J－L・マリオンの『還元と贈与性』についてのJ・デリダの註が、この観点からして決定的である（p. 72参照）。マリオンの仕事との近接性を認めながら、この註は近接性のまさに中心に存する根源的な隔たりを強調している。数々の袋小路《アポリア》を開くという点では近接しているとはいえ、マリオンのテクストが究極的な贈与性に達し、究極的な贈与性へと送り返される以上、二者の歩みは根底的に異なるものであることが明らかになる。マリオンのうちには、ある究極的贈与性、贈与それ自体を贈与する贈与性へと至るような究極的還元がある。この究極的贈与性は、もはや逃げ去ることのないものである以上、たとえそれが私の狙いからどうしようもなく逃げ去るものの規定不可能なものとしてであれ、それが自己から発して自己へと絶対的に現前しているものである限り、自己を規定する。自己への現前において絶対的に自己を規定するものである限りで、つまり、あえて言うなら、金のように飽和した、純粋で混じりけのない現象である限りで、直観の眼差しにとって、規定不可能なものなのだ。私が目を伏せる限りで、私の目がかすむ限りで、それゆえ私がそれを信じる限りで――というのも、自己から発して絶対的に現れるものについては信じなければならないからだが――、私に見るものを与えるまさにそのようなものの真正さと権威である。デリダが言うように、父の名で、父の名へと（*au nom du père*）、マリオンは送り返す（したがってマリオンはある意味では父の名において話している）。

それゆえ、贈与の逆説的で亡霊的な現象性に「固有の」諸拘束が尊重されることはない。つまり、盗み取り、逃げ去る贋金の不純さは否認されている。

次の二つの身振りのうち、どちらがより現象学的かと問われるかもしれない。一方には、一切の贈与性の起源性そのものを、たとえ現象の彼岸にであろうと、更には贈与そのものの彼岸にであろうと位置づける、言い換えるなら、逆説的にも、しかし当然の帰結として、一切の起源性を、たとえあらゆる現象学の彼岸にであろうと位置づけることで、この起源性を与え、フッサールが表明していた宿望をかなえるという身振りがある（マリオン）。そして他方には、一切の究極的還元の不可能性を告発する身振りがある。ただしそれは、贈与の場所のまさに内部から――ロゴスの場所になおも留まっているのでなければどうしてこの不可能性を語ることできるだろうか――、現象性の内在性の場から、すなわち、すべてに反して結局のところ（*malgré tout*）、現象学の内部から、この不可能性を告発する身振りがある（デリダ）。

贈与の逆説的な現象性を尊重せよとの要請を受けて、デリダは起源的で還元不能な遅れを記述するという問題性へと導かれる。時間それ自体でなければ、何が、盗むというまさにその動きでもって与えるというのか。その逆説的な現象性において、贈与は時間そのもの「である」（時間そのものを「存在する」）。問いが立てられる。では、時間について何を言うのか、贈与について何を言うのか。「言うこと」と時間ならびに贈与との結びつきは、ある単純で外的な関係から成ることがありえないという点で、この問いは不適切な仕方で定式化されていることが明らかになる。そうではなく、「言うこと」という操作はいずれも、われわれと事象そのものの間にまさに割り込み、事象そのものを差延するのだ。だがこのようにして、「言うこと」という操作は事象そのものを与える。というのも、盗み取りながらでなければ決して与えることはないからだ。テクストというものは、フッサールはそれを精神的な対象と名づけていたが、亡霊(fantôme)

という意味での精神であり、根本的に亡霊的な対象であり、現前性と非現前性の混合であって、それは与えることとの拒否そのものにおいて与える。[12] テクストそれ自体が返済不能な負債を負っており、その負債はテクストが語っていることに対するテクストの無限の遅れから成っているのだが、そのようなテクストはご立派な高邁な行い〔高邁の一撃〕（le coup de générosité）を欠いていて、受け手に負債を引き起こす——、そしてそのようにしてテクストは与えるのだ。ある意味で、再認＝承認（reconnaissance）のうちなる一切の現前について、十全な現前はないと語らなければならないのは、また、亡霊たちについて語らなければならないのは——つまり亡霊たちに語らせ、亡霊たちをしてわれわれのうちで語るがままにさせなければならないのは——、亡霊たちをしばし守るためであり、それは、亡霊たちが自分たちの逃げ去り以外のどこにもいないとするなら、すでに亡霊たちを失うことであり、そしてそれゆえ……そのようなものとして亡霊たちを再認し承認することなのである。逃走のうちにそのすべてが存するところのものを、逃れるがままにすること、それは、このものをそのようなものとしてみずからに贈与することではないだろうか。ある痕跡が残らなければならないのだ。

物語（*récits*）が、多様な諸々の言説のなかにあってかくも重要なのは、物語において、この生の贈与、この生の時間の不在と現前という二重の拘束が極点に達するからである。贈与というもののすべてが、織物、存在の織物を断ち切り、断ち切ることでその緯糸《よこいと》を引き起こすような出来事であるなら、ここで働いているものが「時間」という名前以外で呼ばれうるなら、物語は数ある言葉（*logoï*）のうちのひとつではなく、どんなロゴスも物語と関係があることになる。これはつまり、あらゆる生は痕跡「であり」〔痕跡を「存在し」〕自分自身の痕跡のうち以外のどこにもないということでもある。[13]

フランス現象学の領野を進むべく努める人は、デザンティの歩みの独自性から多くを学ぶことになろう。それは現象学の界水域できわめて現代的な暗礁を避けるための本質的な目印を成しているのかもしれない。ジャン＝トゥサン・デザンティの考察はおそらく、ドミニク・ジャニコーの表現にならえば「フランス現象学の神学的転回」をめぐって最近始まった論争とは距離を置きつつ、落ち着きをもって展開されている。それでもなお、『時間についての省察』の読解をJ－L・マリオンの主要著作(14)の読解と突き合わることが、内在主義的で、形式主義的なものとして厳密に操作的なものでありながらも受動的な主体性を思考できる、つまりは超越論的な素朴さを打破できる——曖昧さの余地なき——無神論的現象学を、読むべきものとして与えることで、あらゆる「神学的な陶酔」のリスクを測るのを可能にしてくれることに変わりはない。

したがって、デザンティのような人物にとっての現象学的な要請と、デリダのような人物にとってのそれとの間のきわめて強い結びつきを、たとえこの共同の要請が各々においてまったく異なる仕方で展開されているとしても（片やどんな存在論《オントロジー》とも距離を置く形式主義、片や憑依論《アントロジー》（hantologie）としてつねにすでに危機に陥った存在論）、ある種の誘惑、つまり時間や彼岸という充実した現前の衰弱を吸収し縫合する試みへの両者共通の反撥のうちに示すことができる。時間から目をそらし、現前性の過剰のなかで時間を目立たなくさせる飽和した現象の思考者（マリオン）に対して、通常の現象の思考者（デザンティ）と亡霊的現象の思考者（デリダ）、つまり、時間そのものの思考者たちが互いに支え合うのだ。そして、用語法の違いを超えて、賭金は同一であることをしっかりと理解しなければならない。その賭金とは、現前性の内在性にじかに接しつつ現前性の崩壊を記述することに存しているが、その際、この崩壊は単純かつ平板に無味乾燥な喪失として記述されるのではなく、生の贈与として、ただし、高邁《ジェネロジテ》の欠如においてしか生の贈与が生の贈与たりえない限りで記述される。この意味で、幽霊たちはなんら異常ではない、あるいは、あらゆる通常の現象が幽霊（spectre）なのである。なぜなら、幽霊たちはここに属しているからだ。正確には、彼岸へのあらゆる移行に対して、幽霊たちはある慣性力を、過ぎ去る時間という逆説的な慣性を対置する。幽霊たちは生き残りであるが、真に生きているのは生き残りである限りにおいてのみであり、生き残りの脆さ、はかなさにおいてでしかないという意味でそうなのである。

だから、たとえ「現れないものの現象学」を実行しなければならないとしても、それはおそらく単純に次のような——平板な——意味、つまり、未踏査な一切の可視的なものの地平、未踏査な潜在的《ポタンシエル》可視性を現出へともたらさなければならないという意味においてではない。より正確には、見られないもの、決して与えられていないもの、贈与性それ自体を現れさせねばならないということなのだ。それはわれわれを通常の現象、J－L・マリオンが現象を位階化するときに言うような普通法の（de droit commun）現象から離脱させて、現前の尺度に応じた段階的階梯に従って低部から高部へと、自分自身で自分を与える限りで、私の視覚がそれを与えることを拒むという意味で現れない現象へと、彼岸の現象へとわれわれの眼差しを向けさせるほかないのだろうか。現れないものは、見えるものを見えるものの只中で不意に襲う限りで現れないものなのではないだろうか。世界の贈与は、世界の論理を断ち切ってその論理を引き起こすことになるのだが、それは此処にも他所にも回収できない。あるいは、此処以外の他所はないのだ。通常の現象の高みに、通常以下のものの高みに身を持するために尊重すべき逆説的な拘束がここにあるのではないだろうか。これは、彼岸の純粋な現前で自分の眼差しを溺れさせているどんな人もがそう思いたがっているよりも多分はるかに恐るべき課題である。通常以下のものの幽霊性を、その二重拘束《ダブル・バインド》において譲歩することなく記述すること。かかる幽霊性の決定不可能性は、無規定で精彩のない現前と非現前の混交では決してなく、まったく同時に現前でありかつ非現前であり、不在であることでしか存在しえないことであること、みずからを与えることを拒むことでみずからを与えることという矛盾した要請なのである。

幽霊たちは現前を欠くがゆえに唯一の真の現れなのである。

結局のところ、通常の現象が現れないのは、人がそれらに気づかないからだ[15]。しかしながら、少しでも眼差しを通常の現象へと戻しさえすれば、それらの現象は、充実したある現前の他所へとまなざしを逸脱させることなく、眼差しを現象の不在化と向き合わさせる。

フッサール的な還元を超越論的エゴにおいて極点へ至らせ、ハイデガー的還元を存在論的差異において極点へ至らせ、まさにそうすることで、還元をみずからの身振りの単に準備的な段階として発見するような究極的な還元において、ある起源的なものの充実した現前性へと立ち戻させるというフッサール的要請の最たるものを声高に強く求めるような現象学、このような現象学よりも、細密ではあるが騒々しく宣伝することも現象学性を公に名乗ることもなく——それもそのはずなのだが——、デザンティやデリダのように、際限なく現象学の壊走に付き添う人々の仕事、このような随伴はまさしく、通常の現象の幽霊性——その現前性はみずからを崩壊させることでみずからを与える——の高さに身を持することなのだが、そのような仕事のほうを好むべきではないだろうか。強調しておこう——そしてこのことは、われわれが読んできたすべてのテクストが、そのことを語るよりもむしろ、それを試練にかけ試しているのだが——、これは二重の不可能性、現象学の二重の不可能性のうちに身を置くことであり、現象学の二重の不可能性はまったく同様に、現象学を絶対的に放棄することの二重の不可能性でもあるのだ。現前を蝕みながら与えるものが自己を与えるのは、現前の内側からでしかない。現前に固着する言説、そして「現象学」と呼ぶことのできる言説の内側からのみ、この言説自体の不可能性が明らかになる。今日、現象学を実践することは、辛抱強くこの二重拘束に耐え、際限なく現象学を現象学の壊走の只中から生まれさせること、あらゆる現象性がその災厄の只中から自己を与えるのと同様に生まれさせることであって、それは、時間から時間へと、われわれにあらゆるものを与える時間へと与えること以外では決してないのではないだろうか。

2　贈与性の極限的な可能性における贈与の不可能性（J・デリダ、J－L・マリオン）

われわれは、見かけ上は近接している、デリダとマリオンによる現象学の実践の背後に存しているように思われた深淵のうちで、現象学と、現象学が考察する事象そのもの双方のために賭けられているものを再び取り上げて更に究めてみたい。

われわれは今度は『還元と贈与性』[16]から作業に着手し、この作品のうちでデリダの呼び声がどの程度反響しているのかを画定するよう努めるつもりである。この作業は二重に正当である。というのも、マリオンはデリダとの近接性を主張しているからであり、また呼び声の純粋形式を画定することを目指しているからである。

フッサールにおいては対象性（objectité）という形象で画定された現前性が不問のまま優位性を保っている、とするデリダの批判を、マリオンは改めて引き受ける。たとえ後でその批判を更に推し進め、転倒させ、最終的には裏返して、その批判そのものへと向け直すためだとしても。この裏返しは、手袋を裏返す[17]という俚諺そのままの意味でデリダの批判を裏返しているが、これは疑いの余地なくマリオンの研究の駆動力をなし、事実上マリオンの研究を始動させ[18]、蓋然的にその研究の心臓部をなしている。したがって、この裏返しはマリオンとデリダの近接性をなすもの――少なくともこれはわれわれが確証しようと試みる仮説である――ではあるが、あまりに遠くまで推し進められると、亀裂を生み出すことになる。つまり、マリオンの現象学はデリダのテクストと表裏のように結びついているどころか、デリダの呼び声の力とは絶対的に異なるものと化し、デリダの呼び声に触発されるままにはならないだろう。

要請と呼び声の純粋形式へと向かうこのテクストは、まさにデリダをふんだんに引用し、論じて、近接性を主張しているにもかかわらず、それがまさに他なる呼び声であるという理由で、デリダの呼び声に耳を塞いでしまったのではないだろうか。マリオンのテクストが起源的に呼び求めるものとして指し示すその呼び声に。


現前性の主題系を利するために、『還元と贈与性』が時間的隔たりとしての時間を取り上げないという処置を取ったことは、全体として見て衝撃的である。

この時間性の問いに先決しはするがそれと連関した仕方で現象学的要請に住まわれた読者は、現象についての模索的で、先に進もうとしてつねに立ち往生するような記述としてよりも、「理性の順序」の完璧な構築として呈示されるようなテクストを前にして驚きを禁じえないだろう[19]。

より仔細に見るなら、この「理性の順序」は網状結合《ネクサス》であるよりは直線走路状であり、そこでは、揺るぎないものとして直ちに獲得された出発点から始まり、各段階が後続の段階を準備し、後続の段階は前の段階を乗り越え、それを救済する。この順序は当初から、あるがままのものとして、つまり論理的な秩序として呈示されるのではなく、現象性の解明に伴う進展として呈示されるのだが、その際、少なくとも現象学的価値という観点から見て価値論の、ひいては位階の様相をまとう。

結局、これが決定的な点なのだが、マリオンのテクストはある完遂を、より根底的には究極のものを要請している。フッサールならびにハイデガーによる還元を越えた「最終的還元」であるような「第三の還元」を[20]。

この構築的で線形的で直線走路的な仕事は、あえて言えば「到達主義的」であるが、フッサールのテクストが与えるものの対極に位置しているのではないだろうか。フッサールのテクストが与えるものとは、ジグザクの曲折であり、たえず進行方向を変えながらたえず維持される分析的記述の要請であり、つまりはたえざる再開始でもある。

われわれの考えでは、マリオンのテクストが完遂することができ、そしてスタートを切ることもできるのは、ある意味でそれが、つねにすでにゴールに達してしまっているからでしかない。フッサールのテクストは完遂できず、間違った出発を積み重ねることしかできないが、それは、約束の地に足を踏み入れることの不可能性がテクストのうちにつねにすでに刻み込まれているからである。

われわれは、厳密な意味で驚きのない言説を相手にしていることになるだろう。このようなものが、視野に収めるとともに基礎づけるべき逆説であろう。つまり、もっとも根底的な驚きの場そのものへと、つまり控訴提起〔interlocution〕の場へと導くと語るそのテクストが、まさにそれゆえ、最も驚かされること少なく、おそらくは最も驚かすことのないものなのである。ここでわれわれは、この言説の内容に関するわれわれの最初の指摘に再び出会う[21]。この言説は時間的隔たりではなく現前について語っている、という指摘である。形式の内実との関係はしたがって、意味作用の産出関係であるよりもむしろ模倣の語用論的関係であることになろう。現前の言説――この属格は目的格として理解するのと同じように主格としても理解しなければならない――は、一切の時間性を無化することになろう。マリオンの言説そのものの時間性をも、彼の言説がそれについて語る、というよりはむしろそれについて語らない時間性をも。

ところで時間とはまさに、不断にわれわれを驚かし、より根底的にはわれわれを捕らえるものではないだろうか。(22)

『還元と贈与性』は、創出するというリスク、つまりは触発されるというリスクを冒していないのだから、最も根底的な触発というまさにその名のもとに、しかも未知のものを征服するための歩みという相をまといながらも、自分がつねにすでに腰を落ち着けているところ以外のどこにも導かない言説なのだろうか。あたかも、究極的なと名づけられるや否や、触発がみずからの力を転倒させ、自分を裏切ってしまうかのように。

マリオンが自分で自分のテクストに下している診断とすべての点で対立しているこの診断を正当化してくれるものは何だろうか。次の言葉をお聞きいただきたい。「というのも、先行する二つの歩み〔『存在なき神』と『デカルトの形而上学的プリズムについて』のこと〕では、三つ目とは反対に〔『還元と贈与性』のこと。強調は引用者〕、到達点へと至り、その到達点を証明できた。(23)」

われわれはこれからこの点を示そうと試みるつもりだが、このテクストが機能している仕方(24)は絶対的に意味深い。たとえ他のテクスト群の立論を分析することでマリオンが現象学を行うその手続きを非難できないとしても、ましてやこれこれの議論に反対して彼が事象そのものを持ち出すことを非難できないとしても、引用されたテクストとのあいだにマリオンが結んでいる関係のあり方には驚かされるかもしれない、という点をまず確認しておきたい。マリオンは確かに注意深く引用してはいるのだが、彼はそれらのテクストを道具化していないだろうか。

デリダによる『論理学研究』の読解[25]に、マリオンが『還元と贈与性』の第一章「突破と拡大」で与えた読解を見てみよう。[26]（続けて確認作業として、『還元と贈与性』の最終章で、ハイデガーに対して同じシナリオが再び演じられていないか見ることにしよう。）

マリオンにとっての課題は、フッサールにおける意味作用は直観から自立していることを、デリダに抗して示すことである。実際、意味作用がいかなる場合にも何も与えないことはできない――何も意味しない場合を除いて――以上、意味作用がこのように直観から自立しているのは、いかなる贈与性も、直観と客体性とが連動した形での現前の規定には限定されないからだ。

自分自身の証明に役立てるために、マリオンはいうなれば、瞬間的に、いわばデリダ以上にデリダ的になり、デリダがいう起源的な隔たりを、デリダがそれがないと言っていた場所に認め、……何とそれによって、デリダによる『論理学研究I』の読解に反対する。非‐現前は意味作用とその表現の水準で根底的に徴しづけられるのであって、単なる指示のうちへとただ封じ込められたり、抑圧されたりするのではない、というのだ。まさにこれが、たくみに組織された転倒を可能にする。すなわち今度は、フッサールに抗してではなくデリダ的な隔たりの哲学に抗して現前を復活させ、ある姿勢――デリダ的な――でマリオンは、フッサールにおける思考されざるものを探査しながら、直観には還元不能な現前という主題系を掘り出していくのである。

これらの指摘を裏付けるために、同章の第四節、第五節の内容をより厳密に追ってみよう。これらの節は、『論理学研究』に反駁するマリオンの読解の中核をなしており、デリダによる解釈がそれ自身を起点にして転倒される場となっている。

ここで問題とされているのは、現前の形而上学がフッサールの『論理学研究』で極点に達するというデリダの解釈に反対することであり、その際、デリダとは逆にハイデガーが、『論理学研究』のうちに、存在者を、ひいては形而上学を超過する存在を垣間見ていたことが喚起されている。だが、ある意味では──存在者の秩序にまさに身を置けば──デリダは正しく、デリダが正しいのは、まず、これと同様に、ハイデガーも正しい限りで──存在者の秩序と、ひいては存在神学としての形而上学の水準は超過されているのだから──そうなのだということを示しうるなら、二つの解釈は対立しない。ここから何を結論すべきかというと、それは、デリダがフッサールを形而上学に閉じ込めたのは誤りだったということである。なぜなら、デリダは、「形而上学」と「現前」をつねにすでに結びつけるという誤りをより根本的なところで犯しているからだ。存在者による支配としての形而上学は〔デリダにとっては〕、現前のひとつの派生的様相以外のものではまったくなく、源泉としての現前（贈与性 *Gegebenheit* というフッサールの語のうちに認められる）では決してないのだ。以上が、マリオンが証明すべく専心していることである。どのように彼は振る舞っているのだろうか。

マリオンはデリダの読解におけるある決断を明るみに出す。この決断は決定的に重要なもので、『声と現象』で与えられた解釈のすべてを支えているのだが、マリオンによると、『声と現象』のどこでもそれは正当化されていない[27]。その決断とは以下のようなものだ。「(…) 直観が隅から隅まで「現前の形而上学」を支配している。(…) 直観のみが現前化を達成する[28]。」この決断に、デリダの読解の有効性、何よりもそれは一貫性ということなのだが、それが賭けられている。実際、デリダがそこで示すことができるのは、一方で、フッサールの明白な努力のすべては直観に対する意味作用の志向の自律性を思考しようと試みる点にある。他方でフッサールは、あたかも意に反したかのように、志向を直観的充実へと導き、結局はそれに従属させており、志向は直観の待望ないしその欲望以外のものではない、ということだ。なぜフッサールは、志向を直観へと結びつけることしかできないのか。なぜなら、それ自身に委ねられた志向は、それが何も与えず、みずからを無として与えるなら、また、自立した仕方でいかなる現前ももたらすことができないのなら、崩壊するしかないからだ。このような空虚は、それが点描する十全なものとの関係においてしか概念化できないし――端的に「存在」できない。他のいかなる可能性も、少なくとも現前性のもとに集約するロゴスの枠内では――つまり、ギリシャに端を発する西洋哲学の枠内では――思い描くことができない。マリオンに従うなら、直観と現前を相互に連関させるというデリダの結論が実際どれほど決定的だったかが分かる。というのも、ここでもやはりマリオンによればということになるが、この決断は、フッサールが自己矛盾しているのを示すことを可能にする、デリダの議論の要だからだ[29]。

こうしてマリオンは、『論理学研究I』や『論理学研究VI』から多数の章句を引用し、直観が志向の最終的な答えなのではなく、意味作用の志向は実際に自立的なのだということを示すことになる。範例的なのは、幾何学における数学的イデア性の例である。「いかなる数学的イデア性も、実際に体験される空間のなかには十全な充実化を見出せない。非十全性、ひいては志向による直観の凌駕、直観の上への意味作用の張出しはひとつの例なのではなく、直線あるいは一次式 $ax + b$ のグラフ、更には三角形の意味作用は意識によって実際に現実化されている直観体験のなかでは決して十全な充実化に出会うことはないという、絶対的規則を表明しているのだ」[30]。これこそ、フッサールは志向を直観に送り返した――その結果自己矛盾を犯している――どころか、反対にそうすることの誤りを批判しているのだという点を示すことをマリオンに許容した決定的な成果なのである[31]。とすると、デリダは間違った解釈をしたことになる[32]。フッサールのアポリアのより根底的な部分をある種の勘で探り当てた点では、実りある間違いであるだろうし、かくしてこの間違いは、間違いを超克する道を指し示しているとされる。それほどまでに、最大の危機に陥ったときに「抜け出す方法」が見つかるというのは真実なのである。デリダにとってはアポリアであるが、マリオンにとってはデリダがその敷居に留まっていた道からの脱出なのだ。実際、志向が直観に対して約束されておらず、また、志向が、何も意味しない場合を除いて、（現前に関して）何も与えないということがありえないのは、直観へと還元できない現前のひとつの様相があるからであり、したがって、直観、つまり形而上学を「なす」現前は現前のひとつの様相でしかなく、贈与性のひとつの様相にすぎないからである。

フッサールのテクストの細部についての議論は横に置いて、何がマリオンの読解を正当化するのかを見てみよう。

一、著者（ここではフッサール）を矛盾から救い出す読解はおそらく、より十全に合理性の要請を満たしているという点で、著者を矛盾のうちに放置する読解に勝るということを、自明とみなすこと。[33]

二、直観が「現前性の形而上学」を隅から隅まで支配しているとするデリダの決断を、正当ではないと示すこと。

これに対しては次のように反論できる。

一、デリダは『声と現象』においてもそれ以外の場所でも、フッサールが単に矛盾していると言っているようには思われないということ。それどころか、デリダが示しているのはむしろ、フッサールが二重の拘束、二重拘束《ダブル・バインド》に、つまりは語の強い意味でのアポリアに捕らわれているということである。ところで、マリオンはそれを知らないわけではなく、次のように書いている。「もっとも、デリダの解釈はわれわれがそれに施している単純化に収まるものでは到底ない。実際、デリダの目に『論理学研究』が形而上学に引き戻されるように映るのは、『論理学研究』が現前の領野のぎりぎりの縁に到達した後でのことである。

『論理学研究』が現前の領野に引き返すのはその領野を危うく踏み越えそうになったからにほかならない」[34]。たとえアポリアで悦に入ることが修辞的「トリック」に転じうるのだとしても、哲学的テクストを絶対にアポリアから救わなければならないとする決断が、哲学的に怪しいものではない、というのは定かならぬことである。

二、おそらくデリダの読解は、ある決断に由来している。いかなる読解が決断に由来しないことがあろう。だがわれわれには、この決断は現前を直観と規定することよりも、より一般的に、そしてより根本的に、「脱構築」に、つまりは少なくとも、与えられた一切の現前への疑念に拠っているように思われる。この決断は、プラトンとアリストテレスにおいて「驚き」(étonnement)と名指しされた、哲学するという行為そのものを創設したあの切断を、確かにずらしながらではあるが、反復しているのではないだろうか。

それに反論するマリオンの読解も、ある決断に由来しているのではないだろうか。このことは造作もなく示すことができるように思われる。

名前を変えれば現前はもはや直観ではなく贈与性であって、それだけで、現前を形而上学の外に脱出させるには十分であるかのように、現前を連れ戻したのはマリオンではないだろうか。これでは、あたかもデリダが示していることが、贈与性にも直観にも(そしてこれらの名前はほとんどどうでもよいのだが)つねにすでにあてはまるものではないかのようだ。マリオンは現前を欲している。この意志から発してのみ、対立した読解を転倒させてそれを自分の論を展開するための踏切り板にすることがマリオンにとって可能となる。贈与性における(つまり形而上学から自由になった)現前が『論理学研究VI』で垣間見られるのは、マリオンの読解がそこに前もって根を下ろしているからにほかならない。これは現前についてのひとつの決断である。

この決断について、われわれには少なくとも二つのことが言えるように思われる。一、この決断は自分を決断としては認めておらず、脱構築の装いのもと、決断という決断のすべてに密かに取り憑いている偶然的な部分を厄介払いし、覆い隠している。二、かくしてこの決断は、哲学の修練に特徴的な不安を回避しようとしているように思われる。「説明すること」への要求として、この修練は、眼差しの転換という、哲学が生まれた地点がもつ還元不能な謎のなかで、哲学自身の傷つきやすさ（vulnérabilité）、そのはかなさの経験をなしているのだ[35]。

われわれにとっては、『還元と贈与性』第一章の行程は戦略に属している。つまり、少なくともこの行程はつねにすでに選びとられたある目的地へと方向づけられているけれども、この行程のなかで目的地の選択について説明されることはないのである。

後で立ち戻るように、マリオン自身がまさにそのような戦略を要請しているのは別として[36]、どの点においてマリオンの動きが厳密に戦略的なのかを決定し、また、一切の戦略のなかで、われわれからすれば何が現象学的研究に対立しているのかを画定することが課題である[37]。

戦略というものはそれ自体がつねにすでに決断されたものであり、それゆえ、それ自体へと閉じられたものであり、その点で、戦略は探求というものと対立する。現象によって開かれていなければならない現象学的探求とはなおさらのこと対立する[38]。こうしてわれわれが立てた次のような問いが確証され、正当化される。デリダの呼び声は、それについてかくも頻繁に語るマリオンのテクストによって聞き届けられたのだろうか。『還元と贈与性』の第一章は『声と現象』によって触発されたのだろうか。

そうであるためには、現前の覇権が宙吊りにされうる、あるいは少なくとも脅かされうるという考えが直ちに受け入れられるべきだっただろう。フッサールのテクストにおける現前性と無の戯れを、パロディー的にではなく作動させうるためには、前もって現前それ自体について問いただす必要がある。しかるに、『還元と贈与性』の随所で、現前の支配が、そこから一切の問いが発出するまさに当のものとみなされ、その限りで、この支配がまさに、それに対して盲目的になってしまって決して問いただされざるものであることを、どうして見ないでいられようか。

とすれば、『論理学研究』の第I巻と第Ⅳ巻の解釈をめぐる精緻な議論が、根本において、その解釈を不問の前提条件とするような読解上の決断から派生したものにすぎないことをどうして見ないでいられようか。

直観によってつねに方向づけられ、直観によっていわば磁化された意味作用の表現のために、指標が周縁的なものと化したことを、現前の問いただされざる優位の徴候として分析すべきなのだろうか（デリダ）、それとも、『論理学研究I』において、直観に対する意味作用の自立を認め、しかるのちに、別のところ、『論理学研究Ⅳ』で、直観を超過するものとして、現前をよりはっきりと発見するところまで行くべきなのだろうか（マリオン）。

これらの問いが決定的なものとなるのは、その前提として、テクストへと向かうときに自分の中に抱えているもの、自分の眼差しのうちに抱えていて見ることを可能にするもの、眼差しそのものが転覆されている様を見るのを受け入れる場合のみである。つまり、自分の眼差しの風景そのものが転覆されるのを受け入れなければならない。

J－L・マリオンは『還元と贈与性』でこのリスクを冒しているだろうか。デリダによる読解に先立つ、無傷で少しも転覆されていない風景を起点として、しかもそこを離れることなく、マリオンはデリダによる読解と「対話」しているのではないだろうか。われわれの分析を辿ってもらえるなら、『還元と贈与性』の歩みは、多様な議論と賞賛にもかかわらず――また多様な討論と賞賛のなかで？――、デリダの呼び声に耳を塞いでいるとまさに結論せざるをえない(39)。

それゆえマリオンの所論は、実は自分が前もって帰属している確信が無傷で残されていればいるほど、瑕疵も迷いもない完璧なものとなるような議論になればなるほど、他者に自由に語らせることに配慮した対話――デリダの分析が再現されている――という外観をより強く帯びることになる。『還元と贈与性』のもう一方の端で、今度はハイデガーに対して、厳密にはハイデガーのなかでデリダを呼び求め続けていた部分に対して、同じ難聴という結果が生じていることに注意しておこう。マリオンはそれを聞かないために絶えずそこへ戻り続けるだろうし、それを籠絡するために絶えずそれを呼び求め続けるだろう。

マリオンによって用いられた戦略は同じである。つまり、ハイデガーのテクストの文字に反してハイデガーを徹底化し、ハイデガーをハイデガー自身に敵対させるのである。より厳密には、マリオンの課題は〈無〉の思考を「無の無」(rien de rien)の思考として徹底化することで、最大限の十全さのための場所を空けることである。というのも、ハイデガーにおいて存在を贈与する〈無〉は、ある意味では存在に従属しているからだ。ハイデガーの虚無はいまだ存在から演繹されている、とレヴィナスは「時間と死」のなかで好んで語っている。というのも、一切の存在者のまさに退潮として示される虚無は厳密な意味では存在しないとはいえ、存在者ではまったくないところの存在とは一致することになるからだ。この一致が起きるのは――これが決定的な点なのだが――、存在があらゆる存在者を約束するものである限りにおいてである。存在者が欠けているのは、存在が一切の存在者のまさに母胎である限りにおいてなのだ。

それゆえ、虚無としての隔たりの思考は、根底的には「無の無」、無以外の何も約束しないような無へは至らない。というのも、起源的で母胎的な問いが直ちに、無媒介的にハイデガーによって存在の問いとして理解されているというのが本当なら、ハイデガーにとってはここに、一切の現象学の、そして何よりもまず一切の哲学の限界があるからだ。デカルトにおいて、懐疑が直ちに、ある意味ではつねにすでに方法的であるように、ハイデガーにおいて虚無は、それが直ちに、つねにすでに存在を見据えて検討される限りで、存在と置き換えうるものなのである。

〈無〉、〈存在〉、諸存在者のあいだの関係について、ハイデガーによっては思考されなかったことの閂をはずそうと試みること、更に、この思考されざるものの彼岸まで突破しようと試みることは、おそらく正当である。外見的には、これはマリオンが試みたことである。彼は、ハイデガーがそれを前にして退却したと考えられる「無の無」へ向けてハイデガーのテクストを推し進めたのだ。しかし、お分かりのように、この作戦は、無によって実際に根底的に触発されたのかどうかが疑問視されるような言説にまさにそれが由来する限りで、欠陥なきテクスト的力学において首尾よく終えることのできるものなのである。マリオンは、ハイデガーが無の果てまで行かず、無に究極的な答えを与えなかった——これは究極的な答えなどないことの告白であったはずだが——ことを責めることができる。けれどもそれは、マリオンが現前を目指して無をもてあそび、存在に対して無というカードを切るその限りにおいて、つまりマリオンが無に細工をほどこす限りにおいてである。無謬の証明は触発の欠如を明かしており、無は受け入れられず（le rien n'est pas passé）、無は無視された（on s'est passé du rien）のだから、何も起きなかったこと（rien ne s'est passé）を明かしている[40]。マリオンのこの言説は現前から出発して展開され、現前を目指し、それゆえ、つねにすでに無を、この言説の成就のための手段にしている。

自己確信と同じく否認にも属するかに見えるであろう身振りをとおしてマリオンが絶えず繰り返すことに反して、『還元と贈与性』はそこに入り込んだが最後そこを離れられなくなることが求められる場、つまり信（foi）に直ちに居座っていると言うべきではないだろうか。[41]この場所を起点としてのみ、無は、その場合もはや無はほとんど自分自身の見せかけ《シミュラークル》でしかないだろうが、その徹底化によって阻まれ、反転させられうるのである。

マリオンの試みの現象学的な特質についてわれわれが抱く疑念の核にあたるものが何かがお分かりになっただろう。つまり、フッサールにおいて問われないまま残されたと言われているもの（直観と客観性とが結びついた諸形象として規定された現前）と、ハイデガーにおいて問われないまま残されたと言われているもの（存在の現象として規定された現前）よりも遠くへと突き進むというマリオンの試みは、われわれによればその手前に、問われざるものそのもの、信のうちに、[42]つまりは現前の無規定性のうちに、無規定性としての現前のうちにとどまっている。[43]（規定されることなく、規定可能でもないものが、ある視点からすると、問われえぬものであるというのは事実である。）ところが反対に、フッサールとハイデガーが住まっているのは確かに、それ自体が限界づけられた現前の形象のうちにであるが、これらの形象のうちで彼らのテクストはまさにその限界の経験をなしている。たとえ、その限界を厄介払いしてしまうことがありうるとしても、である。

J－L・マリオンはこの要請された前提としての信の問いに正面から取り組んでいる。というのもこの問いは、『形而上学・倫理学誌』〔*Revue de métaphysique et de morale*〕の編集部によってマリオンに課されたものだからだ。そして、まさにマリオンは、『デカルトの形而上学的プリズム』および『存在なき神』を、

『還元と贈与性』が構成している存在の彼岸への三度目の侵犯から断固として区別している。というのも、前者二冊が明示的に先行的所与（*positum*）を支えとし、そのことがまさにひとつの立場（position）（歴史哲学／信）を定めているのに対して、『還元と贈与性』は断固として何も前提としないこと、いかなる内容も最初から直ちに与えられないことを要求しているからだ。したがって、到達点はもはや出発前からつねにすでに与えられているということはありえず、それは「空虚」なものとして特徴づけられるだろう[44]。ものは言い様だが、それが何であるかについて最初に得られるものは何もなく、それゆえ、到達点においても何もないように思われる。こうしてマリオン自身のうちに、第一歩を欠いた者、欠如において、欠如によってのみ歩む者はけっしてうまく行かないし到達できないというわれわれの仮説の確証を見出すことができるだろう。

ということはつまり、われわれは『還元と贈与性』の手続きに対して愚かしい誤った訴訟を起こし、この手続きが明白に警戒して避けているものについて非難してしまったということだろうか。

件の「空虚」が、テクストのなかでは、最も十全な現前に対応していること、マリオンのテクストが、みずから哲学的および現象学的操作性の面で必要としている空虚の代わりにその場所に居座ってしまっていること、そのようなものとしてこのテクストは純粋な現前を、つまりすでに飽和した現象を更に飽和させてしまうような現前を求めているということに気づかないわけにはいかない[45]。これは意表をつくものではあるが、理解はできる事態である。

実際、マリオンがこの「空虚」を、前提が不在であることから要請されたものとして呼び出すとき、彼は暗黙のうちに「まったく規定されていないもの」、「これ」でも「あれ」でもないものとしてこの「空虚」を考えている〈まったく〈存在者〉ではない〈存在〉というハイデガーの図式を、当のハイデガーによる〈存在〉に抗して「再演する」。起源的なものへと競り上げられるという点で、これは〈存在〉でさえない、というのだ）。だが、そのように「空虚」を考えることで、マリオンは「空虚」を無の無とは正反対のものにし、まさに現前の未規定そのものたらしめる。それは最も純粋な現前であり、規定されたいかなる形象（存在者、客体性ではないし、ハイデガー的存在さえもなおもその規定ということになる）にも限定されず、したがって、自分がその起源であり尺度であることが明かされるようないかなる特殊な形象においてよりもはるかに包括的な現前となる。

規定不能なものとしての未規定なものは、結局のところ空虚ではない。反対に最も純粋で十全なる充溢である。しかしそれは、同意していただけるだろうが、今度はわれわれの方で現象学的な競り上げの身振りを支持しつつ[46]、マリオンがその身振りの果てまで行っていないからだと、われわれとしては言いたい。つまり、ハイデガー的な存在者の無を存在の無にまで推し進めることで、マリオンはつねにすでに、無の無という幽霊[47]に「触発されえないもの」と化していたのだ。

それゆえ、すべてが支え合って首尾一貫している。もし「空欄」が充溢したものであることが開示されたなら、より厳密には、「空欄」が充溢そのものである以上、決してひとつの充溢したものではないものとして開示されたなら、そのとき、すべてを賭ける準備のできた――更には要請することを正当化された――創出の言説は、つねにすでにそれに先立つものによって実は呼び求められていることを明かす。マリオンは「無と要求」[48]のなかではっきりそう書いている。J－L・マリオンの否認にもかかわらず[49]、賭けられているのは信なのである。

マリオンが示すところでは、〈無〉を起点とした場合には、〈無〉と存在のあいだの移行が不調に終わるがゆえに、ハイデガーは、「究極の項である存在から始めてそれ「移行」を試みる必要がある。だから、

〈無〉と存在の隔たりは、その終わりから始めなければもはや踏破できないだろう（…）。踏破は最後——遥かなものの呼び声、存在——から始まるのであって、始まり——われわれがそこに存在しているところの近くの〈無〉——から始まるのではない」と結論するに至ったことになる。[50] 存在の呼び声（*Anspruch des Seins*）という主題の位置づけに際してハイデガーが採ったとマリオンが言う手続きは、存在の呼び声を「呼び声の純粋形式」へと「乗り越える」ことが課題であるときに、自分の方法論的原則に忠実なマリオン自身が採用し、そして徹底化したものである。[51] われわれの見方からしてどこで虚偽の申し立てがなされていることになるかは、お分かりいただけるだろう。それは、Xが私を超過し私に先立つということから、それゆえXから始めなければならないと結論づけられている点であり、そして何よりも、マリオンの言説内では自明のこととみなされているようだが、Xから始めることができると結論づけられている点である。「われわれがいるところ」から逃れる手段をみずからに与えること、さらには他所から始めること、つまりその他所を、その究極のものをみずからに与えること、そして、この他所、究極のものは与えられているのだから、それを始まりとすること、これこそまさにわれわれには非現象学的に、より一般的には非哲学的に思えるのである。ただし、哲学というものがつねに、ほとんど違わないところ［l'à peu-près］から始まり、たとえ現れないものの現象学であっても現象学が「此岸」——われわれがいる側——にこだわらねばならず、その彼岸について垣間見られるのは、此処そのものとしての現象性を、この彼岸から擾乱させに到来するものだけでなければならないとするなら。確かに、〈私〉が超過されるということを、マリオンとともに示さなければならない。しかし、どうやって、なるほど未聞だが曖昧な仕方でこの過剰を引き受けるというのか——その超過を（たとえ「そのようなものとして」であれ）みずからに与える以外にどうすればよいというのか。そしてここにこそ信と名づけるべきものがあるのではないか。それは超過するものをみずからに与える仕方であり、したがって超過するものをある究極的なものとして固定する仕方であり、つまりはまったく同じことだが、（少なくとも言説の展開上では）そこを起点に出発することができる最初の土地——たとえそれが事象そのものにおいて還元不能な「彼岸」であっても——を固定する仕方である。つねにすでに、鷹揚なものとして、つねにすでに「彼岸」は話し、現前に溢れているので、あたかも私がこの「彼岸」の言葉を直接的に中継することができるかのようではないか。なぜなら、何よりもまず、ここで、最も深いところで、信という行為〔信徳〕が位置づけられるのだから。この決断——そのようなものとしてつねにすでになされた——のうちに、である。私へと宛てられ、私を呼び求める現前があるのである。

この決断については、「無の無」はその最初の言葉も最後の言葉も構成しはしないのだが、かかる決断が信なのである。

数々の否認にもかかわらず、はっきり分かるように、厳密な現象学的解明によって得られたものとして現前化されたもの（つねにすでに私を超過し私に先立つものたる純粋現前の贈与性）が、現象学的なものそれ自体に対して起源的な自己贈与性として、その現前化されたものの現象学的贈与性（現象学的記述における贈与性）に——まさしく——先立ち、現象学的贈与性を可能にしているのである。この現象学的自己贈与性が、そうとは認めず、またそれと理解することなく、現象学的探求を基礎づける（*fonder*）役割をするなら、この自己贈与性はみずからの先行性によって、前提なき現象学的探求そのものを廃棄するのではないだろうか。なぜなら、確かにこの自己贈与性は現象学的探求を基礎づける方へと向かっているようには思われるが、現象学的地平がつねにすでに現象学的な眼差しに先行するような単純な仕方では、現象学的探求に先行していないと思われるからである。J－L・マリオンはわれわれがここで語っていることに部分的に同意するかもしれない。というのも、彼にとって問題なのはまさに、超過し呼び求めるものの純粋形式を指し示すことであり、したがって現象学的なもの自体を超過し呼び求めるものの純粋形式を指し示すことなのだから。にもかかわらず、マリオンは自分が現象学的なもののうちに留まっていると主張する。というのも、マリオンが、現象学的なものから出発すべきではないとするような転倒を大々的に組織するのは、現象学的なものから出発して、現象学的なものによる保証に庇護されてだからである。だが、この転倒を組織するためには現象学的なものから実際に出発しないようにすべきだったということをいかにして見ずにすませられようか！

したがって、マリオンの言説が（規定された）前提がないことを呼び求めうるとすれば、それはマリオンの言説が前提というものそのものに根づいているという、逆説的ではあるがあらゆる点で一貫している理由による以外ない。つまり無規定性そのものとしての前提――この無規定と前提との関係は倒置可能だ――であり、つまりはこれが前提の純粋形式なのである[52]。そこから、結局のところ無規定性の要請と、ある欲望もしくは誘惑とのあいだでの見逃しようもない緊張が生じる。無規定性の要請で問題となるのはある否定現象学[53]であって、倦怠と狼狽させられたもの〔訴訟を起こされたもの〕というそれぞれ限定された形象において、まさに否定現象学では一挙に汲み尽くせないものを鳴り響かせ、そうすることで現前の残余を保存する。他方では、まさに充溢そのものが問題であって、とりわけ無が問題ではない以上、この充溢を堪能し、それを同一化することへの欲望と誘惑が生じるのだ。究極の逆説である。この充溢を同一化不可能なものとして同一化し、「名づけえぬもの」という名でそれを名づけないにしても、名づけえぬものの名で、つまり〈父〉の名でそれを名づけるのだから。「「聞け、イスラエルよ。ヤハウェはわれわれの神であり、ヤハウェだけがわれわれの神である」（申命記六・四）。ある別の呼び声――おそらくは他なるものの呼び声——が、存在の要請によって発せられる最初の呼び声を退位させ転覆させうるのを確証すること［が重要である］(54)。

ここにこそ、信における普遍的なものが、あたかも回避不能であるかのように、特殊化されるに至る過程があるのではないだろうか。それゆえ、そのようなものとしての信を自分のためにひそやかに要請するこのような教理《ドグマ》は、まさにひとつの教理以外のものでは決してありえないものとして明かされるのだ。

この緊張、この逆説的でかつ否認された過程によって、呼び声の純粋形式と／もしくは現前の無規定性は個別化されるのだが、この緊張を識別する別の仕方、それは飽和した現象についての問いである(55)。

飽和した現象は現前を迎え入れ、そうなることでこの現前が現象を飽和させるのだが、この飽和した現象は普通法の現象と呼ばれたものに対して優位にあって、後者の現象を、それを思念する狙いにとって飽和したものたらしめる。マリオンは入念に、飽和した現象とはあえて言えば「現象学的類型」であり、この類型は、それが現象学的分析によってより根底的に呼び求められ、正当化される限りで、現象学的分析によって全面的に記述可能であるということを示そうと試みている。それゆえ、現象学的分析たらんとするものが護教論と一体化してしまわないように、歴史的事件や芸術作品——更にはキリストもが、飽和した現象と同じ資格で記述されることになる。しかしながら、数々の飽和した現象は純粋な現前そのものではなく、いずれにしても——一切の規定が妨害されるなかで——なおも規定された形象であり、そのことがこれらの現象に、正面から見られないものを垣間見ることを許容するのだが、そうである以上、飽和した現象はかくして、それらがどの程度現前の「表現」を可能にするかに応じて、互いに階層をなしうる。だから、あるひとつの現象が、他の諸現象よりも若干多く飽和しているということがありうるのだ。それがつまりキリストなのである……。望もうと望むまいと、口に出そうと出すまいと、このような位階が可能なのは、現象学的な記述から出発したときでも、更には信についての現象学的な記述から出発したときですらもなく、信そのものから出発したときであり、おまけにその信がキリスト教的な信に特化されたときであるということに気づかないわけにはいかないだろう。[56]

それゆえ、この問題系へとわれわれが入り込む点、つまり姿勢や方法という視点から分析を結論づけるためには、マリオンがある戦略を、ただ彼に言わせれば他の著作とは違った戦略を、『還元と贈与性』に関して呼び求めているのを想起する必要がある。われわれとしては、それは込み入った戦略だと進んで言っておきたい。というのも、自分を戦略として与えないことがその戦略の中身なのだから。この思考にとっての致命的な瑕疵となるのは、この思考が信に根ざしていることではなく、信に根ざしていることを現象学の装いのもとで覆い隠そうと努力している点である。ただし、この戦略家の制御された身振りが、否認に住み着かれていない限りにおいてであるが。

われわれはまず、デリダの『時間を与える』がマリオンの『還元と贈与性』からつねにすでに距離をとろうとする仕方を引き出そうと試みた（第二章第一節、参照）。次いで、『還元と贈与性』が、デリダの呼び声に突破口を開いた功績を認めているのは、その功績を籠絡するためでしかないということを示そうと試みた（第二章第二節、参照）。

『時間を与える』がいかにして『還元と贈与性』に「働きかけ」、『還元と贈与性』によって働きかけられたかを研究するこれらの分析がすでにかなり進捗していたその時に、J－L・マリオンはまさに「贈与《ドン》という現象学的概念の素描」を、『時間を与える』の読解として発表した。[57] マリオンはこれによって、「いくつかの質問への回答」で示していたことを明示的に表明した。つまり、現前の贈与性《ドナシオン》についてのマリオンの仕事は、デリダのこのテクストによって指し示された諸問題のうちに起源をもつのである。ファイルに付け加えられた新しい書類によってわれわれの分析が驚かされ、ひいては覆されるのを覚悟したとき、われわれは逆にそこで、われわれの観点からすればデリダとマリオンの思考のあいだに存する隔たりについて、一歩ごとに、そして一句ごとに確証を得たように思われる。

時間的隔たりと充溢した現前との対立は、その対立に関心を寄せ、またある意味では逆にこの対立をつねにすでに方向づけてきた思考のいくつかの姿勢と連動している。姿勢と主題系とのこの起源的な不決定、とは言わないまでも両者の絡み合いが、どちらがどちらを決定しているのかという問いを一挙に解決できないものたらしめるのであれば、われわれは、われわれの方法に忠実でありつつ、このマリオンの新しいテクストをその姿勢という観点から取り上げることにしたい。

マリオンは、贈与《ドン》という場を決定的なものと認め、次いでその「実地検分」をし、そのようなものとしてこの場所を同定したという現象学的功績を『時間を与える』に認めることから始めている。しかし、デリダが、この贈与の場所は二重拘束《ダブル・バインド》によって構造化されており、贈与の不可能性のまさにその場所にしか贈与はないことを、二重拘束は逆説として——当然ながらそれが単なる矛盾へと平板化することはない——総体的に捉えることを強いるとみなしているのに対して、マリオンはというと、デリダが指摘する不可能性は「より高次の可能性」の証しでありその条件でもあって、その「可能性」は、後でまた論じるが、現在の純粋な現前としての「贈与性」の可能性であると示すべく試みていることになるだろう。マリオンにとっては、この条件によってのみ、贈与の不可能な可能性は矛盾をまぬかれるのだ。

一、デリダの命題が最初から、マリオン的な現前の解放のための手段ないし道具として、そのための仲介的命題、その跳躍台としてしか認められていないことが分かる。

二、マリオンの思考が、それ自身のために論証の力を要請していることが分かる。たとえ障害が現れても、それはもっと遠くへ行くための手段であり、アポリアであるよりは問題であって、それが問題であるのはまさにこの決断の力によってである、ということが最初から決まってしまっている。デリダの語る贈与《ドン》が不可能なのは、その贈与の真理が他所で、この種の上昇的弁証法の階梯よりも上で解き放たれるはずだからだ、というのだが、マリオンにしてみれば、そうとしか考えられず、つねにすでにそう決まっていたということになるのだろう。序でに指摘しておけば、このようにマリオンのアプローチは逆説をそれよりも大きな光の約束たらしめ、理性の順序に即した力が自分にあるとする。そうすることで、デリダの思考についてはいわば、非理性とは言わないまでも少なくとも理性ならざるものとの憂慮すべき不安定な境界線上で、行き止まりの状態、能動的な受動性の状態、忍耐強い足踏みの状態に、身動きがとれないまま置き去りにするのである。以上のことから、追加的な帰結として、マリオンには、非理性的なもの、特に信仰の業が隠しもつ非理性的なものとは一切関係のないものとして、自分の言説を与えることが可能となる(59)。

不可能性がより高次の可能性の徴《シーニュ》しであるはずだということ、マリオンがここで行っている区別のなかで範例的に際立っているのはこのことなのだが、それは『還元と贈与性』でマリオンが行った現前と現在との区別とは相違しているように思われる(60)。デリダはつねにすでに不在によって触発されているものとして現前を示しており、その不在とは無の起源的な不在つまり現前の不可能な可能性であるのだが、マリオンはなおも現前の存在論に捕らわれていると見られかねないリスクを冒しながら、彼が示す現前の過剰と、現前についての単なる形而上学的合意との「本質」的な差異とを明らかにすることをみずからに課している。だからデリダによる現前批判に同意しなければならない、とマリオンは言う。というのも、デリダの批判は、「存在者性の恒久的な存続それ自体と解された現前」に留まることを禁じているからだ[61]。マリオンは、形而上学的贈与の不可能性から、一切の形而上学的存在神学を超えた贈与性へと至る道をデリダが十分遠くまで進まなかったとして批判するが、マリオンのテクストは、デリダからつねにすでに発せられた異議が自分の頭上から見下ろしているのを感じている。マリオンのテクストのほうがあまりに遠くまで行きすぎているのであり、その際、不可能性の境界を侵犯し、まさにそれゆえにどんな限界の試練についてであれ自分を欺いているのだ。その閃光のごとき歩みはそれゆえまさに、マリオンのテクストを、つねにすでに同じものであるような現前の形而上学の道に書き込むのである。「あまりに遠くまで」の侵犯は自分で自分を無化することになるだろう。つまるところ、デリダという跳躍台を支点にしての、彼なりの形而上学の「乗り越え」についてマリオンが語っていることにもかかわらず、デリダではなくまさにマリオンの言っていることこそ結局は現前の存在論に舞い戻っているのではないかという疑念にさらされるのだ。存在神学から逃れるためには、存在神学の「脱構築」を、存在論を乗り越えてより高次の、最後には解き放たれるだろう可能性へと向かう跳躍台としながら、存在論を避けるために現在を現前性から区別するだけで十分なのだろうか。一切の贈与には二重拘束《ダブル・バインド》が伴っており、贈与「そのもの」のまさにその場所であらゆる現前が抜け落ちることがデリダによって指し示されたが、これは、マリオン的な現在へのアプローチの道具になるどころか、マリオン的な現在の仮面を剝ぎ、（決定的な差異をもたない）現前の形而上学の厳密な反復として、つねにすでにその正体を暴いているのではないだろうか。結局のところ現在と現前の区別は、起源的なものへの伝統的な競り上げにおける名称の詐術にすぎないのではないだろうか。

三、結局のところ、可能性への要請と、不可能性の試練との対立として、マリオンをデリダに対立させることができる。現前の過剰[62]と、つねにすでに不在と化したものの幽霊的現前という寛大さなき欠乏との対立として、そして結局は、純粋さへの意志と、起源的な汚染への省察との対立として。更にわれわれは、ここで研究されているマリオンの複数のテクスト（『還元と贈与性』と「贈与の現象学的概念素描」）における、純粋さの意味論的界域のインフレにも読者の注意を促したい。他にも多くの例があるが、「（…）こうして贈与を経済の外へと引き出し、純粋な贈与性によって贈与を明るみに出すために」という言い方はそのひとつである。[63] 結局、つねに同じ対立が異なる視点から現出しているのであって、この起源的な姿勢、つまり限界と係わるある仕方によって決定されているのだ。

J－L・マリオンの身振りは直ちに、つねにすでに、諸限界の侵犯の身振りであることを自認している。この点についても、われわれがここで読んできたテクストにおいて、[64] この侵犯としての思考の労働の公然たる規定が多様化されていることに驚かされるほかない。最終的には、一貫して侵犯的な身振りは本当に秩序転覆的なのだろうかとの疑念を禁じえない。境界線を越えつつ、マリオンは決して境界線には留まらず、それを試練にかけ、その試練を経ることもない——試練とは、そのようなものとして、つねに不可能なものの試練なのだが。[65] ある意味で、マリオンはつねにすでに境界線を廃棄してしまったのだ。この文脈では、境界線はつねにすでに、別の領土の囲い（clôture）として考えられ、この別の領土（ここでは充溢した純粋な現前）のためにのみある。境界をなす描線（tracé）の純粋さは、その描線が規定する諸領野までも純粋にするほどに純粋である。この描線の純粋さは、その明瞭さゆえに、それをまたぎ越すことを可能にする。この純粋な描線は二つの「我が家」（chez-soi）を切り分けるのだが、この描線を侵犯する者が我が家（たとえそれが内世界的〔通俗的〕、「存在者」、マリオンの言うように「普通法的」と低く見られたとしても）の静謐から離れるのは、別の我が家の静謐に身を落ち着けるためでしかない。こちら側でもあちら側でも、侵犯の身振りは最後には自分の場所を見出す。この身振りはあらゆる旅を、あらゆる根底的な変化の過程を中和してしまう。この旅は結局、居ながらにしての旅と少しも変わるところがない。この身振りは身振り自体とは別のもののための手段であり、身振り自体はといえば、それが到達する場で廃棄されてしまう。

侵犯が公然と要求するものとは、問い質された〈私〉が存在神学から脱出して、根底的な、ひいては帰路のない旅に出ることで、ここにいう〈私〉は、存在者の様相での一切の現前を超過することでどうしようもなく〈私〉を超過するものによって中心からずらされた〈私〉、その超過において、「我が家」として画定されたり安定化させられたり決してしないものによって中心からずらされた〈私〉なのだが、かくして侵犯は、描線に無理強いすることで、自分が公然と要求する当のものを廃棄し逆転させることになるだろう。

それとは逆に、デリダの思考が限界の思考、つまり限界を試練にかけ、その試練を経る思考であるのは、彼の思考が限界を踏み越えない限りにおいてである。境界線上に身を置きながら――必然的に束の間の、安定しない、結局は不可能な着座である――、デリダの思考は、到来しないであろうもの……そのようにして到来するものを待つ。際限のない勾留によって足止めされながら、また、贈与が贈与であるのは高邁〔寛大さ〕の不在においてのみである以上、その待望において失望させられながら、したがって失望させるものとして、つまりは〔失望を〕(66)与えるものとして、デリダの思考は、場所をなすにいたらないまさにその場所で、つまり境界線で足踏みする。この限界の忍耐では、すでに見たように他性が自分を拒むことで自分を与える。そしてこのような忍耐が時間性そのものをなすのである。

われわれがここで予感しているのは、贈与の二重拘束が、おそらくデリダのテーマ系のひとつとしてよりも、より根底的に、デリダの思考の仕方のうちに与えられているということである。(67)

われわれの作業のこの部分を締め括るにあたって、ある不安が明らかになる。J‐L・マリオンの『還元と贈与性』での分析に対して、われわれは、われわれはその分析とデリダとの関係について批判したまさにそのことをどの程度繰り返してしまったのか、という不安である。どの程度、われわれの読解は、『還元と贈与性』の呼び声に、分析を呼ぶ（開く）もの、つまり分析のなかで呼ぶもの、したがって、呼びかけること（哲学する主体性を開き、この主体性をそのようなものとして当の主体性に与えること）を分析に可能にするものに耳を塞いでしまったのか。どの程度われわれは、マリオンのテクストへのアプローチに際して、全般的な疑念の姿勢をとることを最初から直ちに決定し、マリオンの語りにつねにすでに自分を閉ざしてしまったのか。「脱構築」、といっても、語の悪い意味での「脱構築」である。到来して自分を驚かせるものへ諾《ウィ》を言う曝露ではなく、否《ノン》を言うところの疑念としての。

そしてこのことを、われわれは最も決定的なもの――問題になっているのがまさにそのことであるのに――に対しても行ってしまったかもしれない。どんな驚きもが含みもつリスクをどのような仕方であれ廃棄することなく、限界へと到来するものによって触発されるままになる能力に対しても。

マリオンの所論が、本章の構成《エコノミー》のなかで、他と切り離された位置を占めているのは確かである。

実際、われわれが示そうとしたのは次のことである。

一、ここで研究される著者たちはまさに時間性の場所で、非‐贈与性に直面しながら、限界で、限界の現象学を実践していること。

二、J・デリダはこの限界の実践を引き受けるのみならず、この実践をまさにそのようなものとして思考した人物であるということ。つまりこの実践とは、現象学の中心をその縁へとずらし、そうしながら中心をこの内的縁にとどめ、つまりはなおも現象学の内部にとどめるもので、まさにそのとき、現象学は、その囲い、その純粋さへの確信から覚醒するのである。
三、E・レヴィナスとM・アンリは、時間性に直面してそれぞれ自分のやり方で、（歪んだ）鏡像関係を結びながら、この限界を試練にかけ、その試練を経ているということ。前者は表立った仕方で、後者は、彼の実践のうちでまさに彼のテーマ系から見落とされているのが認められるという限りで。
四、踏み越えないことの試練を余儀なくされるこの限界の実践は、おそらく限界を越えてしまうリスクから切り離しがたいということ。それゆえ、われわれはひとつのコーパス全体に適用すると強弁するようなどんな結論もみずからに禁じている。われわれの歩みの現時点では、あれこれの方向性にそって一刀両断したり、限界上で誰が踏みとどまり誰がそうでないのかを決定したりすることを許すものは何もない。逆に、時間についての分析が限界に直面する範例的な場所と思えるなら、その分析はすでに、限界のリスクがまさしく侵犯のリスクを、したがって、おそらくはすでに、なされつつある数々の侵犯――それらはいずれもすでにリスクが冒されたことの徴しでもある――のリスクを含意しているという逆説を語ってはいないだろうか。少なくとも、今からは、コーパスの等質性を信じることはやめなければならない。そして、失敗――ここでは限界の踏み越え――が現象学の試練に伴うもので、ある意味ではこの試練を可能にしていることを予想する準備をさえしなければならない。

この問題系においてマリオンは孤立している。彼は逆証の姿をしているように見える。われわれにとって、マリオンとは限界を試練にかけ、限界の試練を経ることのない者である。意味深いことに、マリオンが自分の「対象」にするのは現前や現在であって、決して時間的隔たりではない。こう言ってよければ、マリオンとは、レヴィナスやアンリとはちがって、D・ジャニコーが定式化した、現象学の神学化という非難に身を晒す者なのだ[68]。この神学化とは、境界線の「こちら側」への踏みとどまりに背くことであろう。

この身振りは、それが要求していることに反して、存在神学の意味での現前の形象を彼岸に夢見る。というのも、われわれがここで従っているデリダによれば、どんな現前も存在神学的であって、単に存在者の様相での現前だけがそうなのではないからだ。これは何ら人を驚かすことのない構築である。というのも、それはなおも存在神学的で、あまりにも根底的に現象性を超過するがゆえに、現象学的に制御不能だからだ。

J－L・マリオンによる神学化の身振りは、彼にとっての他者である実証主義と同様に、現前の支配をまぬかれているわけではなく、実証主義と同様、所与の充溢への素朴な信に捕らわれている。その際、この所与が経験的なものか純粋なものか（それがなんらかの超越論的な純粋さか、「神学的」な純粋さなのか）は問題ではない。経験的なものと純粋なものは、それらを対立させればさせるほど、それだけより同一的なものとなるだけである。

われわれはこの信という決断そのものを告発しているのではない。そうではなく、純粋現象学の極みにおける、その隠蔽と偽装を告発しているのだ。ロゴスと現象（お望みなら現象学）とのギリシャ的親和性を、その自己充足の酔いから醒まさせるのは、決断としての信がもつひとつの利点である。哲学もまた決断に拠っているのであり、したがってその限りで、根拠なき偶然性に拠っているのだということを哲学に思い出させる利点である。かくして哲学が哲学自体へと与えられ、そのとき哲学の他者が哲学を、曝されるべき傷つきやすさとして暴くのだ。しかしまさに、まったく一貫して、マリオンが呼び求めるのは純粋現象学であって、この現象学は他者からまったく触発されることがない。〈無限〉が彼のまずは宗教的な動機である限りで）〈無限〉の呼び声は、マリオンにおいては、レヴィナスにおいてのように機能していない。つまり、到来しては、ロゴスと現象の内在性の領野の仮定された純粋さを、つねにすでに不安定化させ混乱させ、ついには覆すようなものとしては機能していないのだ。反対に、マリオンの努力はすべて、「ありのままで」純粋なものと仮定された現象学の諸拘束の内部で、この〈無限〉という動機を飼いならすべく努めることに向けられている。あくまでわれわれの考えによれば、著者の意に反して払われた代償はまさに、この諸拘束の解消であるか、飼いならしによる当の動機の解消であるか、あるいはその両方である。

どう考えても、われわれの読解は高邁〔寛大さ〕を欠いている。ただ、少なくともマリオンの話の徹底性は、ある意味ではマリオンにとっての他者であり、その徹底性もまた――まずはその徹底性が――ある決断から発する以外にありえず、還元不能で恣意的な部分をうちに秘めているということを、絶えずマリオンに思い起こさせる。少なくとも、もしデリダが正しいなら、この高邁〔寛大さ〕の欠如が今後、何かを与えてくれることを望みうる。結局、他に望みがないとしても、マリオンの所説が以上のようなものでしかなく、また、以上のようなものであることができたのだとしたら、この「敵対的」で「忘恩的」ですらある読解が、贈与の概念の現象学的素描、そして贈与としての現象学的素描の発展のための一助となるだろうこと、それを願おうではないか。(69)

第三部　主体性の試練

われわれが境界画定をした領野で進むべき方位を定めるための実り豊かな仕方が、非‐贈与性との直面を吟味することで見出され、時間性が非‐贈与性のアポリアの範例的な土壌であるなら、今や、非‐贈与性という――否応なく逆説的な――持ち札（donne）へと眼差しを向けて、分析を明確化しなければならない。

この仕方が全面的に限界の試練でなければならず、限界の侵犯や踏み越え、更には、同じことだが、限界に直面することの拒否であってはならないのは明白である。

ところで主体性とは、それ自体がある試練でなければ、何なのだろうか。

近代形而上学において、例えばデカルトでは、主体性とは認知論的軸と存在論的軸との交差点に位置する内在点（point d'immanence）である。どんな眼差しもこの内在点から引き離されるが、明証性に耐え、その試練を経ることはまさにこの内在点に帰されることではないだろうか。

もっと大きく言えば、土台としての主体という最も伝統的な観念は、自分に到来する偶発事に本質的に耐え支えるものとして、主体をまず記述するのではないだろうか。

主体性を近代形而上学の公理系から切り離せるものと仮定するなら、残るのはそれ、つねにすでに自己の試練であるような純然たる試練ではないだろうか。というのも、試練のなかにあって、おそらくは試練としてとすら言えるかもしれないが、そこで主体性は自己化し、真に主体となるのではないだろうか。自己にぶつかってのこの粉砕、それがすでに自己への関係なのではないだろうか。

以上のことは、フッサールが『内的時間意識講義』で意識活動の支え以外の何ものでもなく、また、意識活動がそこに由来するところの純然な内在性の出現として原印象を切り離したとき、ある種の仕方で賭けられていたことではないだろうか。この源泉点は、その源泉点に発して源泉点を「解体」しながら生成するものにつねにすでに耐え、それを支えているのであって、それをフッサールは「絶対的主体性」と名づけている[1]。

ところで、主体性の問いを自分たちの仕事の中心に置き[2]、主体性の試練を思考したことが、われわれがここで読んでいる著者たちのはっきりした特徴である。そして「主体性の試練」という表現はアンリの筆になるもので[3]、この表現はレヴィナスによる定式化と共鳴するのだが[4]、この表現がわれわれに告げているのは、ひとつもしくは複数の試練を「持つ」ことが主体性に帰されるだろうということではなく、主体性とはその全体が試練であり、それ以外では「あり」えない、ということなのである。

第一章
現代フランス現象学における主体性

主体性のうちの何が、現代フランス現象学のなかで抵抗し、そしておそらくは回帰しさえするのだろうか。

E・レヴィナスとM・アンリの哲学が大きく言って主体性の哲学であることを認めた場合、問わなければならないのがこの問いである。また、確かにより両義的、しかしおそらくそれだけにより不安定化する仕方で、J・デリダの最近のテクストが主体性を脱構築するのはもっぱら、「還元不能」であるような主体性の「何か」に取り憑かれるためでしかないということ、それを、デリダがハイデガーから距離をとってレヴィナスに接近しているように思われる身振りのうちに見て取るなら、その場合に問わなければならないのもこの問いである。

なぜかというと、それは、ハイデガーによる「破壊」とその亜流のうち、時に「構造主義」の恵みを受けたいくつかのものが、最も大きなフッサール的「超越論的素朴さ」と見られかねないもの、つまり〈純粋エゴ〉をある意味で根絶やしにしてしまった――ように思われるからである。

それはまた、メルロ＝ポンティが現象学的な眼差しを、原－存在的であり、かつそれと同じ運動によって前個体的で前主体的であるような、ある意味では無名の世界へと向けたからである。この眼差しの鋭さのせいで、現代フランス現象学の一族――特にM・リシールとJ・ガレッリを念頭に置いている――が、起源的なものを、前個体的なもの、より根底的には前主体的なものという相のもとに、真の現象学的正当性をもって記述すべく努めることができるようになったのだ。

ここから、現下の現象学的領野に走る断裂が帰結する。起源的なもの――因みにこれは起源的なものという観念そのものが深刻な動揺を蒙っていない限りでのことだが――は、まさに主体性という場で捉えられるべきものなのか、それとも主体性では絶対にないものとして捉えられるものなのか、という断裂が……。

ここから次の問いが帰結する。われわれが係わっている主体性とは、形而上学的な動機が素朴に回帰したものなのか、それとも逆に、今まで決別することの決してなかった多産な不安＝動揺がぶり返したものなのか。

主体にまつわる問題系

哲学する場合、「主体」の観念を用いるのは簡単で、多くの場合必須でもある。それは、「主体」について語ることや、「主体」を哲学的な狙いを有した言説の「対象」として取り上げることの難しさに反比例して簡単だ。

以上のことはよく知られているが、なぜそうなのか手短かに振り返ってみよう。つまり主体の観念はなぜ、フィンクによる区別を用いれば、「主題的」概念であるよりも「操作的」概念となるのだろうか。

一切の存在の基礎としてみずからを与える主体は、みずからを基礎づける限りで、あるいは少なくとも、あらゆる事象を表象するものとしてみずからを与える主体はみずからを表象する限りで、それ自体は位置を定めがたいように思われる。ここには、人を困惑させるような状況がある。少し立ち止まってみよう。「主体」は、相互に連結し互いに部分的に重なり合ってはいるが完全には一致せず、近接性によって互いに呼びかけながらもしばしば互いに対立しあうような諸観念の星座もしくは星雲として現れている。

イヴ・ティエリーはこのことをきわめて正確に語っている。「したがって、厳密に言えば、主体とは人格として位置づけられた限りでの人格ではなく、世界がそれに対して現れるような意識でもなく、ましてこの世界の構成とのあいだに還元不能な隔たりをおいて確立された自我でもない。主体はあたかも、この三つの審級のあいだでの往復運動のようなものであるのだが、その三つはどれひとつとして孤立した全体でなく、それぞれがある種の関係の極をなし、他の二つはその極の代替をなしえない[1]」。

主体とは「往復運動」である。——主体とは近代哲学における環探しの環〔円陣を組んだ人々が、綱に通した環を次々と回していき、鬼は誰が環を持っているか当てる。原語は furet、白イタチで、好奇心の強い人という意味もある〕のごときものなのだ！　そしておそらく、この環が回されたかと思うともはやそこにないような審級をもっと増やすことができるだろう。〈自我〉、〈私〉、意識、人格、人間、主体性、自己、個人、自己性、等々と。

基礎として、ひいては内面性としてみずからを与えるものの——少なくともその範例的な、つまりデカルト版の——驚くべき回折である。というのも、基礎づけるためには、みずからを基礎づけなければならない、つまりは最低でもみずからを世界から切り離さなければならない。だから、絶対的なもの（自分自身以外に原因をもたないもの）という単純性として、明証性とは言わないまでも確実さという透明性において私は私を与えるのだ。

だがまさに、周知のように、それが明証性である限り問われえないものたる明証性が、明証性に対する信頼の態度から疑いの態度へと移るや否や、いまだ問われざるものとして現れることがありうる。主体は盲点のようなものとして、そのなかで一切のヴィジョンが準備されるが、それ自体は見られることのないものとして現れる。一切の起源的なもの、したがって、すぐれて起源的なものとして与えられる限りでの主体、また実体にしてかつ基礎として与えられる限りでの主体の驚くべき点がこれである。この意味で主体は、ここにいう自明性が視界に課せられたものである以上、問うことのできない明証性に属している。同じ理由で（採られたポーズに即して）、主体は、幻想ではないかと疑われかねないほどに絶えず眼差しを逃れる。そしてこの同じ問題の表裏をなすこれら二つの相は、その徹底性において互いに挑発し合う。つまり、『他者のような自己自身』への序文でP・リクールが言っているように、主体は時に称揚され時に辱められる。[2] 少し掘り下げるだけで、自分自身の確実さを疑わない絶対者の平穏は、正反の逆転のなかで崩れ去るのだ。

この点をもっと仔細に見れば、これら二つの相反する過剰な相は、近現代の哲学史を揺るがせているだけではなく、主体の観念につねにすでに刻み込まれた諸々の緊張関係を明かしていると言えるだろう。主体とはある意味で、その全体がこれらの緊張関係を覆い隠すという使命なのだ。思い起こされるのはまさに、デカルトの『省察』の第三省察でコギトの絶対性が相対化されていることだろう——この絶対性の中心には無限の観念が刻みこまれているのだが、その無限の観念がコギトの絶対性を自分自身の有限性へと直面させ、「二義的な絶対者」という逆説的なみずからの境遇に直面させるのである。

もし主体が、この有限性と無限性、受動性と能動性、単独性と普遍性の緊張関係でないとするなら、主体は主体なのだろうか。主体を破壊する最良の方法は、この緊張関係を取り去ってしまうことではないだろうか。哲学史のひとつの事実がこのことを執拗に示唆している。すなわち、おそらくまずはその高揚によって――あたかも自分自身で満たされすぎたかのように、主体は死ぬことができるのである。かくしてスピノザにおいては、無限の実体についての言説のみが基礎としての価値をもち、したがって、コギトの一人称での定式化はもはや必要不可欠ではなく、「人間は思う」と言わなければならないのだ……。ただし、ある意味では、デカルトにおける一人称での定式化の全体が、普遍性と単独性とのこの緊張関係を示していたのだが。デカルトのテクストで普遍者が「私」と言うのは、われわれ全員が普遍者によって求められているからだが、しかしそれはわれわれ各人という意味であって、誰でもよい者としてではない。

とはいえ、主体の観念に内在する緊張関係が、根底において主体の観念をアポリアとしてとまったく同時にその回復への気遣いとして指し示すことを思い起こすこと、それは、古の歴史に長々とこだわる身振りのように見えるかもしれない。というのも主体は、その緊張関係に、まさしくその傷に屈したのだから。

最近、主体にとどめの一撃を加える役を引き受けたのは「構造主義」だとされている。「構造主義」、と括弧に入れなければならない。というのも、よく知られているように複数の構造主義があるからだ。それにもかかわらず、複数の構造主義を同じ家族に分類する共通の特徴のひとつとして、主体からその謎めいた威光を奪う努力があることに変わりはない。その努力は主体を抹消することではなく、主体を産出する諸条件を説明し、主体を諸構造のシステムの「表面的効果」たらしめることに向けられる。諸構造のシステムはすべて、ひとつの「空欄」と「遊び」と「差異」とを必要とし、それらのおかげで産出的なものとなり、かつみずから変容していくことができる。主体は構造の〔中の〕特定の場所に位置づけられなければならない。構造は、そのものとしては無名である。つまり構造が存在や意味作用を産出するためには、意味のように自己触発したり、生きられたりせずともよいのだ。主体とは、「構造主義はなぜそう呼ばれるのか」[3]でのG・ドゥルーズによれば、まさしく空いた場所の後を追う審級である。この欄は埋められてはならず、欄が空いていることから構造内での循環と、ひいては産出が可能になるのだ。ということは、近代形而上学のいう主体とは次のようなものだったということになろう。つまり構造の多産的差異に歯止めをかけ、構造の上に張り出しそれを俯瞰し、それを「封印」して、遂には、構造の「表面的効果」であるにもかかわらず自分を構造の起源と思い込む、そのような凝固した、もしくは「凝固させる」補塡であった、と。

したがって「構造主義」では、主体は消去されているというよりも粉々になっていて、つねにノマド的であり場所から場所へと移動する。個体化ではあるが前人称的な個体化であるとドゥルーズは言っている。[4]それをわれわれは、特異な出来事であるが、それがために〈自己〉としては経験されないもの、と翻訳することができると思う。

構造主義は主体を放逐してしまったために主体の説明をしていないと言えば滑稽かもしれないが、そのような意味で主体は消去されるのではない。けれども、主体はある意味で、そのものとしては消去されている。というのも、主体はもはや基礎であるという思い上がりをもたず、それと同じ運動によって自分を「客体化された」もの、眼差しの前に拡げられたもの、諸構造の「戯れ」のうちで把持されるべきもの（たとえそれが諸構造の把持不能なノマドであるはずだとしても）となるのだから。

以上が、大まかに素描された主体概念の問題圏である。

現象学における主体

主体に対するこの称揚、辱め、殺害――そしてもちろん、復活の「作業」に現象学は関与してきたし、今も関与している。この関与は、主体性とは何かについてと同様に現象学とは何かについて多くを教えてくれる、というのが少なくともわれわれの作業仮説である。

現象学は、それが何らかの仕方で自分自身のうちで主体を「二重化」し、主体を自分のうちに刻みこむ限りで、主体をめぐる論争の論客のひとりである。以下がそのいくつかの指標である。

フッサールの現象学は、G・ドゥルーズが『ニーチェの哲学』の冒頭で言っているように、主体と意識という連動した形象にとって、厳密な意味で「反動的な」避難所であろう。ここで目指されるのは、〈純粋エゴ〉や純粋意識という主題よりも、それらの主題を喚起する、起源への回帰の身振りとしての還元の身振りであろう。(G・ドゥルーズが、現象学にまつわるより複雑な事象について語りえたというのは確かである!) 反対にM・アンリは、『質料的現象学』の冒頭で、数十年におよぶ構造主義の流行を告発しつつ、「哲学の本質が承認される問い」としての現象学を構造主義に対置している。J-T・デザンティのような人物は逆に、構造主義と現象学的な方法を結びつけるべく試みるだろう。

したがって現象学を、伝統的な形而上学の主体にとっての避難所として攻撃することもできるだろうし、反対に主体性が主体性自身へと十全に開示される場だと言うこともできるだろうし(M・アンリ)、あるいはまた、主体の「破壊」が作動する場だと言うこともできるだろう。現象学は主体を無傷のままにはせず、そしておそらくは主体も現象学を無関心のままにはさせず、現象学と本質的に係わる。

それは――この導入部ではごく暗示的に語るにとどめるが――、現象学がフッサール以来、その根本的な要請、つまり、現れるものを現れるがままに記述するという要請を、伝統的形而上学の意味での主体(デカルトの主体)の破壊を主たる課題とせよとの命令とみなしえたからだ。実際、主体が静態的実体として、現れの領野を最も確実に隠蔽することは明らかである。構成された客体がみずからの現れの領野の

〈いかにして〉を消し去るとすれば、主体‐実体は、自分自身の現れを構成する運動について無知であるという点で、このような抹消をより根底的に行う。つまり、構成された内世界的なものは、投影の運動のなかで、与えられた限りでの所与のみならず、その所与の贈与性や構成の運動さえも隠蔽するようになるのだ。志向性――というのもそれがここで問題になっているからだが――とは、デカルト的主体の静態的実体性の破裂そのものである。かかる実体性が、内世界的現実をその源泉へいわば遡及的ないし回顧的に「投影」したものにすぎないと告発されている以上はそうである。しかしながら「初期フッサール」、つまり『論理学研究』でのフッサールが、意識の流れを、まさに派生的で内世界的な審級として告発されたエゴと結びつけるのを拒むとき、その結果としてフッサールのテクストは、〈純粋エゴ〉という「驚異のなかの驚異」がみずからの只中から立ち現れるのを見ることになる。われわれは後でこの箇所へ立ち戻るが、ここには張りつめた緊張がある。少なくともわれわれは、張りつめた緊張をそこに読み取るのを選ぶのであって、この緊張をフッサールの思考の年表や発展のなかに溶かし込んで解消したりはしない[5]。

それはそうとして、脱実体化の力動的な運動は、周知のように、ハイデガーによってより強調されることになる。現存在は存在者としては何ものでもなく、自分自身の外でのみ、純然たる投企として自己自身である。それゆえ、「ラカンとハイデガー」でG・グラネルが言っているように、「だから現存在とは、われわれが何であるかを指しているのではなく、われわれが存在しているということを指しているのであって、「何」(quid)ではない。つまりわれわれが何ものでもないということを指しており、その結果として知るべきことも何もない」のだ[6]。現存在は、基礎たる〈自己への現前〉としての主体の破壊そのもので「ある」〔それを存在する〕。それゆえ、予想されるアポリアとして、次のことを直ちに指摘しておこう。もし現存在がもはや何も包含しないのであれば、現存在は脱‐存的であるがゆえに逆説的なその存在様態から、

〈存在〉の回路、循環に巻き込まれてでなければ存在しえないだろう。そして〈存在〉そのものも存在者ではまったくない……。

主体の破壊の相異なる様態がいかなるものであるにせよ、現れることをあるがままに解き放つという現象学の根本的な使命が、いかに必然的に主体の破壊に結びついているかが分かるだろう。そこから、いかにしてこの破壊の効果を構造主義的効果に結びつけえたのかも。これこそ他でもないJ‐T・デザンティが行ったことである。例えば、フッサールの二重の志向性をデザンティが開放の回路にまつわる用語で解釈し直すときに（これはハイデガーにおける現存在と〈存在〉の関係を喚起させなくもない）。これはフッサールとハイデガーから遺贈された動機を形式化せよとの要請のごときものとして現れる身振りである。この形式化は、実体論的形而上学の「破壊」の要請、ひいてはその最も完成された表現たる主体の「破壊」の要請に力を貸すだろうし——かくして主体は、構造のなかで自分が産出される場所に指定されることになる。

しかしながら、「フッサール」のなかでは〈エゴ〉が「再浮上」し、そこで勝利を収めさえしたのである。

これはつまり、フッサールの弟子の何人かが診断しているように、フッサールがそれほど遠くまで進んだわけではなく、のみならず、その道程のある一時期に——観念論的転回のときに——変節し道を間違えさえしたということなのだろうか。それとも、フッサールが追放したと強弁したのは主体の本来的ならざる形象にすぎず、それは本来的な主体を開示するためだったということなのだろうか。もしそうなら、かくして開示される「それ」を、どうしてまだ「主体」と名づけるのか。

この問いへの答えに、次の別の問いへの答えは依存している。すなわち、フッサールが伝統的な形而上学に「再び陥った」ことを嘆くか、それとも逆に、〈形而上学的エゴ〉がそれ自体では「変わらない」まま、それどころかかつてないほどの光輝をまとって復活したことを賞賛するか、この二つしかわれわれには選択肢がないのだろうか。〈エゴ〉を復活させずに主体性という中心へと向かうような別の道はありえないのだろうか。フッサールのなかで次第に強まるエゴ論的主体性への要請がいくつかの観点から予感させる道はありえないのだろうか。その道が実際にはなおも、〈超越論的エゴ〉を再導入しているという批判を甘受しなければならないとしても。

　われわれが読解している著者たちによる主体性についての問いの理解を容易にするために、ここで、フッサールにおける問いの状態について手短にまとめておくことができる(7)。というのも、これらの著者たち全員が、それぞれ程度の違いこそあれ、この遺産との関係で位置づけられるはずであるから。

『論理学研究』は、意識の体験流を〈自我〉と関係づける必要を感じていない。さもなければ、〈自我〉は紛れもなく内世界的なものとして告発されることになるだろうからだ。それにしても、なぜそういうことになるのだろうか。

　志向性の観念それ自体が、ある意味では純然たる「自己からの出口」であるがゆえに、想定されるあらゆる支配的な審級からの自由を含意しているように思われる。

　しかしながら、フッサールの志向性は「〜へ向かっての炸裂」であるにもかかわらず、それ自身との結びつきなしではありえず、さもなければ、「集められて」いないもの、崩れ落ちるもの、したがって語られえないものという、ただ多様なものへと溶解するリスクに晒されてしまう。

　他方で志向性は、周知のとおり、見ることであり、みずからを形作る限りで形を与えるものだ。意識の生きられた諸経験の連鎖、意識の流れの形があり――また、あらねばならない。

ところが、『論理学研究』の要請は、ベルクソンについてのG・ドゥルーズの言を借りれば、[8]「一者なき多様なもの」を思考するところに存している。フッサールは、すでに『算術の哲学』で、次いで『論理学研究』の第一巻で、「[与えられた]形式についての理論に従うことのみから画定される領域」[9]という多様体の定義で、何よりもその手段を得たと言えるだろう。今引用した一節はF・ダスチュールによって引用されており、彼女は次のように註解している。多様体とは、「形式的なシステム内で対象間に打ち立てられた諸関係によってのみ定義される諸対象の領域であり、したがって、当の形式的システムを介さずにはわれわれには接近できない領域[10]」である、と。ここで、形象的な統一性についてのかなり雄弁な例を援用することもできる。語られているのはつまり、縦列隊形の部隊なのである。言ってみれば「構造主義的な語調」の先駆のようなものがここに感じられる。

ある意味で、フッサールはこの「多様体」という考え方を意識へと「応用」している。

そこで重要なのは、多様体は多様体である限りで、つねにすでにひとつの統一体なのだということを理解することである。枠組みを与えて構成するためといった目的で、多様体に〈一者〉の形象を付け加える必要はない。つねにすでに統一体なのであって、統一される必要はないのだ[11]。以上のことがここで意味しているのは、統一体については、それを主体のなかに書き込む必要はなく、主体のなかにそれを囲い込むことも、主体の形式や中心たる主体とそれを関係づけることも必要ではないということだ。統一体は意識に内在的なのである。意識は意識に直に接しつつ自己を織り上げる。意識を、その起源であり支配的な審級でありそして結局はその目的であるような、神秘的な機織り工に関係づける必要はない。ある意味で意識の外に留まりながら——意識の外にあるのは意識に先立っているからだが、しかしそれゆえ、つまりは意識の最深部に留まっていることになる——逆説的にも意識の中心をなし、意識を閉域《クロチュール》たらしめるような神秘的な炉へと意識を連れ戻す必要もない。
主体はなく、〈エゴ〉はない。なぜなら、生きられた諸経験の上を飛翔し、その上に突き出して各経験をつなぐような審級はないからだ。意識の生きられた諸経験は、それらに先立って不動の中心として存在するような「第三者」へと関係づけられた私の諸経験ではない。つまり、私は生きられた諸経験の各々においてそのつど〈自我〉である。私の〈自我〉とは、ある瞬間に、意識の諸経験へと自己を関係づける能力（したがって絶えず修正される）、これに他ならない。

とはいえ、フッサールは『イデーンI』で、〈エゴ〉をいうなれば勝ち誇ったものとして導入している。何が起きたのだろうか。

フッサールは道を誤ったのだという、現象学において長く支配的であった評価から距離をおいてみるのもひとつの仕方ではある。つまり『論理学研究』以降、いずれにしてもすでに〈エゴ〉の影が志向的意識を覆っていたのではないか。いわば点描されたものとして、〈エゴ〉はすでに存していたのではないか。

この仮説——逆説的だが意義深く一貫している——は、〈エゴ〉の支持者である現象学者たちではなく、逆にヤン・パトチカ[12]やJ-T・デザンティ[13]のような人々によって定式化された。これら二人の思想家は無主体的な現象学あるいは少なくともエゴ論的でない現象学（主体なしのという意味ではなく、主体が局所に割り当てられ、構成されたものとしてしか存在しない現象学）を思考しようと模索しているが、難点を避けているわけではない。二人は、フッサール主義に〈エゴ〉という主題が根づいてしまっていることの重み、つまりはエゴ論的な主体性が〈脱-存〉的志向性と強固に結びついていることの重みを測ろうとしているのだ。伝統的な形而上学への落ち込みとの診断をただちに下しながらも、二人は難点を避けてはいない。つまり、フッサールが〈エゴ〉へと辿り着いたのは、事象そのものに強いられてのことではなかったのか、という難点を。

しばらくパトチカの註解を辿ることにしよう。パトチカは『論理学探究』のV巻とVI巻で「(…)誕生したばかりのフッサール哲学における主体主義[14]」を見分け、「非‐直観的なもの、贈与性の「不適切」で「不十分な」様相がここで主体的なものの指標のごときものを形象化している」と書いている[15]。パトチカが視野に入れているのは何だろうか。

非直観的な仕方で与えられたもの——例えば私がそれを名指す名を通して、あるいは「もっと悪いことに」書写記号を通して狙う事象——が、まさに現前性を欠いた状態にありながら、それでも与えられるようになるためには、この欠如が他所で埋め合わされるといったことが必要となる。「対象」の極での現前性の喪失にもかかわらず、意味的対象は私に与えられる、なぜなら私がそれを私に与えるからだ。このことが前提としているのは、原初において、起源的に、私が私を私自身に与えたということである。所与の非起源的な性格は、「持ち札」あるいは「与えるもの」が自分自身について抱く確信ゆえに、堰き止められ保持される。自己に対して隔たりのない純然たる内在性の領域、つまり自己への純然たる現前、自己への純然たる確信として。「私」とは、ここで要請されているものを名指すためにどうしても必要な名前だということがお分かりになるだろう。つまりあらゆる贈与性が(自己への)現前性の純然たる内在性を前提としており、この内在性があらゆる贈与性を支え、それに耐えているのだ。そして、この内在性が主体性なのだ。というのも、現前が真にかつ十全に現前であるのは、自己への現前のときだけであり、内在性が必当然的な明証性において自己を自己自身へ贈与するような自己統御においてだけだからである。かくして〈エゴ〉は、まさに贈与性の運動のなかで誕生する。デカルト的な形象のなかで、つまりは実体として——あるいは少なくとも現前として——、自己への確信としてある限りでのみ真に実体となるような実体として誕生するのである。

これを別様に言えば、志向的な〈脱－存〉に、つまり、あらゆる事物がそこにおいて与えられる現前の現前性そのものからの引き剝がしに耐え続けるためには、現前の留保が必要であり、この現前の留保はそれが主体性であるときにのみ真に現前の留保たりうるのだ。「内在性における超越性」、フッサールのこの有名な図式は、範例的かつ根本的に、主体性の内在性における、現れることの超越性として語られるだろう。

ある意味で支持しがたいものとして開示されるのが内在平面の観念であって、それは中心や閉域や上空飛行する審級にあたるものが何もないまま、おのずと編み上げられる。

そして——このことはどれほど指摘しても言い過ぎにはならないだろうが——、贈与性こそ、あらゆる事象の現れの〈いかにして〉に向き合うことこそが、〈エゴ〉の必要性を開示するのである。この指摘はR・ベルネによって更に強化されているように思われる。ベルネは『主体の生』[16]で、時間性についての〔フッサールの〕C草稿では実は時間についてよりも主体性にずっと紙幅が割かれていて、それは〈エゴ〉が本質的に隔たりを厄介払いする働きをもっているからだと説明している。この隔たりは根本的に時間的な隔たりであり、記憶もしくは想像における意識の体験を空洞化してしまう。記憶もしくは想像において私を逃れるもの、それはまさにそのようなものとして私に与えられた（「想像された」か「思い出された」）事象ではなく、私自身である。私が（自己からの）「離脱」の経験をするのだ。そのとき〈エゴ〉は、記憶と想像という特殊な贈与性によって危機に陥った、私自身の私自身への連続性を再建する機能を持っている。[17]〈私〉が強い意味での〈自我〉として、〈エゴ〉として出来するのは、自己の自己へのこの接触、自己の自己へのこの関係づけにおいてなのである。

贈与性の謎が何らかの仕方で〈エゴ〉を内在点として惹起するのだが、この内在点はつねにすでに贈与性を持続させ、堰き止め、贈与性が存在することを可能にしなくてはならない[18]。

最後に指摘しておくと、以上のことはフッサールの〈エゴ〉の両義性を明示しているのだが、今われわれが読んでいる現象学者たちによってこの両義性は大いに「開発＝利用」されるだろう。つまり、ひとつの起源的なものとして要請されながら、〈エゴ〉は最終的には、基礎や至高の力としてよりもむしろ、自分自身の弱さをすでに露呈してしまった力として現れるのだ。それは絶えず再把持し再中心化する。こう言うことで示唆されているのは、第一義的に存在するのが、再び閉ざすべき隔たりだということではないだろうか。したがって、フッサールの〈エゴ〉にはすでに忍耐の受動性のごときものがあるのではないだろうか。

まとめよう。

このようにフッサール後の現象学には二つの選択肢があって、それは〈エゴ〉についてのフッサールの立場の変遷、つまり、何よりもまず、われわれが概観してきたフッサールの二つの要請（一方では〈エゴ〉の「志向性を開放すること」、他方では、〈エゴ〉の力によって、贈与性の存続が危ぶまれるところで贈与性を引き受け、その存続を保証すること）を共存させることの困難に由来する。

これら二つの選択肢を深く究めること——各々の選択肢は、他方の選択肢にとって本質的なものを前にしての退却という形象をまとう——、両者の間に「溝を穿つこと」において賭けられたのは、「現象学における主体性の運命」以上のもの、つまり、主体性と現象学双方にとって決定的な出会いのなかで、現象学にとってと同様主体性にとっても運命であるもの——あるいは少なくともこの運命における重要な何か——であったとわれわれには思われる。

この分枝によって指示される二つの方向性を簡潔に指し示そう。

一方では、主体を主体自身からつねにより多く収奪――「非我有化」――しようとする努力がなされている。ハイデガーの現存在をより徹底しようと――それが可能だとして――試みられているのだ。この任務が含意しているのは、現存在――もしこの存在者の無が、いや、存在の無でさえあるものがなおも「語りうる」ものであるなら――を、それ自身よりも「古い」地平（まさにハイデガーにおける〈存在〉、メルロ＝ポンティにおける〈世界〉）に引き戻し、更にはこの地平に「融解させる」こと、現存在を本来性へと立ち返らせるかのようにこの地平に立ち返らせることである。というのもこの見通しに立てば、非本来的なのは自己であること（個体化され、反省され、あるいは単に「自己化」されてあること）だからだ。[19]凝固させられた自己性は、より古い〈〈存在〉の、〈世界〉の〉運動によって産出されたにもかかわらず、その古い運動を徐々に消し去ってしまうおそれがある。自己性とは、例えばメルロ＝ポンティにおいては存在のひこばえであって、決して硬直化することも、存在へとすでに回帰してしまうこともあってはならない。無名性こそが〈自我〉の真実なのだ。「私」とは、もしそれが〈存在〉（あるいは〈世界〉）における純然たる出来事（そのようなものとしてつねに〈存在〉から引き剝がされたもの）であるなら、何ものでもない。「私、それは本当のところ誰でもなく、無名だ」とメルロ＝ポンティは一九六〇年四月の研究ノートに書き記している。[20]更に先のところでは、「そこにいるのは、思考し、推論し、語り、議論し、苦しみ、楽しみ、等々をする何ものかであろうか。当然ながら違う。それは何ものでもないのだから（…）」とある。[21]このハイデガー的／メルロ＝ポンティ的な鉱脈が、その代理人のうちの幾人かによって「構造主義」へと結び合わされえたのはもっともだと納得いただけるだろう（たとえJ・ガレッリのような他の人々が、実証主義的で、所与のなかに腰を据え、それゆえ恐ろしいほどに「機械工」的ではないかとつねに訴られている構造主義に、ある起源的なもの――それはガレッリにおいてはより「流動的」だ――への要請を対置するであろうとしても）。

しかしながら、現代フランス現象学の中にはあるまったく別の一族があって、その一族へとわれわれの分析は集中して向けられるのだが、彼らは、あたかもひとつの起源的なものへ遡るようにして、主体性へと遡ろうとする。

この家族を構成しているのは、M・アンリとE・レヴィナスであり、上記の観点からすればJ＝L・マリオンもそこに付け加えられる。主体性の問題という角度から見れば驚くべきことと見るかもしれないけれども、われわれはJ・デリダもこの家族に招き入れる。というよりもむしろ、J・デリダという現代フランス現象学の「家なき子」が招かれるのは、デリダが決して「自分の家」におらず、待たれている場所にはいないという意味においてである。晩年のテクストでデリダは、彼を構造主義へと結びつけていたものから遠ざかりつつも（もっとも、厳密にいえば彼は一度も構造主義者であったことはなかった）、他方で、彼をハイデガーに結びつけていたものからも遠ざかっているように思われる（厳密に言えば、彼は一度もハイデガー主義者であったことはなかった）。とはいえそれは、西洋哲学がそうだとされている純然たる現前への夢ならびに、この夢を見る者、つまり純然たる現前の最も充実した形象としての主体、ひいてはその最も完成された幻想としての主体を指し示すことをデリダがやめてしまったからではない。そうではなく、デリダをハイデガーから遠ざけレヴィナスに接近させるかに見える動きのなかで、デリダは限界で働こうと欲し、その際、（哲学的なものの、現前の）限界でのこの仕事のなかで、「つねに自己と待ち合わせ」[22]しているからなのである。

そうであるからには、いったい何がこの一族（アンリ、レヴィナス、マリオン）とその（いささか異なり、遅延した〔différant〕）招待客を特徴づけるのだろうか。

アンリ、レヴィナス、マリオンはデカルト的主体を復活させたことになるのだろうか。もちろんそんなことはない！　ハイデガーが解釈したフッサールのように、彼らはある水準で破壊したもの（コギト）を他所で、また別の形で再導入したことになるのだろうか。もちろんそんなことはない！

ハイデガー的／メルロ＝ポンティ的一族の支持者である限り少なくとも、彼らは超越論的エゴ論を脱構築し、フッサールのなかで超越論的エゴ論を揺るがす要素に足場を求める。

ハイデガー的／メルロ＝ポンティ的一族から、われわれがそこに腰を据えた一族に至るまで、主体性の批判という動機と原則は変わらず、同じ根底性を要求しているということは強調しておくべきだろう。

しかしながら、この後者の家族では、単なる主体性の回帰――「回帰」という語で不変なる形而上学的動機の単純な反復を指しているなら――ではなく、おそらく、主体性の新生が起きている。斬新な、創出された主体性、それは、この著者たちがそれまで存在しなかったものを出現させたというような意味で創出されたのではなく、それまで見ることができなかったもの、近代的主体によって消去されてきたが、それでもなおその主体のうちで生き延びてきたものをわれわれに見させてくれたという意味で創出されたのである。

彼らがそこへと送り返される主体性はもはや、意識の原領域の絶対性も、〈超越論的エゴ〉を構成する絶対的な権力ももはやまったく持たない。メルロ＝ポンティ主義者やハイデガー主義者として彼らは超越論的主体を破壊したが、主体性の何かが、主体性そのものの切れ端でしかないものとして「抵抗し生き延びて」いる。創設的権力ならざる主体性、起源的ではあるが、それはもはや基礎だという尊大さをもたない（ただし、この点は仔細に検討する必要がある。すでにフッサールの場合にも、起源的なものは絶対的に基礎であったわけではない。というのも、フッサールにおいて起源は、始まりをもたず、それ自体絶えず生成途上にあるエゴゆえに「複雑」なのだから。）もはや、純然たる試練でしかないような主体性。つまりその主体性はひとつの経験ですらないのだが、それは経験というものがなおも〈私〉の能動的活動であり、その活動によって私が触発され、改めて担われ、創設されるからだ。したがって、主体性はこの私の経験ですらないというこの理由からして、そうであるなら、ましてやこの試練は「私の試練」ではなく「試練としての自我」であることになる。この自我はその受動性において、もはやほとんど自我《モワ》ではなく自己《ソワ》であり、「自己へと釘付けにされた自我」——この表現はレヴィナスと同様アンリの筆にもなるものだという点で非常に興味深い——である。[23] この自我はフッサール的であるとはほとんど言えないような仕方で還元不能だ。なぜなら、その純然たる受動性——ある意味では自我の窮乏——は自我を、溢れ出す源泉（フッサールの生ける現在やハイデガーの〈存在〉が各々の仕方でそうであるもの）とするよりもむしろ、地面——そこでは自我はみずからを支えなければならず、自分に割り振られた場所を指定されて自我はみずからを支えるしかない——とするからだ。どこかからまさに出発しなければならないのである。[24]

　しかし、もし主体性がそのようなもの、つまり権能なき窮乏でしかなく、まさにそれゆえ、あらゆる権能に先立つがゆえに、あらゆる権能よりも「～することができ」、したがって、その幾度もの破局のたびに——不断に——甦ることしかできないとすれば、どうなるのだろうか。[25]

　この問題系にデリダを招き入れるのは——仮にデリダが招かれるとして——、贈与の問いに働きかけることで、[26] デリダが次第にレヴィナスへ——〈他者〉が自我に「面」しているという点で——接近するよう導かれたからだ、とわれわれは言った。この問題系はこの「対面」を巻き込むのだが——「対面」は、まさにあらゆる直面の欠如であり、第一のものとして非対称的であるがゆえに逆説的である。この文脈では、

〈他者〉と〈自我〉に先行しそれらを包含するような、そしてそれゆえ哲学的言説が自己的視点の高みから張り出して展開するのを許すような、無名性ないし間主観性を起点として語ることはできない。自我――もはや独立したひとつの自我ではなく〈自己《ソワ》〉であるような自我――は、他者によって自我自身へと与えられ、召喚され、惹起される。自我はひとつの格しか知らない。それは呼格である。自我は〈他者〉への還元不能な遅れから抜け出せず、だから他者は逆説的にも、だがまったく首尾一貫して、自我を孤独のうちで絶対的に第一のものたらしめる。自我は実存するという孤独に搦め取られ、そのような孤独へと追いやられる[27]。これが起源的な自己性である。おそらくデリダは単純にレヴィナスを反復しているのではない。とりわけデリダは、〈他者〉が「そのものとしては」不可能であり、贈与も「そのものとしては」不可能であることにこだわっている。この「不可能性」は主体性そのものに取り憑くことになる。デリダにおいては主体性は絶えず回帰する、あたかも主体性それ自体の亡霊であるかのように。

レヴィナスの方法に近いがすでにそれとは異なり[28]、J‐L・マリオンの方法とは更に異なり、ある意味でアンリの方法とは対立する方法でではあるが、デリダもまた彼らと同じように、これまで決して決着をつけられたことのない、ある主体性について思考している。それは純然たる弱さであり、自分の窮乏から力を汲み出すような主体性である。

主体性についてのこのような考えが、このような現象学のなかで生まれたのは偶然ではない。主体性の試練は、彼らに共通のこの現象学的様式と絡み合っていたとわれわれには思われるし、この様式を通じて初めてこの「家族」がわれわれの前に出現したのである。それは現象学的な方法をその限界にまでもたらす現象学的方法の実践であり、その徹底性を果てまで追及することで、逆説的にも、現象学的方法に特有の制約をすべて破砕させる可能性をもつものなのだ。要するに、方法の過剰な実践であるが、メルロ=ポンティの実践の仕方と比べるとその特性がよく分かる。メルロ＝ポンティも諸々の限界を吟味してはいるが、いずれの場合にも、見えるものが見えないものを侵食する区域としてそれらを吟味している。メルロ＝ポンティが見据えるのは断絶や切断がもつ暴力性ではなく、把捉しがたい深みがもつ不安定性なのである。

　この方法の暴力的で過剰な実践はというと、それ自体が暴力的で過剰な――レヴィナスに言わせればトラウマを引き起こす――現象性の贈与性を、その運動を模倣しながら逆向きに捉えようとする試みのごときものである。ところで、このトラウマについては、純然たる起源的受動性としての主体性だけが、まさにその試練を経ることができるというのは明白ではないだろうか。もしトラウマがあるなら、それは、同じ動きによって、トラウマによって触発されうる実体が誕生して、その試練に耐えつつ自己化する、ということを含意しているのではないだろうか。

　過剰は自己を生じさせ、生じた自己は過剰に耐える。過剰はまず初めにそれなりの仕方で試練を存在させ、存在を与えられた試練は過剰の試練を経る。それ自体にとってつねに最初の試練であるような試練を。互いに大きく異なる様相ではあるが、緊張の強度によって断絶の限界にまで運んでいく運動が、レヴィナス、デリダ、マリオン、アンリの内で「展開されて」いるのだ。

　ここでもまた、賭けられている事象を把握させるための方法は、メルロ＝ポンティとの対比を際立たせることである。見えるものと見えないものとが絡み合ってしなやかに蛇行するなか、メルロ＝ポンティの自己は〈世界〉に溶け込んではまた浮かび出る（「また」と言うのには意味があって、自己はもともと〈世界〉から浮かび出たものなのだ）。不断に浮かび出るのだが、かろうじて浮かび出るのであり、また、浮かび出たと思うやもはやそうではない。自己は〈世界〉に「潜り込む」。それゆえ、〈世界〉が起源的であって、自己ではないのである。

したがって、われわれがこれからここで専心するのは、レヴィナス、アンリ、マリオンが、そしてデリダが彼なりの仕方でわれわれを直面させる、自己へのこの指定〔割り当て〕を下支えしている要請の研究を深めることである。もしわれわれの読解の仮説が確証されるなら、この課題は、同じ一つの動きによって、〈自己〉がそこで生まれるトラウマの場所そのものへと至ることを含意している。(29)

第二章

E・レヴィナスにおける主体性の誕生

なぜ主体性はE・レヴィナスにおいてある意味で起源的なのだろうか。レヴィナス哲学の特性の多くが、主体性のこの起源性を、不可能ではないにせよ、ありそうもないものたらしめたはずであるのに。

それはまず、起源的なものの観念がレヴィナス哲学において手を加えられ、危機に陥れられているからだ。というのも、どんな始まりも、どんな創設的起源も、無根拠（*anarchie*）へと崩落するのだから。しかし逆説的にも、起源的なものへの気遣いはあらゆる基礎づけを破砕させる身振りによって継続されるだけでなく徹底化される。それは、誇張法が *reducere*〔後ろへ導く〕としての還元を廃棄せず、逆にそれを強調し、まさにその理由で還元からあらゆる自明性という台座を、あらゆる憩いの土台を取り上げるからである。

次にそれは、レヴィナス哲学における起源的なものを見出さねばならないとして、この起源的なものという場所を占めるのが〈他者〉であるはずだからだ。私に存在することを与えるのは、〈他者〉ではないだろうか。
最後にそれは、他者と自己との共起源性という和解をもたらす仮説を擁護したがる者には、他者から自己へと、隔たりが、それも時間的隔たりを超える隔たりが作動しているのを想起させるべきだろうからだ。したがって、この共起源性は、同時性そして／あるいは対称性とはまったく別の意味でなければならないのである。

しかしながら、確かにそれぞれ異なる仕方でではあるが、『逃走論』から『実存から実存者へ』や『全体性と無限』を経て『存在するとは別の仕方で』に至るまで、存在と存在しないものとの様々な関係が結ばれる起源的場所で、主体性に決定的な役割が割り当てられる限りで、主体性はレヴィナスにおいて中心的な主題であり続けた。

レヴィナスによる主体性の創出の動きを辿ることなしに、いかにして、主体性の起源性を要請するものを把持できるというのか。

レヴィナスの歩みのうちでこの行程を辿り直すことで、ある入れ子構造が見出されるのは明白である。レヴィナス哲学が主体性の観念を発見した行程は、主体性が誕生するまさにその動きを記述することに存している。なぜなら起源性の場所では、正当性は何らかの先行的実体《アンチテ》への送り返しではありえず、全面的に誕生のうちに存しているからだ。

レヴィナスにとって誕生の点で賭けられているものを理解する方法のひとつは、出生（natalité）の問いについてのハイデガーの立場との対比を示すことに存している。

ある意味で、レヴィナスはハイデガーを反転させている。なぜなら第一に、クロード・ロマーノも強調するように[1]、誕生についての分析論は『存在と時間』ではハイデガーによって省略されている。レヴィナスが執着しているものをハイデガーが省略しているという事態は意味深い。現存在が「死に臨む存在」だとすると、レヴィナスの主体性はむしろ――この表現はレヴィナスの筆になるものとしては見当たらないが――「誕生に臨む存在」と言えるかもしれない。そして誕生という現象をめぐるこの評価の相違は、これらの著者の間での死の位置づけの逆転と連動している。ハイデガーにとって、死とは「私の不可能性の可能性」であるのに対して、[2]レヴィナスにとって死は、「(…)可能事の不可能性において窒息すること[3]」である。もしある実存者の意味と自己性が、レヴィナスの言うように、その「死に臨む」ことにおいてではなくその誕生において決定されるなら、誕生は死よりも強く、そして「それ[誕生と死の間の生]は、それがある意味を持ち、そしてある意味が死に対する勝利を得ることのできるある固有の次元で過ぎ去る[4]」のである。

誕生の問いをめぐってのハイデガーとレヴィナスの対比がもつ重要性を測ってみよう。

知られているように、死への不安において現存在は、虚無を前に後ずさりし、虚無はそこで現存在に〈存在〉を開示する。「死に臨む存在」として、現存在は死への先駆において実存として自己把持する。現存在の純然たる可能性としての存在がまさに、そして逆説的に、あらゆる可能性の終わりの先駆においてそのものとして開示されるのだ。そのようにして死は現存在に、存在的現実化のいずれにおいても現存在が自己を維持しないことを示すのだ。それゆえ、死への不安は現存在に、存在者ではまったくないものとして存在を開示し、その同じ動きで、現存在の存在を〈脱‐存的〉なものとして開示しながら、現存在を「自己の‐外へ」という逆説的な様態で自己化させる。

逆にレヴィナスにとって、主体性の意味と自己性が誕生において決定されるように思えるのは、レヴィナスにとって死ぬことが厄介で困難なものだからだ。

このような定式化は若干の説明を要する。ここでわれわれは、レヴィナスが他の幾人かの人々の言を繰り返して死が厄介で困難だと言っているとか、世人は死ぬことの本来性から逃避しがちだという点を思い起こさせているなどと言いたいわけではない。確かに、レヴィナスは生を絶対化するために死ぬことを否定しているのではない。レヴィナスは真に死ぬということの厄介さ、その困難を記述しているのだ。しかしながら、知られているように、レヴィナスは有限性の思想家である――もっともそういう思想家がいるとしてだが。したがって、有限性はレヴィナスによって可死性以外のところに位置づけられることになる。

この逆説的ではあるが――圧倒的な自明事である――もの、すなわち死についてのこのような疑念はなぜ生じるのだろうか。

それは、ある意味では死よりも悪しく、死を、誕生と同時に消し去るものがあるからだ――というのも、真に死ぬためには誕生している必要があるからであり、その逆でもあるからだ。死よりも悪しきもの、それは、死ぬことの無能力でもあるような死ぬことの不可能性だ。死ぬことができないのは、ある意味で誕生することができなかったからであり、ここに幽霊が現れる。ハイデガーによる虚無と／あるいは死の不安へ、レヴィナスが明確に対立させるところのこの実存の様態を、彼は「存在することへの恐怖」（horreur d'être）と／あるいは「存在の恐怖」（horreur de l'être）と名づける。この様態は存在から逃避すること、つまり、まずは存在（する）という出来事から逃避することの無能力を指し示している。その哲学的な紋章は、幽霊もしくはゾンビ（le mort-vivant）で、それはしばしばシェークスピアや、あるいは次に引用するようにポーの読解にもとづいて召喚されている。「生き埋めにされることへの恐怖、言い換えるなら、死者は十分に死なず、死のなかでもひとは存在するのではないかという疑念、これがエドガー・ポーの根本的な情動である。（…）登場人物は墓に埋められ、無化されるが、この無化のなかで、実存と闘うのである。こうした状態は、登場人物が死それ自体のなかに持ち込んだものなのだが、さながら死ぬことが、無〔néant〕の只中でなおも存在するかのようではないか。[5]」

ハイデガーの虚無への不安とレヴィナスの存在への恐怖との対立において、何が賭けられているのだろうか。ハイデガーにとって、われわれを待ち構えるのは虚無であり、虚無が成すところの試練は、不安を与えるものとして、本来性に属し、現存在を自己化する。レヴィナスにおける存在することへの恐怖もまったく同じように、厳密な意味で過酷な試練を課すものなのだが、それは本来性と自己化という肯定的な力をもたない。逆にそれは、「存在の非人称的無名性」へと融解するリスクを意味している。ハイデガーからレヴィナスへの反転は完全である。つまり、存在には虚無が対応し、(まさに存在を与えるものとしての虚無の)本来性には、非本来性というよりも実は、実存するという生《なま》の事態に過度に捕らわれて、真には実存しないもの(つまり自己化されざるもの)が融解してしまうことが対応している。そして最後に、自己性には無名性のリスクが対応している。

レヴィナスが行ったこの反転によって、彼は何を思考できるようになったのだろうか。

このような仕方で存在へと注意を向けることで、レヴィナスは虚無から目を逸らせているのだろうか。存在することへの恐怖をめぐるこの分析によってレヴィナスは、ハイデガーとは異なった、虚無の思想家になったのだろうか。存在の恐怖はすでに見たように存在することへの恐怖なのだが、それは、存在の恐怖が実は存在をまぬかれることの難しさを表しているという意味においてであり、例えば、死ぬことがわれわれに約束する虚無(したがってハイデガーによる虚無)は根底的ではなく、なおも存在から生じることを示している。死は十分に死んではいないのだ。レヴィナスは(例えばベルクソンのように)現実的な虚無なしに存在を思念したりはしない。逆に、ハイデガー的な虚無がなおも存在から生じているのを示すことが課題であり、その課題によってレヴィナスは、虚無についてのより根底的なものたらんとする理解へと導かれる。それは存在それ自体から自由になった虚無であり、存在から「演繹された」虚無でもなければ存在を「目指す」虚無でもない[6]。それは虚無ではあるのだが、存在の周縁ではなく、存在の裏面でも対蹠点でもなく、単に存在者が無いのでも存在が無いのでもなく、存在するとは別の仕方でという意味で存在の彼方であり[7]、存在と内的関係をもたないような虚無である。ご存知のように、この根底的な虚無はレヴィナスの初期テクストでは表立って名づけられておらず、それらのテクストは存在することへの恐怖の分析に集中し、そうすることで消極的にその輪郭を縁取っているのだが、この虚無はその後〈他者〉、〈超越〉、〈無限〉と名づけられることになる。このような虚無が与えるトラウマは、死ぬことではなく、生誕のかたわらに位置づけられる。

時系列的には、存在することへの恐怖についての分析はレヴィナスのごく初期のテクストで試みられているとはいえ、いまだ〈他者〉の意味論的連関網を喚起してはいない。後にはこの連関網が次第に前面に出てくるのだが、それは決して初期の分析を廃棄せず、その分析を支えとして、「存在するとは別の仕方で」で絶頂に達する。

この行程が、存在の境界で展開される運動そのもの、つまり、〈実存するという生《なま》の事象としての〉実存、〈自己化された〉実存者、存在するとは別の仕方との三者の関係が織り成される運動を辿っている点に注意することで、この行程を説明することができる。

ただし、われわれを存在するとは別の仕方へと関係づけるこの関係を記述するためには、前もって最初の任務へと辿りついている必要がある。つまり、存在から出発して、逃走を、誕生を、主体性を記述し終えていなければならない[8]。

実際、「存在することへの恐怖」があるのは、存在がレヴィナスによって無名で非人称的な出来事として、無規定的な実存の純然たる層として記述されているからである。したがって真に存在するためには、存在から身を引き剝がし、逃走しなければならない。それはまさしく、誕生時に、個体化された一個の存在者としてみずからを規定し、みずからを「切り分ける」ことだ。つまり私は、レヴィナスがある（*il y a*）と名づける存在の非人称的な無名性の地平で、みずからを人称化することで出現するのである。あるは「悪しき」存在、あるいはまったく同じことだが「悪しき」虚無であって、それは、あるが根底的な存在でも根底的な虚無でもないからだ。すでに喚起したように、それは幽霊たちの、ゾンビたちの夜なのである。真に存在すること、それは〈自己〉であることであり、個体化された存在者として、さらに厳密に言えば、みずからを個体化する存在者として、言い換えれば自己化された存在者としてあることだ。そしてこの自己化はまさに誕生時に、あるからの離脱として起きる。

真に存在するとは〈自己〉であることだ、という点はお分かりだろう。このことが含意しているのは、始まりがあり、したがって終わりがあるということだ。幽霊たちは死ぬ術も知らず知ることもできない。というのは、ある意味で幽霊は生まれておらず、あるという生《なま》の実存の無規定性のなかに存在する定めにあるからだ。幽霊たちがわれわれに取り憑くのは、幽霊たちが避け難く存在「に属する」からであり、このことは、幽霊たちが輪郭も規定もなく、したがって把握できないだけにより避け難いこととなる。幽霊たちは存在から脱け出すことができず、したがって絶えず回帰し甦る。終わりがあるためには、始まりがあったのでなければならない。別の仕方で言えば、真に存在するとは〈自己〉であることで、〈自己〉であるとは内面性であること、つまり世界の外に身を置きうるということだ。これを、レヴィナスはＪ・ロマンの表現を使って、「内面からずらかり」うることと記述している。[9] 内面性であること、それは生まれ始めることができた者だけが——時系列的に——終えることができるという自明の理を超えて、分離の意味作用を、したがって絶対的内在性の、誕生と死という出来事の意味作用を把握しなければならない。誕生はレヴィナスにおいて、死よりも上位の尊厳をもつ。なぜなら、たとえ死の到来が、私が内面性である（であった）ことを証明しうるとしても、死は内面性について決断を下すわけではないからだ。決定的なのは、生まれたということである。誕生はこの意味で、死の可能性の条件なのだ。つまり、存在という無規定性への単なる回帰ではなく、幽霊たちを生みだす中途半端な死ではない真の死の条件なのである。したがって私の死は、根底的な出来事として私の生が私の生であったことを証言しに到来するだろう。ある日私が死ぬというそのことが、「〔私を〕待ちながら」、溶解としての死から私を守り、更には、〔誕生と死の〕合間に、私が絶対的な内面性そのものであったこと、それが内面性であった限りでいかなる世界の出来事もそれを摑めないような内面性であったことを証立てている。この内面性は、そのものとして世界に統合されえない内面性である。私の死は（私の内面性に終わりを設定し、そうすることで私の内面性をそのようなものとして完遂する出来事として）、狭間で私が（あるへの溶解としての）死に打ち勝っていたことを事後的に証しする。

序でに指摘しておけば、誕生の現象学としてみずからを与えながら、レヴィナスの現象学はそれにもかかわらず死という限界現象についての解明も提示し[10]、その現象学の枠組みで、この限界現象を厳密に説明することを可能にしている（確かに、あるにおける融解としての死——幽霊たちの半死半生——と、内面性の絶対性の逆説的な保証としての死とを、彼はわれわれがそうしたようには決して明示的に区別しなかったが）。たとえそれが、ハイデガーにおいて死が有する存在論的な威厳を死から奪うことによってであるとしても。

要点をまとめよう。

レヴィナスにとって誕生がなぜかくも決定的な重要性をもつのか今や明らかである。生まれること、それはあるの外へ逃走することだ。なぜ無名である限りでの存在するという出来事から逃走しなければならないのか。なぜなら、レヴィナスにとって真に存在するとは自己化されてあることであり、それは自己であることだからだ。つまり、存在と自己性の十全性が起源的に「相関している」のである。

こうは言ったけれども、(少なくとも!) 二つの問題が未決のまま残されている。

一、レヴィナスが目指していた非創設的な起源的なもの、それは主体性ではなく無名のあるであって、主体性がそこから逃走することで出現する以上、主体性はあるに比して二次的なものであると、われわれの読解に反して言うべきではないだろうか。

二、われわれは、実存者がそれを介して実存を縮約する、つまり生まれるところの過程を記述したばかりだが、この過程における超越、〈他者〉、〈無限〉——ここでは名前はどうでもよい——はどうなっているのだろうか。これは、先行する諸分析における大きな不在ではないだろうか。起源的なもの——たとえそれが無起源的なものであったとしても——という資格は結局のところ、これらのものに立ち戻らねばならないのではないだろうか。内世界的な時系列に還元されることはもちろんなく、それとまったく同じく内世界的な機械的因果関係にも還元されないとはいえ、それらの単純さを模倣し、レヴィナスの諸著作の時系列と合致するような順序に即して、まず実存を縮約し、次いで〈他者〉と出会わねばならないと言うだけで十分なのだろうか[11]。

われわれはこれらの難問の第一のものと対決することから始める。この第一の難問を検討することから、第二の難問をどう扱うかは自然に帰結するだろう。

あるが起源的であるとすれば、主体性を存在へと結びつける装置は、例えば後期メルロ＝ポンティが記述した装置とほとんど異ならなかっただろう。それは世界（あるいは存在）において始まる個体性で、世界から出現し、この無名の根拠〔fond〕へと絶えず繋がれているがゆえに、つねにすでに世界のひこばえでしかないものである。転倒されるのはただ、この装置の相異なる項に作用する存在論的価値論の係数だけだったろう。レヴィナスにおいて自己性は肯定的に、無名性は否定的に含意されるのに対して、メルロ＝ポンティにおいては、レヴィナスにおいて無名性が軽視されるほどには個体性は軽視されていないから、正反対だとは言えないまでも――それでも、メルロ＝ポンティにおいて個体性がその本来性を見出すのは、世界の無名性へと溶け去るまでそこへと再合流する限りにおいてであり、個体性が世界の無名性から根底的には切り離されておらず、個体性に比して源泉としての尊厳の余剰をつねに持つところのこの無名性から決して逃走していない限りにおいてなのである。

だが厳密には、自己性があるにもとづいて、その上で勝ち取られるとしても、あるは自己性の母胎《マトリス》という強い意味での源泉ではない。あるは何も与えない（特に、無を与えることはない）。レヴィナスのあるは、存在を、それに加えて存在者を与えるハイデガーの虚無ではないし、あらゆる存在と存在の意味を与えるフッサールの生きた現在、絡み合いのくぼみで一切の自己性を与えるメルロ＝ポンティ的な世界でもない。それは不毛性そのものなのだ。しかしながら、あるがなければ何もありはしないというのも本当である。というのも、内面性としての主体性は、あるに抗して勝ち取られるべきものであって、このあるは、源泉としての繁殖性《フェコンディテ》をもたず、反対にレヴィナスによって意味深くも（あらゆる同一性を融解させる危険性をはらんだ）不穏な夜として記述されているからだ。私は、メルロ＝ポンティにおいて私が世界の交叉配列《キアスム》から生まれるように、あるから生まれるのではない。私はあるに抗して生まれるのだ。この意味でそれはまさに、自己自身を分娩することだ。つねに自己から出発しなければならず、つねに自己からしか私は出発できない。存在への融解は絶えず脅威であり、ある意味では確かに先行的なものだが、それは自己にとってしか意味をもたず、自己から出発してのみ意味をもつ。自己への割り当て〔指名〕以外の何ものでもない主体性はまさに還元不能な仕方で起源的なのである。この起源性は、逆説的にも、強制的であればあるほどより起源的である。つまり、〈自己〉は自己へと釘付けされており、自己を自己へと釘付けする運動以外のどこにもない。

この逆説的な起源性、還元不能な仕方で追い越され、起源的な遅れのうちで捉えられるがゆえになおのこと起源的な起源性はJ－L・マリオンによってきわめて厳密に記述されている。「おそらく、ある別の可能性が開かれたままである。私が起源的なものではなく派生的なものとして認められる可能性、しかしながらそれは、派生的という資格そのものが絶対的に起源的なものとして私に到来するような可能性である。」[12]

この別の可能性、勝利を収めた主体の形而上学と不毛な数々のアポリア――そこでは主体の形而上学は没落するしかなく、したがって主体の形而上学は、形而上学の主体が破綻したことの確認を前にして、それと同時に一切の主体性を追い払うのではなくむしろその逆であるようなアポリア――にマリオンが対置する可能性とは、まさにレヴィナスが最初の著作から、『逃走論』の時点から絶えず開拓してきた可能性である。

レヴィナスの主体性とは反響〔撥ね返り〕であり反響室《エコー》であり――反響そのもの以外の何ものでもなく、主体性が起源的な遅れを授与するような何かなのだが、この起源的な遅れは、この遅れゆえになおさら、あたかもそれ自体として有限な視点に割り当てるかのように、主体性をその位置の起源性へと割り当てる。

レヴィナスの主体性とは内在的に誕生する存在なのである。ただしこのことは、この主体性の内容を複合的な「過程」へと拘束することなく生じる。以下がこの「過程」の主要な契機である。

一、私はあるから逃走することで生まれる。

二、だからといって、私は純然たる超越的運動ではなく、自己からの純然たる逸脱ではなく、サルトル的な意味での純粋意識ではなく、反対に私は自我へと追い詰められている。それは、あるから根底的には逃走していないからだ。因みに、このこと〔あるからの私の根底的な逃走〕が望ましくないということもありえるだろう。実際、あるは私に存在をもたらすからだ。私がある意味であるをその幽霊性から救い出すとしても、私はあるなしでは何ものでもないだろう。あるはある種の仕方で主体性の第一質料〔原料〕をなし、主体性はその第一質料から身を引き離すのだが、主体性は、第一質料とともに昂じる、あるいはより正確には主体性へといわば濃縮されるあるの切片以外の何ものでもない。私はあるから身を引き離すことで、つまりはあるを画定したがって濃密にすることによっても真に自己なのだ。この運動のなかで、私は純然たる内在性の点として、初期レヴィナスが「自己へと釘付けにされた自我」と呼ぶ基体《イポスターズ》として生まれる。

デリダ的な語義での二重拘束《ダブル・バインド》の観念とは、もう一度言っておけば、存在から脱出することの純然たる要請と、存在から脱出することの不可能性を一緒に把持する過程を、可能な限り厳密に記述することであるようにわれわれには思える。それはあるとしての存在から脱出することであり、それと同じひとつの動きによって「真に存在すること」たる自己へと入ることなのだ。したがって出口はある意味で偽の出口である。なぜなら実存をすでに帯びて《コントラクテ》いなければならないからだ。つまり、レヴィナスが『実存から実存者へ』で語っているように、実存と契約《コントラ》を交わさなければならないからだ。そして結局は、この表現の法的意味を超えて、実存によって「傷つけられた」のでなければならないということ、更には実存が「凝縮《コントラクシオン》」

の運動を蒙らなければならないということ、これらの意味をわれわれは進んでそこに聞き取る。

　主体性は絶えず再開される誇張法的な過程に他ならず、その過程内では漏出口である超越性がすでに基体《イポスターズ》の内在性へと転倒しなければならず、そしてその逆もと続く……。「転倒」や両義性は弱体化や不安定さの症候ではなく、誇張法の暴力によってひき起こされる賛成から反対への転倒の症候であり、誇張法は主体性の契機を、厳密な意味でそれが持ち堪えられなくなるまで推し進め、そうすることで主体性を統合失調症《スキゾフレニー》の効果の限界にまでもたらし、主体性はそこで主体性自体へと割り当てられる。これが、初期レヴィナスが「瞬間の弁証法」という語で指し示した過程《プロセ》である。この弁証法の観念のうちに、基体の贈与性のまさに中心で起きる運動を指し示そうとする意志――それを言うための語が（まだ）欠けているのだが――を聞き取らねばならない。しかし、いずれ理解することになるだろうが、この運動は語のヘーゲル的な意味ではまったく弁証法的ではない。運動があるとしても、それは実効性のうちでの論理の展開ではない。否定的なものがあるとしても、それは理性的なものが展開するための駆動力として馴致されているわけではない[13]。

　この誇張法による転倒の運動の範例的な呈示は、誕生の現象とそれに絡みついた隣接的限界現象についての研究のうちに見られる。それは眠り、不眠、覚醒の系列である。

　そして驚くべき仕方で、最初に眠りが、あるいはより厳密には眠ることの可能性が、レヴィナスによって症候として、さらには自己性の条件として肯定的に含意される。

　実際、自己であること、〈自己〉として生まれること、それは不眠における強迫的なものから逃れる可能性をもつことである。なぜなら、不眠というものが、個体化された諸存在者の輪郭が純然たる現前への強迫のうちで薄れゆくような超明晰性から成るのであれば、不眠とは、あるに脅かされつつ存在するひとつの様態であるからだ[14]。そこから、先に述べたように、「内面性からずらかる」可能性のうちで自己が生じるのだが、それはここでは、眠ることを意味するだろう。眠ること、それは自己を引き抜いて自己に引き籠るまさにその可能性において、〈自己〉であり、内面性である。かくして、お分かりのように、自己であることはすでに自己の自己からの引き剝がしを前提しており、そこがまさしく、自己を引き抜き自己に引き籠ることの場である。脱‐存は内面性の内在性そのものへと転じ、基体《イポスターズ》の内在性は自己との隔たり、自己であるための隔たりによってすでに穿たれている。

だが、これら一連の連続した転倒それ自体がその全体においてすでに逆転されている。内面性というものはすでに、もはや眠りではなく、自己統御としての、徹夜としての内在性であり——近代形而上学が意識と呼ぶものである。（ある複合的な運動において、眠りは単純に覚醒に対立するのではなく、意識の警戒に対立するのであり、眠りが覚醒を可能にしている。）それゆえ、あるへの関係としての不眠はその意義が転倒されるのを目にする。後期レヴィナスにおいて不眠は、自分自身に陶酔し、自分の権力に陶酔する意識を覚まさせるという積極的な機能を獲得する[15]。不眠とは〈自我〉をその意識から覚まさせるものだ——、この地点で、不眠はこの役を果たすのに十分なだけ他者もしくは虚無に属しているのだが、それに対して、意識は、無名性のうちへと失われるあるの夜ゆえの魅惑から〈自己〉を覚まさせるのである……。

この転倒の目くるめく戯れにおいて自分の居場所を確かめるために、不眠があるの脅威として否定的に含意されるのは初期レヴィナスにとってであり、不眠が賞賛すべき真の精神の変化という意味をもつのは後期レヴィナスにとってであると指摘したい気になるかもしれない。かくして、ある存在論的順序——単なる認知論的順序でないとしてだが——が、いずれにしても本質的にある順序が、レヴィナスの著述の時系列がその現出であるような順序が見出されることになる。

主体性についての問いという観点から手早く提示された時期による区分は、ほぼ次のようなものである。――『逃走論』から「ある」を経由して『実存から実存者へ』に至るまでは、分析は、実存者（主体性）が実存（存在という出来事）のなかで生まれる仕方に――それが起源的出来事である限りで――限定されるのだが、この起源的出来事の分析は他の一切の分析にとっての前提となるだろう。――『全体性と無限』ではより特殊に、存在から逃れ、世界から離れる限りで、その起源において〈無限〉によって亀裂を生じさせられた〈自我〉の内面性が記述されるだろう。――『存在するとは別の仕方で　あるいは存在することの彼方へ』では、存在からの出口は結局、見出されるというよりもむしろ、まさに名指されることになるだろう、これは、存在の地平になおも捕らわれたままの存在からの退出でしかない、そのような実存の外への実存者の逃走よりも根底的な脱出である。それは根底的な虚無であって、存在の対応物ではなく、それを目指すためには幽霊たちの悪しき虚無を批判しなければならない。それが〈存在するとは別の仕方で〉の無根拠で無起源的な起源性である。かくして、この〈存在するとは別の仕方で〉ゆえに主体性が、つねにすでに他性によって解体された内面性の内在性に他ならないことは明白である。換言すれば、主体性はそれ自体からずれた主体性であり、我が家に根を下ろすのを妨げられた主体性なのである。

しかしながら、レヴィナスの仕事には、このようにひとつの順序に沿って読まれることから逸脱する多数の力強い動機が存在しているように思われる。誇張的激化によって進むひとつの方法への要請もそれらの動機のひとつであるが、それは最も力のないものではない。この方法は、思考の各段階で、その地面や基礎を保証するというよりもむしろ、一切の地面、一切の基礎を抜き去るという点で演繹のまさに反対物であろう。

かくして、レヴィナスの歩みを次のように組織されたものとして読むのは還元的な読みだとわれわれは考える。まずは最初の分析が実存の地平への実存者の出現を記述し、次に第二の分析が他性による実存の亀裂に取り組む――というのも、主体性はまず生まれ、次いで他性によって亀裂を加えられるのでなければならないのだから、この分析は二番目でしかありえない――、といった具合に。分析の順序を、事象の順序（事象の順序においては、〈存在するとは別の仕方で〉の他性は過程のなかでも「最も起源的な」起源となるだろう）――分析はこの順序を逆向きに取り上げる――の反対として現出させようとする「洗練」については、レヴィナスが危機に陥れようとする論理の次元に根本的に属している。

哲学において、論理的演繹を根底的に避けることができるという保証は確かにないし、それは望ましいことでもないが、レヴィナスがロゴスに加える責め苦には、ロゴスと決別したりロゴスを避けられると信じたりするような素朴さはない。

それでもなお、レヴィナスを別の仕方で読むべく試みなければならない。

最初に、存在するとは別の仕方がもつ変化させる力は、初期の著作では名指されていないとしても、この力はつねにすでにそこで作動しており、それゆえ、ある意味ではそこで予感されている、との仮説を立てられるだろう。実際、この力があるに抗して、あるのうちで生じるなら、主体性の誕生はつねにすでに、われわれがすでに指摘したような、原初の自己との隔たりを徴しづける限りでの〈他者〉の支配力のもとで生じるのではないだろうか。（この隔たりは、その正反両立性において、積極的にも消極的にも内示されうる。それは、『逃走論』が分析した吐き気の存在論的な意味作用において告げられた〈自我〉の只中なる〈他者〉ではないだろうか。その点に、〈無限〉の平板さもまたあるのだろう！）『存在するとは別の仕方で』での分析は、誕生をあるとの関係においてよりもむしろ他性のトラウマそのものとして記述しているのだが、この分析は初期レヴィナスによる分析と矛盾するものではなく、それを明確化するものだろう。

そうすると、一方で主体性とあるの諸関係の、他方で主体性と〈他者〉の諸関係の、相互的な包含に言及したい誘惑に駆られるかもしれない。その場合には、時系列的なものであれ、論理的なものであれ、存在論的なものであれ、どんな性質のものでも、これら二つの面のいずれかに生じる一切の優先性を一方の面の起源性として短絡的に措定しつつ、一方の面は他方の面を前提することになる。あるは主体性の誕生の媒体＝環境を作りはするが、媒体＝環境は主体性の起源ではなく、主体性を与えるものでもない。そこで、〈存在するとは別の仕方で〉が主体性の、逆説的にも無根拠で無起源的な起源を成し、したがって、その起源は更に逆説的なことに、ひとつの内在点、ひとつの主体性が、あるという不安定な地面の上で安定し、誕生することを前提することになる。

「相互的な包含」という概念的イメージはおそらく、何かしら作動中の「過程」を表しているのだろうが、このイメージには、「相互的包含」を過度に論理主義化し、何よりもそれを過度に安定化させるリスクがある。（しかし、いかにして、このことを別の仕方で記述できるというのか。）

われわれが行ったような仕方で取り組むことは、ある未聞の絶対的に不安定な運動、つまり隔時性がもつ時間性の運動、もしくはより厳密には隔時性としての時間性の運動をゆっくりと解体することに帰着する。なぜなら、後期レヴィナスはそのようにして根底的な他性を特徴づけているからだ。それは時間性そのものとしての他性なのだが、どんな時間性でもよいものとしてではなく、中断の暴力として開示された時間性であり、自分が壊した結びつきを（別の仕方で）結び直す——これは結びつきを壊す身振りそのものにおいてなされる——がゆえに、逆説的にも繁殖的な時間性として開示された時間性である。主体性は隔時性の適応の範例的な点を成している。より厳密には、主体性とは徹頭徹尾、隔時的なのだ。それは中断における内在性であり、それと同じひとつの動きによって内在性における中断であり、つまりは時間性そのものに他ならない。それは隔たりと断絶が強調され、連続性が顧みられないような時間性だ――だが、それはおそらく連続性の端的な廃棄のうちにはない。

お分かりのように、このような時間性はわれわれの仮説である。隔時性はいまだ名指されていないがすでにこの「瞬間の弁証法」〔ガストン・バシュラールの著作の題名〕のうちにあって、そこでは実存者が、自分の秘められた原動力としてのあると係わっている。だからわれわれは、レヴィナスの仕事は、あるにおいて誕生する実存者から、他性によるトラウマに至る順序に沿った時系列的な線形性を有するという着想を、直観の無時間性が中心にあって単にその表現だけが少しずつ形を変えながら具体化されてゆくという着想に取り替えようと提案しているのではない。さもなければ、この直観は隔時性の直観そのものであると言わなければならないだろうし、それはすでに、直観が厳密に隔時性の直観たりうるのは、直観が全面的に隔時的である場合に限られると言うことになるだろう。

したがって、われわれはいずれの場合にも、レヴィナスの仕事が内在的にもつ時間的な性格を否定するわけではない。ここでは逆に、真の時間性が、不可逆的な中間的諸段階の序列を経て初めから終わりへと至る線形的累積ではないことを明らかにしなければならない。真の時間性がつねにすでに中断の明滅であるなら、再開しながらそれがすでに自分を逆転させているなら、それは決して（点としての始まりという意味で）始まったのではなく、決して終わりもしないだろう。それは、恒久的な（数々の）再生としての持続する（数々の）誕生なのである。

この隔時的な仕事が語っているのは、入れ子状に運動する隔時性以外のものでは決してない。

だから、主体性の誕生から始めなければならなかったのだ。なぜなら、私が発見するのは次の一事だけなのだから。それはまさに、私は始まりからしか始められないということ、換言すれば、私が私自身に割り当てたところからしか始められないということである。そして、この発見は廃棄されず、逆に次の一事によって確証される。始まりは最初に考えられるものではなく、郷愁《ノスタルジー》の対象になるような単純さを持ち合わせず、絶えざる再開でありつねにすでに内的な位相差に住み着かれている。

ディディエ・フランクは、『実存から実存者へ』において実存者が実存から誕生する仕方を検討して、存在者が存在の地平に出現する仕方を問わないまま存在論的差異を根拠づけずにただちに存在の地平に問題を組み込んだハイデガーに対して、レヴィナスはより根底的たらんとしていると書いているが、これは正しい。だが、非常に厳密に言えば、この実存者という特殊な存在者の出現は、あるからの引き離しという孤独において全面的に、そして〈存在するとは別の仕方で〉との関係において全面的に、すべてまったく同時になされる。(16)〈存在するとは別の仕方で〉とはつまるところ、根底的なこの虚無であり、それはあるの只中で主体性の「不意を襲い」、「そこ」から脱出するように主体性を仕向ける。この逆説については、隔時性の観念だけがそれを矛盾から救い、それを垣間見ることを可能にする――だが決してそれ以上ではない。

かくして主体性から、より厳密には主体性の誕生から始めるしかなかったのだが、なぜなら、主体性とはそれ、つまり始まりに他ならず、そのようなものとして、本質的で起源的な孤独へと捧げられた始まりに他ならないからだ。起源的な孤独なのだが、それはその派生の根底性によって廃棄されることなく、逆にそれによって可能ならしめられる。(17)〈存在するとは別の仕方で〉はかくも絶対的に私に先立ち、私が出発するための唯一の場所としての、その意味で起源的となる場所としての私自身へと割り当てられる――、そのとき私は、まさにその結果として、自分で自分を基礎づけているという思い込みと、自己への現前における一切の統御を放棄しなければならない。

以上が、近代形而上学が主体性に授与したあらゆる権能――特に他のあらゆる権能を生じさせる、自己自身を自分で基礎づける権能――が廃位される場所で、レヴィナスにおける主体性をまさに起源的なものたらしめる、目くるめく隔時的点滅である。主体性が起源的なものであるとはつまり、主体性がまったく単に主体性であるということだ。なぜなら、自分以外のものから全面的に演繹できる、つまり導出できる主体性とは、いったい何なのか。そしてこのことは、主体性が根底的な始まりの内在性であればあるほど、主体性が、主体性を生み出す〈存在するとは別の仕方で〉に根底的に遅れているような仕方でそうなのである。

第三章

生へと誕生すること、自己自身へと誕生すること。M・アンリにおける主体性の誕生(1)

誕生の観念はM・アンリの哲学にとって決定的な観念のひとつである。逆に言うと、M・アンリが誕生の観念について述べていることは、確かに異論の余地を大いに残すとはいえ、誕生という限界現象に実り豊かな光をあてるものなのだが、その結果、この現象が主体性の意味について決定的なものであることが明らかになるだろう。

最初に、M・アンリが誕生の観念を主題化したのは非常に遅まきにであったということを思い出しておこう。初期の著作中、そして一九九〇年頃までは(2)、われわれの知る限り、アンリにおいて誕生の観念は見られない。その結果われわれは、アンリ哲学を、誕生を拒絶する哲学と規定することさえできたかもしれない(3)……。

そしてこの言明は、今や制限された、より複雑な理解を通じて価値をもつにせよ、最近のテクストによっても無効になったわけではないように思われる。

アンリの思考の中心をなす直観を手短に想起しておこう。

M・アンリの課題は、日常的な振る舞いにおいてと同様、常識〔共通感覚〕の錯誤を成就させることしかしない西洋哲学においても生じた――そして今も生じている――、ある時は〈内在性〉[4]、ある時は〈生〉、あるいは〈情動性〉、ある時は〈啓示〉、ある時は〈主体性〉とも呼ばれるものの忘却を「告発する」ことである。これら異なった名は、問われているもの、つまり自己との隔たりなしに自分自身へと密着した純然たる内在性の相異なる諸特性にそれぞれ対応している。この内在性は、二つの連動した根本的特性、つまり自己への距離の不在と、それゆえ、いかなる外部にも現出しないことを備えた内在性である。

なぜわれわれがM・アンリの哲学を「誕生を拒絶する哲学」と特徴づけようと試みることができたのかは明らかである。現実的に、本来的に自己であること（表立って言われてはいないにせよ、M・アンリにおいては非本来性と本来性との対立が十全に機能している）、それは世界に到来しないことであり、ひいては、起源から離れないことなのである。しかるに誕生とは、一般に理解されているところでは、まさにこれ、つまり分離でもあるのだ。誕生が「到来」であるのは、それが分離である限りにおいてである。M・アンリにとって自己であること、それは端的に隔たりと可視性を拒絶することであり、その場合、隔たりそのものが可視性への開けなのである。

したがって誕生は、アンリの直観にとって範例的な限界現象であり、ある種の決裁的経験の場であって、「数ある経験のひとつ」ではない。誕生はある意味で、それが排除するものとして全面的に規定される。なぜなら、生まれること、分離すること、世界に到来すること、それはすでに死ぬことであり、世界に到来することとしての生まれることと死ぬことは等しいからだ。

だが、あらゆる現象を統合しようと試みることがM・アンリの現象学の特性のひとつである（ただし、この思考は外から見ると、諸現象を最も「統合」できないものと映るかもしれない。アンリの思考は世界に居残ることを拒絶しながら、世界のうちで、見えるものとして自分を与えるものの多様性は拒絶しないのではなかろうか。）こう言うことでわれわれが言いたいのは、その全体が端から端まで外部の素材からなるように見える現象、あるいは外部をなしている現象――それは本質的に言語（事象の不在において見させるものであり、更に、「事象を不在化する」もの、事象を非実在化するものと言ってもよい）、時間、他なるものの他性である――でさえ、予期されえたように、アンリの現象学によって完全に排除されるわけではないということである。純然たる内在性の現象学は時間を欠き、言語を欠き、他なるものを欠いているのではないのだ。逆に、内在性において「真の」時間を、「真の」言語を、「本来的な」他性を発見することが問題となるだろう。したがって、これらの「現象」はいわば正の係数を付されて、その性質と諸能力を反転させられるのである。その際、これらの「現象」は「生き生きとした」「超越論的な」、更には「現象学的な」と形容されることになる。問いはこうである。言語、時間、他なるものの他性にこのような係数を付けることだけで、それらを超越から救い出し、内在性の中心に組み入れるには十分なのだろうか。

アンリの還元はメルロ＝ポンティの完遂せざる還元とは逆に、全てか無かの論理に属する。それは徹底的で剰余がない。[5] それゆえ、人々がアンリ哲学の直観に「抵抗する」のは、それが「外部」をまったく持たないがゆえに「現象なし」であるからだと思われる。逆に、アンリの仕方で眼差しを方向転換するなら、すべてが内在性の暗い輝きのなかで本来性において現れ直すことになる。

（序でに指摘しておくと、論理としての現出の展開の思想家ヘーゲルをあれほど批判するM・アンリは、ヘーゲルが強制する受容の姿勢――巧妙に避けることが難しい姿勢――に近い受容の姿勢を強制する。つまりそれは、彼の哲学へとただちに組み込まれて、それが繰り広げる言述の網目に一歩ごとに、そして全面的に同意することを余儀なくするか、さもなければ、その外部に留まって彼の哲学をあたかも「丸ごと投げ捨てる」ことを余儀なくするか、そのどちらかなのである。）

主体性の誕生の問いという議論の核心に入る前に、予備的な問いがある。M・アンリはなぜ、外部性についての幻想のみからなるように思われるこれらの現象を排するだけでよしとしなかったのだろうか。それは、まずは外において、あるいは外そのものとして統覚される「何か」を、こう言ってよければ「取り戻す」必要がM・アンリにはあるからだ。しかし、「他のあらゆる」哲学者たちが批難を浴びる誤り、つまり〈超越性〉の一部を〈内在性〉の内へと事後的に投影し、そうすることで〈内在〉を汚すという誤りだけは決して犯さぬという要請を保ちながら、そうしなければならない。

このように、これらの主題はまずは「外から」統覚されたわけだが、真実には、つまりそれらの真実においては、それらの現実性においては、〈内在性〉「に属して」存在することを示さなければならなくなるだろう。しかし、これらの主題は絶対的に稠密で隔たりのない濃密さをもつ〈内在性〉に吸収されてしまっているわけではない。逆にこれらの主題は、〈内在性〉がアンリの言によればある内的運動に住まわれているという点で、真実のところ〈内在性〉とは何かを考えることを可能にしているのである。

なぜそうなるかというと、それは、〈脱-存〉の批判がなされた後でも、課題は完了しなかったからである。逆に、危機的な局面――アンリにおいてとりわけ否定的なものだが――は、本質的なこと、つまり〈内在性〉を記述せねばならないということを準備するだけなのである。

M・アンリが繰り返し述べるところによれば、〈内在性〉とは〈生〉であり、〈情動性〉であり、〈啓示〉であり、〈自己性〉である。

そして彼にとって最も重要なのは、このような等置の起源性を現象学的に定めて、それを正当化することである。実際、この等置によって、アンリの思考に対してなされうる第一義的で大局的な反論を、根本のところで避けることができるからだ。つまり、われわれは自閉症や自己閉塞と係わりをもつ必要があるのか。それらは何も言わないし（誰に、何ゆえ語りかけるのか）、パルメニデスのアポリアが想起されるように、それらについては何も言うべきことはないのだから（〈一者〉が無いなら、〈一者〉について何を語るのか）。因みに、何も言うべきことがないということだけにせよ、それを言うためには、〈一者〉からすでに「引き剝が」され、〈一者〉を〈一者〉から「引き剝がし」、〈一者〉自身から〈一者〉自身へと述語として「分節し」、つまりは「一者」に暴力を振るわなければならないのではないか。

一、内在性は、何も与えないようなただ単なる自己への同一性——それは「空虚」で、したがって死のごとき何かのなかで凝固している——ではない（内在性が与えるとしても、それはつねに自分自身を与えることでそうするのであり、より根本的には自分自身にほかならないものを与えるのである）。M・アンリにとって、内在性とはまさしく〈生〉そのものである（それは自然《ピュシス》であり発現であるが、逆説的な発現であって、日の光のもとへと到来するのではなく、自己へと自己において到来する）。内在性とは「自己における到来」であって、この繁殖性《フェコンディテ》について説明しなければなるまい。

二、〈内在性〉とは〈自己〉による自己の（〈生〉による〈生〉の）抱擁と定義される。それゆえ、〈内在性〉は情動性なのだ。あらゆる外部に、したがってあらゆる表象に先立つ情動、これがM・アンリにおける情動性をきわめて厳密に定義している。ただちに原初的な困難に気づかされる。この点には後で立ち戻ることにするが、どんな外部性にも「先立って」いるはずなのに、〈自己〉の「自己」に対する「破砕」が前提とするこの隔たりについて説明しなければならない、という困難がそれである。

三、〈内在性〉は啓示し、示す。それが自分自身しか示さず、自分自身以外は示すべくもないのは確かだが、それでも〈内在性〉は示す。ここでもまた、どんな〈脱‐存〉にも先立つ（ものの）まさにその「場」での、自己の自己への関係が必要となる。お分かりのように、自己における到来としての「生」が即ち「啓示」であるのは、「啓示」が他ならぬこの自己からの脱出の動きのうちにあり、この動きは、それとともに自己を持ち去ると同時に、自己への到来と一致するからである。（〈自己〉の自己のうちでの運動として、〈啓示〉は外へと身を投じる現出とは区別される。）

四、〈内在性〉は試練、抱擁のうち以外のどこにもなく、そこでは自己が自己にぶつかって粉砕される。まさに試練の過程そのものから〈自己〉は出現する。〈内在性〉とは〈自己性〉であり〈主体性〉である。

要するに、すでにお分かりだろうが、内在性が内在性であるのは、それが内的隔たりとでも名づけられるべきものによって住まわれている限りでのことである。たとえ、隔たりというものがいずれも、外部性と本性を共にするものとして排除されるべきとみなされてきたとしても。

したがって、言語、とりわけ他性と時間に「超越論的」係数をつけることで、これらを〈脱‐存〉的超越から引き剝がすことがなぜ絶対的に必要なのかが分かるだろう。ここで問題となっているのは、この内的隔たりを現象学的に記述し、基礎づけることである。

〈生〉の現象学としての〈内在性〉の現象学は、誕生を「世界への到来」としてではなく、「自己への到来」として、つまり、〈生〉がそうであるような絶えざる自己産出として「思考」――記述――しなければならなかった。

更に、誕生という地点には、アンリ現象学に突きつけられてきた主要なアポリアがすべて流れ込んでいるように思われる。そして、アンリ現象学がそれらのアポリアを回避したことは一度もなかったのだ[6]。

――どんな時間性もが〈脱‐存〉、つまりは時間的隔たりを含んでいるように思われるとして、〈内在性〉のなかの、〈内在性〉の時間をどのように思考するのか。
——〈内在性〉そのものにおける他性である限りでの他性をどのように思考するのか。言い換えれば、それに顔がありえないとするなら、他人の他性をどのように試練にかけ、それを検証するのか。
——上述の問いから必然的に派生する問い。アンリ哲学が自己性の哲学として提示されるまさにその場合、この哲学に対して次のような問いが形成されうる。〈生〉とは自己において到来し、自己であり、ひとつの〈自己〉であるとして、では、私の〈自己〉はどうなっているのか。それは〈生〉の〈自己〉なのか、私の〈自己〉なのか。アンリがフロイト的無意識や構造主義を、起源的な自己性を溶解させるものだと激しく告発し、また、ご存知のようにあらゆる自己性が原初的な無名性から、ある種の「外部の無名性」における〈世界〉と〈世界〉それ自体との絡み合いというくぼみから出現するとした点でメルロ＝ポンティをもまったく同様に告発しているとしても、M・アンリには「外部の無名性」に陥るリスクがあるのではないか。アンリが用いる比喩を使えば、〈生〉は、一切の個体的な〈自我〉に先立ち、それらの〈自我〉が乾きをいやすところの地下水脈の役割を果たしてはいないだろうか。(7)

したがって、ある自己性の自己への到来（これは自己性と「到来」、つまり時間性を結びつけることを含意している）を、〈生〉そのものにおいて、そして〈生〉そのものにおける〈生〉の到来として記述すること——この場合、第二の要請は第一の要請を破棄しはしない——がこのように問題になっている以上、誕生を記述することは決定的な重要性をもつ。

加えて、ある絶対的に単独的な自己性が〈生〉のうちに到来するという事象を現象学的に説明するのに成功するなら、そしてこの単独性が〈生〉そのものとの関係において確証されるなら——たとえそれが〈生〉のうちでであるにせよ——、その際、複数の自己性（その各々が他の単独性との関係において単独的であり、〈生〉との関係において単独的な〉が可能となる。

誕生を思考することはしたがって、〈内在性〉への内的隔たりを思考することであり、この根本的に力動的な隔たりを思考することである。この隔たりは産出（いかなる外部の介入もなしに、単独的なものと新たなものをそのうちで与える〈生〉の内的な循環）であるがゆえに力動的であり、この隔たりはそのすべての表現が収束する場、つまり時間において、〈生〉そのものであるがゆえに力動的である。時間と言ったが、正確には、それは繁殖性であって存在の喪失ではなく、他性であり、自己性である。

何がM・アンリをして超越論的誕生のごときものを記述するよう仕向けたかを明らかにしたところで、今度は、アンリがこれをどのように記述しているか、この観念にどんな内容を与えているか、このようにして提示されたものが、〈生〉の事象そのものによって突きつけられた未聞の挑戦に応じるものなのかどうかを見ていこう。それは、いかなる外部の介入もなく、逆に〈内在性〉の中心そのものであり、〈内在性〉のなかの〈内在性〉であるようなこの内的で力動的な隔たりを思考することである。

以上が、アンリ的思考が思考するための努力……〈生〉の起源的で悲壮な努力である！

誕生が有する数々の否定的な意味作用を手短に振り返っておこう。

誕生とは決して、「世界への到来」を意味すべきものではない。したがってそれは、「創造」行為の結果には決して対応しない。「もし創造が世界の創造を、つまり可視的なものの領域全体がわれわれにとって見出される最初の「外部」の現象学的な開けを指示するなら、産出することは、このような創造すること以外のすべてを言うことになる[8]」、とM・アンリは書いている（序でながら、E・レヴィナスとの共鳴を指摘することもできるだろう）。

その過程を記述しておこう。

〈生〉は自己の試練である限りでしか〈生〉ではない。それゆえ〈生〉はその全体が自己へと関係する運動のなかに、自己において到来する運動のなかにある。〈生〉は〈生〉とそれ自体との結び目以外のどこにも存在しない。

すぐに最初の反論を定式化することができるだろう。すなわち、〈自己〉（〈生〉）がただちに自己への関係だとすれば、したがって外部性こそが第一のもの（であり、〈生〉がそれ自身から脱出するのを可能にするもの）ではないだろうか。〈自己〉へと再帰する、あるいは到来するためにさえ、前もって「脱出する」必要があるのではないだろうか。〈生〉は「一」であるためにまず「二」なのではないだろうか。

これこそアンリがただちに――彼の直観の内側から――飛び越す「古典的な」反論であり、この反論はまさに「外部」から到来し、「外部で」道を見失ってしまった者にしか発しえないとアンリは言う。（したがって、アンリはこの反論を誤った問いだと言って端から相手にせず切り捨ててしまう。）〈生〉の内側からは――「外部そのもの」であるようなロゴスや論理にとっては残念なことに――、〈生〉それ自体から切り離された〈生〉はなく、「〈生〉」の「かたわらに」「〈生〉」があって、しかる後に両者がある絆によって結びつけられるということもない。そうではなく、最初にあるのは当の絆そのもので、ある意味で絆はそれが関連づける極より先に存在し、極を関連づけることで極を惹起させる。この力動的なつながりは純然たる「到来」であり、純然たる「内的循環」であって、まさに内在性の核心を、「〈内在性〉のなかの内在性」を構成している。

よろしい。生の内在性、内密性がこの「自己への押しつけ」のうち以外にはどこにもないことは分かる。この生のそれ自体への円環が「〈自己〉」（生の「〈自己〉」）をなす。「円環」や「結び目」をなさないような生は厳密には思考不可能で、それは「生」ではない。試練と〈生〉は「共本質的」なのである。

ここにおいて、事態は複雑化する。この円環は〈生〉のうちにおいて形成されるのだが（もしM・アンリに同意するなら、ある関係は、それが展開されるべき外部なしに、「内部」、それも〈内在性〉の「内部」にほかならないようなものたることができる）、この――内的な――円環なしでは〈生〉は〈生〉ではない。抱擁ないし円環は、「それなしでは〈生〉が〈生〉ではない」という意味で〈生〉の「条件」だが、しかし「それに先立つもの」という意味ではまったく〈生〉の条件ではない。抱擁ないし円環が、〈生〉にとってある「質料」をなし、ひとつの表現――あるいは啓示と言ってもよいが、いかなる外部も動員されていないことを考えればもっと精確に語る必要がある――をなすのは確かだが、それは、〈生〉がその試練の外部、その啓示の外部では何ものでもないその限りにおいてのことだ。しかしながら、〈生〉がみずからを抱擁するのであってみれば、ある意味では〈生〉は抱擁ないし円環に先行している。〈生〉は抱擁のうち以外のどこにもありはしない。つまり、〈生〉とはその抱擁そのものであり、かつそれに先立つものなのだ（なぜなら、〈生〉はその抱擁において自分と抱擁することになるのだから）。この逆説はひとを震撼させずにおかない。ところがM・アンリは、いつものように、それはこの世界の光明、内世界的な打算と時間のうちに身を置く者にしか通用しないと言って、この逆説から「脱出する」。

生と、生がそうである〈自己〉との「隔たり」――その全体がこの隔たりであるような「自己」――は、自己産出としての生それ自体「である」[9]。ここで賭けられているのは、自己産出の外部なき内在性である。〈生〉は自己を自己によって自己として分娩する。別様に言えば、〈生〉は自己触発するのだ。それは与えるものであり、与えることであり、与えられるものである。この「過程」は〈自己〉のうちで「結び合わ[10]」される。産出という観念はM・アンリにとって、この「過程」における相異なる要素の内的互換性を全面的に意味している。

不毛ならざる仕方で、この逆説を解明してみよう。つまり、われわれが先に挙げたアポリアすべてを、矛盾から救い出すような仕方で解明してみよう。〈生〉がその様々な抱擁のうち以外のどこにもないとすれば、しかし、その抱擁のうちのどれも〈生〉を汲み尽くしはしないとすれば——というのも、逆に〈生〉はつねに抱擁に先立ち、抱擁において自己を抱擁するようになるのだから——、複数の抱擁が可能ということになる。ゆえに間主観性が可能であり、必然ですらある。というのも、様々な単独性の複数性において、そのつど、つねに新たに自己を抱擁することで、〈生〉の豊かさが与えられると考えられるからだ。つねにすでに自己産出として理解される産出の観念のうちで、M・アンリがまさに、〈生〉の起源的な運動——〈生〉の全体がそこで維持される運動——を、その運動によって〈生〉が〈生〉から脱出せず、〈生〉において到来し、（〈生〉それ自体から始めて）〈生〉それ自体に自己をもたらすような未聞の運動として記述しようとしているのはお分かりいただけるだろう。

だが、この自己化する自己的な産出は、この産出から産まれる自己化された〈自己〉にとってどうなっているのだろうか。

〈自己〉が〈生〉を汲み尽くさない——しかし〈生〉はその全体が〈自己〉のうちで維持される——として、逆に、〈自己〉は〈生〉によって汲み尽くされはしないのだろうか。

おそらくM・アンリは、〈生〉をあらゆる自己性が連れ戻されるはずの原初の無名の層とみなし、そこで、場合によっては一切の自己性がその本来性への回帰へと解消されなければならないとするような所論として、この種の反論をただちに聞き流してしまうだろう。

実際まさに、〈生〉は自己の「自己化」以外のどこにもない。したがって、様々に異なる自己性をそれら自身とは異なるものへと送り返すことなど問題にならない。〈生〉はそれらにおいて（その様々な自己性のうちに）しかないのだから。（様々に異なる自己性をそれら自己性そのものとは別のものへと連れ戻すこと、これこそ、M・アンリがロマン主義と／もしくはフロイトの無意識理論へと転嫁する――投影する？――誤りである。そうすることで、M・アンリは、〈絶対〉としての〈生〉というロマン主義的主題系を再活用しているだけではないかとの非難への釈明としている。）

それでもやはり、より深い水準でこの問いが再び現れることに変わりはない。真に自己性であるためには、自分の自己における自己性である必要はないだろうか。ところでM・アンリにおいては、〈自己〉が試練にかけるのは自己であるのか、それとも、〈生〉が〈自己〉において自分を試練にかけるのかどうか――これはわれわれによれば同じではない――という問いが立てられる。だが、M・アンリはおそらく、両者は同じで、これら二つの運動に均衡が取れていると言うだろう。われわれが提起したいのは次の問題である。問題になっているのは、私の〈自己〉なのか、それでも〈生〉の〈自己〉なのか。

M・アンリの賭け、彼が試練にかけるアポリア、もしこう言えるなら彼の思考がそこでそれ自体において到来し、自己へと関係づけられるような試練、それは、次の二つの運動の完璧な一致と厳密な同時性を思考しようと欲することのうちに存している。その二つの運動とは、それによってひとつの〈自己〉が自己のうちに到来する運動と、それによって〈生〉が自己において到来する運動の二つなのだが、この第二の運動は第一の運動を破棄せず、第一の運動が起源であるという体制を尊重する仕方で到来し、それにもかかわらず第一の運動は第二の運動のうちでしか生起せず、第二の運動の絶対的で還元不能な起源性、つねにすでにより古い起源性のなかでしか生起しないのである。

これまでそうと言明しないまま〈生〉の観点から記述してきた過程の道程（というのも〈生〉は確かに起源的で……「最も起源的」なのだから）を、今度は〈自己〉の観点から出発して辿り直す必要がある。

〈自己〉の観点から出発すれば、M・アンリの用語ではないが、〈生〉についての思考の二重拘束《ダブル・バインド》、世界の光にとっては矛盾に他ならない！二重拘束と名づけうるものに耐えながら、内的隔たり、内的運動という繊細な問題を引き受けることに成功するだろうか。すなわち、いかなる点でも〈脱‐存的〉にはならない程度に内密で内的な隔たりであり、しかしながらまた還元不能な隔たりとして際立つ——それが触発（たとえ「自己」触発であったとしても）であるような運動を可能にする唯一の方法である——のだが、そのような隔たりを、差異化なき純然たる内在性によって、あらゆる牛が灰色になる絶対の夜によって吸収されざる隔たりを思考することに。

誕生することは、〈自己〉にとって／〈自己〉として〈生〉から分離されることも、〈生〉から脱出することも意味してはならず——とはいえこのことは起源的に〈生〉と区別され、〈生〉の未分化な夜に没しないことを含意している——、それゆえ生は決して未分化の夜であってはならず、またそうではありえない。〈自己〉として誕生することは、ある意味で〈自己〉にとって、〈生〉が〈自己〉にすべてを与えたにもかかわらず〈生〉には何も負わないことを含意している。そして、これから見るように、M・アンリはより起源的に、〈生〉が〈自己〉にすべてを与えたがゆえ、〈自己〉は〈生〉に何も負わないと説明している。

このアポリアに向き合うために、M・アンリは二つの自己触発、あるいはむしろ自己触発の二つの意味、その強い意味と弱い意味を区別することになる[11]。

自己触発の強い意味は〈生〉に、〈生〉のみに適合している。〈生〉が過程の全契機のうちで絶対的に存在しているという意味で、そこでは起源的な自己触発が問題となる。触発するのも、触発されるのも〈生〉で、触発の内容も〈生〉に他ならない。〈生〉は贈与するものであり、贈与することであり、贈与の宛先であり、贈与されたものだ。〈生〉は「至る所に」あるのだが、このように逆説的な仕方で——というのも、すべてが内部にあるのだから――展開されるのでなければ、〈生〉は〈生〉ではない。

自己触発の弱い意味というものがあって、それは〈自我〉〔私〕にふさわしい。〈生〉の自己触発において、〈自我〉は自己触発される。しかしそれは、〈自我〉ではなく〈生〉が、〈自我〉を〈自我〉自体のうちに投げやるという仕方でなされる。〈自我〉は根本的に受動的だ。〈自我〉はみずからを定立しない。〈自我〉はそれ自身へと与えられる。（一方、〈生〉はといえば、その純然たる絶対性において、能動性と受動性との分割の手前に位置づけられる。〈生〉は絶対的能動性であり、それが絶対的である限り、展開されるためのいかなる外部ももたない。したがって、それはもはやほとんど能動性ではない。能動性は〈生〉において根底的なまでの絶対性へと至って受動性に転倒する、そしてその逆もまたしかりである。）

〈自我〉は受動的である。つまり、〈自我〉はみずからを「重荷」として受け取るのであって、〈自我〉は〈自我〉自体には与えられないのだが、それは決定的なことに、他《エテロ》からの触発ではない仕方でなされる。ここで切り抜ける術が与えられねばならないのは次のような逆説である。〈自我〉の受動性は、その〈自我〉が決定を下したのではない外部から触発されるような先在的〈自我〉を必要としない、というものだ。この受動性はある意味でより根底的である。というのもそれは、〈自我〉がそこで出現するところの触発に先立っては〈自我〉は存在しないことを意味するからだ。

〈自我〉は、そのすべてをもって触発の全内容を構成する限りで触発される。だが〈自我〉は、（持ち札を）触発する権能ではない。とはいえ、触発はかくも根底的なものなので、触発が〈自我〉を産出する際に、この産出という連関は外的なものではありえない。この連関が〈自我〉の内面性そのものなのである。（産出は〈自我〉に先立って存在するわけではないから、外部から〈自我〉に「突発する」ことはできない。）したがって、触発（つまりここでは受動性）が絶対的に根底的であるがゆえに、そのことによって触発は「外」からは到来しないのだ！

以上が誕生において「生起する」ことである。〈自己〉を絶対的に単独的なものとして、もしこう言えるなら二義的に原初的な——とはいえやはり原初的な——ものとして保護するのみならず、「惹起させる」ような相互的内的連関が確かにそこにはある(12)。

〈生〉は自己産出しながら、〈自己〉を自己産出するものとして産出する。これが、視野に入れておかねばならない逆説だ。

M・アンリはこれを次のように語る。「〈自己〉が自発的に対格で表現されるのは、〈自己〉が、みずからを触発するものではなく、恒常的に自己触発されてあることだという説明を、自分に関する説明として受け入れる限りにおいてである(13)」。

「自己触発されてあること」であって、「私が自己触発する」のでも、「(～によって)私が触発される」でもない。「自《オート》」を受動態として用いるこの表現のうちに、自律という形式へと転じる受動性、受動性自体の果てまで押し進められた自律の形式という逆説を読み取ることができる。

それというのも、アンリの直観という観点からすれば、〈生〉とは、還元不能な仕方で「私以前」であり続けながらも、私がそのなかにいるような以前であって、それは自我のうちに、それも、私の自我そのものを成すほどに自我のうちにあるからだ。

〈自己〉は〈生〉から出来するのだが、出来する時点に至ってもなお〈自己〉が〈生〉としか係わらないような仕方で〈自己〉は出来する。この出来はかくも根底的なのである。〈自己〉は自己(から発して)自己を把持する。たとえ〈自己〉が、このように自己自身として円環的に自己を閉じる身振りの起源ではないにしても。〈自己〉もまた純然たる内在性であって、その意味で〈生〉の〈内在性〉とは区別される。

〈自己〉は「自《オート》」として産出される。〈自己〉は誕生したのである。

この行程から得られたものは何だろうか。

一、アンリ現象学に固有な運動という観点からすれば次のようになる。すでに見たように、「世界への到来」としての誕生が告発されている。しかし〈生〉と、〈自己〉——〈自己(たち)〉——の「自己のうちへの到来」として、誕生は本質的なもの——純然たる内在性についての直観がその果てまで押し進められ、そうすることで正当化されるために記述されねばならないこと——であると同時に、この本質的なものに最も抵抗するリスクを有したもの、アンリ哲学がぶつかる主要なアポリアすべてが収束する場でもある——これらのアポリアはほとんど、同じ根本的なアポリアの様々に異なった表現にすぎない。

二、誕生の現象それ自体という観点からすると。

誕生という現象のうちに刻み込まれた分離という次元、誕生というトラウマについては通常大いに、それも妥当なこととして力説されるが、M・アンリは逆に、産出するものと産出されるものとの相互的な内面性について力説し、誕生が誕生であるという事態を成すところの力動的な隔たりを否定せず、そこで思考することとすら試みている。

この意味で、彼はレヴィナスによって強調されたものの対極を強調している。そうは言っても、M・アンリは誕生が前提とする隔たりを否定せず、逆に、一見したところ、つねにすでに誕生の記述を妨げずにはおかないように思われた思考の枠組みのなかで、誕生を本質的なものとして記述するためにあらゆることをなしている。問題はまさにこうだ。この思考は一方で、〈超越〉との妥協なしの根底的なものたらんと欲しているが、他方では、この思考それ自体のうちに、通常であれば〈脱-存的〉超越へと帰されるものを見出さねばならない。われわれとしては、アンリのものではない「隔たり」という用語によってこれを指し示し、〈脱‐存的〉超越と注意深く区別したつもりである[14]。

これら二つの極の一方を犠牲にしてもう一方を強調する作業以外のことがわれわれに何かできるのだろうか。

これら二つの極、内在性と超越性（たとえ超越性が脱‐存的ならざる隔たりとして見直されたとしても）から、どちらか一方を絶対的に切り離すことは、現象の記述に関して、根底的なことではなく、明らかに根底性の欠損につながる。

三、最後に主体性の観点から――時に遠回しな仕方であったにせよ、ここでの分析で問題になっていたのは主体性を措いて他になかったのだから。

誕生という点から主体性を把持することは、M・アンリにもE・レヴィナスにも、主体性の逆説的な起源性の説明を可能ならしめた。主体性は「先行され」ているが、根底的に「先行され」ているがゆえに、起源的である。J‐L・マリオンのある表現が、M・アンリによる主体性の記述にはまさにふさわしい。すなわち、「私は非起源的で派生的だが、その派生的な身分そのものが絶対的に起源的なものとして到来するような仕方で派生的なのである[15]」。

われわれは、この道程から直接的な結論を超えた結論を引き出すために、ありうべきひとつの反論について検討してみようと思う。

〈生〉と〈自己〉がそのものとして、互いが互いのうちに到来する運動について、われわれがここで与えた記述は実のところ、M・アンリによって実際に産出された記述とわずかながらずれているように思われるかもしれない。そしてこのずれは、アンリが求めるものに馴染んだ目で見なければおそらく即座には感知しえないので、間違いのように、更には誤読のように、あるいはもっと深刻なことに、裏切り、意図的に裏切りとしてなされた裏切りのように見えてしまうかもしれない。このずれをわれわれはみずからの責任で引き受けるのだが、われわれはこれを不実さの中心にある一種の忠実さであると理解しているし、そうであることを望んでいる。(16)

どこに不実さがあるのだろうか。

〈生〉のなかでの生者の、自己性の誕生についてのアンリの分析を辿り直しながら、われわれはM・アンリにとってはこの誕生という出来事と避け難く結びついた補足的な主要人物を避けてきた。それは、各々の生とともに生じる〈最初の生者〉であり、それはひとつひとつの生を「つねにすでに」可能にしたことになるがゆえに、各々の生に現前的なものとしてさえ存在する。そして、この〈最初の生者〉は〈キリスト〉という名を有している。

この決定的な要素を消し去ってしまえば、おそらく誕生の「運動」の逆説的な「論理」は、M・アンリにとって理解不能なものだろう。しかしながら、それこそがわれわれが試みたことなのだ。次に、この手続き、われわれの手続きを正当化すべく試みてみよう。

〈最初の生者〉の身分とは何か。それはまさに〈原〉(Archi)である。つまり〈原息子〉であり〈原自己〉であり〈最初の生者〉である……。それゆえ、M・アンリが厳密にはこの通りに言っていないにせよ、〈最初の生者〉が初めてであり、それのみが、後に続く〈生者たち〉の無際限な到来を可能にするのだ。〈生者たち〉がそのつど自己化され、絶えず〈生〉に到来するためには、初めがあるのでなければならない。(17)この初めについて、この開始について、その重要性を十分に測ることなどできはしない。というのも、この初めは各々の特異な出来事、各々の誕生に伴うのだから。

どうしてこの初めがなければならないのだろうか。どうしてこの初めのみが、自己性を誕生させうるのだろうか。

それは、われわれがここまでの記述であえて示した根本的な反論を、この初めが起源に最も近いところで飛び越すからだ。

　われわれは、誕生についてのアンリの考えがぶつかる最大の困難のうちのひとつが、〈生〉の起源にある絶対性と〈生者〉の特異性における根底的な自己性とを共に維持することのうちにあるのを示したかったのだ。というのも、〈生〉を母胎とする〈絶対的なもの〉であるがゆえに、〈生者〉には絶えずそれに従属してしまう可能性があるからだ。〈生者〉が〈絶対的なもの〉の一表現にすぎず、徹頭徹尾そこから派生したものだと考えることから、したがって〈生者〉の特異性をその出所たる〈絶対的なもの〉の権威に屈服させるべきだと考えることから、いかにして逃れるのか。

　誕生についてのアンリの分析における、そしてまた、分析を越えた誕生の事象そのものにおける〈最初の生者〉の機能は、この緊張関係を乗り越えることのうちに存している[18]。というのも、〈最初の生者〉はまさに、〈生〉から最初に生を授かるのではなく、生を最初に与える者だからだ。〈最初の生者〉はあらゆる生者に生を与えることになるのだが、それはより根本的に、〈最初の生者〉自身が〈生〉に、真に与えられるもののすべてを与える〈生〉に、贈与をなしたからである。〈最初の生者〉が〈生〉に自己性を、その初めの自己性を与えたのだ。したがって〈最初の生者〉は〈生〉をその未規定な絶対性から、その未規定な溢れんばかりの繁殖性《フェコンディテ》から逃れさせるのだ。

　ここでひとつ指摘しておかなければならない。

　この〈最初の生者〉が〈生〉に対してなす贈与《ドン》はある意味で、まさに生の贈与である。というのも、いかなる生きた自己性も生のなかに見られないとしたら、それはほとんど生ではないからだ。したがって〈最初の生者〉はこの贈与を、つねにすでに〈生〉に対してなしていたことになる。というのも、この贈与それ自体が〈原〉（Archi）とみなされ、箱舟（*arche*）のもとに位置づけられねばならないからだ。超越論的な次元の導入はM・アンリに、〈世界〉で繰り拡げられる線形的で不可逆的な時間軸にとっては不条理とまでは言わないにしても思考不能なものを避ける可能性を保証したとみなされている。その可能性とはつまり、〈生〉の〈最初の生者〉への先行性と、〈最初の生者〉の〈生〉そのものへの先行性との同時性である。第一の先行性は容易に理解できる。〈生〉はあらゆる生の源泉なのである。第二の先行性に足を留めてみよう。〈最初の生者〉は根底的に出来事をなし、みずからが自己性そのものを創始する運動において自分自身を創始し、その運動において〈最初の生者〉は自己性のごとき何かを「可能にする」。したがって本質的なのは、ある意味で〈最初の生者〉はみずからの自己性を〈生〉から授かるのではないと理解することとである。

ある意味では、そしてある意味においてのみだが[19]、私は私の自己性を私自身から授かるしかない。もしそうでなければ、それは私に属する私の自己性ではない。私はつねにすでに私の自己性と絶対的に重なっており、そのため私の自己性にぴったり貼りついているが、私の自己性に対していかなる影響力ももたない、と言えばより正確かもしれない。だがそれでも、私が私に私の自己性を自分自身で与えるのでなければ、他のどこからも自己性は私に到来しないということに変わりはない。私の自己性が、私よりも古く、そこで私の自己性が抱懐されたところの「場所」から持ち込まれることはありえない。もしそうなら、私の自己性は、私の絶対的な特異性にとってつねにすでに大きすぎる衣服――すでにして一般性であり、私の自我の理念であり本質であるもの――であっただろう。

したがって、〈最初の生者〉は、自己性を唯一可能な方法で、つまり自己性を「自己性」のカテゴリーへと前もって解消せず、自己性を（固有名ではないにしろ、すでに一般的なものの次元にある）その名の背後へと前もって隠すことのないような仕方で創始する。つまり、自己性を絶対的に特異で反復不可能な現れにおいて「産出する」――現れさせるという意味で――ことで、その結果、きわめて現象学的なことに、自己性はこの現れ以外のどこにも位置づけられなくなるのだ。ここで問題になっているのは語の強い意味での出来事であり、原‐出来事――それは産出されたものであってはならない――ですらある。

したがって、〈最初の生者〉は、〈生〉に諸々の自己性を生み出す能力を与えるという点で、他の生者たちに生を与える。〈生〉にその自己性を与えることでそうするのだ。

ある種の見方をすれば、〈最初の生者〉とはいわば自己性の形相であり、自己性そのものの原型である。というのも、〈最初の生者〉が自己性を生者たちに与えるからだ。だがこのような定式はただちに訂正する必要がある。というのも、あらゆる自己性を与える最初の自己性は先に見たように、決して形相や一般的なものから出てきてはならないからだ。それは「自己性原理」といったものの最初の特異な「受肉」ですらない。〈最初の生者〉は、その現れという、派生不能で反復不能で取替え不能な出来事において、自己性をこの〈最初の生者〉という存在にしか伝達しえない。M・アンリが〈最初の生者〉において把握したいのは、自己性の現れのみならずその伝達の可能性（と現実性）である。ただし、このような可能性が、〈自己性の理念としての〉一般的なものを経る迂回や同じく創設者である絶対者（無名の〈生〉）を経る迂回という、自己性を殺してしまうような二つの迂回を省略するという、この条件だけが満たされて裏切られることのない限りで、そうなのである。

思考への要請のこのような配置は、いくつかの含意を有している。

まずは、〈生〉、〈最初の生者〉、〈生者たち〉の到来であるような相異なる様々な到来のあいだで関係が結ばれる場としての時間性の類型は、M・アンリが「超越論的時間」と呼ぶものからなるものとして理解されなければならない。それは世俗的で連続的で累積的で不可逆的な時間軸の時間とは異質ではあるが、それにもかかわらず根底的で、今度は――前者の時間性と完全に一貫して――出来事の断絶性という徴しのもとで思い描かれる時間性である。

視野に入れておくべきは、出来事がもし真に特異であるなら、この出来事は、その絶対的な特異性の徴しであるような固有名を何らかの仕方で受容するはずだということだ。これは二重の拘束である。出来事を出来事として完遂するためには、出来事を凝固させ、出来事の出来事性を実体性の潜在的な形態のうちに隠蔽することで真に出来事の消失を招きかねないまさにその身振りによって、出来事を同一化する必要があるように思われる。ところで、〈最初の生者〉の固有名であり、同一化であり、出来事であるのが、M・アンリにとっては〈キリスト〉なのである。

かくしてM・アンリによれば、キリスト教が根底的な現象学のひとつ――にして現象学そのもの――として認められなければならない。

われわれはここで、D・ジャニコーによって現象学の「神学的転回」の問題として指摘された問題へと導かれている。ただしそれは、神学的なものを現象学へと輸入したとM・アンリをここで粗暴に非難したりすることなく、とはいえ、アンリ的な要請の鉱脈に内在せんとして、この「神学的転回」という問題が提起される所――とわれわれには思われる――までこの要請に従おうと努めてきた道程にもとづいてこの問題を定式化するに至る限りでのことである。

M・アンリによるこのキリスト教の備給に過度に動揺しないでいることもできる。なぜなら、ここで問われていることはその大部分がまさに「備給」の身振りだからだ。M・アンリは、例えばデカルトやフッサールに対して、彼らのうちに最も深遠なるもの――〈生〉の根底的な内在性への固有の直観――があるかのように認めて振る舞うのと同様の仕方で、キリスト教に対しても振る舞っていないだろうか。軽口をたたくように、デカルトやフッサール、マルクス、あるいはキリスト教のうちに存する何かしら本来的なもの、それがアンリの〈生〉の哲学を告知しているとつい言ってしまうこともできる。ただ、もっと真面目に言えば、異なる度合いと異なる仕方で、これらの相異なる著作を通して、〈生〉が隠す分だけそれをあらわにするもの、それが生なのである。

だがおそらく、この水準での分析に留まっていてはいけない。「神学化」ではないかとの嫌疑を、次のような仕方で厳密なものにしてみよう。第一に問題になるのは、単に哲学と信のあいだの関係を思念することではなく――それは場違いというものだろう――、哲学がみずからの土台とする信との関係を思念することである。第二に問題になるのは、「対象」が未画定なままに留まるような漠たる神秘主義で信が満足するのは難しいだろうと指摘することである。信は、自分自身についての確信を得るため、みずからが関係づけられている源泉を画定し同定する〔identifier〕ことの本質的必要性のごときものに突き動かされている（たとえそれが、発語しえない名で源泉を巧妙に名づけ、まさに同定不可能なものとしてそれを同定するためであるにせよ）。それゆえ複数の宗教が、つまりはとりわけ実定的で画定された複数の教義があるのだが、それら教義はある歴史の内世界性のうちに捕らわれている限りでそのようなものであるにすぎない。信はこれらの教義に還元されることは決してないが、信はそれらのいわば支えである（そのためには、信の大部分がこのような支えの否定であることを覚悟しなければならないのだが）。

それゆえ、『我は真理なり』でのアンリの哲学が、画定され同定された教義に則るものと解されたキリスト教に基礎を置いているという批難にどの程度晒されているのかを決定しなければならない。

このような姿勢は、われわれがアンリの思考の要請の内在性に直に即して行った分析を新たな光で照らし出す。その要請に従えば、あらゆる自己化された〈自己〉の誕生は〈最初の生者〉を最初の自己性として前提としており、この誕生はそのようなものとして同定されないまでも、少なくとも同定の過程に取り込まれないわけにいかない。

超越論的な時間性と内世界的な時間性とのあいだで、必然的と言ってもいい混同が生じることがご理解いただけるだろう。それは、超越論的な時間性が内世界的な時間性に身を隠して忍び込むという形で生じる。〈最初の生者〉は未画定であってはならず、同定されなければならない。〈最初の生者〉とはその全体が、この同定されるという身振り以外のものではないとすら言える。それゆえ〈最初の生者〉は、超越論的な時間性の只中で出来事として特異化される。そうすることでこの特異化は、内世界的で〈脱‐存〉的な時間性の只中で鳴り響き、自分を告知せずにはおかず、その結果、自分のうちに〈生〉があることを忘却した者たちにとって「第二の誕生」が可能となる。アンリの文脈におけるキリストの受肉は、〈脱‐存〉的な〈世界〉で鳴り響きながらもこの〈世界〉に汚染されることのないような超越論的な「生地」のみからな出来事に存しているように思われる。

したがって、われわれの見るところアンリの思考は、内世界的な時間性と超越論的な時間性との重なりの両義性を誤用する「弱い」読解を生むきっかけを与えている——もちろんアンリの思考がそのような読解によって要約されてしまうわけではないが[20]。そのような読解は、あらゆる宗教上の教条的な読解がそうであるように、その読解が成立するために、世俗的なものを断ち切る超越論的な出来事の出現のみを求め、まったく別の出来事を内世界的な非出来事性へと送り返し、そのうちにせいぜい超越論的内在性を漠然と予感する能力、あるいはあまりそれを裏切らない能力を認めるだろう……。ここにおいて、例えば、歴史的に存在する他の一切の宗教、とりわけユダヤの宗教がキリスト教の尺度によって測られることになる。『我は真理なり』ではこの点は仄めかされるとどまっている――というのも、巧妙にもそれがこの著作の企図であるわけではないからだ――が、とはいえこのような立ち位置がまったくそこにないわけではない。そしてこの立ち位置は『キリスト教の精神とその運命』でのヘーゲルのそれを想起させずにおかない。たとえそれが、同書で法の（そして、憎しみとは言わないまでも、愛の欠如の）宗教と呼ばれるものに対する、ヘーゲルの立ち位置のように侮蔑的な性格を決して持たないとしても。

われわれの立場をしっかり理解していただきたい。信をその特権的な受託者とする特殊な経験に哲学が取り組むことを、われわれは決して非難しているのではない。この経験は少なくとも二つの連動した特徴を有している。つまり、それは〈世界〉のうちではもたらされないものへと向かうとともに、それなしには〈世界〉の何ももたらされなかったところのものなのだ。それは、根底的な受動性のうちで、自己自身において自己の起源たるものとしては生きられない、そのような自己性の試練を経ることである。

諸現象が現れることの「いかにして」だけを「説明する」言説への要請の只中で、上記のような経験を完全に――あるいは可能な限り完全に――馴化して定着させること、それが哲学の使命であるとさえ、われわれは考えてはいない。それが哲学のなかでであろうと宗教のなかでであろうと、この経験の賭けられている当のものを同定することは、それを失うための最善の仕方ではないだろうか。

哲学の実践とは、いわばその他者であるような経験を、みずからの限界に踏みとどまったまま、絶えず試練にかけて検証することでなければならないのではないだろうか。

そこで、われわれは次の問いを提起することで満足することにしたい。キリスト教が、そこでM・アンリが哲学的なものの限界の試練を経る領野であると考えられるなら、『我は真理なり』でのこの問いの扱いならびにその際に採られた姿勢は、先にわれわれが言及した二重拘束《ダブル・バインド》の一方の分枝に譲歩しているリスクがある。つまり、ここで採られた姿勢には、哲学の言説よりも古い試練へと曝されつつも、だがこの試練を（キリスト教の内部で）同定することで、[21] この試練をそのようなものとしては廃棄するリスクがあるのではないだろうか。

この試練と出来事が出来事性の力能を保持するためには、「同一化する」と同時に「非同一化する」べしという二重拘束に晒されねばならないのではないだろうか。

そしてこのことは、「繰り返し語る」ために、つまり新たに同定してはそれを繰り返すために、絶えず前言を取り消さずにはおれない不安定な言説においてしかおそらく起こりえない。つまり、それについていかなる最終的な同一化も可能ではない言説は、還元不能な仕方でアポリア的なままに留まるしかないだろう。

ところでアンリ的な両義性によれば、〈キリスト〉の形象とは現象学の歩みが至りつくものであると同時に、現象学の歩みがつねにすでに、おそらくは還元不能な仕方でそこに基礎づけられていたものでもあるように思われるが、この両義性は哲学的なものの彼方への誘惑を解き放ち、この彼方において、（ここでは、〈最初の生者〉と係わることでの〈生〉の規定のおかげで）生きた自己性の由来の同定に着手されることになるだろう。

その結果として、〈最初の生者〉を省いてアンリの「超越論的誕生」の記述をやり直すというわれわれの試みは、自己的主体性の〈生〉への係わりのアポリア的な側面を強調することを、こう言ってよければ余儀なくされることになった。というのは、われわれの試みは自己的主体性と〈生〉との一見すると相矛盾したそれぞれの要請を尊重することで、縫合を施す余地をわれわれから奪うに至ったからだ。だがこの身振りはまた、絶えず自己を再把持しなければならないという動揺（したがって、それはここでは脱把持をも経由することを含意している）のうちで〈生〉が確証されるような〈生〉の哲学の諸契機を、〈生〉のそれ自身への到来の運動がそこで自己を同一化し自己を凝固させる傾向をもつところの諸契機よりも好むことになるのではないだろうか。

すでにご理解いただけているはずだが、われわれの考えによれば、アンリの思考に課されているこのようなねじれは結局のところ、この思考自体が持ち、この思考自体が時に隠蔽しかねない――キリスト教の装いをまとうときには明白な仕方で隠蔽しているとわれわれには思われるが――次元、とはいえ、アンリの思考がいかなる場合も避けて通ることを望まない問いを成しているこの次元を強調することに帰着する。すでに言ったように、これは、根底的な内在性を、その内在性が真に根底的な内在性でありうるための唯一の仕方として、ある意味で起源的な隔たりをこの内在性のうちで維持しつつ思考する企てなのである。ある種の見方をすれば、〈生〉が、そのうちで生じるそれぞれの〈自己〉へと分節化することをめぐる問いは、この要請を別様に定式化したものである。

二重拘束《ダブル・バインド》であるがゆえにこのような要請がはらむアポリア的なものを明るみに出すことで、われわれはアンリの思考の隠れた流れに忠実であろうと試みたのだが、二重拘束の一方への不実さという代価を払わないわけにはいかなかった。

ひとつの〈自己〉の誕生というまさにその問いに関してこのような身振りを実行したことにはおそらく、意味がないわけではない。

第四章

J・デリダによる幽霊的主体性

ごく稀な例外——ある対談でのように何らかの仕方で「強いられた」場合——、を別にすれば、J・デリダが主体性の問いを研究の中心的テーマとして取り上げることは決してない。しかしながら、主体の問いは決して中心にはないにしても、デリダのテクストに執拗に現れているのであって、ただ一回の断固とした身振りで撲滅するのが問題であるような形而上学の範例的な遺物としてのみあるのではない。つまり、主体は脱構築の贖罪の山羊ではない。

この執拗な表れのいくつかの指標、近代形而上学の余白へと向けられる研究のまさに余白での主体性のこの「抵抗」のいくつかの指標を、簡潔に想起しておこう。驚くべき転回のなかで、現前の形而上学の最も中心的な主題が、「脱構築」を余白で動揺させることになるのではないか。

——『声と現象』以来、内的な独白で絶えずみずからを安心させる、フッサール的な意識の自己への純然たる現前へと取り憑き、それを脱構築しているのは、ヴァルデマール氏の「私は死んでいる」という発話の不可能な可能性である。

——差延（différance）の思考がグラマトロジーで練り上げられていた時期に、署名（*signature*）の問題は、主体性の脱構築——この場合の主体性は、創設的な実体の自己への現前というよりも、〈自己〉という特異な出来事の現前としての主体性である——と、まさに署名としてそれ自身の消去においてもなお続く主体性の執拗さとを、まったく同時に記している。

——最近の（一九八五年以降出版された）テクストでは、主体性のモチーフがつねに作動しており、確かに側面的な仕方——まるでこのようなアプローチだけが主体性のモチーフにふさわしいかのように——でではあるが、その作動ぶりは次第に執拗さを増しているように思われる。

ここにそのいくつかの指標がある。例えば『ユリシーズ グラモフォン』[2]は、「自己の自己への送り返し」をなす「ウィにおける自己の自己定立」[3]に取り組んでいる。当然ながらそれは、現前の形而上学へと再度定位することではない——このウィは「前存在論的」と称され、それゆえ「知よりも古い」[4]——が、デリダにあって最も決定的なモチーフである起源的隔たりと／あるいは遅れというモチーフは、われわれが後で立ち戻る予定のモチーフによって、決して矛盾でも矯正でもないにせよ、複雑化され、それと競合しさえするに至っている。この後者のモチーフとは、どんな起源よりも古く、語の厳密な意味でどんな肯定よりも古いとさえいえる「肯定的な」「力」であって、そのうちでつねにすでに〈自己〉が約束されているような「力」である。

この原‐起源的なウィに取り組むテクスト群がある一方で、それらのテクストと矛盾することなく、むしろ逆に[5]それらのテクストとともに、たとえレヴィナスを論じていないにせよ多少なりとも明示的にレヴィナスとの対話を通じて、宗教的と言ってよい領域を「備給し包囲しその中に入り込む」[6]テクスト群がある。それほどまでに、ある観点からすれば、主体性が基礎としてではなく内面性として複数の一神教によって創設されたことは真なのである。その際、第一義的に賭けられているのは、ひとつの分離たる逆説的な関係性のうちで、神によって自分自身へと与えられたがゆえに、神へと全面的に自己を捧げるアブラハムの〈我ここに〉である。(7)

――したがって、「後期」デリダには、主体性の「亡霊的回帰」〔revenance〕のごときものがある。もっとも直近のテクスト群はまさに、その幽霊的性格(8)が確証され明示されるようなエゴに――その亡霊性が「確証され」「明示される」というおそらく逆説的な仕方で――取り憑かれている。最後に指摘しておけば、この幽霊的エゴはアポリアという限界の試練のうちに住まうことになる。実際、既述したように、アポリアの実践において、自己に自閉することの不可能性の試練において、ひとが「待ち合わせをするのはつねに自己と」なのである。

われわれがそれについてすでに意見を述べた理由から、われわれは「著者たち」を、彼らの「進歩」と呼ぶのがふさわしいものに即して読むことはしない。そのような読解は、秘められた目的論を解読する――少なくともそのように仕向ける――実践である。ここでは、デリダを、主体性の構造主義的解体から主体性の回帰へと――その回帰が現前の形而上学を反復しているのか、それともこの主体性はまったく新しいものなのかが分からないような仕方で、また主体性が問われるや否や、現前の形而上学から脱出すると言い張るのはまったく素朴ではないかと問いかけたくなるような仕方で――歩むものとして読むことは問題にならない。

そのような種類の読解には、アポリア的な真の結び目が欠けているようにわれわれには思われる。つまり、主体性というモチーフはつねにデリダのテクストに働きかけてきたし、その逆の働きかけも同様に行われてきたのだ。そして、このことは決して単純ではなかった、つまりすでに決定されないまでも、決定可能なある解決へと方向づけられていたのでは決してなかったのだ。だから、主体性についての問いはデリダのテクストにとって苦痛の点――そしておそらくは享楽の点――を成しているように思われる。回復の最中に傷跡を刺激しては傷が開く経験を繰り返すようにして、デリダはこの苦痛の点＝享楽の点に絶えず立ち戻り、絶えずそれにこだわり、文字通りそれに「もたれかかって」いるのかもしれない。別の言葉で言えば、主体性の問いはデリダの思考が自己触発する点であり、最も偶然的でかつ最も必然的に――デリダが「彷徨的運命」（destinerrance）と名づけるものにおいて――デリダの思考が絶えずそこで自分を折り返しては立ち戻る点ではないだろうか。

　このような読解の仮説を照明として、先に挙げたいくつかの指標を再度、簡潔に取り上げよう。デリダの身振りが（諸々の）構造主義と何らかの共通性をもつとしても、その身振りをなしたデリダは、主体を解体すべしという考え（とはいえ、このように戯画化された形ではいかなる構造主義にも帰することのできない企図だ）を一度も共有したことはない。デリダが構造主義について寡黙なのは、構造主義が主体をその産出の諸条件へと立ち戻らせるのは正当だとしても、構造主義はそれと同じ運動によって、それ自体は不問に付されたままのある別の現前の形象、つまり構造の実証的な所与を主体に置き換えてしまったという事実に係わっている(9)。

　この黙説法は『ポジシオン』で次のように述べられた、別の、だがそれと連動した黙説法、すなわち、構造は構造を賦活しうるものについて何も知らないということによって二重化される。確かに『ポジシオン』(10)という古いテクストはこうは言っていないが、『ユリシーズ グラモフォン』(11)のようなテクストでの、原‐起源的なウィ、あらゆる命題やあらゆる問いにも先立つまさに「息の吹き返し」としてしばしば記述された原‐起源的なウィへのこだわり(12)、それを読解することは、勝ち誇った主体‐実体の構造主義的解体に同伴したまさにその身振りから、実に曖昧にも魂という名で、次いで主体と／あるいは主体性という名で語られたものに、デリダがただちに敏感であったと考えさせるに至らないだろうか。

オースティンの語用論についてのデリダの身振りは、この観点からすれば、構造主義に対して実際にとられた身振り（の方がより批判的ではあるのだが）と相似的である。デリダが語用論に、事実確認的なものと記述的なもの——ひいてはとりわけ、それらを下支えする根本的な形而上学的前提、つまり実体性そのもの——の帝国主義を解体したという功績を認めていることを手短に想起しておこう。実際、実体と関係するものだけが記述しうるのだ。したがって言語活動における行為遂行的なものが果たす根本的で起源的な役割をあらわにすることは、存在の実体論的理解モデルの覇権を解体する操作である。だがデリダは語用論のうちに、現前性の形而上学を継続させる別の仕方をすぐさま解読する。それは自己への純然たる現前としての生き生きした発話への信仰であり、スピーチ・アクトで頂点に至る自己現前への信仰である。

しかしながらこの語用論の「脱構築」は、「脱構築」が懐疑論的解体としては決して要約されないだけになおさら、語用論との衝突から無傷で抜け出すことはできない。

まさにこの観点から、七〇年代と八〇年代初期のテクストでの[13]、固有名と署名についての数々の分析が有する重要性を強調しなければならない。

そこで賭けられていたものを想起しておこう。固有名はある意味で生きた現在という錯覚の範例である。つまりその代弁者なのだ。固有名は、ある自己への純然たる現前の特異性を意味するという役割を担っている。だが、むしろ固有名は、ある具体的な個人が特異な自己への現前ではありえないことを明らかにしている——そしてそのありえなさを実際に作動させている——のが分かるだろう。というのも、ある具体的な個人が真に特異な自己への現前でありうるのは、例えばその現前がみずからを把握する瞬間だけだろうし、あるいは言表行為の瞬間だけだろうからだ。「我、今、ここに」の純然たる現前は、純然たる瞬間性である限り、その本性からして刹那的で、すでに消え去ってしまっている。したがってこの現前に固有な消えやすさを超えたところに現前を固定しなければならない。それゆえ、私の固有名は私の後に生き残り、みずからの死の定めを、その有限性――私につねに付き従い、私の私自身への現前という瞬間における私の死の出来事（これは例えばデカルト的コギトが意味する瞬間性だ）につねにすでに先立つ有限性――を超え、それを回避することを可能にする限りでしか、私の固有名たりえない。

したがって、固有名がその役割を果たすのは、固有名が名指す特異な生きた現在からすでに固有名が剝離する時でしかない。つまり私の固有名が私の固有名であるのは、その名が他者たちによって繰り返されうる時だけであり、それは他所でのこと、とりわけ私が死んだ時のことである。私の固有名とは、私の実存の純然たる出来事性をつねにすでに歪曲して裏切り、ある意味で不可能にする反復の可能性なのだ。私の固有名はすでにして理念性――換言すればエクリチュールあるいは書字的痕跡によって可能となる反復性（itérabilité〔iter はサンスクリット語で他を意味する〕）――であり、それは私の生から離れている。人称代名詞の「私」がそうであるように、固有名もすでに一般的なものの領域にあるのでなければ、あるいは私の具体的な個体性を離れていなければ、固有名たりえない。このように、固有名が裏切りかつ救済するのは、絶対的に両断不能な両義性を有した同じひとつの動きによってであるということは、もちろんお分かりだろう。

実際ある意味で、私の固有名は、それが実はつねにすでに無際限に反復可能な痕跡で、生き生きとした発話から見捨てられている限りで、私の死そのものなのである。だが固有名がエクリチュールという墓碑であり、その意味で死そのものであるのは、私の生き生きとした現前性が厳密に瞬間的なものだという事実から私をより巧みに救うためでしかない。この事実はつねにすでに自己を廃棄し、固有名がなければつねにすでに死んでいたのだから。別様に言えば、ここで分かるのは、自己への純然たる現前は実は矛盾しており、その意味では不可能で、まさにその不可能性による働きかけがつねにすでになされてしまった後で初めて可能になるということなのだ。というのも、固有名は、瞬間の自己廃棄をまぬかれることをつねにすでに私に許すような起源的非固有性を語ると同時に構成しているからだ。

かくして「固有な」名というものはない。それは単に、私の名が決して私に「固有なもの」ではなく、まして私の所有物でもないからだけではなく、より根底的には、固有名が私を私自身から脱固有化するからであり、そうすることによってのみ、私は私自身であろうと努め、自分を我有化すべく努めることができるのであって、この起源的な非固有性はその代償なのである(14)。

ここでわれわれにとっての関心を閉めている問い、主体性の問いについて決定的な指摘を行う必要がある。

起源的な非固有性は、自己への現前が純然たる出来事性であるという真理として現前化されるべきものではない――自己への現前性は、錯覚のようなものとして告発されているのだから。起源的な「脱我有化」(exappropriation)は特異な自己への現前という出来事を廃棄するのではなく、逆説的にも、この「脱我有化」のみがそれを可能にするのだ。特異な自己への現前が真にそうであるのは、特異な自己への現前が成就不可能であるという点においてのみだろう。だからある意味では、起源的な非固有性としての固有名は、それがこのように「脱我有化」するところの自己への現前という特異な出来事を消去するどころか、この出来事を目指すものに他ならず、それゆえ「絶対的な我有化は絶対的な脱我有化だ(15)」と指摘しておくのは妥当である。したがって、「固有なもの」がないにもかかわらず、脱我有化はつねにすでに再我有化なのである。脱構築は現前性の出来事を消去するのでも廃棄するのでもなく、現前性が基礎となる実体として安定しているという錯覚から現前そのものを解放しつつ、矛盾なく現前を現前そのものへと返すのだから、デリダのテクストは、出来事の現前性、不断に自己を再我有化する出来事に場所を与えることになるだろう。

署名の問題系は、固有名の問題系を引き継いでそれを更に展開している。実際、署名の問題系は、テクスト内にある生きた現在の特異性を刻みつける試みして現れ、その場合、生きた現在はそのテクストが私に属していること、とりわけその現在にあって私の私自身への帰属を担保することを徴しているからだ。それゆえ、もうお分かりだろうが、署名の問題系はただちに、そして当然のように、署名者の欲望に刃向かうことになる。それがテクストの痕跡である限り、署名の問題系はすでに「私－ここ－今」を離れ、テクストを他者たちへと委ねる。署名にとって「固有のもの」とは、その意に反して、偽造に委ねられることだ。したがって、所有の出来事たろうとする署名という出来事は、再我有化としての副署名〔反対署名〕をすでに要求している。いかなる副署名もすでにしてその副署名を予告せずにはおかず、これは終わりなく続く。つまり、自己への、そして自己の我有化は決して成就されることがない。非固有性は起源的なのである。

しかしながら、署名における「固有なもの」の脱構築は、非固有性の起源性のために固有のものを廃棄するどころか、ひとつの規定によっては安定化させられないことがその弱みでも強みでもあるような非実体的な現前を開示するのだとする根本的な考えがここに再び見出される。したがって、主体－基礎ならざるものは、「脱構築」にそのきっかけを与えず「脱構築」後も生き延びるとはいえ、「脱構築」を逃れているのだ。それは実体に属するというよりもむしろどんな実体をも解体するはかない現前、予見不能な出来事であって――例えば署名のように――単に自己の非我有化ではなく、それと同じ動きによってつねに自己の我有化でもある。自己の外へとつねにすでに移送させられたこの動きが、宛名もしくは送付として特徴づけられる。

　われわれはここで、固有名と署名の問いをデリダが扱う際の豊かさを汲み尽くすなどと強弁するのではまったくない(16)。ただ、実体的な主体の脱構築であり自己への現前の内在性の脱構築であるものが、主体性の観念において意味されうるものすべてを廃棄するわけではなく、現前性の出来事――現前性としての出来事――と、自己の我有化の要請を開示しているということだけを示したいのである。

　われわれはこれから、デリダの一番最近のテクスト群に取り組むつもりであるが、われわれの見るところ、それらのテクストでは、脱構築につねに抗うもの、つまり原－起源的な〈自己〉が次第次第に執拗に現れるようになっている。

　これら八〇年代末と九〇年代のテクストは、贈与と時間性の問いが結びつく問題系によって開かれるのと同様に、Ｅ・レヴィナスの問いへの、次第に明確化するデリダの接近によって開かれた地平に書き込まれている。Ｊ・デリダはとりわけ、アブラハム的な「我ここに」的観点から考えられた〈自己〉へのレヴィナスの関心を次第に分かち持つことになる。したがって、われわれの歩みを規定する問題系全般が、これらのテクストに注目するようわれわれに告げている。

　もうお分かりだと思うが、われわれの読解はきわめて単純な、ほとんど自明の理と言ってもよい仮説に導かれている。その仮説には少なくとも、おそらくデカルトがそうするよう教えてくれたように先入見を壊すという利点があることをわれわれは望んでいる。言い換えるなら、デリダの思考を、世の大部分が行っている戯画的な読解が解しがちな意味とは逆の意味へと過度に歪めることで、われわれはこの先入見を進んで承認するのである。

われわれにとって重要なのは単に次のように言うことである。デリダが、現前はつねに起源的な遅れに取り憑かれていることをわれわれに告げる人物であり、あらゆる「生きた発語」は、それに想定される純粋さをつねにすでに壊すところのテクストの隔たりによって作用を被っていると告げる人物であり、より一般的に、「死はつねにすでに生き生きしたものを捉えてしまっている」と告げる人物であるとしても、デリダはまた、まさにこのような身振りの核心で、「そのような」生きた言語の思想家であり、「そのような」生の思想家でもある、と。「そのような」を括る括弧はこの言い回しの素朴さを否認してはいるが、その素朴さを廃棄しているわけではない。なぜなら、フッサールの還元と競り合うべき脱構築は、それにもかかわらず、与えられるものを迎える身振りにおいては還元に忠実だからである。デリダは、生き生きした声などなく根本的にはテクストしかない、生はなく死しかない、などと語る人物ではない。彼は「単に」、声とはつねにすでに複雑なものであり、生とはつねにすでに複雑なものだと語るのであって、声や生が錯覚にすぎないなどと言う人物では決してない。

われわれの言うことをしっかりと理解していただきたい。この戯画的なデリダ主義を拒否することは脱構築の徹底性について譲歩することではないし、起源的な遅れに混入してわずかばかり現前をなんとか残し、そうすることで脱構築の徹底性をつまらないものにすることでもない。この拒否は逆に、脱構築の徹底性が単純なものではなく、それが二重拘束《ダブル・バインド》に捕らわれており、逆説的にもその二重拘束のおかげで、現前につねにすでに取り憑いている情動を明らかにすること、それが結局は現前を「そのものとして」開示するということを強調しているのだ。

この二重拘束の試練は、原 - 起源的な〈自己〉としての主体性の場で、この「ウィ」と言う息の場で範例的に作動している。

何が、この場合は誰が問題になっているのか。

この「ウィ」ないし「我ここに」は、もしそれが「います」と答えるのでなければいかなる関係も結ばれえないという意味で、確かに原-起源的である。いかなる記述にも、いかなる肯定にも、いかなる問いにさえも、更には対話の交話的な機能、その転位的機能に集約される言語行為《スピーチ・アクト》での「ウィ」にも先立って、この「ウィ」は、口に出されない区切りであり、それはこの「ウィ」へと向けられ、そうすることでこの「ウィ」を生じさせた語ることに同意し、あるいは少なくともそれを受け入れているだろう[17]。この「ウィ」はあらゆる発語の体制よりも古く、言語一般のすべてよりも古い源泉である。その意味でこの「ウィ」は語ですらない[18]。しかしながら、逆説的ながらもまったく一貫して、この「ウィ」が原-起源的であることは、この「ウィ」が同じ運動によって全面的に二次的で、派生的ではないにしても少なくとも惹起されたものだということと矛盾せず、むしろそのことを前提としている。この「ウィ」とは答えること、まさしく「はい《ウィ》」と答えることでしかなく、つまり、ある仕方でつねに「我ここに」とも答えることでしかない。ここで賭けられているのが何なのかを伝えてくれる拙い喩えが思い浮かぶ。原-起源的なウィとは純然たる潜在性の振動のごときものだ。その振動はいわば「凝固」し、それゆえ、みずからよりも古い呼び声のもとに現れるのだが、その呼び声は振動なしではつねにすでに崩壊してしまうだろう。すぐに言い足すべきと思われるのは、件の潜在性が、現働態へ移行するはずのものへの単なる破線状の切り込みではないということであり、また、その潜在性の凝固は実体化としての現働態への移行では決してないということである。

この「ウィ」は、全面的に曝露されるその只中で〈自己〉として自己触発されるという点で、まさに

〈自己〉を成している。これが、レヴィナスによる註解に応答してデリダがアブラハム的な「我ここに」に与えた解説の意味である。つまり、私がそうであるもののうち何も私に由来しないからこそ、私は私なのであり、私には完全に秘匿された秘密のものを神的な光が明るみに出し、それを「見る」からこそ、私は内面性なのである。デカルト的主体のそれ自身に対する明証性をつねにすでに転倒させるような逆説だが、私が私であるのは、より厳密に私が〈自己〉であるのは、全面的に私が私自身から逃れ去ったときである。[19]〈自己〉は、〈自己〉をその起源においてそれ自身から逃れ去らせる身振りによって惹起されるのである。

この原-起源的〈自己〉[20]をより仔細に検討してみよう。この肯定はいまだ自己の肯定ではないが、しかしながらその根底的な曝露という受動性=受難の只中から生じ、「ウィ」を言う。他のいくつかのテクストでは、みずからが受動性であることを明かさぬまま、いわばそれ自身から引き出されるこの受動性=受難を言うために、J・デリダは、完全なる曝露への意志——なんと逆説的なことだろう——の、言語よりも古い徴しとして、間投詞の「おいで!」(viens!) を提案している。

ここで、この原-起源的〈自己〉、言語より古い「ウィ」のいくつかの特徴を取り上げておこう。これは約束であり、声の次元に属するもので、より厳密には声の核心部で息とリズムとして与えられるものの次元に属している。

原-起源的〈自己〉とは約束である。[21] こう言うことは、約束がいかなる実際的な活動でもないのと同じように、原-起源的〈自己〉がまったく実体的ではないと言うことである。だが、この同じ動きによって、原-起源的〈自己〉は、私がここで現に自分の宣誓のうちに全面的にあるのとまさに同様に、全面的に曝露されていると言うことでもある。原-起源的〈自己〉が実体的な〈自己〉ではなく行為遂行的な〈自己〉だというだけでなく、この行為遂行的なものそれ自体が、それ自身の退隠ないし消去の働きを受けている——更には退隠ないし消去としてある——がゆえにきわめて奇異だという点でも、この〈自己〉は逆説的な現れることもしくは現前の様相である。例えば君〔と呼んでいる相手〕に「行きますよ！」と言う場合（もちろん、私はまだ行っておらず、たぶん絶対に行かないだろうということが前提になっている）、ある意味で私は全面的に私がする約束のうちに現に存在しているのではないだろうか。ここで、いずれにしても、おそらく限りなく脆く移ろいやすい仕方で問題になっているのは、現前し、現に存在するのを約束すること——それはすでに同じ動きによって約束をたがえるリスクをはらんでいる——ことである。

更に言えば、このようにしてのみ人は「真に」現前するのではないだろうか。〈自己〉は現れることならびに実体の可視性から退隠しているが、早急にそう結論づけたくなるのとはちがって、〈自己〉であることが少なくとも「います」と答えることであるなら、〈自己〉はあらゆる現前性の彼岸にあるのではなく、したがって〈自己〉それ自体の彼岸にあるのではない。（これは脱構築があらゆる主体性を廃棄するわけでも、撲滅するわけでもないと言うことにつながる。）〈自己〉は可視性の外で、したがってあらゆる実体性の外で別の仕方で現前する。デリダにおいてはっきりと指摘されることの少ないある特徴を無理に強調することにはなるが、現前の形而上学の脱構築は、この原‐起源的な「ウィ」としての主体性につまずくことで、みずからそう信じていたのとはちがって、自分があらゆる現前性の完全なる破壊なのではないと気づいたのだと言いたくなるかもしれない。実体性としての現前の優位と、更には現れることとしての現前の優位を解体することで、脱構築はある別の様態の現前、厳密に不可視で非実体的な現前に突き当たったのではないだろうか。（その場合にもなお現前という言葉を使うべきかどうか、この問いはしばらく宙吊りにしておこう。いずれにせよ問題になっているのは不在ではない。その反対なのである。）

ここで、デリダが声そのものに捧げた分析を思い出しておく必要がある。[22] 声とは、その偶有的様態からではなくその本質からして（ここでは便宜上、この伝統的な区別を採用する）、厳密に不可視のものである。声はある絶対的に根底的な不可視性を備えており、根本的には可視性の一様態であるところの——あるいは少なくとも可視性へと相変わらず組み込まれるあり方である——隠されたものとは異なる。声は可視的なものの否定とは定義されず、可視性のいかなる変形とも定義されない。しかしながら、私の声において私は現に存在し、そして更に、おそらく私の声のうちにでなければ私はどこにも現に存在することはない。

ここでM・アンリとJ・デリダの比較を行うこともできる。

M・アンリの思考の布置とは当然ながらまったく異なる思考の布置においてではあるが、J・デリダはまさにその不可視性によって定義される仕方で、つまりは可視性を拒むものとして、さらにより根底的に言えば可視性以外のどこかに定義されるものとして、現前して存在する仕方を指し示してはいないだろうか。〈生〉が全面的に情動性であるという点では、ここに、M・アンリによる〈生〉の根本的な諸特性が認められるだろう。両者の平行関係はそれだけではないだろうが、つまり、アンリによる〈生〉の不可視性もまた、〈生〉が実体性には属さないこと——実体性が視野に収められうる形態であることを前提にすれば——を意味しているのだ。

デリダについて、彼は結局は現前の思想家であると言ったり、彼は実体性を脱構築しつつも、〈自己〉として与えられるある別の現前を目指して「突き抜ける」のだと言ったりすることには、[23] 確かに少々安易な仕方で挑発的なところがあろう！　遅れを起源的なものとし、死がつねにすでに生身を捕らえていると指摘するデリダの身振りと、生を純然たる起源的内在性として示すアンリの身振りとは、ともに根拠のない逆説への過度な嗜好に拠るものであるようにも思われるだろう。この二つの身振りは、一対一で逆向きに対応していないだろうか。

まさにこの比較のおかげで、われわれがここでJ・デリダについて語ったこと、語らなかったことを明確にすることができる。

実際のところわれわれはここで、デリダが主体性としての現前の形象を超えて現前のある別の形象、ただそれだけが本来的であるような別の形象を発見したなどとは——特にそれだけは決して——言っていない。われわれは、現前の脱構築は、いわば自律的な不在や無や虚無を顕揚するものではないと言っているのだ。それゆえ、脱構築は、現前はあるが起源的な遅れがそれに固着していることを意味していると言っているのだ。ひとは現前にいつまでもしがみついているのである。このことが更に、同じ動きによって示しているのは、自己への起源的な遅れによって複雑化され、決して自分が夢見るように純粋ではいられない現前は、それにもかかわらず、そしてそうあることでのみ、現前であるということだ。デリダに、現前を脱構築する身振りを強いる拘束は、それが二重のものであるがゆえに、つねにまた、おそらくはより秘められた仕方で、現前の起源的な複雑化のうちで現前を示すよう強いる。そこでデリダは「真理がまさに必要である」と書くのだ。別の言い方をすれば、デリダは徹底的に自律的で純粋で、現前の根底にあるような虚無のために論陣を張ったことは一度もないと言える。そもそもそのようなものがあるなら、それは実体性の純粋さを転倒させたうえでそれを模倣するものでしかないだろう。それは現前の形而上学とは逆向きのゆがんだ模造品である[24]。起源的隔たりは、それ自体が派生的で非本来的な現前の根底にあるのではない。脱構築の論理は存在論的派生の単純でいわば線形的な体制よりも複雑である。なぜなら「事象そのもの」がそうだからだ。そしてもし純然たる現前が脱構築されるべき妄想であるなら、(あらゆる現前の)

純然たる起源的隔たりもまたまったく妄想である。
それゆえ、二重拘束《ダブル・バインド》に強いられて、私は決して私自身ではなく、私自身への私の現前について主権をもたないと言わねばならず、また同時にそれゆえ、そしてそれゆえにのみ、私は「真に」私自身なのだと言わねばならない。「そのもの」はなく、主体はなく、主体そのものはない。しかしながら、脱構築が主体にもたらす脆弱化の極みにあって、主体は「〝そのもの〟(25)」として啓示される。なぜなら主体はみずからが不安定化する経験をつねにすでに経ていなければ、真に自分自身になることはないだろうからだ。厳密な意味で、主体とはつねに自分自身の影だということになるだろう。だが、これはあまりに性急なデリダの読者が言い落しがちなことだが、それゆえ、そしてそれゆえにのみ、主体は「真に」自分自身であることになるのだろう。

〈自己〉は、自分の声を吐く息の脆弱さのうちに全面的にあり、自分が崩れさったり解体する際にしか真にそれ自身ではないことになるだろう(26)。

別の仕方で言えば、またデリダにおいて次第に存在感を増す幽霊性の界域を再び取り上げるなら、幽霊的な〈自己〉以外の〈自己〉はない。私は幽霊に他ならない——私なるもの（le je）とは亡霊に他ならない——とデリダはわれわれに教えているが、その同じ動きによって、幽霊だけが真に生きているとも教えている。

デリダの亡霊的主体性とアンリの主体性としての〈生〉とのあいだにわれわれが打ち立てた類似関係は——おそらくは対照性をいささか誇張しつつ——デリダの思想を「対照的に浮き彫りにし(27)」、デリダの思想のうちで、幽霊の肯定的な生を現れさせ、より仔細に言えば、幽霊と生への原‐起源的なウィとがつねにすでに、また一貫して結びついているのを示すことができる。幽霊というデリダの哲学的紋章を、単純化せんとするその戯画から切り離す必要があるが――少なくともしばしの間だけそうするのであって、というのも、戯画から容易にそして永久に逃げ出すことなど誰にもできはしないからだ。幽霊は死骸ではない。病的な魅惑のもつある種の音色《トーン》の安易さに屈するべきではない。

この原‐起源的自己の最後の特質が残されている。われわれが強調はしてきたとはいえいまだ踏査するに至らないその特質の、論理的一貫性の全体が今や明かされる。確かに原‐起源的〈自己〉はその声のうち以外のどこにもないのだが、より厳密に言えば、それは全面的に息のうちに、音色《トーン》のうちに、あるいは声のリズムのうちにある(28)。ここで深く掘り下げることはしないが、この意味論的ネットワーク(29)が示しているのはまさしく、現前が真に現前であるのはそれが解体する地点をおいて他にないということである。すでにして声は、一切の実体がそこに現れるところの可視的なものには還元不能なのだが、息はというと、声のなかにあって声を賦活するもの、換言すれば声を与えるもの、そうしながら決してみずからを与えないものを――少なくとも隠喩的に――語っている。声のリズムと音色はまったく同様に形式化不能で計測不能なものであり、声を内側から断ち切り、そうすることで、そしてそうすることでのみ、逆説的な帰結によって声を「主体化する」。そして、これらの痕跡こそ――リズムと音色は十全な贈与性をつねにすでに逃れた痕跡に他ならない――、私自身への私の現前を起源的に断ち切るとまではいかなくても、少なくともこの現前を挫き、私に私の内奥を与えるということは強調しておくべきだろう。これらの痕跡は私の内奥を生きた内奥として、生きた内奥「〃そのもの〃」として私に与えるのだ。私の声のリズムと音調は還元不能な仕方で把握不能であり、「指からこぼれ落ちる」、私の声のなかでの休止と沈黙であって、それは「ウィ」であり、起源的な同意であり、私の声を賦活し、そうすることで生きた〈自己〉として私を私自身に与えるのである(30)。

われわれがここまで、こう言ってよければわれわれの分析を規制する自明事として保持しながら宙吊りにしてきた問題がある。それは、この現前の起源的な錯綜が、あるいはあらゆる生の中心で生を生自身に生として与えるこの痕跡が、範例的に、またある意味では根本的に〈自己〉の、根底的主体性の起源的結び目として機能するということだ。

実際、〈自己〉が〈自己〉であるのは、〈自己〉が自己への関係を打ち立て、〈自己〉が自己への関係である限りにおいてのことだと言うことは、同じ動きによって、逆に現前が現前であるのは自己へと関係づけられ、つねにすでに自己への現前のうちで安らいでいるからだと言うことである。そもそも、主体性をいわば現前の絶頂と考えることは、主体性についての伝統的哲学がつねにしてきたことだ。その場合、主体性とは現前の保有であり、現前のそれ自体への閉じ込めとしての主権性なのである。

この指摘によって、主体性についてのデリダの問題提起の決定的な側面を理解することができる。まず第一に、ニュアンスを欠いた単純化を避けて、デリダの振る舞いは主体性そのものを廃棄するものではない、とはっきり断言しなければならなかった。今は、デリダの思考が、実体と／あるいは基礎としての主体という主体の伝統的な形象（あるいはそれが超越論的な版《バージョン》へと活用されたものであっても）を溶解させるのですらないと付け加えなければならない。デリダにとって重要なのは、原‐起源的な自己性を示しながら伝統的形而上学の主体を単に棚上げすることではない。同じ動きによって、この伝統的形而上学の主体はそのものとして当然とまでは言えないとしても、少なくとも避けがたいもので、ある意味で、ある意味でのみ、必要なものだと言うことが重要なのだ。

どんな主体もつねにすでに幽霊的主体だと言うことは、単に主体の自己への現前がつねにすでに解体されるだろうと言うことではなく、逆にこの自己への現前はその力をその不安定性から汲み上げ、抵抗し、あたかも避けがたいかのように回帰する、となおも言うことである。つまり、結局は幽霊として、現前は取り憑くのだ。主体を幽霊として啓示することは、同じ動きによって、いかなる場合にも幽霊を厄介払いできないのに気づくことである。ひとは現前からは逃れられないのだ。

したがって、この幽霊とちゃんと折り合いをつけなければならない。ちゃんと食べなければならないように[31]、主体はまさになければならないのだ。ここでの「ねばならない」は論理的必然性も倫理的義務も意味しておらず、「まさになければならない」(il faut bien) であって、それは他でもない偶然性の必要性〔必然性〕を、「関係がある」(faire avec) の必要性を、つまりは計算することや交渉することの必要性を語っている。

主体それ自体がまさしく全面的に計算であり交渉である限りで、主体と交渉すべきではないのだろうか。与えられるものすべてが与えられるのは、隔たりを成すことで与えられるものが拒まれる運動においてのみであるとして——それゆえデリダ的な差延 (différance) があらゆる贈与の母胎であるとして——、隔たりが隔たりであるのはそれが隔たりを成すところの対象と無関係ではない場合だけである。隔たりがあまりに根底的で、隔たりが断ち切るもの——つまり現前、というのも現前のみが断ち切られうるのだから——と根底的に絶縁するとするなら、隔たりはみずからを廃棄してしまうだろう。というのも、隔たりがみずからの少々の存在を汲み尽くすのは、なおも現前「に係わる」ことによってでしかないからだ。それゆえ差延は、差延の刻印もしくは差延の痕跡——現前の内在性にじかに接してある以外にない痕跡——のうちにしかない。現前が現前であるのは、つねにすでに転倒させられて現前それ自体から隔てられてある場合のみである——現前とはそのすべてが隔たりを遠ざけようとする努力である——という点が強く主張されるのは当然だが、同じように、隔たりが隔たりであるのは、それが現前に結びつくときだけだということも言わなければならない。かくして、現前はみずからが求める純粋さを決して持たないということを示す使命は、（あらゆる現前からの）純然たる隔たりなどないことを示す使命と対を成すことになる。このようなものが二重拘束《ダブル・バインド》である。主体とはこの強いられた現前そのものだ。主体とは自己への現前を請け負うことへの没頭以外の何ものでもない。〈自己〉は、計算し、〈自己を〉気にかけ、我有化するこの身振りそのものから出来する。語の厳密な意味で、主体はこの身振りと一体であり、したがって主体はある意味でつねにすでに先立たれていることになろう。

主体は、絶えず主体を主体から引き離すものと交渉する。主体とは他でもない、この交渉相手とされず、交渉しないものとの交渉そのものである。超越の絶対的に根底的で、絶えず主体を失調させる運動との交渉なのだ(32)。このようなものが、例えばフッサール的エゴに当ててみるべきどぎつい光である。というのも、フッサール的エゴとは中心であるよりもむしろ、不断に再開される中心化の運動であり、同一性というよりはむしろ、みずからを――みずからへと――与えるものが構成されるに際しての自己の同一化への努力であり要請であることが、しかるべく指摘されたことはかつてなかったからである。

主体とは、自己へと密着する――自己中心主義的な――運動に他ならない。デリダが主体のいわば本質を、「ちゃんと食べなければならない」と定式化するとき、この言表はある意味で寓意《アレゴリー》でも隠喩《メタファー》でもない。反対に、主体のあらゆる活動――最も理論的な活動であれ、生物学的な意味での「食べる」ことから見かけ上は最もかけ離れている活動であれ――が、食べることにあるなら、すなわち「一体となる＝体を成す」ことに、「現前を成す」ことにあるなら、主体はこの言表のうちで直接的に、その全体が言い表されている。

この観点からして、逆説的ながらもまったく一貫して贈与《ドン》が逃れ去るものであるなら、主体は贈与とは反対のものもしくは贈与と矛盾したものである。だが、このように言うこと、それは、それでも主体は贈与と関係しないわけではないと言うことである。ただし、主体が、贈与の試練を経ることのできる唯一のものである内在点ならびに現前点、あるいは少なくとも主体自身についてのこの理想が抱かれる点であるとしてだが。それゆえ、主体とは、もし贈与がそれに亀裂を生じさせなければ何ものでもなくなってしまうものであり、だが同じように、主体が贈与の行使の媒体＝環境である以上、それなしでは贈与は何ものでもなくなってしまう、あるいは、主体の行使の外では贈与は何ものでもない。この観点からすれば、主体は贈与を贈与するのだ。

そこで明確化しておくと、自己への現前の場所にみずからを同一化させることで、主体はまったく同様に主体をそれ自身から逃れさせる贈与でも「ある」。したがって、もうお分かりいただけたと思うが、賭けられているのは、われわれが手始めに記述した息であり、原‐始原的なウィのリズムである。主体は一方の極から他方の極へと「循環する」が、その循環のために主体はいかにしても単に一方の極にあるものとしては捉えられない。極の間の「循環」と言うこと、それはすでに、今まで語ってきたような、まさに「幽霊化」という把捉しえない息を硬直化させ、いわば「機械化する」ことになってしまう。

内部と外部の境界はこの息のなかで、主体においてかすんでいくことになるのだが、しかしながらこのような息こそが全面的に境界なのである。そして境界をぼやけさせることはこの場合、いかなる意味でも境界を消し去ることではなく、おそらくは起源的な純粋さへの主体の指向を捨てさせることである。

境界を過度に際立たせること、それこそが近代形而上学が自己への純然たる現前という囮につられてたゆまず行ってきたことだが、その自己とはみずからを何か（デカルトのコギトという範例的な事例を再び例にとれば、延長せるもの）から区別する、まさにその身振りにおいて浮かび上がるものなのだ。しかし逆に、あらゆる境界を絶対的に消し去ること、それはごたまぜの混乱のうちに、起源的な決定不可能性を戯画化することになりかねない。それゆえ、主体は避けがたく、ある意味では当然のものでさえあって、たえず境界を担保するためには「やはり主体は必要である」かのようなのだ。

ここには、主体が完全にそれと一致するところの二重拘束《ダブル・バインド》がある。主体とはこの二重拘束に他ならない。つまり主体は相矛盾する二つの拘束のあいだで絶えず回送されている。しかしより詳細には、逆説的にも、とりわけ計算する〔予測する〕極に局所化される。というのも、この場合問題になるのは、まさしくみずからの境界を徴しづける審級だからだ。確かにもう一方の極、まさに変質〔堕落〕の極も、その極なりの仕方で、より始原的でより内奥的であるとつけ加えたほうがよいだろう。だが、ここでやめておこう。二重拘束の回転ドアがもたらす眩暈とは縁を切らなければならない。それが眩暈から抜け出す唯一の方法なのである。

最後に明確化しておきたいのは次のことである。始原的なウィとしての主体性を、自己中心主義的、とは言わないまでもエゴ論的な再中心化としての主体へとつなぐ関係の本性は、避けがたいものという主体の性格を明らかにしているということだ。

ミシェル・アンリのような人物が、一切の自己反省よりも起源的で、更にはひとつの形式によって維持される一切の実体性よりも起源的な、自己から自己への関係としての自己触発を指摘する一方で、デリダにとって、その純粋性の要求においてまさに絶対的に純粋な自己触発は、現前の形而上学の最も根底的な痕跡を模倣することにしかならない(33)。それゆえ、原-起源的なウィがその純粋な状態で把握され保存されることはありえない。ある意味で、起源的なウィはつねにすでに、現前の形而上学に従って変質させられてしまっていることになろう。それは、逆に言えば、実体／あるいは基礎たる自我が、自分で考えていたほどには自分に影響を及ぼさないのと同様である。このような自我と自我自身との関係は感染ないし汚染の関係である[34]。主体の幽霊性[35]とは、厳密にはこのこと、つまり、自己への隔たりによってもたらされる自己への現前の乱調（でありその逆）に他ならない。実体にして／あるいは基礎たる主体は、つねにすでに原－起源的なウィにおいて自己触発を汚染することになるだろう。そして、この汚染は同時に裏切りかつ救済する。より根底的な主体性を明るみに出すために主体の伝統的な形象を追放する身振りは、幽霊的主体性を歪めるのと同じように、完全に余すところなく主体へと身を任せる身振りをも歪める。

かくして、デリダによると、主体性の特徴を成すところの相異なる複数の輪郭が相互に結びつく。デリダのテクストにおいてこのような結集が一度も生じなかったのは、おそらく、われわれがなしたかった「明確化」が、つねに素朴さと不器用さを想定された身振りであって、それは、一切の主体性によって産み出され、また、一切の主体性がそこで産み出されるような驚きの不意打ちを歪曲してしまうすでに過剰な硬直化の報いを受けるしかないからだ。かくして、主体性が最もよく「与え」られるのは、散種《ディセミナシオン》においてなのである。

しかし、最も狂ったリズムにおいてさえ、いや、とりわけそのようなリズムにおいて、休止が「やはり必要」なのは確かである……。まさに主体についてのデリダの言説に関しては、「やはり主体がなければならない」のだ。

第四部　現象学的言説と主体化

ここで、第一部と第二部の導きの糸、すなわち限界としての時間性と試練としての主体性とが結び合わされる。それらが哲学的言説のなかで重なり合う場所で、今それらを思い描く限りではそうである。こう言うと、たぶん驚きが起こるかもしれない。実際、現象学とは現象の忍耐強い記述であって、それは表現がもつあらゆる「厚み」を無視することで、ある意味では現象を前にして消え去らねばならないのではないだろうか。ではなぜ、このような言説それ自体、とは言わないまでも、少なくともわれわれに言説を与えるテクストのところで歩を止めるのか。

決して十分に注目されているわけではないが、それは、『存在するとは別の仕方で　あるいは存在することの彼方へ』の最終章において、E・レヴィナスが主体性の試練についての問いを、現象学的言説がそれについてわれわれに語る――と言われている――経験の領域から、隔時性によって特徴づけられるであろうこの言説そのものの方へと徐々にずらしているからだ。あたかも、隔時性と同じく主体性も、起源的とは言わないまでも模範的に、哲学的な〈語ること〉と〈語られたこと〉の秩序に属しているかのようである。

まず思い起こすべきは、われわれが視野に収めた主体性をめぐる分析、それらが、対格や呼格という文法的範疇において捉えられた主体性、呼びかけられた主体性へと収斂するということである。存在（ハイデガー）、〈生〉（M・アンリ）、呼びかけの純粋形式（マリオン）や、〈他者〉（レヴィナス／デリダ）など、たとえこうした呼びかけの源泉が何であっても、しかも源泉の観念が危機に陥っているその限りでそうなのだ。

原因、基礎づけ、「根拠《レゾン》」〔理性、道理〕といった諸観念のうちで展開される形而上学の公理論が危機に陥ったことをそこに読み取る術を知らねばならないのではないだろうか。原因の現実性とそれによって基礎づけられるものとの絆に、言語の遂行的次元によってそのモデルがわれわれに供されるような別の絆が置き換えられたのだ。つまり、呼びかけられ召喚されたものである限りでの主体性は、それに差し向けられた行為によって全面的に呼び起こされるのであって、この行為に先立つことはいかなる場合にもないのである。一方に、主体性とそれを呼び起こしそれに先行するものとの連関があり、他方に、結果とその原因との連関があるわけだが、両者は共約不能である。実際、後者の連関は実体性の地平の開けを前提としている。

したがって、件の呼び声は、真理の投企に囚われ、そうは言わないまでも少なくとも意味——指示対象から区別されるべき意味がなおも指示対象の引力圏に囚われたまま構成されているとして——の担い手であるような言語には属していない。その場合、言語は意味の内容を記述し、確認し、あるいは提示するものではなく、存在を存在せしめるものであり、何よりもまず私である。かかる私を言語は誕生させるのだ。

哲学的言説が、起源的なるものとしての主体性の問題を検討するこの新たな仕方に接近することを試みることができたのは、根本的な変動に同意することによってのみである。すなわち、この言説は、「道理《レゾン》をあるべきところに返す」ことで明証性の側へと方向づけられた厳密な言表の織物としてのみ与えられることはもはやできないのである。ではどうすればよいのか。

哲学的言説は、存在の舞台の上で演じられるものそのものの谺や増幅のように現れることになるのではないだろうか。存在の舞台の上で演じられると言ったが、もって厳密に言えば、存在の舞台の最初の住人であるという苦痛に満ちた孤独以外の何ものでもないものとして、存在の舞台そのもの（E・レヴィナスならば内在と言うだろう）がそれ自身に与えられるまさにそうした限界上でということになるだろう。

主体性と言語とのあいだの関係のこの別の配布、この別の配置がもつ様々な連累をごく簡略に展開してみよう[1]。

何よりまず、始原的言語は出来事の直接性に属することになる。レヴィナスが始原的言語を〈語ること〉の「カテゴリー」によって把握するのはそのためである。〈語ること〉は、意味のあらゆる志向的構成に先立って、あらゆるノエマに先立って、そして一般的には、〈語られたこと〉のうちに集摂されたあらゆる主題に先立って意味するような〈発語〉という出来事の根底性である。もし〈語ること〉について、それはこのような仕方で意味すると言うことができるとすれば、それは意味作用が（〈他者〉への）曝露という根底的受動性のなかに全面的に位置するような行為の逆説的な語用論のなかで生じるからである[2]。したがって、自己化され有限化された主体性における〈発語〉という出来事は、その受動性の根底性やその遂行的能力の根底性を、証言（*témoignage*）および／あるいは証示（*attestation*）という形象のなかで結合させることになる[3]。

最後に、このような配置に含まれた言語の無媒介性や出来事としてのその性格は、テクストの界域よりも声（E・レヴィナスやJ・デリダでは、更に霊感や息吹）の界域を、こうした問題提起における前景へと押し出すことになる[4]。ここで間違えてはならない。この場合に狙われているのはもちろん、音という経験的布地ではなく、身体的で肉的でさえある内密性としての、声における自己への無媒介性なのである。しかし、われわれがここで読解する著者たち全員において、声における自己との無媒介性は、その仕方はどうであれ、声それ自身との内的隔たり、声の無媒介性そのものを構成する隔たりによって触発されていることが分かる。

したがって、特異な仕方で起源的に構成する隔たりという「テーゼ」を強調する、問題提起のある配置といわば係わっていることになるだろう。というのも、このテーゼは、自己との隔たりによってこのように与えられるのがまさに内密性、無媒介性そのものであるという考えにこだわっているからだ(5)。ここに、そのひとつの模範となる指標がレヴィナスの作品の内部にある。なぜなら、この隔たりは否定されず、痕跡の観念はいかなる場合にも消し去られてはならないからだ。なぜなら、この隔たりの起源性を覇権として戯画化しないことが重要であり、ひとつの声および／あるいは発語を響き渡らせるためには、テクストとエクリチュールの界域が有する排他性をまぬかれる必要があるからだ(6)。非常に意味深い仕方で、谺や反響といった諸観念は、『存在するとは別の仕方で』での痕跡の観念をしばしば引き継いでいる(7)。

結局のところ、われわれは、われわれが読解する諸々の著作が、起源的な試練――レヴィナスならば「トラウマ」と呼ぶだろう――において主観性が惹起されるその仕方について語っているのではなく、名宛人の、読者の主観性を惹起し誕生させているのだという仮定を立てていることになる。これらの著作はいかにしてそれを行うのだろうか。〈自己〉の起源的トラウマの「上演＝配置」とまさに対峙せんとするトラウマのなかで、省察する主体性の誕生という空白《シンコペーション》を伴った運動の時間性以外にどこにも位置づけられない限りでこのトラウマを「模倣《ミム》する」ような言説のなかで、それを行うのである(8)。

「覚醒と誕生――エマニュエル・レヴィナスとミシェル・アンリを起点とする若干の指摘(9)」のなかで、私は後続する頁に再録されることになる問題提起を概括的に粗描した。われわれの問いはそこでは次のようなものであった。どのような仕方でアンリとレヴィナスのテクストはその受容をトラウマ化するのか。この問いに答えを与えようと専心することには、これらのテクストがもつ一般的文体〔様式〕、つまり、みずからこの過剰においてトラウマを被ったがゆえに、トラウマを与えるところの文体を明確化しようと試みることを意味していた。明示的かつ意義深い仕方で、これらのテクストはその主題論的水準において誕生と覚醒に係わっているとする指摘が、われわれにひとつの出発点をもたらしてくれた。当時、この分析はわれわれを次のような結論へと導いた。すなわち、内在の過剰（アンリ）と超越の過剰（レヴィナス）は――ある視点からすると、ただしこの視点においてのみなのだが、すべての点で対立するかに見えるこれら二つの思想が、あたかも同じひとつの直観の表と裏のように内的に近く――、不毛さと破壊というリスクがつねに冒されるなかで両者の哲学の手に負えない諸局面がまさに豊穣性を形作るという点で、一致するのではないだろうか。当時、私はこう書いている。「なぜ、またいかにしてM・アンリとE・レヴィナスを読むのか。おそらく彼らには「過剰」という局面、ひいては現象学の外部への「逸脱」という局面があるのだろうが、しかし外部に曝されることのない現象学などというものがあるだろうか。たとえこうした過剰の局面がそれ自体では外部との対決でないとしても――これらの局面は逆に限界が乗り越えられたこと、限界の試練があまりにも徹底化されて排除されてしまったことを告げている――、それらは少なくとも、外部への曝露のリスクが冒されることをネガのように証示しているのではないだろうか。ある意味では、アンリとレヴィナスは「悪い」教師たちである。しかし、良い教師となるためには、悪い教師が必要ではないだろうか。レヴィナスなら、われわれが自分を教師に結びつけている関係から切り離すことを可能にするような教師が、と言うだろうが」。

したがって、ここでの課題は、過剰という必然的リスクのなかで現象学的なものの限界がみずからを試練にかけるその仕方を検討することである。過剰という必然的過剰と言ったが、過剰はすでに、その沈静化をしるすところの「過剰の過剰」へとこれまた必然的に曝露されている。なぜなら、われわれの読解の仮説が確証されれば、哲学的言説の運動――過剰の実践はそれを断絶の限界にまで至らしめる――は、名宛人たる省察する自我がトラウマを受けて誕生することを惹起するという遂行的機能を果たすことになるだろうからだ。そしてこのことは、哲学的言説において提示される省察する主体性の誕生そのものを「演出＝配置」することにおいて行われるのである。

実際、われわれは次のことを提示するよう試みたい。すなわち、問題提起的なものによってわれわれが導かれていく先は何かというと、われわれはリズムの研究へと向かうのであり、この研究は、われわれが研究する著者たちがリズムについて何と言っているのかについての研究であるとともに、彼らのフレージングのリズムについての研究でもあるのだ。

主題の核心に入る前に、われわれの道程の組み立て《エコノミー》に係わる予備的な指摘をしておきたい。以後の頁では、E・レヴィナスとM・アンリの著作を意図的に話題の中心としており、デリダによるリズムの詳細な研究も、デリダ的なフレージングのリズムについての詳細な研究も見出せないだろう。このような迂回――これは本書の冒頭でわれわれが言及したある困難さのひとつの表れにすぎない。すなわち、他の誰にもましてデリダはおそらく家族に統合しがたいのだ――には、手短な説明が必要である。

まず思い起こすべきは、J・デリダがリズムについて多くを語っているということ、それもわれわれがここでリズムについて提示する分析に形を与えてくれるであろう語彙で語っているという点である。例えば、衝角《エプロン》としての文体〔様式〕というデリダの定義がそうであるが、この定義は『衝角――ニーチェの文体』において、現前を解体するとともに刻印するものでもあるとされる。同様に、ある言語体《ラング》を拘束する文法や統語法《サンタックス》に反抗しつつ、音調や強勢の不安定性のなかに、更には音調や強勢の中心をなすもののなかに宿るもの、つまりそのたびごとのあるリズムへの彼のこだわりもそうである。実際、計算不能で予見不能であり、したがってどうしようもなく特異なものであるという点において、出来事を形づくるのは、結局のところつねにリズムなのである。声が与えるものを与えるのもつねにまたリズムであり、その声はといえば、「本質からして」、一切の全面的贈与性を逃れてしまう。他の数あるテクストのなかから次の箇所を引用しておこう。「すべては抑揚をもつことを命ぜられている。それも、これに先立って、その音色を音色へと与えるもの、つまりリズムのなかで。すべての点で、私はリズムと共に、すべてのためにすべてを賭けると私は思っている。だから、それは始まる前に始まる。ここにリズムの計算不能な起源がある」[10]。もうひとつデリダがわれわれにこう教えていることに言及しなければならないだろう。音色（*ton*）の概念はトノス（*tonos*）と結びつけられるが、このギリシャ語は「張り伸ばされた腱」を意味しており、したがって、音色とは、緊張に服したもの、張り伸ばされ、断絶の限界に至らせるものである、というのだ[11]。

　さらに脱構築は、われわれがすでに大いに論じたように、切断と断絶に属し、切断と断絶は、テクストにおける思考されざるものを解き放ちつつ、それによってみずからもこの思考されざるものによって転覆させられ、こう言ってよければ「傷つけられる」。デリダのこのリズム――レヴィナスのある種のリズムと親近性をもつ――は記述されうるし、記述されなければならないのだが、それをデリダの他のリズムから孤立させると不当に手足を切断するようなことになってしまう。というのも、われわれがここで直面するのは次のような問題であるからだ。たとえデリダのリズムがわれわれのピッチ角によって、破断と過剰のある種の暴力としてうまく了解されるとしても、彼のリズムはこのような唯一の局面に尽きるものではないのである。因みに、それゆえ、われわれのアプローチによって読者はいわば動転させられさえするかもしれない。決定不可能なものの両義性にこだわる限り、デリダの身振りは対照《コントラスト》よりもむしろ微妙な陰影《ニュアンス》の側に属しており、この点においてメルロ＝ポンティの身振りに近いのだという点に留意すべきではないだろうか。「起源的散種」「起源的決定不可能性」といったデリダ的観念は、いわば自己を非決定化することを目指すような文体を含意してはいないだろうか。「デリダ的脱構築」は、テクストの細部へのアプローチにおいて無限に忍耐するものであるがゆえに、レヴィナス的誇張法の暴力や、アンリのテクストにおいて〈生〉が自己表出する「同語反復」の暴力とはほど遠く、より陰影に富み、より非断定的でなくてはならないのではないか。

　こうした両義性を視野に入れるために、われわれは、デリダのテクストはいわばそのすべてが二重拘束《ダブル・バインド》の統御であり、その二つの縁の一方は、起源的決定不可能性や散種への配慮によって構成され、もう一方は、線描、切断、傷、他者の発明というトラウマなどの動機によって構成されているという仮説を立てておこう。こうした観点からすると、ニコル・ロローがプラトン――彼女はこれをデリダと一緒に読解した（と言うのだが）――について説明していることは、デリダ自身にも妥当するように思われる。「私は進んで、プラトンにおいてはすべてはコーラ（*khora*）とコーリス〔別に、別様に、分離〕（*khoris*）のあいだで賭けられていると言うだろう。感覚することも知覚することもできず、したがって決定不可能の原理であるコーラと、分離し孤立させるものであるコーリスとのあいだで[12]」。

　われわれのピッチ角は、線描、切断あるいは傷、二重拘束やアポリアに特権を与えるようわれわれを導いたのだが、これらは、そのようなものとして今度は、脱構築的身振りの忍耐強い紆余曲折と同じく、起源的決定不可能性へと向かう文体の「ぶれ」をも犠牲にして、不可能事の閾へ、不可能性ないし高邁〔寛大さ〕の欠如としての贈与の閾へと導くことになる。おそらくこれは解釈的な無理強いであり、われわれなりの仕方でデリダのテクストを傷つけようと企てることである。おそらくデリダの思想の進化をも見て取ることができるだろうが、それは、二重拘束《ダブル・バインド》の二つの要請の上にしっかりと立つのを決してやめることなく、不可能事と切断の試練の方へとますます動いていくように思われる——かくしてレヴィナスに接近していくことになるのだ。

いずれにしても、デリダのリズムは複雑性に委ねられているようにわれわれには思える。だから、過度の単純化を行わず、本書の全般的な問題提起のために最も意義あるものを突出させるために、われわれは以後の頁で、デリダという山塊の複雑性を迂回して、過剰の不連続性と切断のトラウマのリズムが最も完全に、いわば最も単純に与えられている著作にわれわれの検討の中心を置くことにする。すなわち、M・アンリとE・レヴィナスの著作に、である。

このように焦点が定められたからには、リズムそのものに対するここでのわれわれの関心の根拠をより深く説明しておこう。

一、リズムとはある著者の文体を構成する本質的要素のうちの一つである。文体というものが、書き手の主体性を情動性としてそのテクストに記入し、その結果、彼をして単に書く者（écrivant）ではなく、著者、作家（écrivain）たらしめる、この特異化する隔たりであるとするなら、われわれにはそれを研究する義務がある。というのも、われわれが読解するテクストは、過剰——過剰とはつねに規範の限界との関係における隔たりである——という様相のもとに、また遂行的な仕方で主体性（送り手の主体性と同じく名宛人の主体性）を産出するものとして、われわれに与えられたからである。

二、プラトン以来の——おそらくはもっと彼方にまで遡らねばならないだろうが——リズムの観念の概念化は、ある緊張に取り憑かれている。ある時には、リズムは同じひとつの運動で秩序と秩序化の原理であるような形式的原理として考えられている。その場合、リズムは反復における規則性、まさしく拍子である。また、ある時には逆に、リズムはいわば形式そのものを起点として形式を脅かすもの、すなわち、一切の形式化のなかで形式化しえないもの——まさに形式をもたざるもの〔不定形のもの〕——、一切の計算のなかでの計算されざるものである(13)。その時、リズムにおいて狙われているのは隔たりであり、差異であるが、この差異は一切の反復に宿ることしかできないものである。実際には、リズムの観念がもつ両価性について話した方がより精確になるだろう。この両価性ゆえに、リズムの観念は、拍節《カデンツ》の、拍子《ムジュール》〔尺度、節度〕と切断の度外れ《デムジュール》を同時に意味し、反復が差異を前提としているように、一方が他方のうちに、一方が他方によってあることになる。まさにこうした両価性のなかで、形式と一切の形式の断絶、連続性と不連続性が互いに全面的に依拠し合っているからこそ、リズムという観念は模範的にアポリアを惹き起こすのである(14)。

三、そのとき理解されねばならないのは、われわれのリズムへの留意は、エクリチュールや、ましてや言語といった賭金への閉じ籠りではなく、リズムは現象性そのものの起源的所与であるということである。われわれがこの全論考において展開しようと試みた仮説、それによると、結局のところ非-贈与性を背景とした贈与しかないのだが、この仮説が正当だとすると、そのとき、現象性の一切の贈与の全体がリズムと関係をもつべきものとはならないだろうか。その際、リズムというものが、まさしく形式を脅かし——かくしてそれを誕生させるものであり、形式を断絶させるために形式を与えるものだとしたならば(15)、現象性の贈与におけるリズムの起源性はこの場合、現象性の時間的性格を全面的に意味している。ただし、リズム的時間性が、ベルクソン的な持続の連続性でもなければ、フッサール的な時間流における形式の連続性でさえなく、そうではなく逆に、断絶した不連続の時間性である限りで、そうなのである。

このリズム的時間性がなぜ、中断の秩序、レヴィナスが言うような「明滅」の秩序に属しているのかを明確化しておくのが妥当であろう。

そうするための一つの仕方は、われわれが読解するテクスト群のなかで作動しているリズムの試練を、リズムに関してわれわれが保有する最も詳細な記述のひとつと照らし合わせて位置づけることである。つまり、『リズムと世界』[16]において、H・マルディネの航跡のなかでJ・ガレッリによって与えられた記述である。

彼もまたバンヴェニストの諸分析から出発しながら、J・ガレッリは、たとえリズムがひとつの形式として、更にはひとつの図式として考えられるとしても、リズムが形式であるのは流動的要素によってでしかないということを指摘している。したがって――ここにバンヴェニストをガレッリが補足する一歩があるわけだが――、彼は、たとえリズムがつねに形式と緊密な関係にあるとしても、リズムは実際には形式ではないと言おうとしていることになる。リズムは形式の手前にあり、形式、それも、すでにして客観性の一様態であるような形式よりももっと起源的である。したがって、リズムは語の厳密な意味で前述定的なものに属している（だからそれは「反省する判断」によって間接的にしか接近しえない、とガレッリはカント的に言っている）。そうすると、計算し測定することのできる客観的時間にまつわる語彙でリズムへとどのように接近を試みても無意味で無駄である。音節の数による制約を機械的に尊重するのはただ詩人だけではない。メトロノームの拍節（拍子）を機会的に尊重するのは音楽の演奏家だけではない。とはいえ、リズムは客観性の手前にあると言うだけでは不十分であって、それは現象性そのものの手前にあるのだから、リズムは更にもっと地下にあると言わなければならない。より正確には、リズムは現象性を与えるものとして、したがって、現象性の内密さそのものとして、その手前にあると言わなければならない。実際、リズムはあらゆる実体性よりも――どんな同一性、どんな他性よりもとガレッリは言っている――古いが無ではない。それは――ここで彼は最も現代的な物理学から借用した術語によって意見を述べるのだが、彼によれば現代物理学はリズムをその暗黙の試練としている――「ポテンシャル・エネルギー的なもの」である。だからそれは、どんな実体よりも古く、更には、現象性そのものを開示するところのどんな現象よりも古い力なのである。このようにリズムが力でありうるのは、リズムが時間化の運動のひとつの「流儀」(guise)(「ひとつの存在の仕方」と書くことは控えるが)である限りにおいてであって、この運動が現象をその特異性において供与し、各人をそのリズムへ供与するのである。ある現象が真に現象たりえ、根底的な仕方で現れうるのは、厳密な意味で、それが現れであるという条件、つまり待機の地平の不意を襲って闖入するという条件が満たされる場合のみである。ガレッリの語彙で言えば、リズムとは位相差(*dépasage*)を伴う潜勢力であり、これによって、現象化の運動が「実体化された」諸現象として現象それぞれの特異な同一性に「再び陥って沈静化すること」(retomber)、いわば眠り込んだり、凝固したりすることは妨げられる。リズムは絶えず現象性を覚醒させ、その始原的準安定性(métastabilité)へと立ち戻らせる。リズムが予見でき計算できるものではまったくないのはそのためである(J・ガレッリはそれを、例えばマラルメやランボーの詩の分析において見事に示しているが、それらについてガレッリは、これらの詩が自己自身との位相差の潜勢力であり、自己自身における生起と転換であることを明らかにしているが、それがために、読者にとっては、読書の一歩一歩で予見できるものは何もないのである。)

われわれはJ・ガレッリによるリズムの分析のほとんど全体に同意し、これについて簡略に主要な特徴を想起したところである。とはいえ、決定的な点についてわれわれは彼の分析から離れる。すなわち、J・ガレッリにとってリズムは、実体的な諸個体性と、これら諸個体性が由来する始原的な前個体的背景との接点に位置しているのだが、この前個体的背景へと諸個体性はある意味で回帰せねばならず、それはまるで諸個体性の無名的真理へと向かうかのようなのだ。だから、リズムはその準安定性のなかで、贈与するとともに自己へと立ち戻らせるこの無名の背景の息遣いのようなものである。リズムは、自分が現れさせたものをすでに解消している不安定《ラビリテ》さだ、というのである。

ところが、われわれがここで読解する著者たちは、すでに示したように、自己性的主体性を自分なりの流儀で起源的なものたらしめている。このことがその連鎖として必然的に含意しているのは、現象化のリズムはいかなる場合にも、メルロ＝ポンティが〈世界〉と呼ぶ無名の背景における、すべての個体性の出現とすでに生じた沈潜との逆波のリズムではありえないということだ。彼らによれば、私は特異な主体性よりも古いこの視点を採用することができないし――たとえそれが肉的なものだろうとも、超越論的なものとしてこの視点を措定することさえできない。仮にこのような視点に立つなら、各特異性を描く描線が起源的準安定性という背景のなかで暈《ぼか》されるのに立ち会うとまでは言わないまでも、少なくともこの暈しを始原的なものとみなすことが私に可能になるのだが。[17] だから、われわれが読解する著者たちにあっては、リズムは流動性のなかに失われるとはいえ、それはもはや解消させ消失させる流れではなく、かくして断絶の権能を獲得するのである。リズムは自己性的で特異化された主体性という観点からしか把握されえない以上、それはつねにすでに中断の試練、自己享楽および自己への権能の中断として、逆説的には自己を自己自身に与えるところの中断として体験される。[18] リズムとは切分音《シンコペーション》〔空白〕であり、切分音は一切の贈与性を中断し、かくして贈与性を起源的に贈与性自身へと与えようとするのである。

この不連続な時間性は、ある本質的根拠からして、流れの不安定さ、己が限界に向かう現象学と係わるような時間性と、類似してはいるが異なってもいる。流れるものというよりもむしろ、崩壊するものについて、そこにおいて崩壊がつねに実体性に先立つものについて何を見ることができるだろうか、何を言うことができるだろうか。

したがって、不連続な時間性は、フッサールが望んだように、志向的構成を絶対的に明晰な仕方で表現する言説によってはいかにしても完全に主題化されることはなく、逆にそれは、ある主体性つまりある著者によって「働きかけられる」べき素材の抵抗と不透明性を対立させる言語において、ただ束の間——あらゆる指示は本質的に束の間のもので、不十分で、したがって不完全である——指示されるだけである。不連続な時間性はその時、文のリズムのなかで自己を指示する——依然としてあまりにも図式的な仕方でリズムを語るなら——ことになるのだが、不連続な時間性を（主題的に）語ることが文にはできないところで、文は不連続な時間性を「模倣《ミム》」し、「遂行」するのである。

文のリズムは現象性のリズム、つまり文の不連続的な時間化に呼応している。この谺は——どんな谺も本質的に遥かなもので、聴覚的痕跡であるがゆえに——語ることはなく、主題論には語りえないものを示唆し、また、根底的未規定性を免れてリズムの何たるかをわずかでも規定するために、リズムが包囲している主題論を必要としている。逆に、主題はそれが語りえないものを指示するために、リズムを必要としている。だから、リズムと主題とのこの絡み合いを探求しなければならないのだが、この絡み合いにおいては、各人が不利な状態に置かれて、他なるものを救済するのである(19)。

第一章

E・レヴィナスによる『存在するとは別の仕方で』のリズム

1　レヴィナスを読解することとまったく別の仕方で思考すること(1)

間違いなく「レヴィナス」という固有名は哲学の歴史に参入し、この奇妙な風景のひとつの場所の名、この風景のなかで方角を見定めることを可能にしてくれるひとつの指標となることだろう。哲学の歴史というものがしっかり理解されて、単なる墓標の列にはもはや決して還元されないとすれば、それは、哲学の歴史における固有名が理論的・実践的身振りの母型を指し示しているからである。「レヴィナス」、これはそれまで一度も人が見たことがないような思考と生存の様式の名であり、今後も人が類似したものを見出すことはないであろう思考と生存の様式であって、それは、これから到来するものに数々の問いを提示することがつねにありうるし、この様式に向けられるべき不断に新たな問いに返答することもつねにありうる。純粋な作り出す能力として、この思考と生存の様式は、それがわれわれを驚嘆せしめ、われわれがそれを徹底的に同一化し、立像化し、ひいては偶像化し——あるいはまた、それに近似しかつ対称的な態度であるが——それを破壊しない限り、というのも偶像はいつも最後に破壊されるからだが、そうしない限り、絶えず戻ってくるだろう。この思考は、まったく単純に、われわれがそれを語ってしまうことがない限り、つまり〈語られたこと〉のなかで凝固させない限り、われわれのもとへと絶えず戻ってくるだろう。

とはいえ、このような「哲学史」への参入は、「レヴィナス」という固有名に関しては、少なくとも二つの理由から自明とは言えない。ひとつには（またこの点には立ち戻ることにするが）、レヴィナスが哲学の中心にも、またその外部にも記入されたことがなく、そうではなく、ぜひとも言っておかねばならないことだが、その境界の上に記入されたからである。もうひとつには——少なくともこの二つの理由は繋がっている——、彼が絶えず固有名に注意を払い続け、哲学への固有名の記入、つまり固有名が自署として哲学的テクストへ記入されることに注意を払い続けたからである。ただし、ここにいう記入が、「反‐現象」とJ・ロランが呼ぶものの資格において、現象性へと顔が逆説的にも記入されることの谺である限りにおいて。「唯一者の同一性」としての主体性がレヴィナス哲学の中心にあるのだが、その主題としてというよりはむしろ、この哲学が生み出すものとして——「生み出す」ことは「現れさせる」ことであり、現れさせることはその現出という場所以外のどこにもないという意味において、そうなのである。さらに厳密に言えば、主体性としての哲学は「まさにこの瞬間に」「我ここに」として自己を生じさせるのだ。[2]これと同じ運動によって、この哲学は他の主体性、あるいはもっと正確には主体性としての他なるもの、つまりは対話（interlocution）を生じさせようとするのだが、この哲学は他者——名宛人の最たるもの——を引き起こし、誕生させる行為のなかに全面的に位置づけられる。実際、レヴィナスの哲学的言説は、〈存在するとは別の仕方で〉が存在を生じさせるまさにその運動を模倣（*mimer*）している。現象を超出するものによって現象が与えられるこの場面に関して、哲学する主体性は、それを現象性から引き剝がし逆説的にもあらゆる現象を与える超出の運動を模倣することで、この場面で生起するというよりもむしろこの場面について語るにすぎない。哲学する主体性は、この場面で生起しその産出に参与する。哲学する主体性はどんな現象性ももつ起源的震動を二重化して入れ子状態にする。そしてこの奇妙な光景に対峙することで、哲学する主体性は主体性を惹起し、各人にその主体性を割り当てるのである。

　私の主体性、それは私を剝奪することの不可能性たるこの「あらゆる受動性よりもずっと古い受動性」であり、ただそれだけでしかない。というのも、前面に存在するものは何もないからである。だから、それに対する私の遅れは、ある意味で――ただひとつの意味においてのみだが――無〔何もない〕であり、還元不能かつ起源的である、起源的であるがゆえに還元不能である。私の主体性は、その結果として、また同じ運動によって、応答責任《レスポンサビリテ》の活動に反転する。不断に逃れ去るものに直面して、私の主体性はつねにすでに、その～のために「存在しなければならない」のうちに置かれる。私の主体性とはこの逆説である。すでに指定され、したがって措定された基体の純粋な内在性として、私の主体性は、それ固有の欠損の可能性、私の主体性をそれ自身に結びつける連鎖を絶つ可能性、「内部からずらかる」可能性のなかにしかない。私の主体性の位置〔措定〕は私の「応答責任」から逃げられないようにさせるが、この位置の欠損は私の主体性の喉元を摑んでいる存在の締めつけを弛め、かくして応答することができるために必要な後退を与える。この二重の運動において、私の主体性を破壊するものがそれを応答可能にし、能動性と受動性の対立そのものに先立つ起源的な場において私の主体性をつねにすでに創設する。

　お分かりのように、「レヴィナス」がひとつの固有名であり固有名という「事実」であるのを思い起こすこと、それはもちろん、語の心理学的な意味において伝記的なものの方を向くことではなく、次のような問いに身を曝すことである。つまりレヴィナスのテクストにおいて私を創設すること、それに対して私は逃げることができないのだろうか。それを、しかしながらおそらく、私は拒まなければならないのだろうか。哲学の諸段階にあって、レヴィナスを読む私を「主体化する」試練はどうなっているのか。

別の言い方をすれば、レヴィナスのテクストがまさに恐るべきトラウマの能力だとすると、問いはこうなる。このテクストの正しい使い方とは何なのか。どのようにしてこのテクストに身を曝せばよいのか、無化されることなく、逆に、この試練がテクストの豊穣性となり私の誕生となるためには。[3]

それというのも、レヴィナスを読むことには、苛立たせるものと耐え難くさせるもの――これらは同じものではない――があるのだ。このことを考慮に入れなければならない。

われわれは、ここでまず、レヴィナスのテクストの数々の戯画に照準を合わせることにしよう。これらの戯画は、追随者《エピゴーネン》および、要約することを望むあらゆる読解者の目のなかに宿っている。また、これが最も厄介であると同時に最も興味深いところでもあるのだが、これらのテクストそのもの、あるいは少なくとも、その表層に住みついている。まずは、ユダヤ教のある種の単純な反復として、また、哲学的言説が最終的にはそこで消滅するために向かわなければならないもの、あるいは少なくとも哲学的言説がそこに意味を見出さなければならないものとして宗教を指し示していると読まれる可能性を、これらの戯画がみずからに禁じない場合である。あるいはまた、よりたちが悪いのだが、これらの戯画が人道主義を命じる現代の合言葉の洗練された版《バージョン》としてみずからを読ませてしまう場合である。

これら二つの戯画（それらはまさに最も目立つものである）を手短に検討することにしよう。「レヴィナス」においては、あたかも哲学的なるものが、そこで不安を抱くべき限界に留まることなく、この限界を颯爽と飛び越え、宗教的なるもの――「この他者への関係、私はそれを宗教と呼ぶ」――のなかに溶解してしまうかのように、すべてが進行していると見えるかもしれない。しかし、まず第一にすぐさま想起しなければならないのは、レヴィナスがタルムード解釈者としての彼の実践と哲学者としての彼の実践とのあいだに明白な区別を求めてやまなかったことである（だがそれは説得力をもつのだろうか）。第二に、つねに明瞭かつ明白に自己の言説が哲学へ帰属することを求めつつも、レヴィナスは彼の哲学的テクストそれ自体の進行において、自身のテクストがどのジャンルに属するかという問題を提起するのを避けること、特にこの問題を哲学と宗教との間の二者択一にまつわる語彙で提起するのを避けることに注意を払っている。[4] 彼はこうしたアプローチの一切の正当性を拒否しているように見える。哲学的主題系へのまったき‐他者の記入、哲学的言説への預言の記入は、彼にとっては、みずからのテクストの哲学的位格を「危うくする」ことではなく、それを保証しさえする。まさしく、その他者によってつねにすでに影響され、感染させられ、つまりある意味では「巻き込まれて」いる哲学だけが、哲学なのだから。

最後に、レヴィナスが哲学をその他者（つまり宗教）へ向かわせるというリスクを冒したとしても、それは同時に宗教の領域を根底的に侵害してしまったためでしかないという点を強調しておかねばならない。つまり、あらゆる実体化を告発し、超越を現象の彼方、更には本質の彼方へと飛翔させ、超越の名辞化を禁止し、超越を欠損として啓示しつつ、彼はわれわれに、超越は無である、超越は何ものでもないと語る。この意味で、「神」はひとつの単語にすぎず、確かに意味をもつ痕跡ではあるが、ひとつの単語以外の何ものでもない。意味としての無限の経験、いかなる告白もまたいかなる教義も、自分たちだけのためにこの経験を要求することはできないし、すべての告白や教義がこの経験をねじ曲げている。なぜなら、それらはこの経験を（存在についての）ひとつの真理たらしめるからだ。だから、レヴィナスは宗教を哲学へと――すべてが逆転する――溶解させていると疑うこともできるのだ。哲学そのものが無神論的で、無を耐え忍ぶことでまさにここにつながれている限りでそうである。曰く、「他者への本来的な関係、私はそれを宗教と呼ぶ」。宗教は、他者‐のためにについてのレヴィナス哲学へと全面的に再び翻訳可能なのだろうか。

われわれが記述したばかりの二重の超過によって不断に脅かされているがゆえに、レヴィナスの力は、宗教と哲学が一方によって他方を不安に陥れたり、一方を他方に曝したりすることにならなかっただろうか。それは、哲学と宗教の各々がそうであるところの、否認された決定〔分断〕を剔き出しにすることにならなかっただろうか。その場合、哲学するという決定は、信仰というもうひとつの決定の試練に耐えることで明かされ、逆もまた真なのである。

E・レヴィナスの哲学における、哲学と宗教の連関を説明するための最も適切なモデルは、われわれには、J・デリダが解釈した意味での二重拘束《ダブル・バインド》であるように思われる。すなわち、つねにすでに、その〈他者〉、つまり〈宗教〉に感染しているものとしての哲学である（〈宗教〉がまさに〈他者〉の言説である限りでそうである――ここでの「の」という属格は、ここでは主格であると同時に目的格でもある）。見られるように、哲学とはこのアポリアのアポリアであり、二重拘束《ダブル・バインド》の奥底深くに横たわるアポリアである。二重拘束には、感染を起源として考える（したがってある意味では純粋な哲学も宗教も存在しないと考える）ことが含意されている[5]と同時に、しかしながら、感染の作用に現実的効力があるためには、また感染が単に何も傷つけない、つねにすでにあるところの混合物でないためには、純粋なものが「どこかに」維持されねばならないと考えることが含意されている。感染を損なう妨害によってつねにすでに遮断されてはいるが、そもそもこの妨害というものが考えられるためには、そうでなければならないのだ。

いかにして、この二重化された二重拘束を管理するのか。いかにしてレヴィナスはこれを管理するのか。

われわれは、ここでこの起源的かつ決定的な問いを飽和状態にすると言い張っているのでは間違いなくない。そうではなく、この問いを詳細に検討することで、われわれはわれわれの出発点となった考察のあれらの苛立たしい戯画の根拠を発見できると希望しているのである。

レヴィナスのテクスト群がこの二重の拘束を作動させるのは、限界の乗り越えというリスクを冒す場合だけであり、この乗り越えは、哲学の彼方に向かい、この彼方で、宗教をただ反復するだけの偽装せる哲学の形をまとって身を置くことに存している（あるいはまた、逆の過剰――レヴィナスはあまりそれに従わない――として、「哲学」を反復する偽装せる哲学の形をまとって）。

哲学の中心において宗教的なものを復活させるリスクを冒さないようにすること、それはただ単に、超越は別の仕方ではなく、存在するとは別の仕方であると言うこと――これをレヴィナスは、繰り返してやまない――だけでなく、超越は「無の無」であると言うことを含意していなかっただろうか。存在するとは別の仕方では、存在の側からなおも回収することが可能なのではないだろうか。確かに、存在するとは別の仕方ではつねにすでに私に先立つものだが、その痕跡を残すことになり、それはなおも存在との連関の内にあるのではないだろうか。なぜなら、たとえそれが、つねにすでにあるとしても、まさしくそれはあっただろうと言わねばならないからだ(6)。しかし、どうすればそうでないことがありうるのだろうか。それというのも、無について、痕跡さえもたないものについては、何も言うことができないし何も考えることができないからだ。もっと根本的に、「無の無」と果たして係わりをもつことができるのだろうか。また、たとえ痕跡が必要だとさえしても、すでに痕跡は感染させ、すでに痕跡において存在は感染させてしまっている。レヴィナスの言説は彼がこの感染を語ったのと同じくらい、いやそれ以上に、感染の試練に晒されている。〈語ること〉を迎え入れるためには、また〈語ること〉によって動転させられ、ひいてはすでに〈語ること〉を裏切り、それを固定するためには、〈語られたこと〉がなければならないのだ。こうした裏切りは特に宗教的なものでも、特に哲学的なものでもない。語ることの炸裂は特に宗教的でも、特に哲学的でもない。両義性が至る所で襲い、二重化されるのである。

宗教的教義《ドグマ》[7]は哲学的驚きの衝撃のもとで粉々に砕け散らなければならない。まったく同様に、構築された哲学的ロゴスも、それをはみ出す無限の衝撃によって粉々に砕け散らなければならない。とはいえ、レヴィナスがこれらの根本的命題のうち第二の命題について多くを語ったにせよ、第一の命題はわれわれの知る限り彼のテクストには不在であるということも真実である。だが、まさしく彼は哲学者だからこそ、哲学の側から二重拘束を管理する困難を耐え忍んだのである。

賭けられているのがまさしく管理できないものであって、こうしたものに対して人は交渉することしかできないということは分かる。というのも、まさしく管理不能なものを統御するために、いずれにせよ不断に要求額を釣り上げねばならないのだから……。この管理不能なもの、われわれはそれを記述した。管理不能なものは感染させなければならず、また感染があるのは、管理不能なものの妨害の下もしくはそのなかにある何か純粋なもの[8]をまさに維持する場合だけだから、二重拘束《ダブル・バインド》には限界の実践が含まれている。管理不能なものは綱渡りの言説の不安定性を耐え忍ぶことを含意しているのだが、綱渡りの言説とはつまりその二つの縁のどちらかの上で不断に動揺させられるもので、かくして一方によって他方を動揺させることになる。だから、問題は内在的にリスクに曝された言説であり、一方の縁あるいは他方の縁から転落するリスクを抱えているのだ。過剰というものがまさに不安に陥れるために到来するものであるとすると（レヴィナスにおいては模範的に、哲学における無限が剰余である）、それはリスクのなかのリスク、つまり過剰の過剰な実践であり、だからそれは過剰そのものを無化することになる。このリスクはまさしく、一切のリスクを無化してしまうというリスクを冒すことに存する。それこそまさに、限界を踏み越えて、レヴィナスの言説が限界に忍耐することをやめ、彼方（あるいは手前）で回復された安楽、つまり石化して自分自身を確信した純粋性、現実的な純粋性として身を置こうとするときに、生じることなのだ。このような純粋性が、同一化され定義された宗教あるいは哲学的なものであり、それらは閉ざされた境界で保護されている。このリスクをレヴィナスの言説は逃れることができない。というのも、それはまさにリスクについてのリスク、リスク――限界の忍耐としての哲学的言説――をリスクたらしめるものだからだ。

この避け難いリスクに屈したという刻印《マルク》は、〈語ること〉の痕跡を集摂するために必要とされる、構成された〈語られたこと〉の諸位相が、〈語ること〉から自分を護るため、自分を驚かせ動転させるものから自分を護るために、自分を「逆転」させ、自分を「炭化」させることに存している。発明のリスクをことごとく避けつつ、構成された〈語られたこと〉の諸位相は、語の機械的な意味で機能し始める。つまり言説は、自己‐風刺化し自己戯画化することで、自己を保証し、自己を繰り返し保証するのである。この戯画は「宗教」でも「哲学」でもないけれども、両者が自分のなかの驚嘆させられるものと驚嘆させるもの、動転させるものと動転させられるものをみずから裏切り、両者が自分を戯画化するときには、一方であるように他方でもある[9]。そしてそのとき、宗教と哲学は、二つが両方とも〈同〉の不変性を裏書きするという点で、驚くほど相似しているのである。宗教と哲学は戯画のなかでお互いに出会うことにさえなる。そしてこのことは、哲学と宗教それぞれがもつ驚きの力を無化することで、哲学のなかで反復された宗教へと至らせる。このことは、「空腹を抱える者たちに与えるために口からパンを取り上げること」を、人道主義的な合言葉、つまり、それ自体がブルジョア的個人の民主主義として戯画化された民主主義用の道徳と仁愛の世俗版とみなす、凡庸な合意にまで行き着くことがあるのだ[10]。だから、レヴィナスの哲学を真剣に受け取ることは、それをこのような戯画から切断して、レヴィナスの哲学を、それに宿っている力、無限への（による）開け、つまり宗教的なものを特殊化するものへと返すことであると言ったとき、A・バデュは間違っていなかったのである。(11) しかしバデュはそこから次のような結論を引き出している。レヴィナスのテクストの力は全面的にその宗教的な性格のなかにある、レヴィナスのテクストの力は、そのうちで宗教のために哲学を無効化することにある、という結論を。要するに、バデュの戦略は、レヴィナス「哲学」を、イデオロギー的連累を免れてはいない現代的心性のごた混ぜとしての人道主義的感情の概念的な弱さから救い出し、それをよりよく哲学から追放して、宗教のなかに閉じ込めることを目指している。しかしこの点で彼は間違っている。というのも、まさしくレヴィナス哲学は、まるで先手を打つかのように、まさにバデュの議論が依拠している公理を批判している、というよりもむしろ脱構築しているからだ。すなわち、純粋哲学と宗教的なものの純粋な領域を峻別する可能性、一方を他方から擁護せんとする必要性を、である。無限あるいは〈まったき‐他なるもの〉は宗教に固有の論題《テクスト》ではない。無限あるいはまったき‐他なるものは哲学に対して根底的に外部であり、言い換えるなら哲学と関係がないわけではない。とはいえこれは、それを全面的に哲学に適応させることができるという意味ではない。ここ、宗教と哲学とが相互に分離し感染し合うこの「周縁《マルシュ》」あるいは「境界地帯《コンファン》」においては、〈無限〉とは固有ならざる主題にほかならないのだ。一方は他方によってつねにすでに触発されているほかない。哲学的なものは〈まったき‐他なるもの〉にその痕跡の支えを付与し、〈まったき‐他なるもの〉は哲学的な〈語られたこと〉を動転させ、そうすることで生気づける。一方を他方のなかに解消しようとする誘惑（レヴィナスが冒したリスク）に抵抗しなければならないと同時に、双方を互いに閉ざされた密閉せる二つの外部性として維持すること（少なくともこのレヴィナスの読解においてバデュが行ったこと）を拒絶しなければならない。

なぜレヴィナスのテクストがそれ固有の戯画に自分を曝さざるをえなかったが理解された。[12] この戯画が不可避的に有するものが何なのか、更には、戯画は冒されたリスクに応じて戯画的なのだということが理解された。これこそ、レヴィナスについてのある種の読解が有する苛立たしさを説明するものである。

だが、この考察を始めるにあたって、われわれはまた別のことにも言及していた。苛立ちに加えて、レヴィナスのテクストには耐え難いものがあるのだ。厳密な意味において、これらのテクストは引き受けることのできない試練を産出している。何をわれわれは語ろうしているのか。

慈愛《カリタス》というものに係わる「軟《やわ》で」暗黙の合意を得た合言葉が、まさに皮相な言説としてレヴィナス哲学のいわば表層で展開してしまうのに対して、掘削していくとほどなく、この表層の下で、〈他人-のために〉の言説が未聞の暴力によって染められているのを目にするということ、これはレヴィナス哲学のもつ様々な逆説のなかでも決して最小のものではない。[13] どう考えてもやはり、他人への起源的な開けという平安のなかに留まることなどはほとんどできず、「お互いを愛せ」といったその戯画から起源的なトラウマとしての他人の顕現へと不断に送り返されてしまうのだ。

われわれがここで狙いを定めているのは、レヴィナスが暴力について行っている分析に含まれた暴力、つまり〈同〉へと引き戻すことを目指す〈同〉の行為、「私自身が協力したのではない行為としての」暴力ではないし、現実的なものとは戦争であると彼が認めているという事実でもない。ただ、この後者の指摘は、〈他人-のために〉についての平和主義的で、馬鹿馬鹿しいとも言える戯画の回路をショートさせるという長所を有している。そうではなく、われわれが狙いを定めているのは、他者の――「の」は主格的属格である――暴力、暴力としての他者なのだ。この暴力は彼の作品〔仕事〕の過程のなかで強調された、と指摘することができる。そして『存在するとは別の仕方で　あるいは存在することの彼方へ』では、この暴力は、虐待されているがゆえに苦しむ身体の意味論的な、そして「隠喩的な」——どの程度そうなのかをもっと先に問うべきなのだが——諸界域で認められる発作的形式の絶頂にまで達している。「人質という無条件」、トラウマは始原的に、「出血」、「皮膚を超えて、死に至るまで剝き出しにすること」、「摘出」などの試練へと送り返されるのだ……。(14) 他者によって核を摘出され、裂かれ、血を空にされて、主体性は主体性自身に与えられる。こうしたイメージのなかには耐え難いものがあるのだが、それとほぼ似たイメージを、例えばジェームズ・エルロイが連続殺人犯の作業に与えている入念な描写のなかに見出すことができる（レヴィナスの文体はエルロイの文体よりも冷静ではなく整合的でもないという相違を除いて）。自己を、自己自身の苦痛と同時的なものとして自己自身に贈与する母型的暴力。もし、他者の視点を取るならサディスティックな暴力であるが——しかし、これはまさしく私が決して取ることのできない視点である。(15) したがって、暴力としての他者からの呼びかけとしての、マゾヒスティックな暴力ということになる。私は存在する、他者によって引き裂かれることで。

　レヴィナス哲学は、精神病とは言わないまでも、神経症を明かし——そして生み出す——機械仕掛けとして読まれなければならないのだろうか。賭けられている〔作動している〕もの、それは他者の強迫であり、他者である限りでの他者の優越があまりにも絶対的なもの——表現が矛盾したものとなるのは残念だが——と化すという事実である。この絶対性ゆえに、逃げ道はもはやなく、自我の他人とのあいだにももはや「遊び」（jeu）がないほどなのだ。そして私の自己性（ipséité）とは、私をつねにすでに他者へと釘付けにしつつ、まさにそのことによって、私を苦痛において私自身に釘付けにする、この鋲以外の何ものでもない。

初期の諸作品では、レヴィナスは主体性を存在の遍在をまぬかれる能力そのものと定義していたのに対して、[16]ここ、『存在するとは別の仕方で』では、主体性は他者に繋縛されているのだ。〈同〉の牢獄から解放するものとしての他性は、鉄鎖のなかでも最も苛酷なものとして機能し始めるだろう。返還不能な負債を負った存在をその債務者へと結びつける鉄鎖。と同時に、存在を存在自身へと結びつけ、その告発されて‐あることにおいて存在自身へと送り返す鉄鎖。私を指し示し、私を告発する指差しの下で、私は初めて、指を自分の胸の方に折り曲げながら「私？」と言うことになるのだ。初めて、他者への私の全面的な曝露をあらわにしつつ裏切る問いの脆弱さのなかで、私は私であることになる。他人は私に存在することを与える〔私を存在させる〕。が、そのこと、存在することを私は他人に返すことができない。他人が私に与えるもの以外の何ものでもない私は、私の純粋な曝露以外のいかなる場所にもいない。私が他人にすべてを負っているとして、他人の顔の裸出性はその傷つきやすさにおいて私の権能を解体し、そしてすでに私を迫害している。なぜこの起源的触発は、『全体性と無限』から『存在するとは別の仕方で』[17]へと、父性や教えあるいは愛撫や官能性として記述されることが次第に少なくなり、人質の罪障性やトラウマの苦痛として記述されることが次第に多くなったのだろうか。個人の道行きをめぐる心理学的考察は避けねばならない。疑いなくもう一度、両面性《アンビヴァレンツ》があらゆる所に刻み込まれ、二重化されていることに注目しなければならないだろう。まさに最も興味深いのは、他人への関係が、レヴィナスにおいてはつねに、同一の運動によって享受と受苦であり、両者の識別不可能性であるだろうということだ。私が解体されているとするなら、他性化〔変質〕させるところのトラウマはすでにして存在の享受に転じている。が、すでにこの存在の享受も転覆されることになるだろう。己が存在に固執することに存在の本質があるなら、そのとき、他性化は受苦に満ちたものたらざるをえない。たとえそれが享受の可能性であるにせよ。語の厳密な意味において、他者の衝撃の下でのみ、私は私自身であると感じるのである。私はこれ、つまり享受するこの自己（この享受は自己の享受である。なぜなら、どんな享受も自己の享受であるから）、他者の試練に従属させられたことを享受するこの自己であるにすぎない。還元不可能な苦痛において、私は他者から誕生するが、この苦痛はすでに存在することの享受に転じている。それにはまさに試練という語がふさわしい。というのもこの語は、経験というものがなおも私の経験、つまり私によって回収され構成され、したがって中性化された感情であるなら、他性を経験することは決してできないということを強調しているからだ。そのようなものとしての試練は、そのなかで誕生する自己にとっては引き受けえないものに他ならない。受苦と享受との起源的錯綜のなかで自己を他人へと関係づけるこの「過程」においては、語のレヴィナス的な意味における両義性が支配している。つまり、隙をうかがう不安定性、不決定性――メルロ＝ポンティ流の――としての両義性ではなく、不断に切断されては結び直される糸の不安定性としての両義性が支配しているのだ。他者がすでに私に私自身を顕現し、私を私の享受の中心として与えるとき、他性の暴力（自我の出血を惹き起こすトラウマ、摘出としての）はすでにエロティシズムあるいは愛撫へと転化されていることになる（そのとき、掌握しえないこと〔手放すこと〕が掌握に取り憑くことになる）。かつて指摘されたように[18]、レヴィナス的な崇高があるのだが、われわれは、それなりの仕方で、レヴィナス的な崇高の感情は不快における快楽なのだと付け加えたい。たとえ更に、レヴィナス的な崇高の感情は特殊な仕方でこのような快楽なのだと付け加えねばならないとしても。つまり、それ自体として暴力的な、享受の位相と他性化の位相との明滅なのである[19]。

　なぜ、レヴィナス的な〈語られたこと〉の維持しがたく、引き受け難いこうした「位相」があるのだろうか。更に、なぜこれらの維持しがたい諸契機は、あまりに過剰なものたらしめられるリスクにいわば隙をうかがわれているのでろうか。なぜ——こうした表現が許されるならば——、こうした「血ぬられた」(Gore) レヴィナスがあるのだろうか。

レヴィナス的な〈語られたこと〉のこうした位相はまさしく必要であり、それも、そのままの形で必要である。つまり、引き受け難いもの、ただ恐怖を引き起こすだけのものとしての、無限の刻印なのである。レヴィナス的な〈語られたこと〉の骨組みは、それが動転させられ、したがって動転させるものである限りでのみ価値をもつ。引き受け難いものの刻印として、これらの位相は維持しがたいものでしかありえない。すでにこれらの位相はわれわれを離れ、われわれもこれらの位相を離れる。われわれはそこまでレヴィナスに同伴せず、閾に留まることにするが、とはいえ、そこまでは彼と共に行き、この限界の試練に可能な限り耐えなければならない。この試練に可能な限り耐えるために、可能なものの次元、すなわち人間的なものの次元に留まることにしよう。無限と接触し、未聞のものを掠めることは真にこの試練に耐える唯一の仕方である。つまり決して終端にまで行かないこと。なぜか。なぜならこの試練の「終端まで行くこと」とは出血であるからだ。今や一挙にことはあまりにも簡単になってしまう。というのも、すべては裏返され、リスクは突出して過度なものとなるからだ。引き受け難いものが戯画化されると、あまりにもうまく馴致されてしまうリスクがある。

「レヴィナス」における耐え難いもの、この引き受け難い中心に関するわれわれの研究において理解されたのは、われわれが、その表面で苛立たしい戯画たちを波立たせる原理——この語はふさわしくないが——そのものを、逆向きに再発見したということである。この原理とはすなわち、過剰の過剰な実践というリスクである。無限がそこで閃光を放つところの諸位相は、内在的諸位相の対位旋律であり、前者は後者を動転させるが、すでにして前者は後者のうちに失われて遂には戯画となるのである。

したがって、このような思考の静謐はどこにもなかったことになるだろう。その過剰に縁取られながら、この静謐は過剰のなかにいわば回折されるだろう。

レヴィナスのテクストについては、何ものも引き留めてはならない。特にそれが肝要である。この曖昧なテクストはあらゆる所で逃れ、その〈語られたこと〉の「石化した」諸位相は、明確に、それらの位相の彼方へと赴くことだけをわれわれに招請する。その未聞の諸位相は、維持できない（あるいはすでに吸収されている）ことでしか未聞のものではない。このテクストは典拠となるようなテクストではとりわけなく、当てにすることができ、また、制度化された〈語られたこと〉に帰属させうるようなテクストではない。無限の過剰は、その戯画的な暴力において上位の境ですでに自己を超出しているか、あるいはまた、そのとき〈すでに－語られたこと〉の内に凝固して下位の境で無味乾燥なものとなるリスクを犯している……。まさにそれゆえ、その高みにあることを試みながら「レヴィナス」のなかで作業することは、ある意味では、「レヴィナスは語った……」と言うことを厳に禁じるのである。レヴィナスはわれわれに何も教えることがないだろう、言い換えるなら、レヴィナスは無にそっと触れることをわれわれに教えるだろう。そのことが可能になるのは、厳密な意味で維持しがたい言説においてのみであり、そうした言説はすでに自己を維持することはもはやなく――、まさにこの理由で、われわれを決していかなる場所にも、制度化されたいかなる〈語られたこと〉のうちにも落ち着かせず、不断に回帰することになるだろう。いかなる思想家もそこに、自分の思想のための揺るぎない台座と快適な住処とを見出すことはできないだろう――、このテクストは厳密な意味で自分を居住不可能なものとするのだ。とはいえ、この言説のなかでその試練を経るところまで冒険を試みる者たちはみな、自分たちの影――つまり自分たちの幽霊や亡霊――

によってと同じく不可避的にこの言説に伴われることになるだろう。彼らが「自分たちの家」に留まることができると信じるたびに、彼らを追い出しにやってくるこの他なるものへの愛着によってと同じく。「お先にどうぞ」という、大仰にすぎる礼儀正しさの甘ったるい殻を溶かして、すでに〈他者‐のために〉というトラウマの苦い核を味わうためには、不断に新たなものである生誕のトラウマにおいて、つねに改めて、別の仕方で思考しなければならないだろう。

2 E・レヴィナスにおける志向性への異議としてのリズム

レヴィナスは彼固有の思考の文体を強調法（emphase）、あるいはさらに誇張法（hyperbole）の文体として特徴づけている[20]。この意味で、思想の名に値するいかなる思考についても語りえないこと——すなわち、思想はおまけとして、装飾の資格で文体をもっているのだということは、E・レヴィナスの思考については特に語りえないことになる。E・レヴィナスの哲学はこの観点からも模範的である。彼の哲学は文体として生起するのだ。彼の思考は、その文体以外のいかなる場所にも位置づけられない。実際、過剰のなかで絶えず隔たりを取り——隔たりに対して隔たりを取り、かくして無限に至ることにおいて、誇張法的文体とは文体の錬成そのものでなくして何であろうか。かくして、誇張法的文体は〈同〉の織物、集摂し、それによって光のもとに置く述定命題的なロゴスに異議を唱えるのである。

権利上は、この誇張法的な隔たり、この連続した、もっと正確にいえば、自分自身に対して際限なく重ね合わせられたこの隔たりを中断しにやってくるものは何もないと思われる。というのも、この誇張法的な隔たりは〈レヴィナスの用語を借りるなら〉、〈語ること〉が〈語られたこと〉のなかで凝固するのを予防するのだから。

とはいえ、〈語ること〉は逆に〈語られたこと〉の内在性を強いて、〈語られたこと〉において痕跡の様相で自己を指示しようとする——決してそこで自己を贈与することはない——のだから、度外れは節度と無関係であるはずがない。同時に裏切り、集摂するものとして（パルマコン〔薬にして毒〕としてのエクリチュールというデリダの問題設定に近しい）〈語られたこと〉を指示することによって以外には、たとえレヴィナスがこの点を強調しないとはいえ、度外れのうちにも節度がなければならないという点を理解することは決定的である。それは、過剰の過剰な実践は過剰を無化し、剰余の壊乱的な負荷を無化するからである。より正確には、度外れを実践する行為そのものが尺度をもって測られねばならないのだ。加えて、誇張法は、文体の彩《フィギュール》である限り、他でもない、度外れを測るものであることを想起する必要がある。

われわれはここで二つの連接した懸念に狙いを定めよう。内在がその存在を超越に賦与しないとすると、また内在が、現出しえないものがまさにその欠如において告知される場として与えられないとすると、そのとき、この「無以下のもの」——それは実効の場を奪われた他性の出来事としての転覆そのものである以上、効果をもたないわけではない——は、もはやこの転覆させる無で「ある」ことさえない。同じ運動によって、また対称的に、〈語られたこと〉が転覆させられるのをやめるや否や、〈語られたこと〉はかくして、自分自身への閉塞を確保しつつ機械的に機能し始めるのだ。

度外れにおけるこの節度は、レヴィナス的身振りが堅い絆——ただこの身振りは不断にそれも脅かしているのだが——によって、この身振りがほとんど全部そこに位置しているような過剰を結びつけることの内なる限界のごときものである。[21] この節度〔拍子〕はE・レヴィナスの哲学におけるリズムと何かしら関係がある。
レヴィナスがリズムについて語っていること、すなわち、芸術作品に捧げられたテクストである「現実とその影」のなかで複雑な仕方で主題化された観念から出発することにしよう。[22] 芸術作品は、プラトンから着想を得た展望において、この論考では「影の部分」と形容されている。芸術作品は、一切の現実性に内的な——レヴィナスはそこにこだわっている——非現実性である。それはまさに脱実体化である。実体は形態〔形相〕の造形性の側に属しているからだ。ところで、リズムは模範的に——ただしそれだけではないが——音楽のなかに局所化される。[23] 音というものが「対象から最も切り離された性質」[24]、最も実体的ならざるものであり、レヴィナスが音楽、特に音と係わっている限りでそうなのである。したがって、リズムは否定的な含意を有している。というのも、実体を解体するものとして、それは脱-存（Ek-stase）、「一切の応答責任を引き受けることの拒絶」と解釈された自己からの脱出を意味するからだ。だから、リズムに抵抗することが必要だ、とレヴィナスは言うのである。例えば、音楽を聴くことは、自己喪失とここではみなされた舞踏に抵抗することである。[25]

正確を期してすぐに付け加えておくと、リズムに対するレヴィナスの批判は、われわれが先に注意を喚起したことよりも、語の厳密な意味で、もっと錯綜している。というのもこの批判は、〔見かけは〕多かれ少なかれ「太い」様々な糸から構成されており、時には相矛盾するように思われるほど、複雑な仕方で織り成されているからだ。

だから、脱存の力としてのリズムを前にした躊躇はある黙説法として展開され、この沈黙は他のテクストでは、〈同〉の無名性を住み着かせる繰り返し《ルフラン》のリズムに直面した不眠[26]として表現されることになる。批判の動機はこのとき逆転されるように思われる。リズムがもはや他性化（変質）への潜在的な力として批判されているのではなくて、逆に存在の内在の産出として批判されているからである。より正確には、争点として賭けられているのは、「悪しき」内在性、凝固させる内在性なのである。存在あるいは実存の無加工な拡がりはレヴィナスにあってはその未規定性によって特徴づけられるということ、それは個体性、より根底的には自己性にとって脅威であるということを想起するならば、この逆転は首尾一貫性の欠如のしるしにはならない。まさにレヴィナスには、他性の悪しき出来事[27]があるのだ。それは、脱個体化しながら、他なるものへと曝すどころか、〈同〉へと溶解し、かくして悪しき内在性を創設することになる。自己性ではなく、逆に、平板で、いわば固化された〈同〉の未規定性を、である。リズムはまた、すでに示したように、繰り返し（*refrain*）であり、より根底的には、それはざわめきのいわば反復[28]――区別不能なほどに連続した――のなかに溶解されそこで逆転されている。これは正確にはどういうことなのだろうか。リズムにおいて、断絶という出来事は反復に座を譲って消失する傾向にあるのだが、この反復において、自己喪失は、試練において逆説的ながらも自己を自己自身に与える暴力的な核摘出ではもはやなく、単調な繰り返し、つまり警戒の喪失としての反復、甘美で緩慢な溶解なのである[29]。自己性として自己を喪失する二つの様式がある。私は、断絶の暴力において私を私自身から脱出させる誘拐に私を曝すことで私を喪失しうる。だが、そのとき全ては逆転し、私が試練のなかから出来して、すでに今や責任への準備を整えている。私はまた、〈同〉の誘惑によって緩慢に誘惑されることでも自己を失うことができる。この誘惑は〈同〉の無限定な反復による執拗な調教であって、この調教は〈同〉が全面的に拍子であるがゆえにより確実で効果的である。この拍子が、まるで下から働きかけるかのように、「自己」を、まさに拍子を合わせた諸行為への賢明な意識たらしめるがゆえに、逆説的にも、過度の警戒のなかでこの賢明な意識を眠らせ、それを明晰さの単調な唸りのなかに解消してしまうのだ[30]。

このように、レヴィナスにおいてはいつもそうであるように、ある同じ観念の諸特徴や、また場合によってはその諸権能が、思考の運動のなかに挿入されるに従って、平板な矛盾に陥ることなく逆転されるのが見られる。この逆転は、平板な矛盾とは逆に、一切の〈語ること〉に伴うはずの語り直し（dédire）の運動そのものであって、それは〈語ること〉に対して、それが〈語られたこと〉のなかで凝固し自分を裏切ることを予告するのである。実際には、「積極的な」言い直しの運動は、決定的な発言の快適さのなかに身を置きつつも、思考が必ずや思考自身に課すことになる言い直されたこと（dédit）を先回りしてそれをも封じなければならない。このことはもちろん一時的なもの、危ういものであるほかない。だから、名宛人、あるいは少なくとも受容者が「理解する」唯一の方法もまた、この言説を、それに秩序をもたらす、つまり言説を統制する意志のうちで凝固させないこと、つまり、言説の運動に寄り添い、その荒波を引き受けることに存する。レヴィナス的言説ではいかなる〈語られたこと〉も言い直しなしでは済まないということ、これは、すべてについてその反対のことまで語ることができるという悪しき自由に委ねることではなく、逆に、この思考がその必然性と要請において呈する特異な運動の強い制約に読者を従わせることである。この思考において、中断と逆転が起こるのは、どこでも、いつでも、どのような仕方ででも、というわけではないのだ。

理解されたことと思うが、レヴィナスの言説――レヴィナスの言説はそこでリズムを主題としている――の運動に関してわれわれが行ったばかりのこうした指摘は、レヴィナスにおける他の多くの観念の地位に関して表明することもできただろう。とはいえ、ほかならぬリズムの観念に関してかかる指摘を今提示したのは、ただ任意の一例ということではない。争点として賭けられているのは、レヴィナスのフレージングのリズムそのものであり、そこでは、強調符が第一に不連続性の次元に置かれているということだからである。

われわれが出発した「現実とその影」の読解に戻るとして、芸術の〈脱‐存的〉な権能、リズムという非実体化する超越の力に対する不信が文字どおり、現象性を現象性自身に与える運動の物象化や停止や偶像崇拝としての芸術に対する非難へと逆転するのを確認するとしても、以上のように考えてくるなら驚くにはあたらないだろう――これは明滅するレヴィナス的言説に固有な、逆説的ではあるが、絶対的に起源的な一貫性のしるしでさえあるのだ[31]。

レヴィナスのテクストそのものである二重拘束《ダブル・バインド》がそれに禁じると同時に命じるような方向へと以上の運動を継続するという課題が、レヴィナスのテクストによって暗に許容されているのみならず厳命されてさえいるということにも、もはや驚くことはないだろう。

リズムは、発せられる声――更に根本的にはあらゆる現象性――の生きた肉的親密性のうちで絶対的に現前していると同時に、断絶や起源的な亀裂の計算不能性のなかでつねにすでに根本的にリズム自身に対して欠如してもいるのだが、それは不安定化の力能である。ということは、リズムのなかに存在するとは別の仕方での権能そのものを見て取ることができるのではないだろうか[32]。もっと根本的に、リズムとは存在するとは別の仕方でがその後退において自己を贈与する仕方ではないだろうか。存在するとは別の仕方でがつねにすでに内在性の風景とじかに接して引き起こすであろうみずからの痕跡、みずからの転覆以外のどこにもないものとして自分を指示するその仕方ではないだろうか。

このような方向づけは、本質的理由から、明白に要求されることはありえない。それはせいぜい透かし模様のように示唆されるだけである。このことは特に、「現実とその影」のような初期のテクストに後続する諸テクストでの、芸術の存在論的地位についての再評価――ためらいがちな黙説法から引き剝がされたものと言ってよいだろうが、実際にはもっと「肯定的な」――のうちで顕著である。[33]

レヴィナスの次の文章に足を止めてみよう。「彼［J・アトランのことである］は絵筆によって――連続的な形の同時性から、画布上に成就される始原的共存から、絵筆そのものが肯定しあるいは捧げる空間の起源的空間性から――この生を覆い隠す集摂と綜合の空間を否定するリズムの隔時性、あるいは時間性の鼓動、あるいは持続、あるいは生を引き剝がそうとしているのではないだろうか[34]」。

この箇所が決定的であるのは、芸術、なかでもとりわけリズムに関するレヴィナスの考え方のうちに含まれている根本的な逆転によってである。そして、おそらく躊躇なしにではないだろうが、ついにE・レヴィナスは芸術一般のなかに、そして特にリズムのなかに、〈ある〉の悪しき同性ではなく、逆に〈存在するとは別の仕方で〉を認めるのであって、〈存在するとは別の仕方で〉は、知られているように、逆説的にも、まさに断絶の力の身振りにおいて生の源泉なのである。

ここで正確を期しておかなければならない。この点に関してレヴィナス思想において作動している進化を示しうるのはもちろんだが、しかし、レヴィナスによる、またレヴィナス「における」思考に関してと同様、現象性に関する根本的様態、つまり両義性の只中にあって、この逆転はつねにすでに起源から準備されていたのである。それは、レヴィナス的両義性が「ぶれ」や不確定性の秩序に属しているのではなく――両義性があるのだから同時性のある種の効果のまさに只中でということになるが――他ならぬ逆転の根底性の秩序に属しているからだ。したがって、逆転の根底性や切れ味がそのことでわずかでも鈍ることなく、逆転の二つの相貌あるいは契機は、両者の緊張そのものによって結合されて思考の各「段階」に存しており、一方が現出するとき、他方は潜在的に作動しているのだ。かくして、逆転の徹底性は、強調の度合いに微妙な差を有しつつ、そこで全面的に維持されるのである。

だから、次のことに気づいても驚くことはないだろう。すなわち、「現実とその影」では、芸術とリズムに関するレヴィナスの発言の最も明白な糸が、別の論考であると呼ばれていたものの無名態への溶解としての脱実体化の告発という導きの糸であったのに対して、すでにこの導きの糸には、潜在的で口籠りがちなある別の糸——つかの間しか示されることのない予感——が通されていたのであって、それに即して芸術は「両義的な価値」を持ち、「発意と応答責任の世界のなかにひとつの逃走の次元」を構成してもいたのである。(35)

根底的ではあるがつねにすでに相互に憑依し合っているこれらの逆転において作動しているもの、それがまさしく、つねに、そしてなおも、レヴィナスの思想のリズム（ここではリズムという主題に関してだが）であるということは言うまでもない。

後で指摘することになるだろうが、リズムは、われわれが先に引用したアトランに捧げられた文章では、隔時性の、相対立する諸位相の明滅の媒体＝環境そのものとして明白に認知されていた。それは断絶——乗り越えられるとはいえ徹底的な——を超えて再び結ばれる導きの糸という未聞の逆説を前提としており、またそれは、始原的拍動を成していて、この拍動は一切の現象性を賦活しては、それを起源的に分離するのである。(36)

J・アトランに関するレヴィナスの文章のさらに別の性格に目を向けるべきだろう。

レヴィナスはアトランの数々の画布を語ることはほとんどなく、語られているのは仕事中の画家自身である。これこそ決定的な点である。というのも、このことが意味しているのは、リズムというものが、いかなる場合にせよ、視線の前に呈されることはなく、したがって、リズムを指示することは表象のいかなる様態においてもなされえないということだからだ。アトランの絵筆のリズムが現象性の中心で脈打つリズムを「模倣《ミメ》」しているということ、それはむしろ、後者の方がジャン・アトランと名づけられた個体を通りすがりに貫き通しながら、アトランの絵筆によって運び去られる、と言ったとしてもまだ不正確だろう。画布に住まうリズムを、現象性を与えるリズムへと結びつける関係は、単なる「転写」の関係でさえないのだ。前者は後者の谺のようなものであり、ある「力」あるいはある「強度」を他方へと中継するものなのだ、と言わなければならない。そしてリズムの強度がもつこの「循環」の試練において、作品と著者は「主体化される」のだ。

「仕事中の画家」に関するこのような指摘は、いわば間接的に、「仕事中の哲学者」についてもわれわれに多くのことを教えてくれる、とわれわれには思われる。そのことはレヴィナス自身の次の発言が確証してくれる。「だが、描き出された表面の下で脈打つリズムの意識およびこの神秘的な生の分析が、物自体へと向かう存在への通路の観念を哲学的省察に対して示唆しえないのかどうかを考えることは禁じられていない[37]」。

実際、厳密な意味において、〈存在するとは別の仕方で〉がリズムとして痕跡を残し、記入され、書かれるとしたら――〈存在するとは別の仕方で〉は記述され、痕跡を残すことだけしかできない、というのも、それは自分自身に同時間的ではありえず、十全に与えられることもないからだが――、その場合には、そこから、〈存在するとは別の仕方で〉のフレージングにおける〈語ること〉と〈語り直すこと〉の明滅のリズムそのもののなかで――そして今度はこれらの言葉のなかに著作の表題を聴き取らなければならないが――決して〈語られる〉ことのないもの、つまり〈主題化される〉ことのないものが「与え」られる、との帰結を引き出さねばならないのではないだろうか。だから、ある意味では、『存在するとは別の仕方で』の行間で、〈存在するとは別の仕方で〉はこれらの行を解体し、それらがある主題のなかに集摂されるのを妨げるものとして、とはいえ、それと同じ運動によって、哲学的要請[38]に強制された〈語らんと‐欲すること〉の根底性であるものの只中で、一方が他方のなかで、かつ一方が他方によって与えられるのだ。

だからこそ、『存在するとは別の仕方で』は芸術作品であり、レヴィナスは作家なのである。しかし、〈存在するとは別の仕方で〉が主題化されえないのと同じように、レヴィナスのテクストも、作品としては省察されえず、主題化されえない。作品、レヴィナスのテクストは、そのリズムの運動のなかで生成する作品であって、このリズムの運動は、今見てきたように、たとえそれが、まさに凝固する苦しみ、したがって自分を物象化しつつみずからを裏切る苦しみのもとで後戻りするためであっても、止まることのあってはならない運動である。『存在するとは別の仕方で』は歩みながら――つまりここではその歩みのリズムのなかで――みずからが作品であることを証示するのである。

別の仕方でそれを語るならば、リズムとはまさしく志向性の作業に異議を唱えるために到来するものだが、決して志向性の作業を根底的に追放することはない。そうではなく、リズムは、それが〈語ること〉に課す振動の只中で、〈語ること〉の意味作用を生産しながら、また、もしあまりに遠くまで行って、語の最も平板な意味で志向性を破壊してしまえばそれ自体が失われてしまうようなこの振動を測りながら、到来するのである。もし過剰な〈語られたこと〉が〈語ること〉を殺してしまう、つまり、存在論的な用語で言えば、内在性の過剰が超越を窒息させてしまうならば、〈語ること〉の過剰は〈語ること〉それ自体を殺してしまう。まさにその時、〈存在するとは別の仕方で〉は全面的に過剰であり、過剰は過剰を殺すのである。リスクは過剰の過剰な実践によって先鋭化する[39]。われわれは先にレヴィナスの作品は芸術作品としては主題化されえないと指摘したが、そのときすぐさま、それは芸術作品として主題化されることはありえないと付言すべきなのはそのためである。このように強調符の位置をずらすことでわれわれが言いたいのは、おそらくレヴィナスの作品は、それがそのリズムを省察しつつリズムを凝固させるならば、作品としては失敗することだろうが、しかし同様に――またまったく反対に――、芸術作品というものをリズム的脱‐存に徹底的に身を委ねるものと解するならば、レヴィナスのテクストは芸術作品としてみずからを徹底的に主張することはできない、ということである。まさにそのとき、人は「過剰な過剰」に係わり合うことになるはずで、それはあまりにも遠心的な運動において主体性を解体し、更には、最後にはその反対物に転化してしまうのである。(40)

そこから、リズムに関するレヴィナスの黙説、われわれの出発点となったレヴィナスの驚くべき分析が帰結するのだが、それによれば、音楽を聴くこと、それはある意味で舞踊に、つまりはリズムの傲慢（*hybris*）に抵抗することである。その場合、リズムはただ単に尺度の断絶にして欠如、したがって自己の忘却の媒体＝環境と解されている。

しかし、われわれは今や、人が真に舞踊するのはこのように逡巡において、舞踊への逡巡においてのみであるということを知っている。舞踊は度外れのなかの尺度〔節度〕(41)を含んでいて、舞踏があまりにも行き過ぎた時は、この尺度が舞踊者を自分自身に連れ戻すということ、それはまた、舞踊を拉致の純粋な暴力とおそらく異なるものたらしめるものでもある。（もちろん、たった今形成したばかりの命題の逆命題を構成する必要があるだろう。舞踊が舞踊であって、決して単に凝固した拍節《カデンツァ》の反復ではないのは、舞踏のなかで絶えず過剰が再生するからである。）

〈同〉への異議と過剰な〈他〉を前にした逡巡のあいだで、レヴィナスのエクリチュールは舞踊的であり、それを読む者にとって、すでにして舞踊することへの誘いなのである。(42)

第二章

M・アンリによる〈生〉のリズム

「キリスト教の同語反復[1]」について語るようには、M・アンリは決してみずからの「同語反復」について語ることはないけれども――もし括弧で括る配慮をしっかりするならば、彼の「同語反復的」文体について語るとしても、M・アンリを裏切ることにはならないだろう。

括弧で括ったのは、アンリのテクストを〈内在性〉の平板な自閉症的反復と判定する（それゆえあまりに性急にこの内在性は〈同〉のカテゴリーの等価物にされてしまう）表層的読解の印象の水準に満足しないよう注意を促すためである。それは読解というものの端的な否認となってしまうだろう。それでもやはり、あるフレージングが構成する巨大なアポリアに直面するのを避けるわけにはいかないだろう。このフレージングは自己を閉じることをやめず、自己を締めつけては、そうすることで〈生〉の運動そのものを指示する。この本来的運動のみが自己へと到来するのだが、それは永遠に自己から出ることがない。

自己以外にはなりえぬもの、パルメニデス的な沈黙を逃れて諸命題を分節化するのを可能にする相対的他性にさえ譲歩せぬものを、いかにして語ればよいのか。いかなる外部にも自己を示すことのないものについて何を語ればよいのか。いかにして、名宛人のために、表象の操作によってこのうえもなく裏切られると想われるものを「表象する」のか。どのようにして〈生〉を伝達し、〈生〉と関係に入るのか。それよりも何よりも先決問題として、なぜそうしなければならないのか。

自己自身についてのこれらの問いを、アンリの著作は、本質的な理由から、提示することがない。実際、〈生〉の運動そのものを「再生産」しつつ、更には、〈生〉の運動のなかに捕らわれて、アンリのテクストはそれ自身がつねにすでに運動のなかにある。「反射＝反省的」停止の諸契機や、自己についての躊躇に問いかけ、それを徴しづけ、したがって遂行中の思考の流れを中断するメタ言語は、アンリのテクストにはほとんど適合せず、厳密に道具的な枠組みにふさわしい限界にまで削減されている。肯定的発言を不毛なもの、あるいは少なくとも稀薄なものにする一種の内省的麻痺において、反射的＝反省的に自己の上に留まること、これこそ、〈生〉が力、強度、豊穣性の界域で思考されるという点で、〈生〉の運動と無媒介性に全面的に反対するものなのだ。

対称的に対立する哲学的思考の様式に少なくとも二つの大きな類型があるとするなら、ひとつは反射的＝反省的にこの類型をそれ自体へと連れ戻す躊躇のなかにつねにすでに捕らわれており、もうひとつは完全にその固有の運動に対して内在的で、つねにすでにそれ自身に係わり、それを起点として自己を吟味することのできる外部がない――つまりそこから出入りするのを可能にする閾もない――、このとき、アンリのテクストはこの第二の類型の身振りである[2]。

より包括的かつより起源的には、懐疑、ましてやアポリアは、M・アンリの言説の体制ではないと言わなければならない。それとは逆に、肯定こそが彼の支配的で根本的な言説の界域を構成するのである。

それでもなお、われわれは、無能力からではなく、逆にアンリの著作への敬意から、これらの問いを彼の著作に対して提起する。というのも、それが彼の著作の「存在させること」だからだ。このような身振りの正当性とは何なのだろうか。テクスト自身のなかに本来的な住処をもたない問いをあるテクストに対して投げかけるのは、暴力的であると同時に嘲笑に値することではないのだろうか。

われわれはここで長く難しい論争を始めるつもりはない。ひとつだけ指摘するにとどめたい。この指摘は、正当化の欠けたところで、われわれがこの身振りを具体的かつ独特なかかる布置のなかで実行しているという事実に少なくとも動機づけをもたらしてくれる。アンリのテクストが禁じているように見えること——他者としての読者に向けられた明白な暴力によってではもちろんなく、読者への徹底した無関心という同様に暴力的な暗黙の含みによって——は、これこれの問いではなく、〈問い〉そのもの、そのようなものとしての問うこと、自分自身について問うことそのものなのだ。全面的に自己自身のうちにあるものとして、このテクストはその只中で、問いというものが他性化であり麻痺である限りで一切の問いを拒み、ましてや、それが非本来的なものとしての外部、それればかりかある意味ではこのテクストにとって実在することなき外部からの問いである場合にはなおさらである。

だから、いわば副産物として分かるのは、このテクストの同語反復的様式〔文体〕を問うこと、それは同じひとつの運動によって——そして先決的に——読者の位置を問い、内部についての提起不能な——「内部」によっては提起不能な——問いを提起することである。すなわち、作品の受容という問い、まさにある意味では問いの可能性そのものへの問いを、である。

まとめておけば、以上のことは少なくとも二つの理由から絶対的に正当である。

第一に、哲学的著作に関しては、問いとは、危機に陥るとは、確実さが崩壊する際の驚きとはどのようなものなのか——哲学することの根本的気分（*Stimmung*）とはどのようなものなのかを問わなければばならないからである。

第二に、M・アンリを読むことは、おそらく他のいかなるテクストにも増して、彼がつねにすでに取り上げてしまったことについて反省し、まさにこれと同じ理由で、どこから入るか（場合によってはどこから出るか！）という閾について反省することを義務づけるのだが、まさにそれゆえ、このことは、ある著作、ここではこの著作の読解を通じて哲学する主体として自己を構成しようと望む者にとって生死に係わることだからである(3)。

そこで、導きの糸として、「同語反復的」様式〔文体〕の問いを取り上げよう。

ただちにひとつの指摘が不可避となる。すなわち、実際、アンリの数々の「同語反復」は互いにぴったり合致するものではないし、ぴったり重なり合うものでもない。したがって、アンリの「同語反復」は正確には同語反復ではないのだ。つまり純然たる同一性の定式化、結局のところ同一性それ自体の原理ではないのである。

最初になした説明はわれわれにとって不可避のものではあったが、われわれは今やそれについて、そうした説明は斥けられねばならない、少なくとも不十分なものと認められなければならないと考える。というのも、その明白な意図にもかかわらず、アンリのテクストは生の肯定的十全性を語るのに失敗するという試練を経ているのではないだろうか。〈生〉はまさしく定義からして述定命題的ロゴスには還元不能であるが――、アンリのテクストは少なくとも一部分は――あるいは少なくともある視点からすると――述定命題的ロゴスに確かに属しているのだ。たとえそれが、かかるロゴスの隠蔽的性格を一挙に告発するためであるとしても。やむをえず否定神学と類縁性を持ちつつ、アンリのテクストは述定命題的であるだろう。より正確には、アンリのテクストが「否定の道」を辿るのではない――それは逆にわれわれが強調したとおりまったく肯定の道に属している――以上、それは〈生〉の運動への一連の近似であることになるだろう。そしてこの一連の近似はある意味では終わりがないことになるだろう。というのも、ますます繊細に〈生〉と〈生〉自身との抱擁を緊密にするとしても、述的命題的ロゴスを媒体＝環境とするがゆえに、それでもやはりこの近似は定義からして失敗を運命づけられているからである。

　こうした読解には、〈生〉の顕現というアンリの問題設定に対してまったく外的であるという不利な点がある。しかし、これでアンリの問題設定が無価値になるわけではない。そうではなく、〈生〉がその自己顕現について語ることを、付かず離れず、おそらくはまた初めて聴取することを要請するのである。

　おそらく、アンリには「テクスト理論」はない。というのも、われわれがたった今説明したように、〈生〉の運動を翻訳すること、それはいかなる場合にもそれについて「反省する」ことではなく、テクストは、それがエクリチュールに属しているという点でまさに、媒介の最たるものだからだ（媒介はデリダにとっては起源的であるが、しかし、とりわけアンリにとってはそうでない）。それでもやはり〈生〉の顕現のための余地はあり――しかもこの余地は中心的で起源的でさえある。『現出の本質』においてすでに、〈生〉のそれ自身に対する顕現しか決して問題にはなっていないのだが、それはまさに〈生〉のそれ自身に対する顕現が現出の本質だからである。

　実際、〈生〉は直接的かつ全面的に顕現《レヴェラシオン》そのものであり、更には自己‐顕現である。〈生〉は自己と係わる運動以外のどこにも存在しないが、そのことがまさに現れることをなしている。というのも、〈生〉がそれによって自分自身から分離する運動があるからだ（たとえそれが自分自身といわばよりよく連結するためであるとしても）。この現れることは〈脱‐存的〉な現れることの様相とは絶対的に異質なものとして顕現する。アンリの根底的逆説によれば――〈世界〉内に投企されている者にとっては耐え難い逆説だが、あえて言うなら〈生〉の「明証」そのものを成している逆説――、〈生〉は自分自身から分離することで、自分自身と関係をもち、自分自身に自己を与えるという点で異質なものとして顕現するのだ。それゆえ、生とはある意味ではまさに全面的に「見させること」(faire-voir) ある。本来的顕現として、自己－顕現しかない限りでそうなのである。

われわれはここで再び、われわれが不断にアンリ哲学の中心的で起源的なアポリアとして示してきたものを見出さないわけにはいかない。すなわち、内在性の思想は次の二重の拘束に捉えられているのだ。内在性のそれ自身に対する無媒介的直接性――それが内在性をなしているのだが――は根底的でなければならない。が、内在性が、それがそうであるもの、つまり〈生〉であるのは、内在性が自己と係わり、内在性が自己へと到来する場合のみであって、そのことは、どこから到来するのかという内的隔たり、連関としての連関――たとえそれが自己に対してであれ――を可能にする隔たりを含んでいるように思える。したがって、この二重の拘束を最長の射程で引き受ける定式化は、連関の連関自身への内在性を最初の内在性として思考させるのである。このように、関係はある意味で、それが関係づける「諸項」そのものに先立つことになろう（これらの項は〈生〉と……〈生〉であっても、あるいは〈自己〉と……〈自己〉であっても、それはここでは重要ではない）[4]。まさに厳密には、抱擁がその内在性において最初のものなのである。〈生〉はその到来、あるいはその抱擁以外のどこにもない。われわれはここで、M・アンリは記述しようとしているところの抱擁は起源的にそれ自身に内在的でありうるのか、それとも、実際、M・アンリの意に反して、絶対的に起源的な抱擁それ自体、自分自身とよりよく結合するために自分自身から離れるような外部を前提としているのではないかという問題を未解決のままにしておく。

いずれにせよ、〈生〉が直接的に自己－顕現であるという事実について意見の一致を見るとすれば――

というのも〈生〉は自己に到来する、つまり、つねにただ到来するだけでもある自己への関係の直接性であるからだが——、その時にはいくつかの帰結がそこから生じる。ここになかでも重要なひとつの帰結がある。アポリアが仮定され、それによれば、述定命題的態度において表象不能なものそのもの（〈生〉）を表象することは不可能になるのだが、こうしたアポリアはおのずと陥落するのである。アンリの哲学によれば、この哲学はアポリアと出くわすことはなく、アポリアの試練を蒙ることもないのだが、その意味では、アンリの哲学はより根本的に、全面的に自己の自己‐肯定であるような〈生〉を直接的に引き継ぐ彼の哲学はまさに十全な仕方で肯定的である。なぜアポリアと出くわすことがないかというと、ある意味からだ。[5]「〈生〉について〈語ること〉」にはいかなるアポリアもない。というのも、〈生〉はつねにすでに、そして直接的に、本質的理由から、〈生〉固有の〈語ること〉であっただろうからだ。[6]ただし、理解することのうちには、述定命題的ロゴスを通じてしか、表象を通じてしか語れないとする幻想と袂を分かち、どんな〈見ること〉よりも古いこの「明証性」へと開かれることが含意されているのであって、その「明証性」によれば本来的かつ起源的な〈語ること〉は表象ではなく顕現であり、〈生〉の運動そのものと合致するのである。[7]「〈生〉を語る」ことがM・アンリにとって非常に厳密には虚偽の問題の資格でしかないことが理解されるのは、何が本当に語ることなのかが理解される時のみである。このときそれは、誤った仕方で構築され、誤った仕方で措定されたがゆえに問題であるような問題であり、もっと根底的には、解答がつねにすでに、直接的に課せられたところですっかりでっち上げられるような問題なのである。

以上のことが中心となって、そこから、伝統的に、また広い意味で「言語」に属する諸現象に対するアンリ的立場のいくつかの著しい特徴が生じる。

お分かりのように、重要なのは、〈生〉の起源的な場所たるこの抱擁の運動の様式的＝文体的「形式」

にすぎないものを、われわれが「同語反復」と名づけたことに起因している。だから、〈生〉の自己‐顕現がM・アンリによって「発語」と同一視され、〈発語〉そのものであるのを確認したとしても驚くには値しないだろう。実際、発語として――あるいはもっと正確にはただ発語としてのみ、というのもアンリ的な厳密さからすると、結局のところ〈生の発語〉以外に本来的〈発語〉はないからだが――、〈生〉は、いかなる可能事もそれに先行することのないような仕方でのその現勢化、より正確にはその行為〔現勢態〕以外のどこにもないからだ。〈生〉が純粋な力あるいは強度であるということ、それはまさにこの場合には、全面的にその遂行性（たとえアンリがこの語を用いないとしても）において語ろうと欲するということである[8]。だからこそ、〈生〉の〈発語〉は理論というよりは、はるかに実践および倫理に属しているのだ[9]。〈生〉のなかで誕生する各々の自己性にとって、発語すること、それは、〈生〉がそこに位置し、〈生〉のなかに位置するところの〈生〉の自己‐顕現の最初の湧出を証示することであろう。

　こうした証示は、つねにすでに、各々の自己のなかで自己を語るのが〈生〉だということを意味している。その結果、〈生〉の〈発語〉から各々の〈自己〉の〈発語〉への中継は、アンリ的視点からすると[10]、提起されないことになる。

　ひとたび以上のことが獲得されれば、われわれの出発点となった複数の「同語反復」のあいだの非‐合致は、アンリ的な仕方での理解を見出すことになる。

〈生〉がそれ自身に到来するのは、各々が特異な抱擁の本質からして、無限で飽和することなき多数性においてのみであり、この多数性はというと、まったく同様にそれと同数の〈自己〉から〈生〉へと到来する。それとまさに同じ仕方で――なぜここで類比が問題にならないかというと、ここで作動しているのは実際、同一の運動を他の視点から考察したものだからだが――、〈生〉の〈発語〉は各々が特異な抱擁の多数性において肯定されるのであって、何ものもこれらの抱擁を停止させたり飽和させたりすることはできない。各々が特異な抱擁を中継するためには、同じだけの抱擁と同じだけの発語——同じだけのテクスト、更には端的に同じだけの文があるのだ。アンリのテクストは（存在論的、美学的、政治的……）諸領域および著者たちの思想を横断するが、権利上何もこれを中断することはできない。というのも、アンリのテクストは、無限数のテクストの再生を見る〈生〉の運動そのものの証言以外の何ものでもないからであり、この証言はアンリのテクストを「見る」のに失敗する、まさにあまりに見すぎたために失敗するところでこの「テクスト」を証言することになるのだ。

かくしてこのテクストは、表層的で性急にすぎる読解にとっては、「不断に同じことを語り」、〈同〉を肯定しているように思われるかもしれないが、無限に再生するもの、互いに完全に同じ試練を決して持たないものとして顕現される。それは、生ける諸個体が〈生〉のうちでのそれらの合一の只中で無限に異なるのと同じである。アンリ的な「論理」の当然として——つまり〈世界〉の光、論理学なるものにとってのみ無意味であるような〈生〉の「論理」に従うならば——なぜなら〈生〉にとって疎遠なものを何も介入させることなく〈生〉へとこのように不断に到来するのは〈生〉そのものだからだ——、〈生〉の抱擁、〈生〉の発語はそれらのあいだで各々絶対的に特異で、比較不能なのである。

したがって、アンリのテクストに関するわれわれの問いかけの主題を考え直す必要がある。

まず、アンリのテクストが、麻痺、真理へと到達することの阻止と解されたアポリアとまさに無関係であるとしても、実際には、彼のテクストは驚きと無関係ではない。つまり、各々の発語はその本性からして特異であるので、ひとつの発話はひとつの出来事を構成し、各々の発語は〈生〉の自己への到来の無際限な反復の只中で、驚かせるものなのである。M・アンリを読むことで発見されるのは、問いなき驚き、肯定的な驚き……全面的に「驚かせる」肯定からなる驚きであると言えるかもしれない。たぶんこの文脈においては、*taumazein*〔驚き〕を「感嘆」(émerveillement)と訳すのがふさわしいのかもしれない。自己を与えるもの、過剰化するもの、〈生〉に諾《ウィ》と言うことが問題だからだ。

M・アンリについてのわれわれの読解を徹底化しつつ、更に危険な一歩を踏み出してみよう。アンリのテクストはそれでもなおアポリアと無関係ではなく——この近さからアポリアが無傷で引き返すことはできない、と言うところまで行くことはできないだろうか。

何をわれわれは狙っているのだろうか。それはつねに、不断に、内在性のまさに中心にわれわれが見分けうると思った内的隔たりである。〈生〉が自分自身と結合できるのは、〈生〉を分離し、そうすることで、〈生〉が〈生〉自身に係わるのを可能にする隔たりを、〈生〉そのものにおける同じひとつの運動によって穿つ場合のみである。この隔たりは縫合されえない。というのもそれは、〈生〉それ自身以外の何ものでもない〈生〉における、特異な抱擁の出現の条件そのものであるからだ。この内的隔たりは、厳密な意味で、あらゆる生誕の場、〈生者たち〉の母胎である。

したがって、そのことが指示しているように思えるのは、同じ仕方でもって、肯定の中心に、あるくぼみが、ある非-肯定が、その条件そのものとして、不断に再生するのを可能にするものとして存している、ということである。おそらくそれは、ヘーゲル的否定性ではとりわけない。ヘーゲル的否定性は、それを乗り越えるために、したがって存在を実現するために不可欠な破壊であるからだ。おそらくそれは、「欠如」として悲痛に生きられるものではまったくなく、ある意味では決して満たされえないであろうくぼみなのである。つまり、〈生〉はその豊穣性において飽和に達することがないのだ。〈生〉の贈与性の充溢性の中心には、到来すべき〈生者たち〉の約束という測りがたいくぼみが位置している。

アンリのテクストは、われわれによれば、それ自身の最深部においてアポリアに捕らわれているということ、そこから引き出されるのは、否定的なものや懐疑が〈生〉の（という）〈発語〉の只中で勝利を収めるということではなく、たぶん反対に、アポリアの肯定的形象＝文彩が可能であり、更には、どんなアポリアのなかにも肯定と生が現前しているということであって、戯画的言説のいくつかのものは時にそのことを忘却している。[11]

〈生〉が、自分自身で充溢しているとしても、拘束がないわけではなく、〈生〉を語る言説についても同様であるということ——もっとものことはM・アンリの筆を通じて不断に読むことができる。思い起こしていただきたいが、抱擁の試練において、享楽はすぐに苦痛へと変わるのだ（そしてその逆もまた真なのである）[12]。これがひとつの試練であるのは、〈生〉がそれ固有の重みで押し潰されるリスクに不断にさらされているからであり、〈生〉が厳密な意味でそれ自身にとってあまりにも重すぎるリスクがあるからだ。〈生〉は自己自身に自己を過剰に贈与し、かくして自己を危険に陥れるのだ。そのことは、欠如ではなく過剰によるアポリアの逆説的な形象＝文彩によって、〈発語〉において表現される。各々の抱擁で「溢れる」もの、それはまさに到来すべき抱擁の無限性である。数々の抱擁はある意味ではそれぞれが全体であり、全面的に各々の抱擁のなかにある。というのも、そこ、各々の抱擁のなかにあるのは〈生〉であり、と同時に、抱擁はそこには絶対にない。というのも、それらは絶対的に新しいものであるはずだからだ。というのも、抱擁はそれらの可能事の点描のなかに先在することはできないだろうからだ。〈生〉の贈与性の過剰－充溢の只中に起源的な非－贈与性のようなものがまさにあるのである。

まさに、だからこそわれわれは、〔アンリのテクストへの〕不実さの只中で、アンリのテクストを、確かに前代未聞の形式のもとにであるとはいえ、アポリアと格闘するものとして記述することは忠実であると絶対的に信じているのだ。このことはアポリアそれ自体に影響を及ぼさないわけにはいかない。

　始めるにあたって提示しながらも、ここまで少なくとも明示的な水準では留保してきたひとつの問いがある。なぜ留保してきたかというと、この問いは、それがアポリアとしての「同語反復」の問いと絡み合う限りで扱われるものだろうからだ。それはアンリ哲学における、テクスト、その使用、その受容の問いである。このことに関して論点を定めておこう。

　おそらく正確を期す必要があるだろう。アンリのテクストがその読者のことを決して気にかけないとするなら、それはアンリのテクストが読者を過小評価したり、否定したり、あるいはまったく単純に無視しているからではなくて、それは逆に、読者との関係があまりにも無媒介的なので、この関係が読者に問題を提起できないからである。そうした問題はつねにすでに解決されているのだ。アンリのテクストは自分自身に閉じ籠った自閉症として生きられるのではない。その逆である。〈生〉を語る特異な抱擁はつねにすでに読者と、〈生〉とそれ自身とのこの他なる特異な抱擁と「連絡」していたのであり、しかもそこには決して出会いの試練はない。――というのも、両者はつねにすでに同一の不可視の泉、〈生〉から互いに互いを汲み出していただろうからだ。かくして、読者への関係はつねにすでに、問題の、いわんやアポリアの反対物であったことだろう。無媒介的直接性という「明証」なのだ。その様式的〔文体的〕徴表のひとつがここにある。つまり「同語反復」は、それ自身の上に閉じられていながら、それでもやはり、証示の率直さにおいて、読者への絶対的に直接的な送付という様相で言い表されているのである。

　M・アンリにとってはだから、どのようにして自己から脱出して他なるものへと自己を送付するのかと問うことは問題を提示し損ねることである。もう一度言うが、それは〈生〉とは何かについての誤解から構成された、偽りの問題[13]でしかないのである。他者との関係に入ることの、こう言ってよければコミュニケーションのアポリアという苦痛に満ちた試練は、〈自己〉（たち）の〈生〉の合一という「経験[14]」においてつねにすでに消え去ってしまうことだろう。結局のところ、私に〈生〉の何たるかを理解させるのはアンリのテクストであるよりもむしろ、生者としてのわれわれの自己と他者の起源的共同体であり、そのほうがより根本的に〈生〉の何たるかを、それをわれわれに理解させてくれるのだ。

われわれは一方も他方も〈生〉の息子であるが、ある絆がつねにすでに私を「相互的内面性」においてこの「〈自己性〉－〈発語〉」と結びつけているのであって、その絶対的特異性が「M・アンリ[15]」と署名しているのだ。この絶対的特異性のうちで、私は私を私の特異性において承認する。というのも、同じひとつの運動によって私はそこに〈生〉を承認するからだ。

とはいえ、アンリのテクストはただ発語にのみ存するのではない。それはまさしくテクストである。すなわち、

一、哲学的テクストとして、それは脱－存的ロゴスの境域において展開し、述定命題的ロゴスの論証的厳密さと綯い合わされている。

二、テクストとして、ただ単にそれはある発語、その発声の無媒介的直接性において使い果たされてしまうのではなく、物質的支えのなかに痕跡を残し、記入される。

なぜ〈生〉の〈発語〉はその自己－顕現において、その外部、〈外部〉そのものと妥協することに同意しなければならないのだろうか（〈外部〉には二つの異なる版、つまり経験的なものと論理的なものがあるけれども、われわれの今の視点からはこの差異はあまり重要ではない）。

本質的理由からM・アンリにはテクスト理論のための余地はまったくないのだから、この問いに答える

ためには、若干の指示、指示としては間接的なものの方を向いてみる必要がある。

だが、いかにして〈生〉がテクストのなかに記入されるのかと問うまさにその前に、まったく単純に、なぜそうするのか問う必要がある。この問いに対する返答を構成する諸要素は、アンリの著作のなかでは、指標（indices）の状態で、起動的かつ分散的であるようにわれわれには思える。読者は本質的に、M・アンリによるテクストの実践を彼の哲学の主要テーマと結びつけることから、これらの構成要素を演繹するのを余儀なくされる。

根本的に、〈生〉が外部へのリスクに、敵に曝されなければならないのは、〈生〉が忘却されていたからであり、また、実際には読者において〈生〉の記憶（それは表象の様態のひとつである）を甦らせるのではなく、その試練を甦らせねばならないからである。したがって、読者を、その人がいる場所に、つまりわれわれ各人を、非本来的なもの、〈世界〉のなかに一挙に被投されたものとして探しに行かねばならないのだ。だから、〈生〉の発語は〈生〉を忘れている者たちを〈生〉へと呼び戻さなければならず、そのためには、〈生〉の反対物の只中へと自己を曝露することに同意しなければならない。

ここでM・アンリにおける、〈世界〉と同様、〈脱-存〉や忘却の複合的なあり方に足を止めてみるのが妥当である。これら三つの観念は強く結ばれている。というのも、〈世界〉は脱-存の根本的諸様相のひとつであり、そのようなものとして脱-存は、まったく否定的なその本質を〈生〉の忘却であることから引き出すからである。

忘却は〈生〉の否定のうちに一挙に存しているけれども、それをもって忘却が要約されるわけではない。おそらく、アンリ哲学の大部分が〈脱-存的〉超越に抗して書かれたということに注目することが妥当である。そのことが意味しているのは、少なくともアンリの言説の遂行性の内部では、この忘却という観念がひとつの決定的機能を有しているということである。つまり、この観念は、忘却が部分的にそこに存在している否定の支えとして、この言説を可能にしているのだ。告発すべき、ひいては斥けるべき超越が存在しないとしたら、どのようにして〈生〉を語り、また、なぜそうしなければならないのか。実際、少なくともある程度、アンリのテクストにおける〈生〉の肯定は、超越の告発、更にはその否定という間接的で迂遠な形式をまとっている。

アンリのエクリチュールは決してそのようなものには還元されず、それは本質的に〈生〉の「肯定的＝積極的」運動を画定しようとしている、とただちに付け足さねばならない。すなわち、それについてまさにわれわれが「同語反復的」様式〔文体〕という資格で、ここでのわれわれの探求の中心としたものである。それでもやはり、この巨大でかつ普遍的に拡大した偏見である〈世界〉――〈生〉の忘却――への告発の緊急さが、アンリの言説を動機づけ、始動させている。もしこの躓きがないならば、一切の〈脱‐存的〉ロゴスを沈黙させるほかない――哲学を書く必要もまったくない――だろう。ただ、この躓きはアンリにおいては、起源的沈黙のうちに吸収されるためではなく、逆に、唯一の発語しつつある発語、〈生〉の〈発語〉を聴取し、すでにしてそれを語るためのものである。

実を言うとM・アンリは、彼自身の語彙で、プラトン以来哲学的言説の大半を創始させたものを試練にかけている。起源的躓きからすると、われわれは逆説的にも、まず、非本来的なもの、派生的なもののなかに記入され、われわれにとってのこの状況の最初の性格が、われわれに本来的なものを忘却させ、われわれに非本来的なものを本来的なものと捉えさせる（その反対物として与えられるのは実際、幻想および／あるいは偏見の強い性格である）。

少なくとも明示的かつ主題化された仕方では、M・アンリによってはいかなる場所においても提起されていない問いとは、次のようなものである。いかにして〈超越〉は、厳密な意味で、〈内在〉に到来する、のか。なぜ〈生〉の忘却があるのか。

手短にプラトン主義との平行関係を立ててみるのが、この点に関してはより事をはっきりさせてくれる。おそらく、少々図式的ではあるが暗示的な仕方で言えることは、プラトンは本質的に「上昇的弁証法」に、感覚的な世界から知性的世界へと上昇する弁証法に専心し、遅ればせながら、しかも周辺的にしか「下降的弁証法」に興味をもたなかったが、この下降的弁証法は、もはや感覚的世界を確認することに飽きたらずに、続いてより完全な源泉に遡行するのではなく、より起源的な問いを提起するに至る。すなわち、いったいなぜ、最も完全なものはそれよりも完全ではないものを生じさせたのか（今や最も完全なもの、諸イデアのまさに彼方、〈一者〉の場所において、〈感覚的なもの〉へと再び下降することを試みるこの弁証法に、新プラトン主義者たち、特にプロティノスは執着した）。

もしこうした比較が許されるなら、M・アンリには「下降的弁証法」もない、あるいは少なくとも、M・アンリにおいては最も近年のテクスト群においてようやく「下降的弁証法」は開始されたのだと言うことができるかもしれない[16]。問題構制（この点に関しては、『現出の本質』以来近年出版された著作に至るまで著しい変更はない）は、〈超越〉と〈内在〉のあいだ、〈生〉と〈脱-存〉としての〈生〉の忘却のあいだの二項対立のなかに一挙にまるごと設置されている。しかし、もし〈超越〉が派生的なもの、非本来的なものであるなら、〈超越〉はそれ自身のなかにいかなる必然性も、いかなる正当性も保持しない。したがって、〈超越〉という出来事のなぜ〔理由〕はM・アンリにおいてははなはだ謎めいたものに留まるのである。ここでは、哲学者に対して彼が（ほとんど）語らなかったことを問い尋ねたり、また、もちろん、彼がなさなかったことについて非難したりすることなく、この沈黙にほぼ近いものを理解するためのいくつかの諸要素をもたらすことができる。〈超越〉という出来事について報告し、それを説明すること、それはすでにしてただちに正当化の始まりではなかっただろうか。〈超越〉への告発を求める多数派の要請がいわば悪意をもってそれを眺めるだろう、そうした正当化ではなかっただろうか。だからアンリのテクストは、こうした緊張の虜となって、〈超越〉の「なぜ」を「口先だけでしか」表現することを自分に許さないのではないだろうか。それはまた、彼の論議が、根本的な反論――アンリのテクストに本質的に関わる存在論的出来事を、彼自身の枠組みのなかで報告するには、このテクストは適していないと非難する反論――の回路をショートさせることに成功するためではなかっただろうか。

M・アンリの筆のもとに以下のことが読まれることになる。

一、自分自身の重み――〈生〉は過多そのものなのだから本質的に過剰である――のもとで窒息させられかねない〈生〉は、自分自身の外へと投げ出されてしまう。それは〈生〉が自分自身で負荷を軽くするためであり、〈生〉がそれによって〈生〉であるところの運動そのものを通じて自分に課する苦痛の荷重を軽くするためである[17]。したがって、〈生〉は〈外部〉そのものを創始するだろう。

二、欠けるところなき主体性であるためには、〈私〉は自分がそうであるものを〈生〉から引き出し、自分の権能を〈生〉から引き出しているということを忘却しなければならない。そこにこそ、その権能、その「私はできる」と言いうること、エゴであることを備給される唯一の存在の仕方がある。実際、こうした観点からすれば――そしてこうした観点からだけだが――、自己自身である唯一の存在の仕方は、自己とあまりにも一致していて、自己を考慮することも、自己を表象することもないことだ。なぜなら、こうした考慮や表象はつねに距離の導入を前提しているからだ。根本的には、ひとつの〈私〉であることは、自己について、更にはその誕生について、〈生〉の〈息子〉であるという条件についてのいかなる記憶ももたないことを前提としている[18]。自己についての、その生成についての、その誕生についての記憶、そのようなものとしての記憶は、ある意味では桎梏であり重荷でしかない。だから、もし私が〈生〉を忘却することでしか本当に私自身でないとすれば、〈生〉の忘却の正当性、更にはその必然性のひとつの形態があることになるだろう。〈生〉は、その〈息子〉たちが真に彼ら自身であり、少なくとも彼ら自身を所有できるために、自己を忘却させることに同意し、忘却を引き起こしさえするべきではないのだろうか。そのことが言わんとするのは——周知の理由からM・アンリは特にそのことにはこだわらないのだが——、自己であるためには、〈生〉を忘却し、〈世界〉に存在することもまた必要であるということだ（それに対して、アンリの発言は、自己であるためには〈生〉の試練を再び見出さねばならないと言うことに存している）。

最後にはこう書かれている。

三、〈生〉は記憶を絶したものそのものとして、アンリの文脈で言い換えるなら、つねにすでに想起の表象的構造をまぬかれてしまったものとして定義されるということ。記憶を絶したものとしての〈生〉のこの定義は非常に大きな帰結を有している。アンリの論理では、一方で、〈超越〉は〈内在〉の非実体化として〈内在〉から全面的に派生するので固有の本質をもたず、他方で、〈内在〉はそれ自身との関係においてのみ「定義される」ということ、これは自明であるのだが、ここで決定的な変化が生じる。つまり、〈生〉は本質的に記憶を絶していると言うこと、それは忘却をして〈生〉の本質的性格のひとつたらしめることではないだろうか。したがって、忘却に、そしてまた忘却の場所たる〈世界〉に本質的な地位と起源的な意味を与えることではないだろうか。というのも、それらは「〈生〉の本質」の内部そのものに介在するのだから。〈生〉は〈世界〉をまぬかれると言うだけでは十分ではなく、〈生〉を〈世界〉をまぬかれるものとして「定義し」、かくして、〈生〉を〈世界〉との必然的な絆のうちで定義する必要があるだろう。因みに、このような接合に係わる装置は複雑である。〈生〉を記憶を絶したもの、つまり、つねにすでに忘却されたものとして定義すること、それは〈生〉を、想起を、ひいては〈表象〉と〈世界〉を逃れるものとして定義することである。〈表象〉と〈世界〉はまさに〈生〉の忘却なのだから、生きること、それは忘却を忘却することである。それでもやはり、もし〈生〉が〈世界〉を拒絶する運動のなかに位置するとするなら、その場合にはまさに〈生〉がそこで拒絶されるために〈世界〉が必要なのである。もし〈世界〉が〈生〉の忘却であるなら、〈生〉はまさにある意味では〈世界〉の〈忘却〉である（第二の類型の忘却（Oubli）に付された大文字は、この忘却が、〈内在〉の本来性のために「働く」という意味で、「超越論的」〈忘却〉の本質を構成する〈忘却〉であることに注意を促している）。

このような帰結は、M・アンリによってはどこにおいても、そのまったき根底性においては引き出されてはいない。それには二つの相反する理由があって、われわれはすでにそれに言及した。

一、超越の告発の緊急性に専心しているため、彼にとって、超越の「なぜ」を語ることのできる糸を引き出すことがまずもっての問題なのではない。

二、まるごと〈生〉はその自己との関係において自己を享受することそのものであり、したがってそれを従属させるようないかなる外部、特に〈外部〉そのものをもつ必要がない。これがアンリ哲学の中心的テーゼである。これに逆行することは、この哲学の基礎そのものを掘り崩すことであり、とりわけ〈生〉に関する誤解の最悪のものを犯すことになろう。したがって、われわれが先ほど喚起した定式は〈生〉を〈世界〉[19]との関係において定義し、〈生〉を忘却の忘却、世界がそれであるところのこの忘却の忘却と定義するように思えるけれども、それは、〈世界〉の光への教育上の譲歩でしかありえず、〈世界〉のうちで迷う者たちに彼らが理解する唯一の言語で語りかけながら、彼らを探しに行くひとつの仕方でしかありえない。アンリ思想の枠組みにおいてこれらの定式化がより本質的な地位をもつということは考えられない。

それでもやはりそのとき、両義性が現れる――たとえアンリの言説が両義性を囲い込み、飼い慣らし、ただちに無力化してしまうとしても。それでもやはり、そのとき〈生〉の〈発語〉は不透明になる。そして、〈外部〉が問題である時、更には、最後にとりわけ〈生〉の〈発語〉が自分をその外部へのリスクに曝すこと、迷える者たち――エクリチュールのうちに〈生〉の発語の直接的宛先をもはやほとんど聴取しない者たち――へのエクリチュールにおいてのリスクを冒すことに同意することが問題であるときに、この両義性が現れるということはどうでもよいことではない。テクストとはまさしく、模範的な仕方で、この同意された外部、敵の側への突破口ではないだろうか。それはリスクなしにはなされえず、〈生〉の〈発語〉を不透明化し両義的なものにするという、先に例示したようなリスクなしにはなされえないのではないだろうか。より根底的には、テクストとはこのリスク以外の何ものでもない。テクストのリスクとは、こうM・アンリは暗黙裡に考えているように思われるのだが、〈生〉の〈発語〉のための一時的で管理された犠牲でしかないのだろうか、それとも、テクストのリスクはその無媒介的直接性をつねにすでに曇らせてしまっていたのだろうか。

この問いへの答えで賭けられているもの、それは〈生〉の忘却の根底性の度合であり、それに対して抗議しなければならないのだ。そして、M・アンリにおいてつねにすでに決定されていること、それは〈世界〉における〈生〉の忘却は根底的ではないということ、〈世界〉のなかで迷った者たちは〈生〉との絆を断ったのではないということだ。たとえ彼らが生き残りであり、彼ら自身の影、亡霊だとしても、彼らはなおも生者である。さもなければ、彼らに向けて語りかけることは可能でも必要でもないだろう。死者たちに語りかけたとして何になろう。この点を考えずにはいられないが――この哲学の起源的決定は暗黙裡に「否定によって肯定する様式」（*modus tollens*）での間接帰謬法の形式を借りている――、〈生〉は隠匿され、窒息させられて隠密裡に生きることで、非本来的なものにそれがもつ僅かばかりの生を貸し与えねばならないのではないだろうか。そして、同じひとつの運動によって、各々の〈私〉にとって「第二の」誕生が可能でなければならない。

ここには、プラトンにおいて無意識的想起（réminiscence）の主題系が占める地位と機能が、ある特殊な様子で見出されるだろう。知が可能であるのを理解する唯一の仕方は、知は根底的には消去されず、したがって学習することは、新たなものを現れさせることではなく、すでにそこにあるものを蘇生させ、甦らせることであると仮定することである。実際、もし私が知から完全に分離されて、誤謬のなかに閉じ込められていたら、そのときには知を予見するいかなる形式ももたないのだから、私は知を探し求めたりしないだろう。それに似た仕方で、M・アンリにおける〈生〉は〈つねにすでにそこにある〉であり、その只中にひとはつねにすでに浸されているとはいえ、そのなかに起源的に入ることは決してなく、そこから真に起源的に出ることもない――もちろん死ぬことを除いて（しかし、〈生〉そのものが死ぬことはない）。

そしてこの決定は一貫している、というのもこの決定は、〈生〉がそれに従って本来的なものであり〈絶対的なもの〉であるような起源的決定を継続するものであり、すべてが、とりわけ〈絶対的なもの〉を堕落させるものでさえ、いや、そのようなものこそ特に〈絶対的なもの〉の派生物なのだから。『現出の本質』の全体が、〈超越〉は自分を自分自身では基礎づけえず、〈超越〉はすべてを〈内在〉に負っており、だから〈内在〉は自分に〈超越〉を従属させ、supporter という語のすべての意味でそれを支え、それに耐えていることを証明しようと専心している。だから、まさに〈内在〉は〈超越〉によって覆い隠されているが、〈内在〉は——「定義からして」——〈超越〉によって変質させられることはありえないだろう。その内密性のなかで、〈内在〉はその力をまるごと維持する。

　こうした哲学は、あらゆる事物を可能にする起源的〈絶対〉を措定し、したがって、かかる〈絶対〉の純粋性だけをつねに隔離させうることを意味し、最後に、そのことを思考しないわけにはいかないということを示している。こうした哲学は——とりわけ形式〔形相〕や本質の価値を認めないがゆえに、プラトンからカントやフッサールへと流れる系譜（〈生〉はまさに〈イデア〉や〈超越論的なもの〉と同じ機能を有しているが、情動の物質性が形式〔形相〕の超越と対立するように、それらと対立している）[20]と対立しつつ、この対立をなしているすべてのものにもかかわらず、この系譜のうちに記入されている。この哲学は、テクストという外部を経由する必要性に口先だけで同意しているわけだが、このように考えてくると、テクストという二次的で道具化されたものが、〈生〉の〈発語〉の純粋性を汚染するということは、つねにすでに考えられないのである。

　〈超越〉から〈内在〉への、〈生〉から〈脱－存的世界〉へのこうした特殊な関係から、アンリ哲学によってテクストのなかに導入された連関をめぐる最後の帰結をようやく引き出すことができる。われわれが先に行った分析のひとつを確認しつつ分かったことは、もちろん〈生者〉である限りで私はつねにすでに〈生〉のなかに記入されているという意味で〈生〉の真の始まりはないという考えのもと、始まりのアポリアがプラトン的な仕方で管理され処理されているということである[21]。それは、相関的に言うと、〈絶対〉には閾がないということである。したがって、私が〈生者〉である限り、〈生〉の〈発語〉が私のために完全に殺されるというのは不可能である。〈生〉の〈発語〉は、それを堕落させ不透明化させるテクストを可能ならしめる。そして、唯一、テクストを通じた〈生〉の〈発語〉の押し殺された谺だけが、私がテクストを理解することを可能にするのである。こう語ること、それは、〈生〉の〈発語〉がテクストに対して、フィンクの言う、超越論的言語の経験的言語に対する関係とまったく同じ地位と同じ機能をもっていると語ることである。派生的で不完全な外部（諸々の言語やテクスト）への記入を超えて、そこに記入されるものは、その純粋性とその至高性のなかにつねに保存される。しかし、それは沈黙という核の資格でではなく、反対に本来的な唯一の「言語」、真に語る唯一のものとしてなのだ。

始まりのアポリアを処理する仕方においてと同じく、〈生〉の〈発語〉に与えられた地位においても、フィンクとの親近性が見られる。この親近性は、あらゆるニュアンスの相違にもかかわらず、M・アンリのうちに、「超越論的な」身振り――ただしこれはアンリ自身によって要請されたものだが――を、したがって、こうした身振りに呈しうる数々の反論にアンリを晒すものを現出させる。なかでも、何が私を〈絶対〉（ここでは〈生〉）の代弁者にすることを許可するのか、という反論である。更に、〈絶対〉（ここでは〈生〉）にいわば直接的に発語させる「超・超越論主義」とでも名づけうるものを何が許可するのか。〈内在〉の「論理」の内部からすると、この問いへの応答は直接的で首尾一貫しているというのは確かである。私が〈生〉の〈息子〉である限り[22]、〈生〉の〈発語〉はつねに私のなかで語られるのだから……。しかし、問題はまさに、閾がないのだから、思考の外にいるとすると、その場合は思考への取りかかりがないことになるし、思考の内部にいるとすると、その場合には、徹底的に問いただす一切の権能を奪われ、〈生〉の内的一貫性に文字どおり吸収されてしまう。理解していただけると思うが、われわれの努力のすべては、アンリ思想そのものに少々反しながら、しかしその要請でもあるものに忠実であるために、とにもかくにもこの二者択一の回路をショートさせるのを試みることに存している。

われわれの道程の導きの糸をもう一度捉え直しておこう。

なぜ〈生〉の〈発語〉が、迷える者たちと出会うためにテクストとなることに同意しなければならないかを、われわれは今や知っている。と同時に、〈生〉の〈発語〉がそうしたのは、その絶対性が脅かされていたわけではなく、言い換えるなら、迷える者たちもまた絶対的に脅かされていたわけではない限りにおいてのみであるということが理解された。

最後に、いかにして〈生〉の〈発語〉がこの未聞の企図を成就することができるのかを理解することが残っている。

この型の問いに答えるためには、われわれは先に、本質的な理由から、指標に、間接的な指示に頼ることしかできないと言った。

例えば、M・アンリが素描家フォン・ブリーゼン〔August von Briesen, 1935-2003〕に捧げたテクストの側を振り向いてみることができる[23]。M・アンリがフォン・ブリーゼンに帰している企図、すなわち空間という（ここでは絵画的な）外部に〈生〉を記入しようという逆説的かつ未聞の企てと、結局は哲学的テクストによって構成される外部に〈生〉を記入することに存するアンリ自身の企図とのあいだには、類似が、より根本的には、本質的親近性があるのではないだろうか[24]。

M・アンリがフォン・ブリーゼンの作品に――そしてさらに、このことが重要なのだが、作業中のフォン・ブリーゼンに[25]――加えている諸分析の詳細を再び取り上げることはせずに、にもかかわらず、われわれがそこから引き出すことのできる、テクストのアンリ的実践に関わるいわば間接的な教えに注意を向けてみよう。

フォン・ブリーゼンの決定的独創性は、〈音楽〉を描くことに存している。もっと正確には、M・アンリによれば、フォン・ブリーゼンが音楽を聴きながら描くもの、それは〈生〉それ自体である。単にショーペンハウアーのような仕方で、〈音楽〉は、空間という外部化の媒体を拒絶するもので、力としての〈生〉の自己への直接性にずっと近いと語り、と同時に、〈音楽〉を描くこと、それはいわば空間をそれ自身から救うために空間をそれ自身に抗して作動させることだと語ることではない。このような分析はより根本的な分析によって中継されなければならず、この分析は、一、フォン・ブリーゼンが描いているものは実際には〈音楽〉ではないということ、二、と同時に、デッサンは表象の機能をもたないことを語るものである。

実際、理解しなければならないのは、ある音楽作品の聴取の機会には、〈生〉のリズムが特異的かつ模範的にフォン・ブリーゼンという生きた個体の中心で成し遂げられるということであって、それはあたかも〈音楽〉のリズムが「フォン・ブリーゼン」と署名する特異な自己性の只中でリズムを引き起こしているかのようである。そしてこのことは、強度の極の一方から他方へと（音楽作品と素描家）、ある観点からすれば、問題になるのがつねにすでに同じリズム、〈生〉のリズムであるような仕方でなされる。というのも、各々の特異性のリズムが分かち持たれるのは、リズムが不断に自己の本源としてそこに立ち帰る〈生〉を起点としてのみであるからだ。したがって、〈生〉が生きるその仕方、われわれはすでにそれを検討したが、この仕方に起因する諸々の理由から、〈音楽〉は生きた個体の中心にある意味ではつねにすでにあるところのリズムを生気づけるのである。

そのことが言わんとするのは、特にフォン・ブリーゼンにとってある要素（〈音楽〉）を別のもの（デッサン）のうちで再生産＝複製することは問題にならないということである。これら二つの要素は、一方が他方から切り離されて、あらかじめお互いに疎遠なのだから。ある実体化された要素（ある情報）を出処としつつ、この媒体＝環境をそれとの関係では自律した別の媒体＝環境へと転移させるモデルは、フォン・ブリーゼンが描くときに「起こっている」ことを記述するには絶対的に有効ではない。

またそのことが言わんとするのは、〈音楽〉への谺として、いわば〈音楽〉に圧されて、絶対的に特異なリズムの布置が生まれるということ、結果的にはこの布置はそれを引き起こした音楽の複製とはまったく違うということである。実際、フォン・ブリーゼンが描くものは音楽ではなく、彼が〈音楽〉を聴くとき、彼のなかで閃く主体的強度である。したがって、描くこと、それはいかなる場合にも、耳から紙へと——転移させるという意味で——翻訳することではないし、生ける個人から紙片へと翻訳することでもない。描くこと、それはあるリズムの強度に閃かせること——この閃光を放つ（fulgurer）という語のなかに身振りの絶対的直接性を聞き取らなければならない——でもある。そしてこのリズムは、〈生〉の他のあらゆるリズム——すべてのリズムのなかで〈生〉は響くのだから、〈生〉のリズムは個々のすべてのリズムのなかで聴き取られる——に内的に結びつけられるほど、より特異なものなのである。

ここでこそ、ある媒体＝環境から別の媒体＝環境への移送としての媒介や表象がもつあらゆる問題構制が、直接性としての閃光の問題構制のために無効になるのであって、この直接性としての閃光の問題構制は、それらの密かな合一を起点としつつも、一方の他方に対するリズム的布置同士の絶対的な差異を保護し、唯一、それを思考することを可能にしさえするのだ。

したがって、絵画的述定命題という問題構制がもつ問いとは「どのようにして表象不能なものを表象するのか」であり、おそらくは簡便さからこうした言葉で問いは表現されている——M・アンリもしばしばそうしている——のだが、この問題構制は実は不適切で、問題を正しく立ててはいない。われわれがすでに見《まみ》えたアンリの動機によれば、それは「偽りの問題」を提起しさえする。いかなる問題もないところでそうするのだが、そこでフォン・ブリーゼンの描線が閃光を放ち、〈生〉が閃光を放つ。ただ、それは実際には〈生〉を表象することではないから、その本質を裏切るなどということは問題にならない。

もし、ブリーゼンの描線が「表象」せず「再現」せず「翻訳」しない（等々）とするなら、〈生〉——われわれはこの意味論的界域を便宜的かつ暫定的にしか決して用いたことがない——は何をするというのだろう。

もしブリーゼンの作品が、〈生〉が何ではないかを、そして間接的に〈生〉を語るために絵画的表象を用いる述定命題ではないとすると、それは何なのか。

われわれは閃光というアンリの用語を再び用いたが、それは、フォン・ブリーゼンという特異な生きた個体を「貫きながら」、音楽作品の特異性を絵画作品の特異性へと関係づける関係の起源的直接性を喚起するためだった。この閃光という観念は更に別のことを語っている。それが語るのは、フォン・ブリーゼンの描線は何ものも表象しないということだ。なぜなら、起源的にはこの描線は、それ自身では空間に定位される何ものでもなく、反対に空間を切開するものだということだからだ(26)。フォン・ブリーゼンの描線は、確かにそれを紙片の上に書き込む最小限の表面に譲歩しつつも、より根本的には、力そのものによって、〈生〉によって引かれた描線であることによって紙片の空間を引き裂くような描線なのである(27)。

フォン・ブリーゼンの描線は、〈脱‐存的超越〉の法に適合するどころか、その転覆そのものである。〈生〉を表象しようとするどころか、まさにそれが不完全でしかありえないことを引き受けつつ、この描線は〈生〉の描線である。それはこれこれの形象化ではなく、空間それ自体であり、空間を超えて〈脱‐存的超越〉それ自体を転覆させるものなのだ。「見ることへと与えられるものが、自分を与えないものとしてわれわれに与えられる」ということ、このことは起源的な意味で理解されなければならない。古典的な述定命題的身振りをなしつつも、フォン・ブリーゼンにとって課題だったのは、人が表象しようと望むものはつねにあらゆる表象を超過するということを指示するために、与えられた表象を否定することではなく、むしろ、一切の意志と一切の表象的本性を奪われた(28)身振りを空間に適用することである。この身振りはいわば盲目で、その生きた直接性において、空間を転覆させ、空間に暴力を振るう以外の効果をもたない。表象性、外部性の媒体と出会いながら、その只中で、この媒介そのものとはたとえ最小限にであっても妥協することを拒むこと、この拒絶は、M・アンリによれば、カンディンスキーとの関係において）、フォン・ブリーゼンによって更に踏み出された一歩のなかで(29)、画布あるいは紙片の「上で」純粋な〈主体性〉にして〈内面性〉たる〈生〉に閃光を放たせる芸術のなかで正確な仕方で徴しづけられる。

フォン・ブリーゼンのこの「前進」は次の仕方で手短に説明することができる。画家が用いる客観的諸要素は、それらが内面的かつ主体的な音調と相関しているその度合に厳密に応じてのみカンディンスキーの関心を引くのだが、カンディンスキーはこれらの主体的な音調がそれらのあいだでも相関しており、それらが数々の布置のなかで配置されると主張しているのだ。構成《コンポジシオン》の観念がカンディンスキーにとって決定的なのはそのためである。画面のコンポジシオンは、主体的音調の内的布置を最も見事に翻訳しなければならないのである。その点で、カンディンスキーはなおも、自分の身振りと、より根本的には主体的生を、外部性と表象の諸法則の何かに従わせているように見える。フォン・ブリーゼンはどうかといえば、彼は暗闇のなかで、「紙の上に記入された筆記《グラフ》の各々は、その横にある筆記から完全に独立しているということを表すもの」を描くのである(30)。彼はカンディンスキーをそれ自体としての空間と表象性になおも結びつけていた最後の紐帯を断ち切る。鉛筆の描線は、それが空間と出会うとき、絶対的に純粋で、空間の根本的構造によるあらゆる感染から保護されており、したがって、描線のなかに空間と同様、描線が適用される空間そのものをもまったく同じように廃棄するのであって、その操作性は表象的なものを絶対的に何ももたないのだ。空間に無関心なフォン・ブリーゼンの身振りは、空間の本質と矛盾する本質によって、純粋な転覆や、紙片の空間、この空間を通じて〈空間〉それ自体に課せられた純粋な暴力のなか以外のどこにも「ある」ことはない。

それでもやはり、われわれは再び、かつてない意味で、〈空間〉それ自体への最も起源的な無関心の水準たらんとするこの水準において、われわれがすでに強調する機会を得たアンリ的分析の暗黙の緊張を見出す。フォン・ブリーゼンの素描法がまさに「最小限」であり、あるいは更に「疲れ果てている」としても、M・アンリの表現[31]を再び用いると、それでもやはり――そしてこの言い回しもそのことをうまく指示しているのだが――彼の素描の空間への記入は心ならずも必要とされるのだ。この奥行きの水準で、この水準においてのみ、述定命題的なものの問題構制が再び見出されるのではないだろうか。素描において〈生〉は、空間を転覆させるものとして、またこの転覆以外のいかなる場所でもなく、心ならずも、間接的にしか語られえないということを理解すべきではないだろうか。そのことが意味していたのは、自分自身による責め苦に耐える資格で、空間は必要とされると同時に、また空間なしに〈生〉は語られえないということでもあるのではないだろうか。別の語――これはアンリの語ではないけれども〈生〉の語彙との交流が期待されるものだ――で言うなら、もし描線が〈脱-存的〉空間を傷つけ、その結果、〈生〉は傷においてしか〈空間〉に呼び戻されないとするなら、本当は、描線は傷痕とつねに混同されるのではないだろうか。それは直接性の欲望にもかかわらず、痕跡なのではないだろうか。

この問いに対するアンリの答えはつねに暗黙のもので、われわれはすでにそれに見《まみ》えた。それに同意することは可能である。ただしそれは、〈生〉を危険に陥れるものは何もなく、逆にフォン・ブリーゼンの筆記《グラフ》では、〈生〉の〈発語〉の無傷の純粋性でもある自己への関係の無傷の享受を背景として、〈生〉が迷える者たちを自分の傍に連れ戻すために彼らを宛先にするのに同意するということを、ただちに肯定する限りにおいてである。

お分かりいただけるだろうが、われわれとしては、アンリの作品自身がフォン・ブリーゼンの素描作品に与えている記述を厳密に適用しつつ、アンリの作品に接近している。フォン・ブリーゼンの素描が有している絶対的に特異なものにこだわりつつこれらの素描について語りながら、アンリのテクストは——彼に固有な逆説的ではあるが一貫した視点で——、間接的に、おそらくそれに気づくことなく、自分自身についてもまた語っていたのではなかっただろうか。

「同語反復的」様式〔文体〕への考察からわれわれは出発した。そして終わりに、またそこに戻るのだが、この様式が何であるか聴取する準備がやっとできた、とみずからに期待したい。

われわれは、アンリの「同語反復」がそれらの形式の輪のなかで〈生〉の運動を「模倣している」（mimer）と言うことができた。われわれはこう言いたかったのだ——そしてその点は譲ることができないのだが——、〈生〉のアンリのテクストに対する関係は決して単純に、また決して最初に、〔語の古典的な意味での〕意味作用の関係ではない、と。だが、われわれの定式は不用意なものだった。というのもその最深部において、アンリの様式〔文体〕は「形式」でも「模倣」でもないからだ。アンリのテクストが〈生〉を語るのは、それが〈生〉の特異なリズムのうちのひとつである限りにおいてだ。リズムが危険を冒して踏み込むことになるのは、「フォン・ブリーゼン」と署名された書記的《グラフィック》空間によって構成される〈外部〉のうちにではなく、哲学的テクストによって構成される〈外部〉のうちにである。

たとえM・アンリがリズムの概念を用いるとしても、この概念は彼の主題のひとつを構成するのでも、彼の根本的操作概念のひとつを構成するのでもない。しかしながら、リズムの概念は、M・アンリが、実際より好んで「強度」あるいは「閃光」と名づけるものにまさしく適合しているようにわれわれには思える。〈生〉が限界において同時に主語でも動詞でも述語でもあるようなこれらの「同語反復」、何ものも記述せず〈生〉のそのたびごとに特異な出来事に閃光を放たせるこれらの「同語反復」は、それらはアンリの描線が〈脱‐存的〉ロゴスの空間を切開する仕方である。そして、われわれはこう語った。描線が描線でありうるのは、それが不可欠な支えという資格で適用されるところの〈脱‐存的超越〉の様相を保存する場合のみである、と。だからこそ、アンリのエクリチュールは同じ運動によって、述定命題的ロゴスを厳密に織り成すことに存してもいるのだ[32]。

アンリにおける数々の「同語反復」はまさにエクリチュールとテクストにおける生のリズムである。たとえリズムが、維持された形式の只中でどんな形式をも擾乱するとしても。たとえリズムが、形式を破壊するところまでは行かず、形式を転覆するだけだとしても。たとえリズムが、形式を触発し形式を動揺させるとしても。

〈生〉のリズム、アンリの「同語反復」のリズムは、模範的な仕方で転覆的である。なぜなら、このリズムはごつごつしていて不連続であり、また、このリズムは、それが記入される〈脱‐存〉の様相にとっては、述定命題的ロゴスにとっては許容可能なものの限界にあるからだ。みずからを閉ざしながらも、アンリのフレージングは丸くくるまることはなく、それらは抱擁し合い、互いの重みで潰し合う。メルロ＝ポンティ的な不安定性、柔軟さ、蛇行とははるかに遠く、このように〈生〉のリズムは閃光を放つ。

われわれはある意味で――そしてまさしくこのひとつの意味でのみ――、レヴィナスの哲学的エクリチュールは舞踊することへの誘いであると書くことができた。ここでわれわれは、M・アンリにとって哲学を書くこと、それは描くこと、フォン・ブリーゼンだけが描くように描くことである、と言うことができるだろう。

かくしてデリダ的、レヴィナス的、アンリ的テクストはそれぞれに固有のリズムで、一切の現象性の贈与性のリズムを試練にかけているのである。

彼らにとっての課題は、このリズムを再び実行することであり、決して単純にそれを主題化し、それを「表象する」ことではない。実際、リズムとはまさしく、豊穣なトラウマとして、維持された形式のなかで一切の形態を不安定化させるものだ。これらの著者たちは、われわれが提示することを試みた理由から、ここではそれにまた立ち戻らないけれども、現れることにおける到来のリズムを、模範的な仕方で暴力的なリズム、不連続性によって特徴づけられるリズムとして、試練にかけている。したがって、彼らがこのことについて証言をするのを試みる仕方は、それ自体が不連続性と断絶に取り憑かれているのだ。[33]

かくして、特異な様式〔文体〕で再実行された証示が、減衰した主題化を救済することになる。更にこうした展望において、E・レヴィナスはJ・アトランの描画の作業に、M・アンリはA・フォン・ブリーゼンの作品に興味を抱くのである。それゆえ、これらの著者たち各々の哲学的行為と、その行為が関心を向けた芸術的行為とのあいだに部分的ながら類似性を構成することで、われわれは彼らの構想ならびに彼らの実践をリズムに接近させることを試みたのである。ただし、哲学者の行為と芸術家の行為とのあいだに類似を構成することは、もちろんどんな場合にも、これら二つの行為のあいだの混同を弁護することを意味しない。

二つの重要な点を強調しておこう。

一、それ自体としては、この証示は全面的に試練である。というのも、現れることとの贈与性の暴力的なリズムを特異な仕方で再実行することが可能であるためには、つねに、少なくともある程度まで、それに曝されるリスクを犯さねばならないからだ。したがって、この試練の忍耐は、試練が自己自身として試される試練の只中にあって、自己の試練、〈自己〉というものの誕生の試練と分離できない。こうした理由から、われわれはある意味で――そしてこの意味でのみ――E・レヴィナス、M・アンリ、J・デリダは著者であり作家であるとためらうことなく言うのだが、だからといって、著者や作家という最終的なカテゴリーから統御と絶対的起源の幻想を引き出したりはしないだろう。

二、また、レヴィナス、アンリ、デリダのテクストが根底的に述定命題的ロゴスの哲学的要請を尊重しているという事実を強調しなければならない。これらのテクストは厳密な論議の織物でなければならない。というのも、現象性のリズムの証言が響きわたるのは、哲学的な〈語られたこと〉に課される転覆の痕跡においてでしか決してないからだ。しかし、この転覆、この谺は翻って、究極の言葉の静謐さ、また、その成就された証明によって保証される「結果」の静謐さにおいて、哲学的な〈語られたこと〉が自分自身の上に集約すること、安定化すること、閉じることを妨げる。この意味で、それぞれがそれぞれの仕方でアポリア的であることによって、これらのテクストは、それらが証言しようと望んでいるものを最も見事に証言しているのである。アポリアはしたがって、豊穣なるものとして顕示される。というのも、アポリアこそが、現れるすべてのものの現れることに、到来のリズムを試練として感じ取るからだ。

われわれはアポリアがかくしてつねにリスクの場所であることを示そうと試みた。過剰の試練、断絶するために到来するものの試練を引き受けることを使命としながら、アポリアは使命の高みにはないというリスクを不断に冒す。それも、不可避的な仕方で。というのも、アポリアは引き受け難いものに直面するからである。このリスクは、本質的に過剰の過剰な実践として、描線に無理強いすることで過剰を凝固させるリスクとして定義される。これらの哲学は本質的に彼ら固有の戯画に曝されるようにわれわれには思えるのだが、もしこれらの戯画的契機がまさしくこれらの哲学が耐え難いものの試練を課していることを証示しているのであれば、そのことでこれらの哲学を真に非難することはできないだろう。これらの哲学が、過剰な位相で凝固しない力を持っている限り、こうした位相はこれらの哲学に固有なリズムの構成部分をなしているのである。

結論

J・デリダ、M・アンリ、E・レヴィナスの哲学のなかでのわれわれの作業は、彼らが現象学を実践する際に見られるある乖離性（déceptivité）の試練をくぐるようわれわれを導くことになった。レヴィナスによってありのままに引き受けられた現象学の乖離性は、現象学的記述を倫理的命令への曝露へと超過するはずのものであり――そうすることで彼は、現象学的記述を、それ自身の彼方でも自身の要請そのものに忠実であり続ける仕方で継続させようとする。J・デリダにおける現象学的方法の乖離性は、純粋な現象の不可能性を不断に思考することになるだろう。それはまたアンリ哲学における――現象学的方法を実践することへの――乖離性でもあるのだが、ただしアンリ哲学はというと、〈生〉の自己啓示である限りでの現象学的なものの成就そのものとして明確に与えられる。実際、われわれはアンリの身振りを、あるアポリアの否認に住み着かれたものと解釈したが、否認されるがゆえにこのアポリアそのものはよりいっそう働きかけられ、ある意味ではより生産的なものとなる(1)。

このような確認はしかしながら両面的《アンビヴァレント》である。われわれがここで重視してきた現象学の乖離性については、何も譲歩してはならない。けれども、われわれは――修辞的反転ということではなく――、この領野の乖離性が実際のところ真にその豊穣性をなしていることを証明しようと努めてきた。過剰の実践を家族的雰囲気とする現代フランス現象学の冒険を閉じるようわれわれを促すどころか、この乖離性は、この冒険がある究極的な帰結で締め括られることをまさに禁じるものである。つまり、この冒険は範例的な仕方で不断に再開するものなのである。現象性をありのままに自分に与えることのこの挫折はただ単に、経験のなかで自分を与えるものを解明できないという無力を証拠立てることになるひとつの方法の挫折なのではない。この挫折はそれよりもはるかに起源的なものだ。それは、ある現象性を余すところなく与える純粋な贈与性に達することの不可能性の試練なのである。

この仕事でわれわれが読んできた数々のテクストのなかでは、現象学は、反対のことを要請していたにもかかわらず、それがつねに秘密裡にそうであったところのもの、つまり不可能なものとして徹底的に体験されることになった。

だから、E・アリエズが結論として言っている「現象学の不可能性」[2]という判断は、われわれのなかにほとんど動揺を引き起こさない。同様に、現象学はわれわれにとっては、哲学——哲学が現実の究極的知とみなされているとして——の究極的形式ではないし、その完全無欠と純粋性を護るべき一つの学派ないし運動でもない。逆に、われわれは、存在の謎を解きほぐす諸手段を自分に与えようと欲したひとつの哲学的言語として、言ってみれば、端的にそれを実践しているのである。この言語は、二十世紀において存在の謎を解きほぐすという課題を放棄せず、それはまやかしの幻想だと指摘することのなかった稀な言語のうちのひとつである——おそらく他にもそのような言語はあるのだろうが。われわれは直ちにかかる哲学的言語の領野に身を置いているのであり、この領野は、存在の開示という哲学の要請が範例的に励起され徹底化されるような問題の領野と言ってもよいものなのだが、その際、何か独占的に要請されたり擁護されたりするものがあるわけではなく、その結果として、現象学の「擁護と顕揚」の類も、現象学の死亡通知――現象学にとどめを刺すこととは言わないまでも――も、われわれにはくだらないものと思われる。したがって、われわれはまさに、現象学の不可能性を結論とする点ではアリエズと一致しているのだが、それは、現象学の不可能性ということでわれわれがアリエズとは正反対のことを考えているからである。アリエズにとっては、不可能性――その徴候は「神学的」たらんとする誘惑にある――は、単なる挫折のごときものであり、また、現象学の方法を無効にするとともに、もはや力を使い果たして、来るべき時代の哲学に場を譲って今にも消え去ろうとしている歴史的運動として現象学を思い描くよう促す裁可（制裁）のごときものであろう。われわれにとっても、この不可能性は現象学という方法の力能の限界をはっきりと示すものではあるけれども、それはこの限界が、現実に、そして言うなれば歴史的に裁可されるべき完成を意味するどころか、この方法の実践そのものの「場」、結果の実証性から遂に解き放たれたアポリアの豊穣性の「場」でなければならない、その限りにおいてである。

それというのも、現象学は、われわれはこの点を示そうと試みたのだが、諸問題の領野であるよりもむしろ諸アポリアの領野であるからだ。ただし、アポリアとは、非‐真理としての誤謬でも、真理への約束であるような問題でもなく、真理の不可能性と真理の不可能性の不可能性という二重の不可能性によって喚起された宙吊りであり麻痺である。実際、アポリアのアポリア、一切のアポリアの母型そのもの、現象性の贈与への要請の只中での現象性の非‐贈与性の試練のなかにまさに宿るところのアポリア、それは現象学で賭けられている当のものではないだろうか。更に歩を進めて、最も根底的な贈与性の要請の只中でのみ、非‐贈与性の試練は科せられうる、と言えないだろうか。

そうだとすると、余すところなく供与される純粋な現象が存在しないように、純粋な現象学も存在しないことになる。これまでも随時指摘してきたが、現象学は多様な——それも多様な型の——「外部」と交雑させられており、これらの外部が抵抗と豊穣性の二極を同時になしているのである（J－T・デザンティにとって「外部」は形式主義的構造主義であり、E・レヴィナスにとっては倫理学であり、E・レヴィナス、M・アンリ、J－L・マリオンにおいては、神学、さらに、もっと正確に言うなら一神教的信である。これらの相異なる成分はそのすべてが、ここではただデリダによってのみ引き受けられた交雑《メティサージュ》の只中に集められている）。

現象学については、「その不可能性のほうがその可能性よりも大きい」と言わなければならない。通常の人間と実証的諸科学が共有する自然的態度よりも徹底的であるためには、現象学は臆見的措定の素朴さから自分を引き剝がさねばならないのだが、このことは、そうすることで、存在的なものの尺度に合わせた現前の不在化に注意深くあるということを少なくとも意味している。しかし、こうして開かれた領域についてそれを存在論的に資格づける段になると、数々の不一致が明るみに出る。その際、この領域は実体的で静態的なものを何ももたないがゆえに、より純粋な現前によって触発されるがままになろうとしているのだろうか（マリオン的な道であり、ある程度はアンリ的な道である）。それとも、不在化そのもの——言い換えるなら「ありのまま」の不可能性によって触発されるがままになろうとしているのだろうか（この仕事によって示唆された道は後者である）[3]。後者の道によって、現象学の善用として指示された課題を維持するという条件が満たされるなら、その場合、現象学の可能性はそれ自身にとって、語の厳密な意味では、自己の不可能性の試練のなかでしか開かれない。

われわれが、ある一点に限って、「最小現象学《ミニマリスト》」[4]を実践せよというD・ジャニコーの勧めに従うのはまさにそのためである。「最小現象学」とは言い換えるなら、

一、起源的なもの（その同一化の動きがどのようなものであれ）によって幻惑されるがままにはならない現象学である。起源的なものは、現象性の母胎である限りで、本質的必然性によって、現象学を現象性の手前へ――つまり実際にはその彼方へ――導き、それによって、己が地位とこのような威厳の独占を汲々と守らざるをえない第一哲学として自分を祭り上げるよう促す。

二、それはしたがって、いわゆる起源的現象によって己が眼差しを塞ぐ代わりに、あらゆる型の現象＝所与によって己が眼差しが開かれ刺激されるにまかせることで、諸現象の特異性に密着して意味の湧出を記述しようとする要請を不断に刷新する現象学である。われわれはこの点をすでに論証したと思っているけれども、起源的現象なるものは、一切の現象性の彼方なるひとつの構築でしかないのである。

こう言ったからには、「影（純粋な贈与性、原－起源など）を追って獲物（志向的経験に内在的な現れること）」(5)を犠牲にしてはならないというこの心配は、われわれの考えでは、影なき獲物に達することができると主張する素朴さに逆転するものであってはならない。それは先ほどのとは対称的な欠陥であり、とどのつまり、ここでそれが対立している相手と同じものなのだ。実際、影から（非－贈与性から）身を引き離しうると思い込むことは、純粋さという素朴さを、今度は、肯定的実証性としてまさに構成されるリスクのある、ある所与の純粋さとして修復することではないだろうか。われわれが示そうと努めたように、獲物は影と分かたれるがままになるのではなく、迷いの必然性によって、影のなかにとどまる。志向性はひとつの把持で要約されうるものではないし、獲物たる現象は実は獲物ではありえない、言い換えるなら、摑まれ－うる－ことによってその存在を定義されることはありえない。

であるから、「最小現象学」というD・ジャニコーによってなされた勧めへのわれわれの同意は、ただちに明確化されなければならない。起源的なものによって幻惑されるがままになってはならないという命令は、いかなる場合にも、起源的なものへの配慮を放棄せよという命令として理解されてはならないのだ。現象学的眼差しが、起源的なものの不断の逃亡という試練をまさに経ることになるのは、不断に更新される起源的なものへの配慮のなかでなのである。そして、そのようにしてのみ、かかる試練のなかで、現象学的眼差しは、現象を把握したがゆえに静かに現象のもとに休らおうとしていたにもかかわらず、現象から不断に引き剝がされるだろう。そのようにしてのみ、現象学的眼差しは、現象を肯定的実証性へと凝固させるリスクから身を護ることになるだろう。このような姿勢はおそらく危険なものだ。それはまさに、D・ジャニコーが起源的なものの幻惑と呼ぶもののリスク、遂には起源的なものとの（神学的）同一化で頂点に達するこのリスクの端緒となるのである。けれども、これは、それとは反対に現象を同一化する、言い換えるなら、現象を肯定的実証性へと差し向けるのを回避するために冒されるべきリスクである。同一化へのこれら二つの誘惑は底の底では、表と裏のように、互いにこのうえもなく近くにあり、脆弱な要請が、これらの誘惑から最も遠くで——この場合には「可能な限り遠くで」という意味で、つまりは不可避的に手の届く範囲でということなのだが——冒されたリスクに耐えようというのは今にも崩れそうな要請なのである。

以上のようなものが、起源的なものの両面性《アンビヴァレンツ》であり、——同一化し始めないために——より正確に言うと、現象学的眼差しを超過するものの両面性である。起源的なものとは、現象学的眼差しの豊穣さを保証するものであると同時に、この眼差しを殺しかねないものでもあるのだ。しかしながら、起源的なものの水準に、ただちに、直接的に、いわば「それと同じ階に」身を落ち着けることが、現象学的要請を諦めるための最善の手段であるという意味では、「最小現象学」をまさに勧めなければならない。つねに「こちらの側面から」、通常の現象から出発しなければならないのだ。例えばE・レヴィナスにおいて、〈存在するとは別の仕方で〉が告知されるのは、この、ここにある、特異で具体的な顔以外のどこでもない。決して現象を凝固させず、現象のなかでみずから凝固しないためには、現象から引き剝がされねばならないが、絶対的にそこから引き剝がされては決してならず、引き剝がしの緊張のなかにとどまらねばならない。現象学的眼差しは、永久に出発間際であるような眼差しの脆弱さと居心地の悪さを有している。

このような不可能な現象学は、贈与性の純粋さ、端的に純粋さの垢を落とした現象学である。純粋さとは（現象学の上流では）贈与性の贈与性の純粋さであり、（志向的経験とじかに接しては）現象の純粋さなのだが、それは、現象は決して全面的にはその備蓄から流れ出るのではないということ――現象はつねにすでに非‐贈与性の領域に囚われているということ――の忘却ゆえに、もはやひとつの肯定的＝実証的な所与でしかないのである。

アポリアの風景

同時にみずから逃げ去り、現象を奪い、現象を与えるものと不可分だと認められた現象学は、われわれが読んできた著者たちによって多様な仕方で主題化されたが、これらの著者たち全員が、同じ根本的要請、非‐贈与性と対峙せよという要請を受けている。デリダにおける亡霊的なもの、レヴィナスにおける「反‐現象」、アンリのいう生における自己‐顕現、マリオンにおける飽和せる現象は、この要請の多様な翻訳であって、それらは、われわれが先に記述した、（超）現前と不在とを分ける分割線に即して並べられている。その場合、現象が決して十全かつ完全には供与されないのは、おそらく、フッサールが見事に示したように、超思念（*Mehrmeinung*）なしには狙いが存在しないからである。もっと根底的には、そこで賭けられているのは、充実の複数の段階ではなく、存在者が何らないこととの対峙なのである。そして、この対峙には段階がない。それは現象性との対峙であるが、現象性それ自体はというと、それが現象的でないことに多少の区別があるわけではなく、二重拘束《ダブル・バインド》によって全面的に構成されている。この二重拘束は現象性について、それが（存在者として）無であると同時に、しかし、自己を与えるものに他ならないことを要請する。非－贈与性と贈与性との分割線はまさに、現代フランス現象学の風景を効果的な仕方で整序することを可能ならしめる二重拘束である。かかる二重拘束の試練を回避しないためには、風景の必然的に不安定な均衡のなかで、この風景に住み込むこと以外の仕方があるだろうか。

非－贈与性のなかのこの贈与性が、時間性のある種の試練を、純粋な不連続性として、贈与の連続態の純粋な断絶として含んでいることを強調しなければならない。この試練はもちろん、レヴィナスにおいて、隔時性の名をまとって、最も明白なものと化している。この試練は、そのようなものとして、思考可能なものの限界、ロゴスというあの集摂の限界にある。

レヴィナス、アンリ、デリダが時間を思考するのは、まさに連続性に抗してである。それは、大胆さ、危うさ、そしておそらくは挫折なしにはなされえない。われわれがすでにそれを示そうと努めたように、挫折が、大胆さの影として、大胆さを阻むと同時にそれを可能にするものとして、大胆さに同伴するほかない、そのような数々の行程のなかでしかありえないことなのだ。この裂け目の時間性は、われわれが読解した著者たちによって、正面から取り組まれ、始原的時間性として引き受けられた[6]。しかし、これまでもしばしば注意を促したように、この裂け目は殺すものではなく、逆に豊穣性そのものである。

この不連続な時間性は、限界ないし閾に耐えることの時間性そのものである。実際、贈与性についての解釈は、ここでさえ現象はいかんともしえない仕方で逃げ去るということと、それは補塡の動きのなかで、まず与えられた現象的なものを超えて贈与性の地平を開くことではありえないということを同時に意味している。そうではなく、「こちら側に」、現象性がそこで「明滅する」ような縁にいなければならないのだ。それを別の仕方で言うなら、この明滅せる時間性は、光景のなかに住み込むことで今や光景の受取人たる〈私〉にとって、現象の起源の試練そのものとなるだろう。光景は〈私〉を主体化し、〈私〉をその基体としてのどうしようもない孤独に追いつめる。それは、〈私〉と、それを起源的観察者として自分自身に与える光景とのあいだに、まさしく、還元不能な起源的遅延があって、贈与性の中断、明滅がつねにすでにこの遅延を産出しているからである。

以上が、われわれが読解してきた著者たちに共通の試練についての要約である。とはいえ、われわれがすでに示そうと欲したように、このことが意味のある内容として与えられる——それはもちろん必要なことだが——よりもむしろ、ここで取り上げたテクスト群の語用論、その遂行性における、本性的に不断に解かれては縫い合わされる運動のなかで与えられるとすれば、たしかに、ここで問題となっていることはほとんど要約などされえないだろう。これらのテクストにおいては、上記の試練を証示する声が響いており、われわれはその代補的な谺のごときものを生み出そうと試みたのだった。

それは、このような試練に応酬する唯一の手段が、われわれが読解しているテクスト群にとって、アポリアの「論理」に即して試練を再び実効化することであるということだ。アポリアとは、現象性がまさに非‐贈与性のなかでしか贈与性では決してないという点で、贈与性にまつわる二重拘束《ダブル・バインド》を言説が統合するということである。したがって、アポリアは現象への接近の閾での麻痺のごときものとして生きられるのだが、真理ならびに真理の不在についての二重の不可能性が麻痺を強いるのだ[7]。

J・デリダはアポリアを進んで要求し、E・レヴィナスは一切の〈語られたこと〉を語り直せという命令を表現したが、M・アンリは一見するとアポリアの論理に無縁であるように思える。一方ではアンリ的な、他方ではレヴィナス的・デリダ的な言説性の体制が対立しているように思えるのは、より根本的なところで、十全な現前の存在論と、隔たりと不在化との存在論が対立しているからである。この観点からすると、一方の、贈与性と非‐贈与性の二重拘束に囚われた現象性に係わる哲学的紋章としての亡霊へのデリダ的要請と、他方の、現代世界に固有な脱現実化の徴候としての亡霊に対するアンリ的な批判とのあいだの対立は意味深い。アンリにとって、現代世界において〈生〉はそれ自身から引き剥がされているのだが、そこに更に亡霊たちが付け加わる。かくして、この引き剝がしそれ自体が、例えば様々なヴァーチャル・リアリティのテクノロジー的生産を通じてすでにして〈世界〉と化したのだ。

〈生〉の肯定的な純粋啓示である限りでのアンリ的現象学には、デリダ的アポリアにまつわる語彙で自分自身を思考することは特にできない。不断に逃れ去るもの、不断に隔たりを作るものを記述することの困難、更には不可能性にまつわる語彙では。

しかしながら、アンリのテクストの内部へのわれわれの潜行は、〈生〉の〈生〉自体との無媒介的直接性が、アンリ的ならざる言語でわれわれが内的隔たりと呼んだものを想定しているのを示すこととなった。この隔たりが、たとえ自己の内においてであれ、いや自己の内だからこそ、〈生〉が到来することを可能にするのだ。この隔たりのおかげでアンリの現象学が内在性の直観の根底性について何ら譲歩することをせず、と同時に、他者の、それゆえにまた時間の――なぜならより根本的に時間は誕生でもあるからだが――ただひとつ本物の「描写」たることを引き受けると主張する以上、この内的隔たりは決定的である。生が自己と係わることを可能にするこの微小な起源的ずれが、実際には、非本来性そのものとしてアンリの哲学によって糾弾された〈脱‐存〉(*Ek-stase*)のもたらす影であるのか(しかし、アンリの哲学はその只中でこの〈脱‐存〉を再び反語的に湧出させることになる――実に洗練された仕方で実際にそうなのだ）、それとも、この場合に近づかれるのは、〈脱‐存〉を基礎づけるとともにそれによって隠蔽される本来性にほかならないのか。もっと正確に言うと、この決定はほとんど重要ではない。

このように、アンリのテクストはアポリアによって作用されているようにわれわれには思えた。それも、ただ単に、アンリのテクストが命題論にまるわる古典的な困難（すなわち、いかにして最も十全な現前を語るかという困難）に直面しているからだけではない。〈生〉は、その「自己への到来」の多様性のなか以外には居場所がないのだから、そのような〈生〉が自己顕現するところのテクスト――アンリのテクストがその範例であるが――もまた、互いにずれているがゆえにそれだけ緊密に結ばれた数々の絡み合いを通して不断に自己へと到来することになるだろう。生の自己自身への数々の顕現、その抱擁の無際限な重畳を停止させたり、充足させたり、飽和させたりすることは何ものにもできない。その結果、アンリのテクストを読むときの奇異な読書感が生じる。いつも同じことが語られていると同時に決して同じことではないという印象である。〈生〉の同語反復はつねにすでに、その生誕、その「同語反復」の多数性のなかに多数化されているのだ――だから、数々の同語反復は真に同語反復であるわけではない。それらは同一的なものの単なる反復では決してないのだから。根底的な内在性が真に語られるのは微小なずれにおいてのみなのである。アンリを読むことで学ばれるのは、アポリアは喪失でも否定でもないということ、アポリアが含意する乖離的体制は、単なる欠如の経験に要約されるものでは決してなく、つねに約束であるということだ。それを別の仕方で言えば、M・アンリを読むことは、アポリアが肯定の享楽の体制と相容れないものではなく、おそらくはそれに秘密裡に結びつけられてさえいるということをわれわれに教えてくれる。

〈生〉の只中の隔たりを、アンリ的肯定の只中のアポリアを響かせることで、われわれは反作用的な効果を生み出そうとした。すなわち、非‐贈与性とアポリアが綯い合わされているような思考の風景の只中で、生の肯定を価値あらしめることになったのだ。こうして、亡霊はつねに再来するもの（revenant）、つまり再生するもの（*renaissant*）であることを思い起こしつつ、この風景のデリダ版を、ありうべきその虚無主義的戯画、死へのありうべきその幻惑から切り離すことが学ばれるだろう。

かくして、一方の、贈与性における充溢の過剰（アンリ）と、他方の、非‐贈与性における現前の損失によって構成される対称的過剰（レヴィナス、デリダ）とのあいだの、構造化するところの対立――この対立はまったく消去されることなく、むしろこうして決定的なものと化しさえする――は、「交叉配列《キアスム》の中心での接触」によって複合化されることになるだろう。

現代フランス現象学を読む

結局のところ、われわれがここで読んだテクスト群は「奇妙なもの《エトランジュ》」なのだ。トラウマに住み着かれながら、これらのテクストはトラウマを引き起こす。これらの哲学の遂行的ないし語用論的な次元は決定的であるようにわれわれには思える。そして、この遂行的次元は即座に、主体性の起源性を意味している。

われわれが読解したすべてのテクストのなかで、ひとりの〈私〉（*Je*）は自己を「遂行的なものたらしめる」。それは、「誰でもよいもの」という意味ではなく、各人という意味での自我（moi）である。その哲学的普遍性のうちに、この〈私〉は特異性を備えている。[8] 存在（する）という出来事の証示というハイデガー的要請の継承者として、〈私〉は、現れることと不在化との明滅を引き受けるべく誕生し、そのため、この試練は即座に証言と化す。かくして、同じひとつの運動によって、〈私〉は、名宛人の側の哲学する〈私〉を引き起こすとともに、この〈私〉の誕生に伴う試練を監督する。哲学的主体化へのみずからの誕生の試練の光景へとこの〈私〉を差し向けることでそうするのだ。だからわれわれは、この研究が関心を寄せたテクスト群のコーパスを、新たな種類の説教として進んで解するだろう。その点でこれらのテクストは、十全に理解された現象学の課題に忠実で、逆説の外観をそなえているにもかかわらず、記述的であるよりも指示的であり、更には処方的でさえある。これらのテクストは、ひとつの課題、更には――これこそ哲学的領域でのこれらのテクストの特殊性なのだが――ひとつの試練〔試験〕を指示しており、読者はそれに自分を晒さなければならない。これらのテクストによって、哲学はかつて一度もなかったほど、理論において実践的なものとなり、実践としての理論となる。思考するという行為以外のどこにもそれらは存在しないのだ。

これらのテクストがそれら自身のうちで、さながら凹版のように、読者のための場所を描いていることを強調しておこう。実際、この場所は、これらのテクストの受容をめぐるひとつの美学を命じているのを意味している。われわれの仕事が、それを主題化したというよりも――主題化はこの仕事の課題ではない――範例化しようとしたように、レヴィナス、アンリ、デリダのテクストは、それらに忠実であり続けることを可能にする唯一のものたる不実さを命じている。読解の不実さへのこの呼びかけは、これらのテクストの全体がそうであるような経験の指示的徴しの只中に存している。それは指示されてはいるが、本質的必然性からして、十全に指示されることは決してない。それらが過剰である限りで、これらのテクストは単に反復されないことを要求している。これには二重の相矛盾した理由がある。一方では、過剰は過剰を、これらのテクストについてなされる読解のなかの競り上げを呼び求めるのであって、決して単なる再実効化を呼び求めているのではない。他方では、過剰は逆説的にも、過剰を統治し、それを測ることの必要性を指示している。だから、過剰は二重の不実さに訴えているのだ。一面では、過剰のすべてがそうであるような試練を統治することの慎重さのなかで、過剰の手前にとどまらねばならない。他面では、過剰の彼方に全面的に自己を曝露しなければならない。なぜなら、過剰はある意味では彼方へという命令以外の何ものでもないからだ。これら二つの身振りはひとつの二重拘束《ダブル・バインド》をなしている。それらは一方が他方のうちに——一方が他方によって——あるのだ、限界の忍耐として。

要するに、隔時的エクリチュールは、それ自体が隔時的な読解と受容を命じている。隔時的エクリチュールは、決してそれを明示的に語ることはできないとしても、その過剰の権能の使用に関して熟慮《フロネーシス》を、慎重さを要求しているのだ。この慎重さと自己への配慮を欠くなら、剰余は、過剰に実践されて、それがためにに無力化させられて反対物に転じてしまうだろう。しかしながら、慎重さと自己への配慮にとどまっていることはできない。それを起点として、すでに、過剰を呼び求めなければならず、過剰がわれわれを慎重さから追放することになるだろう。このようなものが、不断にその試練を経なければならない揺れ動きである。

これを別の仕方で言うなら、われわれが読解したテクスト群、それらを通してわれわれはひとつの隔時的エクリチュールを反復するのだが、それらは、命令すると同時に解放する類のものである。なぜなら、これらのテクストは、解放というそれらの要請そのものへの忠実さとして、それらのテクストそのものからの解放を命じているからだ。隔時的エクリチュールとして、隔時的受容性は、乗り越え不能な内的矛盾に自己を晒さねばならない。それがこの受容性の脆弱さと不安定さをなしている。隔時的受容性は、単なる論理矛盾ではないような運動のなかで、不断に自己から引き離されては、自分自身とよりいっそう綯い合わされようとする。単なる論理的矛盾ではない、と言ったが、論理的矛盾なるものは、一切の規範的拘束を欠きながら、一貫性を欠いたまま繁茂する諸解釈の「まったき野放図」に自由な余地を残すことになるだろう。逆に、隔時的受容性は、テクストをすでに語られたことのなかで石化させるのを禁じ、それらを偶像たらしめるのを禁じる強い拘束をなしている。ただしその結果、遂行されるべき脱実体化の運動は、絶縁すべき過剰とじかに接したある要請の指示的痕跡によって、あたかも点描されるかのように方向づけられる。そうでなければならないのだ。受容の美学[9]はまさに同じひとつの運動によってひとつの倫理である。一切の実体化の脆弱化という意味での不整合性への要請は、この語の論理的意味で不整合的ではない。

隔時的受容性の美学をめぐるこの簡略な方法論的指摘は、われわれが、現象学と解釈学、現象学とその「解釈学的漂流」としばしば言われているもの[10]とのあいだの対立に係わる論争から隔たりを置いていることをはっきり示している。「解釈学的漂流」という表現を通じて目指されているもの、それは、フッサールに着想を汲む現象学と、ハイデガー的でガダマー的な着想を有した哲学との対立である。前者にとっては、透明で非生産的な層である限りでの言語は、監視すべきひとつの道具でしかなく、現象学的眼差しの要請はその場合、語への監視が不十分であるときに語が「事象そのもの」にまとわせる覆いを「事象そのもの」から剝ぎ取り、「事象そのもの」の存在（すること）の意味の志向的構成という前‐言語学的経験を視野に収めようとすることにある。その限りでは、後者――ハイデガー的でガダマー的な着想を有した哲学――は、フッサール的「正統派」にもとづいて定式化された非難の言うとおり、テクストの解釈を哲学することの目標（終末）たらしめることになるだろう[11]。

現象学は、直接的透明性を欠いたエクリチュールの仕事そのものでさえあるような数々のテクストの媒介と対峙しなければならないということ、これは、経験の水準に身を置く――それだけにとどめる――という現象学の要請とまったく矛盾するものではないとわれわれには思える。実際、われわれが示そうと試みたように、われわれがここで読解したテクスト群の生産は、一切の現象性の起源的震動、一切の贈与性を縁取る非‐贈与性の部分を中心紋のように描き、それを継続するとともに意味づけているのである。だから、範例的な事例を挙げるなら、〈存在するとは別の仕方で〉はレヴィナスにあって、内在性の風景を転倒するものとしてのみ与えられる。同様の仕方で、非‐贈与性は、意味作用が論理‐言語学的権能に由来するならほとんど意味作用をもたないけれども、それが論理‐言語学的権能を転覆するものとして自己を意味づける点では、自己をはっきりと意味づける。付け加えておくと、だからこそわれわれは、命題的ロゴスの要請を阻みかつ補完する――阻みつつ補完する――〈私〉の語用論とつねに連動しているようなリズムの語用論の特権的水準に、結局は身を置いたのだ。そうしながら、われわれは、エクリチュールに内在する数々の賭金に閉じ籠ろうとは欲しなかった。逆にわれわれは、一切の現象性と起源を同じくする震動、明滅の痕跡ないし谺を集めるという課題をみずからに課したのだった。

災厄の受容

われわれは、「過剰の現象学の不可能性」（「の」は過剰が主格であると同時に目的格でもあることを示している）という表現でわれわれが何を考えていたかを明確化したばかりである。われわれはまた、「災厄の現象学」というもうひとつの言い回しも援用することがあった。その際われわれは、M・ブランショが『災厄のエクリチュール』のなかでこの観念に働きかけたその意味で「災厄」（désastre）を解している[12]。つまり、少なくとも（ここでは）、それを阻止すると同時に可能にするものとして自分自身の不可能性を本質からして自己のうちに抱えた現象学という意味に。この現象学は、帰結の生産という意味での一切の成功をまさに禁じるとはいえ、その一方で、放棄を強いたりすることはない。こうした「災厄の現象学」が何を強いるかというと、それは無際限に継続される待機であり、無限定な切迫である。それは書き手にとっても名宛人にとっても同様にあてはまることだ。

かかる現象学に固有なこの思考のパトス、この「魂の状態」はもちろん、フッサール的エクリチュールのそれと無関係ではない。その企図、その予備作業、その再開の始動状態に不断に捕らえられたエクリチュール、その未完成は決して絶望的なものではなく、逆に、不断に、最後の一息まで「すべてを再開する」という意志である。とはいえ、このエクリチュールの特殊性は、それが進歩への確信を決定的に放棄した点にある。このような確信はフッサールにあっては、たとえそれが統制的理念の資格においてであれ、贈与の充溢が到達可能なものである場合にのみ、希望によって培われていた。進歩への希望を欠いたこの過剰の現象学は、フッサールが「超越論的素朴さ」(13)と名づけていたものをすでに失ったとはいえ、「パトスなきもの」、情動なきものであるにはほど遠い。逆にそれは、すでに示したように、まさに過度にアフェクテされたもの（affecté）――「任を与えられた」「凝った」「悲しむ」「感動した」「冒された」「触発された」などaffectéという語のあらゆる意味で――であるというリスクを冒している。

この過剰の現象学はその場合、過剰を証示する作品に対して、一切の神学、更には連続性への要請からも切断されたきわめて特異な時間性の試練を命ずる。とはいえ、それは時間性の不在ではなく、われわれがすでに記述した隔時的時間性であり、断絶の根底性のまさに只中で再び縫い合わされる明滅の時間性である。この状態――それは運動のまったき不安定性であるがゆえにほとんど存在するとは言えない――、したがってこの運動――ある意味ではこの運動はその場をなすものだから、これもまたほとんど存在するとは言えない――が、限界の忍耐なのである。

これは、完成が不可能であるような諸作品に向けての、閾での、自己自身の閾での仕事である。完成が不可能であるとはいえ、これらの作品は真の意味で挫折してしまうわけではない。というのは、これらの作品はかくして、十全には与えられえないもの、一切の現象性を与える「無以下のもの」を掠めることを許容するだろうからだ。つねに自分自身を懐胎しながら、自分自身を分娩することができないとはいえ、これらの作品は、遺棄するべき死産児たる思考の不毛性ではなく、逆に、隔時性の脆弱さにおける新しい生誕への約束である。限界の忍耐は、つねに過度に慎重で、それが指示する過剰を逸するような位相と、すでにして大胆で、限界を踏み越え、剰余を証示する運動そのもののなかで剰余を裏切ってしまう位相とのあいだの無際限な明滅を引き受けることに存している。明滅の干満、それは、己が措定＝位置に釘づけにされ、己が私の試練に幽閉されながら、現象性の秘密の閾にとどまり、本質からして無際限に遅らされた出発の準備のうちにある[14]。

したがって、災厄の現象学は、災厄の受容のなかでこの現象学を継続するようすでに誘っている。これらのテクストを迎えることが端的に、これらのテクストが私を私自身へと誕生させ、私の私という基体へと私を差し向けるのと同じ運動によってこれらのテクストを存在させることである限りで、そうなのだ。そしてこのことは、逆説的にも、これらのテクストが、それら自体がそうであるような剰余に向けての不実さの過酷な規律を、忠実さそのものとして、これらのテクストならびに自己への忠実さそのものとして、みずから教示するような仕方でなされる。

われわれはこの現象学を、不可能な現象学とも、過剰の現象学とも、災厄の現象学とも特徴づけてきたけれども、その風景を粗描するべく試みること——それはとりもなおさず同じ根本的特徴を三つの相異なる仕方で表現することだが——は、強いられたものであると同時に不実なものたる隔時的読解の不安定さのなかでしかなされえなかったし、なされえないだろう。そしてこの読解は、それ固有のリズムで、読解されたテクスト群のなかで作動する主体化の試練を改めて演じることを欲したのだった。

訳者あとがき

本書は、François-David Sebbah: *L'épreuve de la limite*, PUF, 2001, 320 pp. の全訳である。思い起こせば、訳者は原書が出版された直後にそれを購入し、それをおそらく読み終えないうちに、何人かの知り合いの編集者に、ぜひ訳してみたい本があるのだが、と書き送った。極度の集中力を要する読書であったが、「現象学」をめぐる本格的な研究書を読みながら、これほど驚異と戦慄を覚えたことは、訳者の読書暦のなかでも稀れであったからだ。また、比較などおこがましいことではあるけれども、訳者もまた長年、「限界とは何か」という問いをそれなりに探求してきたつもりである。限界の試練――、決して大袈裟ではなく、それは訳者が自分に課したものでもあったのだ。

著者の略歴については後で語るが、本書を出版したときフランソワ＝ダヴィッド・セバー氏は弱冠三十四歳。前年の二〇〇〇年に『レヴィナス――他性の曖昧さ』(*Levinas. Ambiguïtés de l'altérités*, Les Belles Lettres) を出版していたから、レヴィナスの研究者たちのなかにはすでにセバー氏に注目していた者たちもいたし、また、後で伺うと、当然のことながら、デリダやアンリの研究者たちのなかにも、米虫正巳氏のように逸早く本書の尋常ならざる重要性に目を留めていた方々もいたのだが、それにしても日本ではまったくといってよいほど無名である。関心を示してくれた編集者は若干いたものの、法政大学出版局に翻訳の企画を受け入れていただくまで少なからざる紆余曲折があった。すぐに翻訳に着手したと記憶しているが、読解の高揚感から己が非力も顧みずに翻訳を思い立ってしまったことを後悔する日々だった。数段落訳しては集中力が続かず、しばし中断、また意を決してテクストに向かう……。厖大な脚註も訳者に圧力をかけ続けた。

このままではいつまで経ってもゴールが見えてこないのではないかという焦慮もあって、数名の若手研究者に相次いで共訳の依頼をし、しばらく手伝っていただいた時期もあるが、博士論文の執筆など自身の重要な課題を抱えた彼らの時間を奪うわけにもいかず、結局は訳者がひとりで——当然の責務ではあるが——全体を訳出することとなった。気づくと、何と十年の歳月が流れていた。

著者のセバー氏からは時折、翻訳の進展について間接的に問い合わせがあった。よほど心配であったのだろう。そのたびに苦しい言い訳をしながら、それでも、遠いゴールがようやく見え始めたとき、訳者は二〇一二年四月より一年間の在外研究の機会を得てパリに赴いた。そしてそこで、ミシェル・アンリを研究する若手研究者を介して、セバー氏ご本人と出会うことになったのである。

ちょうど、知人の音楽家、野平一郎がパリのIRCAMで、サックスとシンセサイザーによる曲を作り、それがクロード・ドラングルによって上演されるというので、セバー氏をお誘いし、ポンピドゥー・センター近くのカフェでお待ちしていたところ、勝手に想像していたよりも小柄で、ラフな出で立ちで現われた氏は、若き日のレヴィナスによく似た風貌をしておられた。細部まで彫琢された本書の文体と磊落な氏の雰囲気との共存に強い感銘を受けた。後に親しく行き来するようになってから、思い切って、「もしやこれまで……」と言いかけると、「何度も似てると言われたよ」との答えが先に返ってきた。またか、とうんざりしたのかもしれない。氏とはその後、『存在するとは別の仕方で あるいは存在することの彼方へ』をめぐるシンポジウム、レヴィナスに関する博士論文の審査などでご一緒した。訳者のつたないレヴィナス論のフランス語を直していただいたりもしたが、そうした機会を利用して、本書についての煩瑣な疑問に答えていただくことができたのは望外の喜びであった。

フランソワ＝ダヴィッド・セバー氏は一九六七年にパリで生まれた。氏から直接伺ったエピソードがある。一九九〇年代に『アルター』といった雑誌に論考を発表し始めた頃、セバー氏はデリダを論じた論考をデリダ本人に送付した。その際、自分の電話番号を添え書きしたのだが、もちろん連絡があるとは思っていなかったという。ある日、休暇中の彼に見知らぬ人から電話がかかってきた。「ピエ・ノワールの訛りがあったので、父親の友人かと思った」そうだが、電話はデリダ本人からのものであった。「ピエ・ノワール」（黒い足 pied noir）という語はその語源も適用範囲も明確ではないが、かつてアルジェリアに住んだユダヤ系フランス人で、後にフランス本土に移住した者を指す場合がある。当人のこの発言から、こうして訳者は、セバー氏の父親がデリダと同じくアルジェリア出身のユダヤ人であることを知ることになった。

パリ第一大学、第七大学で哲学の学士号、修士号を授与された後、一九九〇年に哲学のアグレガシオン（大学教授資格）を取得、リセ・カルノー、リセ・ジュルジュ・サンドなどで教鞭を執った。本書の原型となった博士号請求論文は、「志向性から主体性の試練へ――現代フランス現象学の限界にて」（*De l'intentionnalité vers l'épreuve de la limite. Aux limites de la phénoménologie contemporaine*）と題され、その審査は二〇〇一年一月十二日に行われた。主査はジャック・コレット、副査として、リュドルフ・ベルネ、フランソワーズ・ダスチュール、ジャン＝トゥサン・デザンティ、ジャン＝ミシェル・サランスキが加わった。二〇〇七年から二〇〇八年にかけて、博士論文指導資格の取得のために、パリ第十大学（ナンテール－西大学）にてディディエ・フランクのもとで研修。研究課題は「フランス現象学からテクノサイエンスへ——現代性横断の認知論的・倫理的・美的争点」（De la phénoménologie française à la technoscience. Les enjeux cognitifs, éthiques et esthétiques d'une traversée du contemporain）。二〇〇九年に同資格を取得。マルク・クレポン、ディディエ・フランク、シャルル・ルネイ、ピエール・モンテベッロ、ジャン＝ミシェル・サランスキが審査にあたった。

一九七二年に実験的に創設されたコンピエーニュ工科大学（Université de Technologie de Compiègne）で教鞭を執り始めたのが一九九六年、同時に国際哲学コレージュの企画ディレクターにも就任しているが、二〇〇三年に工科大学准教授、二〇一一年に同教授に就任。二〇一二年度は工科大学「テクノロジーと人間科学」学部の学部長を務めた。前任者のなかには、ベルナール・スティグレール（Bernard Stiegler, 1952-）がいる。著書としては、本書ならびに上記のレヴィナス論のほかに以下のものがある。

『現象学の現代的使用』（*Usages contemporains de la phénoménologie*, Sens et Tonaka, 2008〔サランスキとの共著〕）

『レヴィナスと現代——現下の急務』（*Levinas et le contemporain. Les préoccupations de l'heure*, Les Solitaires Imtempestif, 2009〔共著〕）

『テクノサイエンスとは何か——ひとつの認識論的課題か、それとも悪魔の子か』（*Qu'est-ce que la technoscience ? Une thèse épistémologique ou la fille du diable ?*, Les Belles Lettres, 2010）

一年間それなりにユーロ・フィロゾフィーの展開のいくつかの局面に立ち会うことができたとはいえ、訳者はフランスの、ひいてはヨーロッパの哲学的な動きのほんの一端を垣間見ただけであり、また、セバー氏の活動についても、レヴィナス関連のイヴェントで何度か同席したにすぎない。ただ、あくまでそのような限定を付したうえで言うと、セバー氏が現在最も注目されている研究者のひとりであることは間違いないと思う。それも、単に研究者としてだけでなく、レヴィナス、リオタール、デリダ、アンリといった巨星が逝った後、サランスキ、エリ・デューリングなどと共に、理工系の先端的研究との新たな協働を担うひとりの哲学者として認知されていると言ってよいだろう。

そのセバー氏の知的営為の出発点のひとつとなったのがほかでもない本書なのだが、訳者は必ずしも「現象学」の専門的研究者ではないとはいえ、その全体的アプローチにしろ、個々の哲学者たちの論じ方にせよ、それらの哲学者たちの関連づけにせよ、これほど緻密、繊細でありながらも大胆きわまりなく、挑発的かつスリリングであると同時に実に手堅い叙述に接したことは、訳者にとってこれまでにない経験であった。それぞれの哲学者の専門家たちの感想をぜひ伺いたいところである。

「挑発的」と言ったのは、ジャニコーのいう「現象学の神学的転回」、アリエズのいう「現象学の不可能性」、アラン・バデュのレヴィナス論に対してのみならず、現在フランスの哲学界で最も大きな知的権威となっているジャン＝リュック・マリオンに対する鋭い批判を踏まえてのことである。「手堅い」と言ったのは、当人はアリストテレスと距離を置いているとはいえ、本書の探求が一貫して、例えば「中庸」（メソテース）をめぐる探求であり、また、デカルトが『情念論』で語った「高邁」〔寛大さ〕（générosité）――その不在――をめぐる「伝統的」探求であるからだ。この視点からすると、「熟慮《フロネーシス》」という語が用いられているのも見逃せない（本書三六四頁）。

本書でのセバー氏は、「現代フランス現象学」にアプローチするに際して、ウィトゲンシュタインのいう「家族的類似」を援用することで、一方では線形的読解、他方では不連続な「転回」論、第三には、たとえ逢着点が「不可能性」にせよある種の目的論的読解を斥けている。「家族的類似」ならびにそれが生み出す「複雑な網目」は「現代フランス現象学」という言い方そのものを最終的には覆すものかもしれないが、不安定さそのものであるような「類似」にセバー氏が注目していることをまず押さえなければならないだろう。かつて多くの論者たちが「差異、差異」と連呼していた時期には、「類似」は差異の単なる減弱化にすぎないものとみなされることが多かったが、「類似」は、同じではないが、かといって差異とも言えないような差異を孕んだ実に厄介な関係性なのである。この点であらかじめ記しておくと、本書で何度か使用されているmimer（模倣する）という語は、本書のキーワードのひとつであろう。それにしても「類似」とは何なのか。素描家フォン・ブリーゼンが「音楽を描く」と言うとき、「模倣」とは、「ミメーシス」とは何なのか。

「家族的類似」によってつながれた「家族」、その「界域」については、ジャン＝トゥサン・デザンティ、ジェラール・グラネル、ジャック・ガレッリが「家族」ないし「親族」に加えられ、オイゲン・フィンクの考察がネットワーク全体の結節のごときものとみなされているのに対して、排除されたもの、半ば排除された者たちもいる。特に本書でのメルロ＝ポンティの扱いについてはきっと異論が提起されるだろう。

事実、メルロ＝ポンティの仕事に連なると考えるひともおそらくいるであろうアンリ・マルディネに対しては、それを主題的に論じていないとはいえ、「風景」（paysage）という概念をセバー氏は借用している。「地図作成」との区別は決して明確ではないけれども、そこに没入せざるをえないことをこの観念によって強調しようとしているのだが、「航海」「漕ぐ」といった表現が示唆しているように、「風景」はむしろここでは「海」であるように感じられる。気流や波との関係で航空機や船が上下する際に水平軸とのあいだにできるずれを「ピッチ角」と言うが、「ピッチ角」も「雰囲気」（空気）（air）も、本書のキーワードで、「風景」のなかに「突き落とされる」とあるように、「家族的類似」というものがすでにあるのではなく、気流と波の複雑な動きに揉まれることで徐々に形成され、そのつど変化していくことを示している。

ひとつ付け加えておくと、セバー氏は本書でデリダの「コーラ」論を取り上げているけれども、「いったいどこから、いったいどんな縁《へり》のうえで、いったいどんな隔壁の表面において、時として眩暈の感覚が襲って来るのか、人にはもう分からない――これこそカオス、亀裂、コーラである」（デリダ『コーラ』守中高明訳、未來社、五八頁）といったデリダ自身の言葉を見るにつけ、「家族的類似」の海ないし大気圏そのものが「コーラ」だったのではないかと思えてくる。

進んでいるのかどうか、どちらに向かっているのかさえ分からない。しかし、いかに微かなものであれ、航跡が描かれる。ジャンケレヴィッチを踏まえてデリダが『グラマトロジーについて』で述べたような、「ほとんど無」の「描線」であり、それは描かれてはかき消される。「明滅」なのだ。このような「描線」について、セバー氏は何よりもまず、脚註からも分かるように、無数の繊維から成る糸を語ったウィトゲンシュタインに加えて、Linie（線）、Grenze（限界）、Riss（裂け目）、Rand（縁）などの語をめぐるハイデガーの考察を、そしてまた、そこにデリダが加えた変形を踏まえている。誤解を恐れずに言うなら、本書はもうひとつの Über die Linie（線について、線上にて、線を超えて）ではないだろうか。

「同じひとつの運動によって」（d'un même mouvement）、という表現が本書では繰返されている。それが「同じ」と言えるかどうかはともかく、この運動によって「線」が引かれる。この「線」は、それがどのようなものであれ、二つの「縁」を有している。それが「内的縁」「外的縁」である（因みに、サルトルもすでに『存在と無』で同様のことを語っている)。このように二つの「縁」をもちつつも、「線」は存在するものではない。そのような「線」の「上」にあるとはどういうことなのか。それに耐えることはできるのか。そもそも、そのようなことは可能なのか。可能でないとすると、当然のことながら、「線」のこちら側にいることも、「線」の向う側に行くこともできない。「通路」(poros)はない。これが「アポリア」(aporie)である。しかし、このような「不可能性」ないし「アポリアの領野」こそがセバー氏にとっては「豊穣性」にほかならないのだ。まさに、「哲学の実践とは、いわばその他者であるような経験を、みずからの限界に踏みとどまったまま、絶えず試練にかけて検証することでなければならないのではないだろうか」(二四八頁)。

二つの縁をもつ「線」は相反する方向に引っ張られている。と同時に、「線」は二つの「縁」に挟まれ、相反する方向からの作用を受けている。つまり、「二重拘束《ダブル・バインド》」されているのだ。これらの作用はいずれも「剰余」「過剰」の別名である。

本書で取り上げられたどの哲学者も、このような力の場に置かれ、この「試練」にそれぞれの仕方で応対しているのだが、本書では特に、デリダとマリオン、レヴィナスとアンリとの対比によって、かかる応対の多様性が浮き彫りにされている。極度に単純化するなら、「存在することの彼方へ」(au-delà de l'essence)という表現にも表れているように、「線」の彼方へ赴こうとするレヴィナスと、「線」のこちら側にとどまろうとするアンリ。「限界の試練」に踏みとどまろうとするデリダと、自覚的に「限界」を突破し、「無の無」として「十全なる現前」と「信」に至ろうとするマリオン。同じ方位を有するかに見えて、レヴィナスとマリオンの動きは決して同じではなく、反対方向に向かうかに見えて、「最初の生者」(キリスト)を措定する点で、アンリとマリオンの動きは決して正反対のものではない。

かつてハイデガーは、ヘラクレイトスの断片五三を引用しながら、万物の父たる「ポレモス」（闘争、戦争）を、切り離しては結ぶまさに「線」の動きとして解釈してみせた（『形而上学入門』）。「不断に切断されては結び直される糸の不安定性」（三〇三頁）と本書にはある。とすれば、「線」が「起源」である。けれども、すでに明らかなように、「線」は与えられているわけではない。フッサールのいう Gegebenheit ではない。セバー氏はこの Gegebenheit に donation という訳語をあてている。このように「起源」が与えられること、それがとりもなおさず don の可能性であって、この事態をどう捉えるかという点にセバー氏はデリダとマリオンの差異を看取している。

ここでひとこと、訳語について注記しておきたい。Gegebenheit の訳語であるという意味では donation は「所与性」の意であるが、他に donné, donnée という語が使用されており、訳語の決定には大変苦慮したが、結局名案は浮ばず、donation du don といった表現があること、また、don の可能性を証示しているという点を勘案して、donation は「贈与性」、don は「贈与」と訳し、適宜、読者の注意を喚起するために、ルビをふった。もうひとつ、セバー氏は、おそらくは réceptivité（受容性）の対義語として déceptivité という語を用いている。把持できないことを意味し、それを氏は本書の試みの本質的「挫折」とも言い換えている。「家族的類似」のなかに入ることができず、その「縁」にとどまる著者の意図的選択がこれによって示されているわけだが、この語についても適当な訳語が結局思いつかず、「受容性」という語の語感を勘案して「乖離性」と訳してある。

「起源」は与えられていない。それは non-donation である。かつてデリダは、フッサールの『幾何学の起源』への序文を、entamer という語をもって締め括った。entamer は、「開始する」と同時に「汚す、傷つける」を意味している。「起源」は傷つけられている、というよりもむしろ、「線」としての「起源」

は開いた傷跡なのだ。「起源」というすべてを支えるはずのものがこうして底なしの深淵と化していく。ただし、セバー氏は、この崩壊を、非人称的な領野への回帰のごときものとみなすことを峻拒している。主体の「脱構築」なるものをめぐる解釈も、しばしばこのような誤読をまぬかれていない。主体の「脱構築」は、実体的で同一的な主体を前提としてそれを解体することではなく、逆に、この「脱構築」に抗い続けるものとしての「幽霊的主体」に次第に取り憑かれていくのだ。

　このような指摘をなしたうえで、セバー氏が「リズム」という観念を用いて、デリダからレヴィナスへ、そしてアンリへと分析を進めているのも実に興味深いが、崩壊、瓦解とそれへの抵抗と憑依、このせめぎあいが「リズム」であると言えばよいだろうか。アンリをめぐる分析について私見を述べておくと、「同語反復」の内在性とも読めるものを「多数性のなかの多数化」（本書三六一頁）とみなしていくセバー氏の解釈はきわめて興味深い。アンリの出発点のひとつが『スピノザの幸福』であったことを踏まえて、「スピノザに係るあなたの考えがここに反映されているのではないか」と直接問いかけたことがある。氏はただ微笑んだだけで答えてはくれなかったが。

　最後に、本書の結論でセバー氏は、ブランショを援用して「災厄の現象学」（phénoménologie du désastre）という表現を用いている。この方向で、セバー氏はすでに、アランソン空爆をめぐるレヴィナスの記述についての論考を発表しているのだが、「限界の試練」の無際限性として「災厄」を捉える氏が、ルネ・ジラールの研究者ジャン゠ピエール・デュピュイの『チェルノブイリの回帰』（邦題『チェルノブイリ』、明石書店）のような著作に関心を示しながらも、ぽつっと、ああした「破局論《カタストロフィー》」とはちがうんだ、と呟いたことが印象に残っている。果たして何を言いたかったのか。氏は、訳者の勤務先の明治大学人文科学研究所の招きで今秋初来日することになっている。本書についてのみならず、「テクノサイエンス」

について、更には「災厄」をめぐっても、読者諸氏を交えて議論をかわすことができればと思う。

最初に記したように、何度も何度も息切れし、疲れ果てては訳業を中断しながら、ようやくこのあとがきを書く地点にたどり着いたことに、感慨がないと言えばうそになる。けれども、果たして自分はちゃんと理解できているのか、このように訳してよいのか、という深い逡巡は今も消えない。読者諸氏の忌憚のないご教示、ご批判を切に請う次第である。本書の訳文をフランス語原文とつき合わせて検討するという気の遠くなるような難業を誠実に果たし、そのつどきわめて的確な指摘と修正案を訳者に提示してくださった法政大学出版局編集部の郷間雅俊さんには、いつもながら、どれほど感謝してよいか分からない。ありがとうございます。

合田正人

二〇一三年六月二十六日

著　者

フランソワ＝ダヴィッド・セバー（François-David Sebbah）
1967年パリ生まれ．アルジェリア出身の父をもつユダヤ系の哲学者．パリ第一，第七大学で学んだのち，1990年に哲学のアグレガシオンを取得．リセ・カルノー，リセ・ジュルジュ・サンドなどで教鞭を執る．96年コンピエーニュ工科大学に移り，同時に国際哲学コレージュの企画ディレクターにも就任．2003年に工科大学准教授，11年に同教授．12年度は「テクノロジーと人間科学」学部の学部長を務めた．博士論文が原型となった本書は，同時代のフランス現象学の動向を緻密かつ大胆に論じ，巨星なきあとの思想界を担う哲学研究者の一人としての著者の評価を高めている．他の著書に『レヴィナス――他性の曖昧さ』（2000年），『テクノサイエンスとは何か』（2010年），『現象学の現代的使用』（サランスキとの共著，2008年），『レヴィナスと現代――現下の急務』（共著，2009年）がある．

訳　者

合田正人（ごうだ・まさと）
1957年生まれ．一橋大学社会学部卒業，東京都立大学大学院博士課程中退，同大学人文学部助教授を経て，明治大学文学部教授．主な著書：『レヴィナスを読む』『レヴィナス』（ちくま学芸文庫），『ジャンケレヴィッチ』『サルトル『むかつき』ニートという冒険』（みすず書房），『吉本隆明と柄谷行人』（PHP新書），『心と身体に響く，アランの幸福論』（宝島社），『幸福の文法』（河出書房新社）ほか，主な訳書：レヴィナス『全体性と無限』（国文社），同『存在の彼方へ』（講談社学術文庫），デリダ『ユリシーズ グラモフォン』，モーゼス『歴史の天使』，『ベルクソン講義録 全四巻』（法政大学出版局），グットマン『ユダヤ哲学』，メルロ＝ポンティ『ヒューマニズムとテロル』（みすず書房），ベルクソン『物質と記憶』（ちくま学芸文庫），マルタン『ドゥルーズ』（河出文庫）ほか多数．

《叢書・ウニベルシタス　996》
限界の試練
デリダ、アンリ、レヴィナスと現象学

2013年 7月 26日　初版第1刷発行

フランソワ＝ダヴィッド・セバー
合田正人 訳
発行所　財団法人　法政大学出版局
〒102-0071 東京都千代田区富士見 2-17-1
電話 03(5214)5540 振替 00160-6-95814
組版: HUP　印刷: 平文社　製本: 積信堂

ISBN978-4-588-00996-9

人名索引

ア 行

アール　Haar M.　(43), (47)
アウグスティヌス　Augustin　107, 115, 127, 129
アジュキエヴィッチ　Adjukiewicz　4
アトラン　Atlan J.　(60)
アドルノ　Adorno T. W.　(16)
アリエズ　Alliez E.　(68)
アリストテレス　Aristote　157, (61)
アルマンゴー　Armengaud F.　(60)
ウアクナン　Ouaknin M.-A.　(61)
ウィトゲンシュタイン　Wittgenstein L.　11-13, (1)
エルロイ　Ellroy J.　301

カ 行

ガダマー　Gadamer H.-G.　(71)
ガレッリ　Garelli J.　14, 27, 183, 197-98, 286-87, (55), (59)
カンディンスキー　Kandinsky W.　344, (67)
カント　Kant I.　7, 36, 44-45, 47, 61-62, 87, 117, 286, 338, (6), (20), (39), (51), (68)
キュニョ　Cugno A.　1, (33)
グラネル　Granel G.　27, 43, 101, 189, (2), (4), (6)-(7), (14), (19), (23), (57)
グリゾニ　Grisoni D.-A.　128
グレシュ　Greisch J.　(18), (42), (71)-(72)
クレティアン　Chrétien J.-L.　(57)
ケルケル　Kelkel A.-L.　(6)
コレオニ　Colléony J.　(58)
コレット　Colette J.　1, (20), (36), (67)

サ 行

サランスキ　Salanskis J.-M.　1, (45)
サルトル　Sartre J.-P.　27-28, 30, 37, 215, (3)-(4), (7), (35)
ジェイムズ　James W.　(35)
シェークスピア　Shakespeare W.　207, (28)
シェリング　Schelling F. W.　(21)
ジャニコー　Janicaud D.　41-44, 146, 176, 245, 354-56, (1), (6), (8)-(9), (19), (33)-(34), (69)
シャリエ　Chalier C.　(60)
シュトラウス　Strauss, E.　15
シュピッツァー　Spitzer L.　19
シュルマン　Schürmann R.　(23)
ショーペンハウアー　Schopenhauer A.　341, (65)
スーシュ＝ダーグ　Souche-Dagues D.　(19), (26)
ステンメッツ　Steinmetz R.　(53)
スピノザ　Spinoza B.　186, (61)
セルトー　Certeau M. de　(1)
ソヴァネ　Sauvanet P.　(55)

タ 行

ダヴィド　David A.　(42)
ダスチュール　Dastur F.　1, 54, 192, (11), (19), (23), (28), (30)
タミニオー　Taminiaux J.　60-61, (13)
チャン・デュク・タオ　Tran-Duc-Thao　(11), (17)
ティエリー　Thierry Y.　184
ディルタイ　Dilthey W.　34

デカルト　Descartes R.　30, 36, 39-40, 42, 94-95, 98-99, 152, 161-62, 180, 184-86, 188-89, 194, 199, 246, 256, 259, 262, 271, (4)-(6), (8), (11), (14), (16), (21)-(22), (24), (64), (66)
デザンティ　Desanti J.-T.　1, 14, 16, 27, 43, 49, 50, 52, 61, 110, 125-39, 146, 148, 188, 190, 193, 354, (13), (19), (23), (25)-(27), (35), (57), (69)
ドゥプラス　Depraz N.　(19), (21), (23), (71)
ドゥルーズ　Deleuze G.　187-88, 192, (31)
ドレイファス　Dreyfus H.-L.　25-26, (2)

ナ 行

ナンシー　Nancy J.-L.　(45), (54)

ハ 行

ハイデガー　Heidegger M.　26, 29-30, 37, 39, 60, 62, 68-72, 80-81, 90, 99, 101, 128, 131, 136, 148, 151, 153-54, 160-65, 182, 189-90, 197-200, 205-08, 211, 213, 222, 276, 362, 365, (1), (7), (12)-(16), (18), (20)-(23), (30)-(32), (36)-(37), (39), (45), (51), (56), (65), (69)
バシュラール　Bachelard, G.　(40)-(41)
バデュ　Badiou A.　299
パトチカ　Patocka J.　193-194, (35)
バルト　Barthes R.　(70)
バルバラス　Barbaras R.　56
バンヴェニスト　Benveniste E.　286, (54)
フィンク　Fink E.　72, 89, 91-96, 123, 183, 339, (14), (19), (21)-(23), (26)-(27)
フーコー　Foucault M.　(31), (68)
フォレスダル　Føllesdall D.　(2)
フッサール　Husserl E.　4, 10, 25-26, 29-30, 32-37, 39-41, 44, 48-81, 86-94, 98-102, 104, 106-07, 109-16, 118-19, 121-22, 124, 127, 130-33, 137-38, 144, 148-49, 151, 153-56, 159, 162, 180-82, 188-96, 199-200, 213, 246, 251, 260, 270, 285, 289, 338, 357, 365, 367, 377, (1)-(7), (11)-(17), (19)-(20), (22)-(31), (34)-(36), (64), (67)-(69)
ブノワ　Benoist J.　39, (6), (8), (35)-(36)
プラトン　Platon　29, 101, 127, 129, 157, 283-84, 308, 331-32, 337-38, (24)
フランク　Franck D.　222, (4), (40)
ブランショ　Blanchot M.　366, (72)
ブリーゼン　Briesen A. von　340-46, 348, (65)-(67)
フレーゲ　Frege G.　(2)
プロティノス　Plotin　332
ベイトソン　Bateson G.　(9)
ヘーゲル　Hegel G. W. F.　35, 89-91, 95, 216, 226, 248, 326, (7), (40)-(41), (62)
ベラーシュ　Bailhache G.　(38)
ベルクソン　Bergson H.　19, 139, 192, 208, 285, (2), (26), (41), (53), (59)
ベルネ　Bernet R.　1, 40, 69, 195, (8), (11)-(12), (35), (48)
ポー　Poe E.　207
ボードレール　Baudelaire C.　139, (27)
ポワリエ　Poirié F.　(14)

マ 行

マリオン　Marion J.-L.　27, 36, 38, 40, 43, 49-50, 67, 70, 75-77, 104-05, 125-26, 135, 143-44, 146-47, 149-73, 175-78, 198-99, 201-03, 214, 240, 276, 354, 357, (3), (6)-(9), (15)-(16), (19), (24)-(25), (28)-(34), (37), (45), (48), (56), (68)
マルティ　Marty F.　(57)
マルディネ　Maldiney H.　14-16, 27, 43, 286, (1), (53)-(54)
メショニック　Meschonic H.　(55)
メルロ＝ポンティ　Merleau-Ponty M.　14, 27-28, 30-31, 37, 39, 70-71, 183, 197, 199, 201-02, 213, 226, 230, 283, 288, 303, 347, (3)-(4), (41), (55), (59), (63)-(64), (68)
モース　Mauss M.　139
モンタヴォン　Montavont A.　1, (12)-(13)

ヤ 行

ヤウス　Jaus H. R.　(70)
ヤスパース　Jaspers K.　(20)

ラ 行

ラカン　Lacan K.　189, (31)
ラプジャッド　Lapoujade D.　(35)
ラリュエル　Laruelle F.　(29)
リオタール　Lyotard J.-F.　(56)
リクール　Ricœur P.　14, 51, 135, 185, (4), (11)
リシール　Richir M.　14-15, 27, 36, 43, 47, 183, (8), (55), (57)
ルブラン　Lebrun G.　(68)
レカナティ　Récanati F.　(1)
レンガー　Lenger H.-J.　(3), (14)
ローゼンツヴァイク　Rosenzweig F.　(46)
ロゴザンスキ　Rogozinski J.　1, (47), (70)
ロマーノ　Romano C.　205, (39)
ロマン　Romain J.　210
ロラン　Rolland J.　291, (4), (40), (57)
ロロー　Loraux N.　283
ロロー　Loraux P.　(53), (62)

原　注

謝　辞

(1) 「分析哲学に寄せて」(« Pour la philosophie analytique », in *Critique*, n°444, 1984, pp. 363-383, 特に p. 367 参照）のなかで，F. レカナティによって引用され，註解を加えられた著者である。

(2) 『フランス現象学の神学的転回』(*Le tournant théologique de la phénoménologie française*）というのが，1991 年にエクラ書店（Éd. de l'Éclat）から出版された D. ジャニコーの著書の題名である。

(3) ウィトゲンシュタイン『哲学探究』(*Recherches philosophiques*, trad. fr. Klossowski, Gallimard, 1961, §67 et s.〔『哲学探究　ウィトゲンシュタイン全集 8』藤本隆志訳，大修館書店，1976 年〕)。

(4) 『眼差し，言葉，空間』(*Regard, Parole, Espace*, L'Âge d'Homme, Lausanne, 1973 et 1994, pp. 21-26）に収められた「タル・コート，1954」(« Tal Coat, 1954 », p. 24）を参照。

(5) 「ものごとを，それらのわれわれへの現前の様式を介してのみ，そのあるがままの姿へと目覚めさせ，われわれ共通の現実を介してのみ世界の何たるかを曝露するところの身振り」，とマルディネは書いている（*ibid.*, p. 25)。

(6) 同前。やがて理解していただけるだろうから，ここではあまりこだわるつもりはないが，われわれはマルディネの分析と次の点で袂を分かつ。「デリダ」「アンリ」「レヴィナス」という名によって目印をつけられた風景のなかへの居住がわれわれに考えるよう促しているのは，風景のなかで迷うことは，さながら主体の本来性に取って代わったかの起源的無名性のなかでの主体性の解体を意味しているのではなく，逆に，孤独な主体性のその起源性における試練そのものを意味している，ということである。

(7) 『歴史のエクリチュール』(*L'écriture de l'histoire*, 1975, rééd. Gallimard, 1987〔佐藤和生訳，法政大学出版局，1996 年〕）でのミシェル・ド・セルトーの分析に従うならこうなる。

(8) だから，われわれの展望は，ひとつの家族を共時的に記述するよう努めるものであって，ひとつの家系を系譜学的に確立することには存していない。フッサールとハイデガーの遺産についての考察をわれわれが必要最小限にとどめたのもそのためである。

(9) したがって，われわれの作業の展望は，われわれの考えでは，絶対的に現

代的であるような——ある者たちにとってはつねに生成しつつある——コーパスを研究するのは望ましくないとの反論を無効にする。この反論は，数々の流行の「霧」を一掃して客観性を可能にするような距離が欠けているとの口実を持ち出すのだが，そうした反論に無効が宣せられるのだ。

(10) 「哲学者が書いたものすべてを取り上げ，これらの散逸した諸観念をその出所たるイメージにまで遡行させ，このイメージのなかに固く封印したまま，これらの観念を，当のイメージと諸観念で肥えていく抽象的定式にまで高め，かくしてこの定式にこだわってみよう。かくも単純なこの定式は，そのなかでわれわれがより多くの事象を入れ込めば入れ込むほどより単純なものとなるのだが，この定式がかくして更に単純化されていくのを眺め，最後に，この定式をもって立ち上がり，教説のなかで拡がりとして与えられたものすべてが緊張して収縮するような点にまで昇っていこう。そうすれば，今度はわれわれは，この力の中心——因みにそれは到達不能な中心である——から，飛躍をもたらす推力，言い換えるなら直観そのものがいかにして出来するかを見ることになるだろう」(Bergson, *La pensée et le mouvant*, PUF, Paris, 92e éd., 1985〔『思想と動くもの』河野与一訳，岩波文庫，1998 年〕)。

第一部

第一章

(1) H.-L. ドレイファスとフォレスダルは，フッサールを古典的認知主義の先駆者たらしめている。古典的認知主義とは言い換えるなら，人間の知性をも含む知性は，コンピュータをそのモデル——少なくとも説明的な——とするような，象徴的表象に係わる計算として定義されうると主張する，認知諸科学の主要な傾向のことである（H.-L. ドレイファス編『フッサール——志向性と認知科学』(*Husserl, intentionnality and cognitive science*, H.-L. Dreyfus (éd.), The MIT Press, 1982 参照)。大きく言って彼らの課題は，フッサールが，世界に関するものである限りでの「意識の体験」を記述しながら，言い換えれば，彼がノエマと命名するものの形式的階層化の諸法則を引き出しながら，そうすることで，最も根本的で最も包括的な水準，心的存在の水準で，彼以前には厳密に言語学的水準で（フレーゲによって）のみ生み出されたひとつの統辞法を生み出した，という点を示すことである。

(2) 別の仕方で言うと，われわれはここで，G. グラネルがわれわれに用心を促していたもの，すなわち，「精神主義と科学主義という対の刷新という形での（…)，フッサールにおける最悪のものの」回帰と係わっているのではないだろうか（「探求における表現されざるもの」『神学・政治学的論考』所収（« L'inexprimé de la recherche », in *Écrits théologiques et politiques*, Paris, Gali-

lée, 1990, p. 84）参照）。

(3) 「句読法――テーゼの時間」（«Ponctuations: le temps de la thèse», in *Du droit à la philosophie*, Paris, Galilée, 1990, p. 444）において。

(4) たとえ客観的事実においても，また，少なくともフッサールにおいて，理論化するテクストが，方法の実践であるようなテクストよりもはるかに多いように見えるとしても。それとは対照的に，レヴィナス，アンリ，デリダにおいては――しかしマリオンには当てはまらない――，たとえ彼らが現象学的方法に明白な仕方で関心を寄せているときでも（例えば，アンリの『質料的現象学』（*Phénoménologie matérielle*）の「現象学的方法」の章を参照〔『実質的現象学』中敬夫・吉永和加・野村直正訳，法政大学出版局，2000年〕），現象学的方法の「技術的装備」の定義と記述には無関心であり，この無関心はおそらく意味深長なものだと指摘できるだろう。

(5) 『現象学の根本問題』（*Les problèmes fondamentaux de la phénoménologie*, trad. Fr. J.-F. Courtine, Gallimard, 1985, p. 39〔木田元監訳・解説，平田裕之・迫田健一訳，作品社，2010年〕）参照。

(6) *Ibid.*, p. 40.

(7) 原領域（*Urregion*）としての絶対的意識というフッサールの主題系の航跡のなかで（『イデーン』第1巻，第49節参照〔『イデーン Ⅰ-Ⅰ』渡辺二郎訳，みすず書房，1979年〕）。意識がすぐさまサルトルによって自己からの純然たる逃れ去りとして記述され，次いで無化として記述されたということ，このことは逆に，意識が自己への現前であるということを問いに付すことはしない。曰く，「形而上学が存在論から汲み取ることのできるもうひとつの指示，それは，対自が，存在である限りで自己自身を基礎づけようとする永続的企図であり，この企図の永続的挫折であるということだ。みずからの無化の相異なる方位を伴った自己への現前は（…）この企図の最初の湧出を表している」と，サルトルは『存在と無』（*L'Etre et le Néant*, p. 684）に書いている。「意識」という想念はまさに，サルトルがそこで思考するところの根本的カテゴリーのひとつであって，〈対自〉としての意識の規定は，もしそれが土台であるという意識の主張を突き崩すとしても，やはり意識を存在の中核に位置づけるのである。

(8) この視点から見て意味深いのは，メルロ＝ポンティ的文脈からレヴィナス的文脈へと移行するときに両義性の想念の理解が蒙る差異である。前者の場合には，両義性の想念は明暗の不安定さ，「ファジーな」ものを含意している。レヴィナスはというと，漸減の生きた連続性の永続的で知覚不能なニュアンスとして安定化できないものの両義性を要請しているのではなく，逆に，明滅の「はっきりした交替」が有する不明なもの，把持不能なものを要請している。例えば，『無差異‐ならざることとしての差異』（*La différence comme non-indifférence*, Paris, Kimé, 1995）でのハンス・ヨアヒム・レンガー

とレヴィナスとの対談，同論集に収められたJ. ロランの「神曲——E. レヴィナスにおける神の問い」（特にその p. 120），更にまた——そして何よりも——『存在するとは別の仕方で　あるいは存在することの彼方へ』（*Autrement qu'être ou au-delà de l'essence*, Nijhoff, 1974〔『存在の彼方へ』合田正人訳，講談社学術文庫，1999年〕）を参照。そこでは，両義性，曖昧語法，曖昧さといった想念が，意味深く，決定的な仕方で頻繁に登場する。

(9)　G. グラネルはこのような仕方でデリダの身振りを特徴づけている。また，「逃走論」においてすでに，レヴィナスが，問題となっていることそのものとして「外越」（excendance）を要請していることも指摘されるだろう。レヴィナス的「外／越」（ex/cendance）は過／越 exc/endance としてのみ理解され，超越の運動は過剰としてのみ理解されるようにわれわれには思える。レヴィナスのこの想念についてディディエ・フランクが「差異の身体」（« Le corps de la différence », in *Philosophie*, n° 34, Paris, Minuit, 1992）で与えた註解をも参照。

(10)　E. レヴィナスのケースは範例的である。レヴィナスという人物がどちらかといえばサルトルやメルロ＝ポンティの同時代人であるとしても，彼の著作はというと，知られているように，随分遅れてからようやく受容された。このことはわれわれの仮説を確証する方向に向かっている。ひとつの世代の真の構成は時系列的であるよりも前に理論的であるとの仮説である。

(11)　本書の序を参照。

(12)　「現象学の主要テーマとしての志向性」——『イデーン』第1巻第84節はこのように題されているのだが，われわれとしてはそこに記された次の諸節を想起するにとどめたい。「強い意味での意識を特徴づけているのは志向性である（…）」（p. 168）。「われわれは志向性ということで，「何かについての意識である」という体験が有するこの性質の意に解する（解していた）」（われわれはここで P. リクールによる翻訳［Gallimard, 1950］を用いている）。

『デカルト的省察』のなかで，フッサールはこう意見を表明している。「志向性という語は，何かについての意識であり，自己自身のうちに，そのコギトとしての身分のうちにそのコギタトゥムを含んでいるという意識の根底的で一般的な特徴以外のものを意味してはいない」（「第二省察」第14節，E. レヴィナス，G. パイファー訳［Vrin, 1931］p. 28. 1953年の改訂版から引用）。

(13)　もっと詳しく見ると，志向性はフッサールによると，意識の——ここまで見誤られてきた——それ固有の存在様相である。実際，「志向性」はフッサールにおいては，純粋な狙いであり，そのすべてが，自分に与えられうるものを目指す矢であるという意識のこの本質的特徴を名指しするものである。しかし，この矢の運動はきわめて逆説的である。というのは，相関関係のア・プリオリに属するものとして，この矢はみずからの外に出て，すでにそこにあって「静態的」な仕方でこの矢に相対するような外部に遭遇するいか

なる機会をも持たないからだ。以上が認識の地平を全面的に開示しながら，すでにしてその地平に固有の様々なアポリアを隠匿する意識についての記述である。これらのアポリアのうち，現象学の伝統を支配してきた二つのものだけに言及しよう。

一．一方の主体と，もう一方の客体とのあいだの静態的対立関係とは，いわばその関係が自立的に実存することによってのみ実在性が担保されるのだが，相関関係がア・プリオリであるという観念によって，いかにしてこの対立関係を避けることができるか。したがって，構成的行為を創造的行為とみなす徹底的な観念論に立ち戻ることなく，いかにしてこの対立関係を避けることができるか。別様に言えば，思念の相関項の超越が「内在性における超越」でなければならず，この超越がまさに「志向的内在性」に属さねばならないとすれば，フッサールの努力にもかかわらず，また思念がもつその力動性にすらかかわらず，意識内へ閉塞してしまうリスクがあるのではないだろうか。

二．志向性が発見されたとき以来，もうひとつ別の難問が知られている。志向性は意識についての実体的で，それゆえ静態的なデカルト型の理解から解放されていることを前提としている。したがって意識とエゴとのデカルト的相互性は解体されうるし，ある意味では解体されなければならないものですらある。意識が一本の純粋な矢であるのだとしても，いわば「身体を硬く丸めて」偶有性を「支える」台という意味での実体－土台としてこの矢を考えるべきではもはやない。純粋な「～への破砕」として，意識は，〈エゴ〉がその反対に「自己へと送り返す」運動そのものであり，そして何よりもまず「みずからを自己へと送り返す」運動であるなら，かかる〈エゴ〉からも自由でなければならない。そして実際，フッサールのいくつかのテクスト，「初期フッサール」のいくつかのテクストでは，〈エゴ〉を省いて意識が記述されている。かくして，『内的時間意識の現象学』〔立松弘孝訳，みすず書房，1967 年〕では，時間によって統一性を与えられた諸経験の根源的な束として，意識が記述されるのだ。つまりここでのフッサールは，意識に統一性を担保する「中心化の極」としてのいかなる〈エゴ〉をも省いたのである。ただし，つねにそうだったわけではない。むしろその反対である。われわれは後でこの問題に時間をかけて立ち戻ろう。第三部第一章を参照のこと。

フッサールにおける，ついで現象学の影響圏における，意識と志向性と〈エゴ〉の観念の――発展をともなう――関係性の複雑な詳細については立ち入らないが，これらの観念は時に区別され，時に暴力的に他から排除され，時に関係づけられ，更に同一視されもした，と回顧することができるだろう。要点をまとめて，明確化に配慮して言うなら，意識の観念は一切の現れるものが現れる「場」，一切の現象が与えられる「場」を指し示しているのだから，意識の観念が最も「ワイド」〔large〕であると言ってよい。「意識の根本

的構造とは贈与性である」，と J. ブノワは『フッサールをめぐって』（*Autour de Husserl*, Paris, Vrin, 1994, p. 67）で書いている。そのようなものとして，綜合あるいはより厳密には同一化が意識の起源的な形式を成している。志向性について言えば，「あらゆる意識は何ものかについての意識である」以上，それは意識に特有の存在様態である。最後に〈エゴ〉は，（デカルトの仕方で）内面性として世界から隔てられてみずから自己を把捉する実体－土台としてはもはや考えられず，さらに綜合の力能の源としてのカント的な超越論的〈自我〉〔Ego〕の空虚な純粋形式ですらないとしても，少なくともフッサール的な仕方では「中心化の極」として規定される。

(14)　『厳密な学としての哲学』（*La philosophie comme science rigoureuse*, trad. Fr. M. B. De Launay, PUF, 1989〔佐竹哲雄訳，岩波書店，1969 年〕）参照。

(15)　フッサール『第一哲学』（*Philosophie première*, t. I, p. 3, trad. Fr. A. L. Kelkel, PUF, 2e éd., 1990）。

(16)　この問いについては，『第一哲学』に訳者のケルケルが付した見事な「訳者前書き」を参照。

(17)「最後に，誤解を避けるために指摘しておくと，現象学は，先にわれわれが論述したように，それ自体が不条理な事象をもって作動する素朴な形而上学だけを排除するのであって，それは形而上学一般を排除するのではない」（フッサール『デカルト的省察』*Méditations cartésiennes*, p. 133, trad. fr. G. Pfeiffer, E. Levinas, J. Vrin, 1931, rééd. 1953〔浜渦辰二訳，岩波文庫，2001 年〕）。このような身振りは曖昧さをまぬかれているわけではなく，それを J.-L・マリオンはまさにこう定式化している。「フッサールのその後の進展――われわれが今やかなり明確にその本質的な点を知っているように――は，現象学による形而上学の奇異な模倣を次第に強調することになるだろうが，現象学は，その最も内奥の異邦な他者に魅了されたかのように，形而上学の相続者たることを主張するためにのみ形而上学を捨てる努力をしているのだ」（avant-propos à *Phénoménologie et métaphysique*, J.-L・Marion et G. Planty-Bonjour（dir.）, PUF, 1984, p. 12）。

(18)　ただちにこの点を指摘しておこう。それほどこのことは示唆に富み意味深いのである。すなわち，レヴィナスは「志向的ならざる意識」という論文を書いたことがあるのだ（« La conscience non intentionnelle », repris dans *Entre nous*, Grasset, 1991）。M. アンリはというと，彼は「志向的ならざるある現象学――来るべき現象学の課題」（« Phénoménologie non intentionnelle: une tâche de la phénoménologie à venir », dans *L'intentionnalité en question, entre phénoménologie et recherches cognitives*, D. Janicaud（éd.）, Paris, Vrin, 1955）という論文を発表したことがある。それと同じ論集の，「志向的ならざる現象学に向けて」と題された部で，G. グラネルは「斬首された現象学」を提案しているが，頭部を狙うこと，それは狙いを，志向性を狙うことである。

確かに，この「非志向性化」の計画においては，著者によってかなりのニュアンスの相違がある。レヴィナスは志向性のまさに破裂において志向性の何かを維持している――その破片であろうか。レヴィナスの課題は志向性を放逐することではなくそれを逆転させることである（逆転という語は，彼が志向性を扱う際に頻繁に用いる語に他ならない）。マリオンは，その仕方においてよりも目標において，レヴィナスにきわめて近い視点に立っている。M. アンリはというと，志向性とは別の場所に，志向性とは無関係に身を置くことを要求している。なぜなら，彼によると，「志向性は夜の帳が落ちないと昇らない。ひとこと苦言を呈しておくと，少なくともエゴの自己性が問題であるときには，志向性はつねに遅れてやってくるのだ」（*Phénoménologie matérielle*, PUF, 1990, p. 165）。しかし，まさに否定の支えという資格であっても，志向性を支えにしなければならないのではないだろうか。デリダはフッサールの註解では，志向性が現前をその脱存の場所そのもので頂点に到達させることを一挙に証明しているのだが，こうした註解の仕事を脇に置くなら，彼は，われわれが後で示そうと試みるように，志向性の幽霊化の道に踏み込んでいる。ただし，その一方で，デリダは技術的概念としての志向性にはほとんど関心を抱かず，贈与のアポリアの方に向かうのだが（本書第二部を参照）。われわれの研究の領野に直接属するわけではないにせよ，グラネルの仕方のなかでは戦闘的身振りが全面的に剣の刃のうちに位置づけられ，この刃が志向性に当てはめられていることを指摘しておこう。その際，志向性は〈頭〉――冗語的表現だが〈理性の頭〉であって，その指揮の下にこれまで現象学は書かれてきたのだ。

(19)　『エゴの超越』（*La Transcendance de l'Ego*, 1936, puis Vrin, rééd. 1988〔『自我の超越　情動論粗描』竹内芳郎訳，人文書院，2000 年〕）という若き日の論文のなかで，サルトルはエゴを「意識の住人」とみなし，それを「不要なもの」と特徴づけている。実際，エゴはサルトルにとって，構成された存在的現実の界域から志向性のなかに輸入された回顧的錯覚のごときものとして現れている。したがって，静態的で自己を中心としたエゴは，志向性の留保なき超越を隠してしまうだろう。知られているように，後にサルトルは志向性を「自己からの逃れ」――ヘーゲル的響きを伴った「自己からの逃れ」，というのもこれは全面的に「無化」であるからだが――として記述することになる。いずれにしても，この身振りにおいて，サルトルは意識の限界，意識の権能を逃れる彼方ないし手前を決して指し示していない。彼は逆に意識の絶対性をより強めている。たとえ「主体なき超越論的領野」として意識を理解し直すことによってであるとしても。

(20)　「このテーマ［純粋エゴ］が言葉だけの側面をもつとしても，少なくともハイデガーに反対して，そこには何か正しいものがあると私は執拗に考えている。「主体性」が表している豊穣な現象学的テーマをそう簡単に厄介払い

できるというのは真実ではない。「主体性」を絶対化することに私が次第に強く嫌悪を覚えているにしても，それでも，超越論的なものにせよそうでないにせよ，「主体性」に連合させられたいくつかの特性なしで済ませることはできないし，これらの特性は「主体性」に向けてなされえた「破壊」工作に長く抵抗しているように私には思える」(J. Benoist, *Autour de Husserl*, Paris, Vrin, 1994, p. 7)。

(21)「現象学はかつて主体性を乗り越えようと試みたが，その主体性の名において，このように性急にも現象学は糾弾された。現象学が近代的主体性の危機をまぬかれ続けることができないとしても，現象学は，主体の死についての断定的な宣言に身投げする代わりに，この危機への応答を探すことに専心したのだった(R. Bernet, *La vie du sujet*, Paris, PUF, 1994, p. 2)。

(22) 意識の最も根本的な構造が贈与性である以上，問題となるのはそれゆえ非－贈与性の方に向かうことだろう。別様に言えば，意識が現前の場そのものである以上，問題となるのは不在化と／もしくは無に近づくことであり，さもなければ，その場合逆に，超－現前，意識への過剰であるような現前を指し示すことだろう。意識はその結果，可能的現前の領域を汲み尽くすことをやめるだろう。この点については後で詳述する。

(23) D. Janicaud, *Le tournant théologique de la phénoménologie française*, Combas, 1991.

(24)「ゴールする」〔ぶつかる〕(buter) とは，還元が，それによって手つかずのまま残る抵抗――還元不能なもの――に出会い，展開を妨げられるという意味ではなく，逆に，還元がうまくそのゴールに到達し，かくしてその使命を果たして成就するという意味である。

(25)『観念に到来する神について』(*De Dieu qui vient à l'idée*, Vrin, 1986, p. 141-142〔内田樹訳，国文社，1998年〕)。言っておくと，M. リシールはこの観点からするとレヴィナスにきわめて近い。例えば『現象学的省察』(Méditations phénoménologiques, Millon, 1992) ならびに，特にその，「誇張的・現象学的エポケー／超デカルト的省察のために」(Pour une épokhè phénoménologique hyperbolique/Méditation hypercartésienne) と題された第三省察を参照。

(26) 意識を意識自身に与えることそのものの贈与性が可能であるためには，この「源泉」を――たとえ多大な繊細さでもってそうするとしても――同定しなければならないのではないだろうか。そして，この身振りは現象学的方法の諸拘束と限界を超えてしまうリスクを孕んでいないだろうか。マリオン的哲学に関して(本書第二部第二章参照) とアンリ的哲学に関して (本書第二部第三章)，われわれはこの仮説を試練にかけて検証するつもりである。

(27) これら二つの「家族」についてのより詳細な提示については，続く章をご覧いただきたい。

(28) D. ジャニコーによって示唆されたこの区別の有効性を問いただすべくわ

れわれは導かれるだろう，しかし，それはこの区別が実際に指し示している諸問題を回避するという意味ではなく，逆に，これらの問題にそのアポリア的力を取り戻させることを意味している。なぜなら，D. ジャニコーによって実行された非難は，それがみずから敵を定めるに応じて，他と区別して定められたこの敵をただちにみずからに与えることで，問題を提起するというよりも問題を迂回しており，そのことは，かくして自分自身にほとんど不安を抱かない現象学に利することになるからだ……。おそらく，境界をかき乱しつつそれをより決定的なものにすることで，われわれは，自分の壁のなかに安住した現象学の名において神学的転回を告発する者たちと同じく，現象学という同じ名のもと潜む現象学的不安を——それと気づかず，あるいはそれを認めることなく——，現れるものの現れとまったく別の型の関係，すなわち信に置き換える者たちについても，理解を拒否するというリスクを冒すことになるだろう。そればかりか，われわれは，いずれの「分派」からも，別の「陣営」に属する者というレッテルを貼られるリスクを冒している……。困ったことだが，これは「冒すべき美しく多大なリスク」である。

(29)　本書の第二部，特に，贈与についての不可能なデリダ的現象学と贈与性についてのマリオン的現象学を比較した章を参照。

(30)　『全体性と無限』（*Totalité et Infini*, The Hague, Nijhoff, 1er éd., 1961, p. 31-32〔合田正人訳，国文社，1989 年〕）。

(31)　「パロ・アルト学派」の枠組みのなかで G. ベイトソンによって最初に錬成されたダブル・バインド——二重拘束——の観念は最も一般的に，ベイトソンのなかでは，統合失調症型の病理学的振る舞いの起源に彼が位置づけた（本質的に両親の）相矛盾した命令を指している。子供は相矛盾した命令に，この状況を逃れるべく試みることの禁止に服していて，そこには子供のエゴを破壊しはしないとしてもそれを虚弱化させるリスクがあるのだ。ベイトソンには，日常生活がわれわれを根本的に矛盾に突き当たらせる，そしてこの試練は形式的認識には斟酌できないものだという考えがある。そこにはまた，二重拘束の試練をできるだけ多く経ることが，二重拘束を乗り越える機会を得ることだという考えがある。

J. デリダは彼なりの仕方でダブル・バインドの観念を取り上げている。彼はダブル・バインドの観念を主題化するよりもむしろ，それを操作的に使用している。このデリダ的使用は，人類学の分野から「ダブル・バインド」の観念を自立させ，それに「存在論的射程」を与え，アポリアの観念と結び合わせ，それを通じて，解決なく維持されるゆえにある意味では失望させる矛盾の只中に，ある種の産出性を指し示すべく試みている。例えば，「いかに語らないか」（« Comment ne pas parler », in *Psyché. Inventions de l'autre*, Galilée, 1987, p. 535-595, en particulier p. 549）を参照。『名を除いて』（*Sauf le nom*, Galilée, 1993, p. 77〔『名を救う』小林康夫・西山雄二訳，未來社，2005

年〕）をも参照。

(32)　J. デリダは，この考えが『存在するとは別の仕方で　あるいは存在することの彼方へ』の p. 120 と p. 230 で表明されていると指摘している（デリダは 1978 年のマルティヌス・ナイホフ版から引用している）。これらの箇所は，『アデュー――エマニュエル・レヴィナスへ』（*Adieu à Emmanuel Levinas*, Galilée, 1997, p. 97〔藤本一勇訳，岩波書店，2004 年〕）で引用され註解されている。

(33)　〈語ること〉，〈語られたこと〉，谺，痕跡，そして特に隔時性といったレヴィナスの観念については，本書第四部を参照。

(34)　いくつか例を挙げておく。「繋辞 *est*〔～である〕のなかで，存在することおよび名詞化された関係との曖昧さがきらめき，明滅する。動詞としての〈語ること〉は，存在することであり，時間化である」（*Autrement qu'être ou au-delà de l'essence*, 1re éd., Nijhoff, 1974, rééd. Le Livre de Poche, 1990, p. 72. 以下では後者の文庫版を用いる）。「近さのなかでの深淵の開口。思弁的大胆さを寄せつけずに明滅する無限は，私の責任への付託によって，端的な無とは区別される」（*ibid.*, p. 149）。

したがって明滅の観念は，レヴィナスにおいては，逆説的にも自分自身を超えたところで結び直される中断の根底性を示しており，そこで，レヴィナスにとっては起源的であるより以上のもの，〈無限〉が――自己を主題的に意味することができないまま――「響く」のだが，この〈無限〉は，存在全体をつねにすでに脱臼させることで存在全体を自己自身に与える。そして，レヴィナス的了解での曖昧さの観念が指し示しているのは，一切の主題化をまさに中断することになるものの全面的主題化の不可能性なのである。

中断が根底的なものであり，しかし中断を超えて糸が結び直されるということが凡庸な矛盾の言明でないためには，中断は実際，全面的に谺ないし痕跡で，そのなかで中断が響くと考えなければならない。これこそ中断が〈語ること〉に属する理由である。注意を促しておくと，構成された一切の現象性を中断し，かつ，この現象性のなかで響き続ける根底的出来事である限りで，この中断は時間化そのものなのである。

(35)　『現象学的省察』（*Méditations phénoménologiques*, Millon, 1992）を参照。他にも参照すべき多くの箇所があるが，例えば同書の p. 127 では，「何ら肯定的なものをもたないが，みずからの現象化のなかで明滅する未規定なものであるような「現象」（…）」が話題になっている。

第二章

(1)　本章の一部は，拙稿「志向性と非‐贈与性」（« Intentionnalité et non-donation »）を加筆修正したものである（*Analecta Husserliana*, vol. L, Academic

Publishers, Dordrecht, Boston, London, 1997, p. 101-113)。

(2) ただちに指摘しておくと，われわれはここでフッサールの「客観的」読解を行うつもりはないし，フッサールのフランスの読者たちによってなされた数々のずらしの大きさを測ろうとしているのでさえない。とはいえ，それは不可欠な課題である。われわれとしては，フランス現象学における「フッサールの国内使用」の輪郭をはっきりさせることで満足したい。この使用を起点として，たとえこの使用の大部分が，「客観的」フッサール――万が一そのようなものが実在するとしてだが――とはおよそかけ離れたその幻影であるとしても，フランス現象学は構成されたのだった。だからわれわれは，歪曲の効果を懸命に抹消しようとする近年の重要な論考の数々（例えばF. ダスチュールのそれ）はここで考慮しないこととする。この歪曲は，デカルト的な道に取り憑かれたフランス現象学が，心理学や生活世界の道，後者と結びついたモナドロジーのモデルを隠蔽することで，フッサールの分析の豊かさをねじ曲げたために生じたものと言える。

(3) 固有名がここでひとりの個人ではなく，ひとつの仕事に送り返されるのは言うまでもない。いや，それだけでもない。そもそもこれらの仕事は，思考ならびに思考可能なものの領野の開けのなかでなされている途上なのだから。

(4) 例えば，範例的には『イデーン』第1巻の第3節と第41節（trad. fr. P. Ricœur, Gallimard, 1950）を参照。

(5) リクールが『イデーン』第1巻の仏訳のなかで，その第3節に付した註における示唆。

(6) その場合，おそらく現前化は，ノエマ的視点から，それが知覚における贈与性から不在化するものを与える，そのようなものをそのものとして与えるということよりもむしろ，ヒュレー的視点から，この現前化が意識の体験の只中に隔たり，脱臼を書き込むということのほうが重要である。ここではこの点を展開できないので，R. ベルネの『主体の生』（前掲書）での，蒙を啓いてくれる指摘を参照してもらいたい。

(7) われわれのフッサール読解のなかで，現象学の理論と実践との諸連関を思い描く仕方は，チャン・デュク・タオが『現象学と弁証法的唯物論』（*Phénoménologie et matérialisme dialectique*, 1re éd. 1951, rééd. Gordon & Breach, 1971）の序でのそれと交叉している。そこには例えばこうある。「未公刊草稿の検討は実際，理論的諸原理の内部で錬成された具体的諸分析が実は前者とは相容れない方向に向かっていることを示すだろう」(p. 6)。しかしながら，われわれはそこに，現象学の乗り越え――このチャン・デュク・タオの場合には弁証法的唯物論の地平への――を要請するような矛盾をではなく，還元不能な仕方でアポリア的で行列《マトリックス》的な同じ一つの運動の緊張を見て取る。

(8) 『目の部分』所収の「フッサールと芸術の中立性」(«Husserl et la neutralité de l'art», n. 68, p. 26, dans *La part de l'œil*, n°7, 1991)。

(9)　大抵は起源性と生身であること（*Leibhaftigkeit*）はフッサールにおいて相互関係にあるのだが，例えばR.ベルネが『主体の生』（p. 304）で指摘しているように，過去をめぐる考察は両者の区別を要請する。

(10)　もちろんこの確認こそ，E.レヴィナスやJ.デリダのような人物のきわめて多産的な解釈的突破を可能にしているのだ。因みに，M.アンリによってなされた突破についても同じことが言える。アンリがそこから引き出した結論はまったく正反対のものであるにせよ，である。なぜなら，彼にとってこれは〈脱－存的〉隔たりの非本来性を告発する機会であるだろうからだ。レヴィナスとデリダにとって重要なのは，フッサールにおいて主題的には優位を占めざるをえない連続性，つまりは現前を犠牲にして，隔たり，つまりは不在を特権化することである。アンリにとって重要なのは，フッサールにおいてすでに裏切られているような純粋現前にこだわることである。この純粋現前は自分自身に根底的に内在的なので，奇異ではあるが一貫した仕方で，それは流れの連続性に即して展開することさえないほどである。

(11)　ハイデガー，レヴィナス，デリダによって範例的に掘り下げられているが，現象のこのような無は差延された現在で「ある」ことすらないのかどうかという問いが提起されるだろう。

(12)　『知覚』（*La perception*, Paris, Hatier, 1994, p. 41）参照。

(13)　おそらく，数々の受動的綜合，前述定的なもの一般についての探索は，この枠組みからフッサールを脱出させる方向に向かうが，彼が一歩踏み越えたとはほとんど言えない。

この問いについては，A.モンタヴォンが「受動的綜合についての分析における触発〔情動〕の現象」（A. Montavont, « Le phénomène de l'affection dans les *Analysen zur passiven Synthesis* », in *Alter*, n°2, Fontenay-aux-Roses, 1992）で，フッサールにおける触発〔情動〕の現象について行った分析に頼ることができる。彼女の分析は，フッサールにあっては，「情動的・ヒュレー的諸統一性は受動的綜合から，つまりは，自我によって能動的に構成されたのではなく，逆に連合の法則に即しておのずと生じるような綜合から帰結する」ことを示している（p. 124）。ただちに指摘しておくと，受動性はフッサールにおいては，展開するために自我を必要としない意識の生の無名態をおそらく指し示しているのだろうが，綜合の一切の権能，一切の意識を根底的にはみ出すような構成不能なものと関係づけられることは決してない。更に，A.モンタヴォンが示したところでは，無名的触発〔情動〕が自我の行為たるコギト――それは結局この触発〔情動〕に応えることしかしない――に先立ち，それを動機づけているとしても，フッサールには，彼本来の思考の枠組みのなかで，この問いに「否定形で答える必要性」がある。「しかし，いかなる主体にとってあるのでもないような統一性は思考可能だろうか」，と。したがって，フッサールにとってはこうなる。「たとえ最初に意味を生

み出すのが自我ではないとしても（確かに，概念，主体，綜合の能動性なしで意味を形成するのは受動的綜合の働きである。なぜなら，これらの受動的綜合は逆に，当の主体を構成するものだからだ），自我なしで，それ自体で使用可能であるようないかなる意味も存在しない。無名態はすでにして潜在的である傾向を有した意識化なのである」（*Ibid.*, p. 128）。アンヌ・モンタヴォンはこうした分析を『フッサール現象学における受動性について』（*De la passivité dans la phénoménologie de Husserl*, Paris, PUF, coll. Epiméthée, 1999）で展開している。

(14)　起源的ならざる贈与性は，それが贈与する権能を起源的贈与性から汲み取る限りでのみ，贈与性である。

(15)　したがって，M. アンリの哲学は主体性の哲学であるだろう。というのも，彼にとっての問題は，主体性を炸裂させようとする〈脱－存〉についての数々の思考の正反対のことをなすことだからだ。ただ，この主体性の哲学は，超越論的エゴが〈脱－存的〉投影ではないかと疑われうる限りで，超越論的エゴなき哲学である。もっとも，この〈脱－存的〉投影は，回収し締め括る審級である限りで，内在性の〈脱－存的〉炸裂にまず着手した者にとってのみ起こりうるのだが。のみならず，超越論的エゴは，それが自己に眼差しを投げかける可能性を想定している限りで，主体性の純粋な内在性をすでに裏切っている。したがって，フッサール以後の現象学において主流となった身振りがエゴから志向性を解放することであったのに対して，なぜ M. アンリはまったく反対に，主体性を志向性，更にはエゴからも解放しようと欲したのかが理解されるだろう。

(16)　『眼差しと超過するもの』第 9 章「ハイデガーならびにフッサール『論理学研究』についての考察」（« Remarques sur Heidegger et les *Recherches logiques* de Husserl », in *Le regard et l'excédent*, La Haye, Nijhoff, 1977）を参照。この考察の途上で，J. タミニオーは，『論理学研究』の第六研究でのフッサールの問いかけの継起的諸段階を復元し，かなりの数の意味深い引用をしている。参考までに再び引用しておくと，「白いという形容詞の志向は，現れつつある対象の色という契機と部分的にしか一致せず，意味作用のうちには過剰なものが残っている。現象のなかに，自分をそこで構成したものを何ら見出さないような形式が」（仏訳 p. 162）。フッサールは特に，物的諸特性が可能的知覚の領野を汲み尽くすのであれば，「存在は知覚可能な何ものでも絶対にない」（同 p. 169–170）という点を強調している。しかしながら，現象学において，与えられるものしかないのなら，その場合には，「単なる感性的知覚が物質的諸要素に対してなすのと同様の寄与を，意味作用のカテゴリー的諸要素に対してなす能作が必要である」（p. 175）。

(17)　これらの指摘をわれわれは，『時間についての省察』（*Réflexions sur le temps*, Paris, Grasset, 1992）での J.-T. デザンティの分析に大いに負っている。

もちろん，この「無」とこの「全体」とのあいだで作動しているものは所与の「量的」比率とは何の関係もない。

(18)　弁証法的図式についてフッサールが沈黙を守ったことは知られている。フィンクが紹介している，『デカルト的省察』第六省察へのフッサールの書き込みがそれを証示している。

(19)　『フッサール「幾何学の起源」への序文』(Introduction à *L'origine de la géométrie*, de Husserl, PUF, 1962) を参照〔『幾何学の起源』田島節夫・鈴木修一・矢島忠夫訳，青土社，2003 年〕。

(20)　だからわれわれは，本書の分析のある部分が，われわれの読んでいる著者たちの誰々とハイデガーとのあいだで結ばれた関係を喚起しているとはいえ，フッサールとの関係を特権化するだろう。われわれがフッサールを特権化するのは，彼が，フランス現象学を相続者とするアポリアへと導く者であるからであり，また，フッサールにおいては，ハイデガーの場合とはちがって，このアポリアがそのものとしてはほとんど主題化されていないだけにより効果的な仕方で作動しているからである。ハイデガーはというと，このアポリアから数々の帰結を引き出すことで，このアポリアを解明し始めている。

(21)　そうではあるが，いくつかの道標を立てておく。

——例えば，数々の対談でのレヴィナス。『エマニュエル・レヴィナス』(*Emmanuel Levinas, qui êtes-vous ?*, Lyon, La Manufacture, 1978) での F. ポワリエとの対談。あるいはまた『無関心－でないこととしての差異，E. レヴィナスにおける倫理と他性』(*Différence comme non-indifférence, éthique et altérité chez E. Levinas*, Paris, Kimée, 1995) でのハンス・ヨアヒム・レンガーとの対談。このことだけを言うにとどめるが，『われわれのあいだで』に再録された「志向的ならざる意識」という論考で，「私の書いたものの起源にはおそらくフッサールがいる」と書いている。

——デリダのフッサールへの関係に曖昧さはない。フッサールは，少なくとも主題的には，現前の形而上学を頂点にまで高めている。デリダはしばしばハイデガーへの自分の関係の曖昧さに言及している。この曖昧さを論じたのが，G. グラネルの「J. デリダと起源の抹消」(G. Granel, «J. Derrida et la rature de l'origine», *Traditionis traditio*, Paris, Gallimard, 1972) の決定的な箇所である。そこでグラネルは，ハイデガーの立場に対するデリダの猜疑——つまりハイデガーは現前の形而上学の囲いを描いたけれども現前の形而上学の地平になおも属しているのではないかという猜疑——が，ハイデガーの思考に，そして……自分自身に関するデリダの思考それ自体に随伴するほかない不安であることを示している。この不安は，純粋な外部というものを，それゆえ形而上学の純粋な外部をありえないものとし，そしてまた，かかる外部を信じることをまさに最悪のこととする起源的両面性《アンビヴァランス》に係わっている。

——M. アンリに関しては，先人たちとの関係に曖昧さがない。彼は，純

粋な内在性を現実的な，そして／もしくは内世界的なモデルから解放してこの内在性を垣間見た功績をフッサールに認めてはいるが，志向性のなかですでにこの内在性を失ったことについてフッサールを非難している（アンリにとって，志向性はすでにして超越，世界をかたどった構築でしかないのである）。これは，M. アンリが，フッサールにその根本的発見として一挙に現れたもの（志向性）を拒み，一般にアポリア的なものとみなされているモチーフ（「印象」）に留まっていると言うに等しい。『質料的現象学』（*Phénoménologie matérielle*, PUF, 1990）を参照。加えて M. アンリは，自分の「問題系」はそれがフッサール的言語で表現される道を見つけたとしても，フッサールとは無関係に自分に課せられたのだと宣言したことがある。M. アンリのハイデガー哲学への関係については，明快そのものである。彼はハイデガー哲学のうちに超越の覇権の最も根底的な権化だけを見ている。それに対して内在性の起源性を対置しなければならない，というのだ。

——J.-L. マリオンはというと，彼の哲学を，まずはフッサール，次いでハイデガーがその最初の二つの段階を成すような線形的に方向づけられた根底化の過程に書き込むことを目論んでいる。『還元と贈与性』（*Réduction et donation*, PUF, 1989〔『還元と贈与』芦田宏直ほか訳，行路社，1994 年〕）の運動を参照。われわれはこの点について本書第二部第二章で詳述する予定である。

(22)　前掲書『主体の生』（p. 63）を参照。

(23)　後でこの点に立ち戻る機会があるだろうが，ハイデガーによれば，このことは現存在の本質的に自己性的な性格の発見を排除するどころか，それだけがこの発見を可能ならしめるのである。

(24)　特に『神・死・時間』（*Dieu, la mort et le temps*, Le Livre de Poche, 1993〔合田正人訳，法政大学出版局，1994 年〕）を参照。そこでは，ハイデガーに対するこのような非難がレヴィナスによってはっきりと表明されている。

(25)　レヴィナスは「無以下のもの」（moins que rien）の思想家でさえある。例えば，「ここでわれわれはある新しいカテゴリーを前にしている。存在の数々の扉の背後にあるもの，無以下のものを前にしているのであって，エロスがそれを否定性から引き剝がし冒瀆するのである。これは苦悩の虚無とは区別された虚無である。無以下のものの秘密のなかに埋もれた未来の虚無なのである」（*Totalité et Infini*, p. 244）。

(26)　贈与性，志向性，最終的には現象学は，それらが可能なものと不可能なものとの連関を管理する仕方以外のどこにおいても作動しないということ，これは，現象学の可能性はその実効性よりも高きところにあるというハイデガー的言明に働きかける仕方をめぐる，デリダとマリオンの対立のなかにはっきり現れている。

(27)　所与性〔贈与性〕（*Gegebenheit*）という語がフッサールの筆のもとで強調

されつつ定着したのは，1907年の『現象学の理念』（*L'idée de la phénoménologie*, trad., fr. A. Lowit, PUF, 1970）においてである。

(28)　アドルノがハイデガーは見出し語を使用していると批判しているのは謂れのないことではないが，それに対してハイデガー自身は，『現象学の根本問題』（*Grundprobleme des Phänomenologie*, WS 1919-1920, GA 58, p. 5）で，「「与えられたもの」，贈与性——現象学のこの魔法の言葉にして他のすべての学にとっての「躓きの石」であるもの——は何を意味しているのか」と書いている。われわれはこの箇所の翻訳をJ.-L.マリオンに負っているが，マリオンはこの箇所を註解しつつ次の点を強調している。すなわち，ここでハイデガーが言わんとしているのは，卑俗な合理主義も，いわゆる神秘主義的魔術も，贈与性が要請していることに適合した態度をもたらしはしないのである（*Étant donné, essai d'une phénoménologie de la donation*, PUF, 1997, p. 5）。

(29)　志向性の矢のこの逆転はもちろん，そのすべてをレヴィナスの身振りに負わざるをえないが，すでに指摘したように——レヴィナスによる最も根底的な継続のなかでかつてなく明確化されるとはいえ——，どんな狙い〔思念〕もフッサールにとって惹起されねばならないということが真実だとして，フッサールにおいて開始されている。例えば，「何らかの構成されたものは，それが情動的刺激を及ぼす限りで，あらかじめ与えられる。それは，自我が刺激に応え［強調引用者］，構成されたものへと向き直り，それを注意深く把持する限りで与えられる」（*Analysen zur passiven Synthesis, Hua XI*, p. 162, trad. fr. par A. Montavont in «Le phénomène de l'affection dans les *Analysen zur passiven Synthesis*», p. 123-124）。

(30)　しかしながら，私の思念〔狙い〕との関係においてのみこの現象が過剰であり，それ自身において，それ自身との関係ではそれが飽和的であるというのが正しいとすれば，J.-L.マリオンがこの現象をまず，範例的に，過剰によってではなく飽和によって特徴づけたのは理解できる。

(31)　デカルト的無限——そういうものがあるとして，飽和した現象——は，知られているように，有限なものから合成されることはありえない。

(32)　指摘しておくなら，非－贈与性，起源における不在の思考が現前を排除するのではなく不安にさせるのに対して，アンリとマリオンの身振りはというと，非－贈与性についての一切の根底的了解を，脱臼もしくは不在として排除し，または解消してしまう。

(33)　「この筋立ては（…）絶対的隔時性として結ばれるのだが，分析においては，〜についての意識には還元不能な近さを起点として認知されるのであり，ある意味では，〜についての意識の逆転として記述される」と，レヴィナスは「語られたことと語ること」（«Le Dit et le Dire», repris dans *L'intrigue de l'infini*, Flammarion, 1994, p. 165-194）で書いている。

(34)　ここでわれわれは決定的な問いに触れている。レヴィナス——あるいはマ

リオン――のような思想家は，真の意味での構成の一切の権能を志向性から切り離すことで，志向性の彼方を思考しつつ志向性を破裂させているのだろうか。それとも，彼らが明確に示唆しているように，狙い〔思念〕が本質的に構成の権能に結びついていることを，フッサールに抗して示しているのだろうか。この場合，言葉の意味について合意しておかねばならない。狙い〔思念〕の観念を志向性の観念から切り離すのか，それとも，志向性を，構成のいずれにしても「観想的な」権能から切り離すのか，ということについて。

(35) 痕跡の観念はレヴィナスの道程のなかで非常に早く現れ，決定的なものであることを決してやめなかった。「他者の痕跡」(«La trace de l'Autre», in *En découvrant l'existence avec Husserl et Heidegger*, Paris, Vrin, 1967, p. 187-202〔『実存の発見』佐藤真理人ほか訳，法政大学出版局，1996年〕) を参照。同じく，「痕跡」(«La trace», in *Humanisme de l'autre homme*, Fata morgana, 1973, p. 63〔『他者のユマニスム』小林康夫訳，書肆風の薔薇，1990年〕) をも参照。そして何よりも『存在するとは別の仕方で』。数ある箇所のなかでも，次のようなものがある。「〈語られたこと〉に吸収される〈語ること〉の筋立ては，この吸収のなかに吸収されることはない。この筋立ては主題化それ自体にその痕跡を刻みつける (…)」(p. 79)。更にはまたこうある。「顔における過去の痕跡は，いまだ明かされないものの不在ではなく，一度も現在とならなかったものの無－起源であり，〈他者〉の顔のなかで命令する無限であり，――排除された第三項として――目指されえないものである」(p. 155)。
J. デリダが『存在するとは別の仕方で』の次の箇所――「(…) 痕跡を顔へと差し向ける撤退の痕跡」――に『アデュー』(*op. cit.*, p. 114) で註解を加えていることを指摘しておこう。われわれとしては，痕跡というレヴィナスの観念について本書の第四部で分析することにしたい。

(36) 『声と現象』(*La voix et le phénomène*, PUF, 1967〔ちくま学芸文庫，林好雄訳，2005年〕)。

(37) 『「幾何学の起源」への序文』，前掲書。

(38) ここで分かるのは，フッサールについてのデリダの読解がある視点からするとチャン・デュク・タオの歩みのなかに書き込まれているということだ。デリダは進んでタオから示唆を得たことを認めるだろう。これまでのわれわれ自身の読解もこの流れのなかに自分を書き込むべく試みている。

(39) 後に『グラマトロジーについて』(*De la grammatologie*, Minuit, 1967) の第1部 (特に p. 103) となる論考のなかで，デリダは1965年にはすでに，レヴィナスの痕跡の観念を「改めて取り上げて」それを主題化しようとしている。『哲学の余白――哲学について』(*Marges — de la philosophie*, Minuit, 1972〔高橋允昭・藤本一勇訳，法政大学出版局，2007-08年〕) では，痕跡の観念は，存在神学の，ひいては現前の脱構築の企てにとって決定的なものとして主題化

されている。指摘しておくと，その際痕跡の観念は，*Spur*〔痕跡〕の観念のハイデガーによる使用についての註解のなかで錬成されている。特に言っておくべきは，デリダの分析のなかでは，痕跡の観念はただちに，また同時に言語的で時間的なものであるということだ。それは，果てなき退行のなかで「痕跡の痕跡」として指し示されている。つまり，いかなる十全な現前にも送り返されない限りでの根底的痕跡として。別様に言えば，根底的痕跡は「固有なもの」をもたない。だから，それは厳密に言えば，ある意味で自分自身を欠くことでのみ自分自身であるのだ。「痕跡とは痕跡の抹消における痕跡である」。最後に指摘しておくと――というのもこのことはわれわれの問題系にとって重要だからだが――，痕跡は，それがある剰余の痕跡である限りで，「そのようなものとして」反復される。こうしたことすべてについては，例えば「ウーシアとグラメー」（«Ousia et grammè, note sur une note de *Sein und Zeit*,» in *Marges*, p. 75-76）を参照。痕跡の問題系はデリダの仕事のなかで不断に繰り返され，彼の仕事はレヴィナスとの近接を次第にはっきりと示していく。例えば，『時間を与える』（*Donner le temps*, Paris, Galilée, 1991）を参照。

レヴィナスならびにデリダにおける痕跡の観念，レヴィナスにおける痕跡の観念が非常に早期にデリダの仕事に「伝えられた」〔形を与えた〕ということについては，J. グレシュの『解釈学とグラマトロジー』（J. Greisch, *Herméneutique et grammatologie*, Paris, CNRS, 1977），特にその p. 49, 59, 82 を参照。

(40)　A. ダヴィッドの「私は涙を禁じえない」（«Je ne résiste pas aux larmes», in *L'éthique du don*, Paris, Métailié-Transition, 1992）によると，レヴィナスは「デリダが欲していること，それは還元であると私はあなたに言うでしょう」と語ったとされている。

(41)　「次いで私は，おそらくは不当にも，そして後悔なしにではなく，こう言ってよければ現象学から遠ざかった」（«Le presque rien de l'imprésentable», *Points de suspension*, Paris, Galilée, p. 83）。

(42)　ここで私が使用している「亡霊」の観念はデリダから借用されたものである。ある人々がデリダの隠喩的歩みと名づけるだろうものには，おそらく不信を抱かれることだろう……。ともかく，哲学における隠喩の使用を否定的に含意しければなるまいが，われわれの場合はそうではない。後で立ち戻るように，デリダは，特にその最新の仕事では，現象的なもの一般を亡霊的なものとみなしてそれを取り上げようとしている。現前と非－現前が，感染の様相で，複雑に，亡霊的なもののなかで結び合わされている限りで。おそらく，このことを語るためには，透明で一義的な概念に頼ることはできない。特に『時間を与える』ならびに『マルクスの幽霊たち』（*Spectres de Marx*, Paris, Galilée, 1993〔『マルクスの亡霊たち』増田一夫訳，藤原書店，2007 年〕）

を参照。

(43)　過剰はそれゆえ傲慢であるだろう……。それぞれ別の意味においてではあるが，E. フィンクとF. ダスチュールは，現象学のとは言わないまでも，現象学におけるこの傲慢についての問いを提起している。前者は，みずからの有限性から身を引き剥がすと強弁して，構成的生の絶対性と一致し，実際ただちに反論を一掃しようとする現象学者の傲慢に言及している。後者は，「一切の現れることの条件そのものを現れさせると（…）強弁する時間の現象学の傲慢（…）」に言及している（前掲書 p. 168, *Dire le temps*, La Versanne, Encre marine, 1994, p. 65 参照）。

(44)　次の箇所を思い起こしておこう。「（…）どんな起源的・贈与的直観も認識のための権利上の源泉である。起源的な仕方で（いわばその身体的実在において）われわれに与えられるものはすべて，それが与えられるとおりのものとして単に受け入れられねばならないが，そのなかでそれが与えられるところの諸限界を超えることもない［強調引用者］」（『イデーン』第2巻，第24節）。

(45)　すでに述べたように，ジャニコーの仕方で，レヴィナスと同様にアンリをも含む神学的家族を区分することができるだろう。あるいはまた，「超越」の家族（レヴィナス，マリオン）を画定することができるだろう。更には，その現象学の実践が構造主義によって意味深い仕方で形を与えられた著者たち，範例的にはデリダ，デザンティ，グラネルを一つに集めることもできるだろう。

第三章

(1)　『論理学研究』(*Recherche logique*, II, 1, p. 105)。D. スーシュ＝ダーグの『フッサール現象学における志向性の展開』(D. Souche-Dagues, *Le développement de l'intentionnalité dans la phénoménologie husserlienne*, Paris, Vrin, 1972, p. 21）で引用され註解されている。意味深いことに，この原理は，根本原理として，同書の第一章の対象となっている。

(2)　同前（p. 22）。

(3)　例えばこうある。「無限性は何を意味するのか。絶対的なもののなかで！諸モナドの人間的諸体系，アルケー的諸体系がそのようなものとして「後に舞台に上がる」限りで。（…）絶対的なものは絶対的時間化以外の何ものでもなく，絶対的なものとしてのその解明，それを私は，流れゆくものとして自己を維持する私の起源性として直接的に私の前に見出すのだが，それはすでにして時間化であり，起源的存在者を目指しての絶対的なものである」(manuscrit C I, 1–5, traduit par N. Depraz, in «La vie m'est-elle donnée ?», *Études philosophiques*, N°4, 1991)。

(4)「フライブルク期のフッサール後期哲学」(«La philosophie tardive de Husserl dans la période de Fribourg», in *Proximité et distance*, trad. fr., Millon, Grenoble, 1994, p. 184) を参照。強調は引用者。

(5) 同じ思想的脈絡において，統制的理念としてのカント的理念の，フッサールにおけるかなり恒常的な使用を指摘できるだろう。

(6) C草稿 (8 I, p. 2 *a*) にはこうある。「ここでわれわれは，ある意味深い問題，このエゴの有限性をめぐる問題を論じている。問われているのは，このエゴの内世界的な始まりと終末であるが，当然のことながら，このエゴはそれを取り巻く原初的世界のなかにあって，この世界の構成は，ひとつの固有の課題をなす。だから，限界 (*limes*) である限りで内部から「見られた」誕生と死なのである。」(A. Morabia, «Monadologie et trans-individuel», in *Alter*, n°2, Fontenay-aux-Roses, 1994, p. 141) この論考は草稿 C8 I と C8 II の註解からなっている。特に *Limes* という観念のフッサールによる使用については p. 153–154 を参照することができる。

(7)『哲学の余白』参照。特に「鼓膜」(Tympan) と題された最初の論考を参照。

(8) K. ヤスパースによると，限界の真の機能は「なおも内在的でありながら，すでに超越を示すこと」である。J. コレットの『実存主義』(J. Colette, *L'existentialisme*, Paris, PUF, 1993, p. 68) で引用された言葉である。

(9)『存在と時間』(*Être et temps*, §6, trad. Martineau, Authentica, 1985)。

(10) お分かりになるだろうが，ここでわれわれが現象学的方法として目指しているものは，ハイデガーが哲学と詩について「近接」として指し示しているものと関係がある。その際ハイデガーは，哲学と詩のあいだの *Riss*〔裂け目〕，更には *Umriss*〔周囲の裂け目，輪郭〕について語っているが，デリダは *Riss* を entame〔始める，傷つけるの意をもつ entamer の名詞で最初の一片を意味する〕と訳すことを提案している。「言葉の展開」(«Le déploiement de la parole», in *Acheminement vers la parole*, trad. fr. F. Fédier, Paris, Gallimard, 1976, p. 180〔『言葉への途上』亀山健吉・ヘルムート・グロス訳，創文社，1996年〕) を参照。この論考について，デリダが「隠喩の退却」(«Le retrait de la métaphore», in *Psyché*, Paris, Galilée, 1987) に付した貴重な註解を参照することもできる。

(11) 前掲「フライブルク期のフッサール後期哲学」(p. 184)。

(12) デリダにとっては，ひとは哲学のなかに――ここでは現象学的方法に固有な諸拘束の内部，言い換えるなら，本質的に志向的な諸拘束の内部に――住まうことしかできない。ただし，婉曲な策を弄して，それを使用してである。われわれが関心を寄せている相異なるテクストがいかにして策を弄している……もしくは策を弄するのを拒んでいるのかを示すことが課題である。

(13) これはわれわれの問題系において重要なことなので指摘しておくと，現前の欠損もまたまさに過剰のひとつの形象を成している。少なくとも，「超－

現前」とまったく同様に，この欠損は，狙い〔思念〕の十全なる充溢によって，更には意識の自己への純粋な内在によって構成された規範との隔たりを成しているからだ。不在が含意する非－贈与性は志向性を贈与性のなかに放置するのではまさになく，それを脱臼させるとは言わないまでも，それを動揺させ不安に陥れる。

(14)　1951 年 4 月の講演「志向的分析と思弁的思考の問題」(« L'analyse intentionnelle et le problème de la pensée spéculative », in *Problèmes actuels de la phénoménologie*, Paris, 1952, reprise in *Proximité et distance, op. cit.*, trad. De J. Kessler, p. 113-127）を参照。われわれはこの仏訳の p. 114 から引用した。

(15)　同前（p. 120）。

(16)　同前。

(17)　同前（p. 124）。

(18)　前掲『「幾何学の起源」への序文』参照。

(19)　『デカルト的第六省察』（*VIe Méditations cartésiennes*, trad. fr. N. Depraz, Grenoble, Millon, 1994）。

(20)　フィンクは，超越論的エゴの反省的二重化が作動することを提案しているが，この審級をこのように名づけている。

(21)　正確を期しておくと，「哲学における構築」の観念は最初はシェリングのものであった。この観念がドイツ観念論の枠組みのなかで発生したというのはもちろん実に意味深い。それは〈精神〉（〈絶対精神〉と言ってよいだろう）の歴史を構築することであり，それを構築することが必要なのは，この歴史がそれがそうであるところのものである限り，歴史的諸事実には還元されないからだ。(ハイデガーが『シェリング』trad. Fr. J.-F. Courtine, Gallimard, 1977 でなした分析を参照)。

(22)　ここで注意を促しておくと，「神学的転回」という表現は，まずはハイデガーの筆のもとに現れた。ハイデガーはシェリングの「神学的転回」(*theologische Wendung*）を語って，そうすることで，シェリングが彼なりの仕方で形而上学を存在神学として成就した際の身振りを指し示している。つまり，そこでシェリングは存在者の全体性を概念的に把握し，かくして「存在の土台，テオス〔神〕という名をもつ土台についての問い」(*Schelling*, p. 94）を提起しているのだ。

指摘しておきたいのは，われわれがここで読んでいる著者たち――レヴィナス，アンリ，デリダ――における「神学的転回」はというと，〈絶対者〉の身振りを語ると主張する思弁的構築に存しているのではなく（アンリ哲学についてはそのように読めるとしても），啓示〔顕現〕との関係における信としての贈与性の問題的様相への考察を介入させるかに見える「神学化」の猜疑を動機づける特殊性をまさに有している。その際，場合によって，そこに数々のアポリアの源泉を見ることもあればそうでないこともある。〈絶対

者〉についての一切の体系化の対極にあって，以上のようなものが，これらの哲学のそれぞれが，贈与性を超過するものの試練を経る仕方である。因みに，賭けられているのは，厳密な意味での神学であるよりもむしろ信である。

(23) 注意を促しておくと，フィンクは，「現象学的構築」の観念を主題化することで，おそらく，ハイデガーが『現象学の根本問題』でこの観念についてなした主題化のことを考えている。この講義は1927年になされたもので，フィンクは1931年から32年にかけて『デカルト的第六省察』を書いた。ハイデガーにとって，現象学的方法は三つの根本的要素を含んでいる。還元，構築，破壊である。ある意味では，構築は現象学の道のりの第二段階なのである。第一段階は還元によって築かれ，それをハイデガー的語彙で解明するとすれば，この還元は存在者から存在へと送り返す。けれども，フッサールがその試練を経ながらも決して明確には定式化しなかったもの，それがまさにハイデガーによって主題化されているのが分かる。すなわち，還元のある種の不十分さである。実際，存在者から目を背ける否定的身振りとしての還元では不十分で，「存在へと肯定的に向かわ」ねばならない。「存在へ向けての導き」が必要なのだ。存在はまさに「決して手前に」あるものではなく，それゆえ，「自由の投企のなかで眼差しへともたらされねば」ならない。このようなものが構築の課題である。だから，構築はある意味では，最も起源的なもの——ハイデガーにとっては存在——へと近づき，これをそのようなものとして（言い換えるなら，知られているように，時間化そのものとして……）認めるという点で決定的な段階である。もちろん，ハイデガー的文脈からすると，眼差しをまず現れるものの上流に導くがゆえに，構築に思弁のリスクを生み出させてしまう現象学的困難がここには見て取れる。簡単に注意を促しておくと，完全なものであるためには，現象学的方法は，ハイデガーが破壊もしくは脱構築（*Abbau*）と名づける最後の段階を備えていなければならない。この最後の段階は現存在の事実性によって含意されており，この事実性ゆえに，現存在はつねにすでに伝統のなかに挿入されていることになる。だから，すでに受け入れられた諸概念が隠すとともに明かしている現象的土台の隠蔽を解くためには，それらを「脱－構築」しなければならないのだ。この身振りは伝統の否定ではなく，逆に，「肯定的な我有化」である。いずれにしても重要なのは，われわれが今そうしたように，一歩一歩ごとに時系列に即して方法を展開することができるとはいえ，より本質的には，「還元，構築，破壊という現象学的方法の三つの根本的要素は内在的に相互に依存しており，それらの共属性のなかに基礎づけられねばならない」ということだ。かかる共属性は決定的である。なぜなら，それは何よりも——そしてこのことはわれわれのものたる問題系にとって重要なのだが——，構築が，与えられるものへの配慮から絶対的に解き放たれた思弁に転じるのを阻止する唯一の手段は，他の二つの要素によって構築を不断に「補完する」こ

とである，と言うことに帰着するからだ。もっと根底的には，現象学的方法の相異なる契機が内的に絡み合い，ある意味では相互に含み合うような仕方で，現象学的方法を実践しなければならないのだ。こうしたことすべてについては，前掲『現象学の根本問題』（仏訳 p. 41）を参照。

第二部

(1)　もちろん，『内的時間意識講義』では発生的現象学はまだ明確に問題になっていない。けれども，発生の主題は1905年の時点ですでにはっきりと現れている。

(2)　この点については，『フッサール哲学における発生の問題』（*Le problème de la genèse dans la philosophie de Husserl*, Paris, PUF, 1990, p. 3〔合田正人・荒金直人訳，みすず書房，2007年〕）で，デリダが「絶対的始まりの探求はフッサールの仕事全体に現存している」（特に前掲仏訳『イデーン』第1巻第1節，p. 7について）と言っているのを引用できる。また，フッサールに高く評価されていたフィンクも，フッサールの問いを，世界の起源についての問い（…）と規定している。

(3)　この緊張については，J. デリダの『発生の問題』の序文を参照。フッサールの歩みのなかで，意識の始まりの問題に現象学的妥当性を認めることへの拒否をフッサールが次第に強く肯定していったということについては，N. ドゥプラスの「自己自身へと誕生すること」（N. Depraz, « Naître à soi-même », in *Alter*, n°1, Fontenay-aux-Roses, 1993, 特に p. 85）を参照。この論文では，フッサール後期の未公刊草稿の一部が翻訳されているので，それも参照。「絶対的なものは絶対的な時間化以外のものではない」（C1草稿）との考えを優先してフッサールが起源の単純性を解体していく運動の加速化については，F. ダスチュールの「フッサールとハイデガーにおける時間と他者」（« Le temps et l'autre chez Husserl et Heidegger », in *Alter*, n°1, p. 385）を参照。同論文は特にこのC1草稿を引用し註解している。

(4)　この問いについては，R. シュルマンの『無起源の原理』（R. Schürmann, *Le principe d'anarchie*, Paris, Le Seuil, 1982）を参照。

(5)　この問いについては，F. ダスチュールの『時間を語る』（*Dire le temps*, Encre marine, 1994, p. 65），それ以前では，G. グラネルの『フッサールにおける時間と知覚の意味』（*Le sens du temps et de la perception chez Husserl*, Gallimard, 1968, p. 47）を参照。

(6)　F. ダスチュールが，『内的時間意識講義』についてのグラネル的読解に付き従いながら，『時間を語る』で言っているように。

(7)　数々の唯物論のアポリアに加えて，数々の観念論のアポリアが，J.-T. デザ

ンティの「唯物論と認識論」(«Matérialisme et épistémologie», in *La philosophie silencieuse*, Paris, Le Seuil, 1975) で見事に描かれている。

(8) フッサールがここに矛盾ないしアポリア的緊張をおそらく見なかったしそれを体験しなかったというのは正しい。なぜなら，私の不死は彼にとっては私の無限の発生そのものであるからだ。

(9) ここには，プラトンの『メノン』における無知の循環についての伝統的構造が認められる。

(10) デカルトが改めて取り上げたスコラ的用語を使って，非－贈与性は剥奪であって単なる否定ではないと言うことができるだろう。

(11) 本書のこの箇所で強調しておきたいのは，われわれが読んでいる著者たちが時間性との対峙を「切り抜ける」際の仕方に含意された起源的なものへの競り上げである。しかし，この過剰な身振りに連結したひとつの特性がある。すなわち，非－贈与性との対峙の根底性は，不連続性と中断の時間性を——可能な限り——「記述する」ようこの身振りを導くのだ。本書第四部と統括的結論を参照。

(12) E. レヴィナスによる顔と同様，J.-L. マリオンによるイコンは，それがそのイコンであるところのものと表象＝再現的な連関を有してはおらず，それを思い描く狙い〔思念〕によって構成されるがままになることはない。逆に，イコンは現象性を転覆することでのみ現象性のなかで告知され，志向的狙い〔思念〕の諸権能をはみ出すことでのみこの思念に与えられる。この問いについては『偶像と隔たり』(*L'idole et la distance*, Paris, Grasset, 1977) を参照。

第一章

(1) 本章は，拙稿「志向性の限界にて——『内的時間意識講義』の読者ミシェル・アンリとエマニュエル・レヴィナス」(«Aux limites de l'intentionnalité: Michel Henry et Emmanuel Levinas lecteurs des *Leçons sur la conscience intime du temps*», *Alter*, 1994) を修正したものである。

(2) レヴィナス的〈超越〉とアンリ的〈内在〉がひとつの直観の表と裏であるということ，これはわれわれが「目覚めと誕生」(«Éveil et naissance. Quelques remarques à propos de M. Henry et E. Levinas», *Alter*, n°1, Fontenay-aux-Rose, 1993) で追求した足跡である。

(3) 『質料的現象学』のなかで。

(4) 同書第二章「志向性から感じることへ」，三節「時間と言説」a「感性的体験」を参照。『存在するとは別の仕方で』のなかでレヴィナスがフッサールにおける時間性についての分析を徹底化しているとしても，彼は主体についての最初の根本的直観になおも忠実である。われわれがこのテクストとそれ以前のテクスト「現象学的技法」(«La technique phénoménologique», Hus-

serl, *Cahiers de Royaumont*, Paris, Les Editions de Minuit, 1959, repris dans Commentaires nouveaux, in *En découvrant l'existence avec Husserl et Heidegger*, Paris, Vrin, 1967）のいずれにも無差別に準拠するのはそのためである。

(5)　この評価には含みをもたせなければならない。なぜなら，縦の志向性のなかで，志向的眼差しが自分を客体とみなすよりもむしろ，主体として自分を感じ，自分を生きる限りで，この眼差しを記述しようとするフッサールの努力を理解しなければならないからだ。

(6)　事情がこれとは異なるようなこの著者の他のテクストがあるのかどうか，という点はここでは問わない。いくつかのテクストがこの作業を提示しているということだけで，少なくとも，現象学の神学化への留保なき一切の糾弾を斥けるには十分である。問題は，「現象学の神学化」の題目のもとに隠れたアポリアを廃棄することではなく，このアポリアが別の仕方で措定されて，驚異を与えるその力を回復するのを示すことである。

(7)　この点について，E. レヴィナスと M. アンリとのあいだの対称性は厳密なものではないとただちに注意を促しておこう。彼らはそれぞれ違う仕方で限界上にいるのだ。志向性の手前で〈生〉の絶対性を捉える M. アンリが，志向性の限界を試練にかけて検証する者とみなされうるのは，自分の思想とにとって外的な視点を決然と選びとることによってである。「異端的」解釈者としてのわれわれの最初の歩みは，省察の対象として，この著者のテクストそのものを考察することになるだろう。この著者にとって，テクストは本質的なものではない。なぜなら，起源的には，これらのテクストが〈生〉への通路を与えるのではなく，〈生〉がテクストへの通路を与えるからだ。本書第四部を参照。

(8)　われわれは進んで，アンリ，レヴィナスの歩みと J.-L. マリオンの歩みとを区別したい。この点についてはこれまで決して十分に指摘されていないが，マリオンの歩みは〈現前〉としての〈与えること〉に関心を持ちながらも，時間そのものには少ししか，あるいは関心をもっていない。あたかも，志向性が時間性のなかで突き当たる数々のアポリアがもうひとつの極，つまり神へと「移送させられる」かのように。われわれの仮説は今後根拠づけられねばならないが，それによると，アンリとレヴィナスは，志向性を――つねにすでに――神学的極へと移送させる者たちよりもむしろ，時間のアポリアにじかに接して住まう者たちの家族に分類される。われわれとしてはこの仮説の根拠づけをこの第二部の第二章で行う予定である。

(9)　限界の実践が，限界の侵犯というリスクに晒されること，安易さに晒されることをも含意している限りで。本書第四部を参照。

(10)　『質料的現象学』の第二章を参照。

(11)　流れの形式全体をまず，空虚な徴しの連繋として思考する，『時間講義』についてのデザンティ的読解と，アンリの質料的現象学を比較するのはおそ

らく実りあることだろう。このデザンティの読解は，時間と言語とが生まれを同じくすること，志向性の排除ではなく，志向性（超越論的もしくは／または神学的主体性の極から切り離された志向性，土台として予感され告発された極から切り離された志向性）の再解釈を含意している。アンリの現象学はというと，〈脱－存的〉形式としての志向性と言語を拒否している……。

(12)　フッサールはその際，客体の過去の持続を「再把持する」横の志向性と，絶対的意識の過ぎ去った流れの再把持（言ってみれば自分による自分の再把持）であるような「縦」の志向性を区別している。

(13)　『質料的現象学』(p. 38)。

(14)　同前（p. 35)。

(15)　たとえフッサールがそこで，統合的審級なき綜合，したがって，産出の動因なき産出を思考しようと努めているとしても。

(16)　『内的時間意識講義』の補遺 1 を参照。

(17)　「発語と宗教」(« Parole et Religion », in *Phénoménologie et théologie*, Paris, Critérion, 1993),「誕生の現象学」(« Phénoménologie de la naissance », in *Alter*, n°2, 1994),『我は真理なり』(*C'est Moi la Vérité*, Le Seuil, 1996)。この問いについては，本書第三部第三章ならびに第四部第三章を参照。

(18)　この最後の問いについては本書第四部を参照。

(19)　この特徴づけはあまりにも図式的なので，少なくともベルクソンのような人にとっては持続は変質の秩序に属するどころか自分自身のうちに全面的に自分を持ち去るのだという点を喚起することで，この特徴づけに含みをもたせねばならないだろう。また，これとは逆に，時間的他性は「伝統的には」，なおも存在に従属した相対的他性としてしか思考されえなかったという点も思い起こすべきだろう。時間についてのレヴィナスの記述はある意味では，時間的他性を徹底化し絶対化する要請として理解されうる。

(20)　『存在するとは別の仕方で』(p. 55 et s.) を参照。

(21)　ここでは，比例関係としての厳密な意味での類比が問題である。

(22)　前掲論文「現象学的技法」(p. 102) を参照。

(23)　同前（p. 103)。

(24)　この点については，前掲ドゥニーズ・スーシュ＝ダーグ『フッサール現象学における志向性の発展』，特にその第一章を参照。

(25)　操作的概念にわれわれは留意しているのだが，どうか間違えないでいただきたい，ここでの課題は，言語ならびにテクスト，フッサールのテクストを読む M. アンリと E. レヴィナスのテクストに単に内在する賭金にだけ閉鎖的に注目することではない。われわれの話は現象学的体験についての現象学的記述の要請によって方向づけられている。おそらく，例を挙げるなら，原印象はひとつの概念であるよりも，体験自身の暗い素地であると言わねばならないだろう。しかし，フィンクがわれわれに教えてくれたところでは，操作

的概念とは，私の体験そのもののなかで私に与えられたものへのアクセスが問題含みであることをこそ意味している。ある意味では，それはアポリアとしての現象学を意味しているのだ。おそらくもっと徹底して，デリダ的な仕方で，問題を成すのは単に体験へのアクセスだけでなく，一切の体験が非固有性の作用を受けていると言うべきだろう。このことはまた，まったく同様に，フィンクはそれを問わずじまいだったとはいえ，（純粋な）操作的なものと（純粋な）主題的なものを区別する可能性に欺かれないよう促してもいる。ただしわれわれは，この点を銘記したうえで，両者の区別を正当に援用できると考える。なぜなら，操作的なものと主題的なものとの区別なしで済ませると思い込むこともまた少なくとも同程度に素朴であるだろうからだ。

第二章

(1) 前掲『時間についての省察』。
(2) 前掲『時間を与える』。
(3) 前掲『還元と贈与性』。
(4) 「贈与の現象学的概念素描」(Esquisse d'un cencept phénoménologique du don, M.-M. Olivetti (éd.), *Filosofia della revelazione*, Padva, 1994.
(5) 『時間についての省察』(p. 52)。
(6) 同前 (p. 80)。
(7) 実際，フッサール的純粋〈自我〉，この内在のなかの超越は，構成されない（『イデーン』第1巻，第37節参照）。
(8) 前掲『時間についての省察』(p. 150)
(9) われわれはここで，J.-T. デザンティのテクストに対して――あまりに手短かだったとはいえ――先に試みたように，J. デリダのこのテクスト全体を内側から踏破するつもりはない。ただ単に，ある近接的な地点から，言い換えるならテクストとはすでに異なる地点から，このテクストを一瞥するつもりである。なぜなら『時間を与える』が，デリダの他の著作全般と同様，テクストを一歩一歩端から端まで踏破する外補的な（prothétique）読解を要求しているかどうか定かではないからである。
　ただちに指摘しておくと，デリダはここで「贋金」を論じているのだが，このボードレールのテクストは，贋の硬貨を物乞いに与える話を語っている。デリダがそれについて生み出す分析は，これがあらゆる語り《レシ》，あらゆる文学のあり方であることを示そうとしている。つまりそれは，何も与えずに与えることであり，与える身ぶりそのものを拒絶することなのである。デリダが自分の作品で絶えず実践する，入れ子構造といういつもの過程に注意するなら，『時間を与える』はおそらく，その内容，それが与えると思われるものによってよりも，その与える仕方によって，その紆余曲折によって，その長

い註によって，表立ってはほとんど隣接していない複数のテクスト間で組織されたその出会いによって価値をもつことが分かる。デリダのいくつかの仕事に対して疑念を抱く読者がいることは周知の通りである。詐欺，という疑いがそれだが，この疑念の暴力の背後に隠れているのはほとんど，予期せぬ姿勢によって惹起された居心地悪さにすぎない。より根底的には，デリダを読むことで惹起される諸効果の両面性（アンビヴァランス）は周知の通りである。予告された分析は，その計画を語っては膨張し続ける準備，「始まりのきっかけ」――それはしばしば註でなされる――によってほぼ無際限に後回しにされ，読者を餓えたまま置き去りにする……。つまり，そのほぼ全体が失望という結果へと集約されるテクスト，ということだ。『時間を与える』がわれわれに贋金について語っているとして，より根本的には，『時間を与える』はみずからを贋金として開示しているのである。だがこの著作を読みながら，ふと次のように自問していることに驚く。驚きのなさに比例して，また，つねにすでに自分が何を言いたいのかを知っているのに比例して，したがって，あたかも避けられないかのように最も充実した現前の真正さへと至るのに比例して完璧な仕方で構成されたテクストと比べて，このようなテクストのほうがより多くを与えてくれるのではないか，と。騙りとは言わないまでも，少なくとも贋の配札（fausse donne）はどこにあるのか。

最後に指摘しておくと，われわれはここで，このデリダの本の分析がもつ豊かさを正当に評価し，それに正義を返しているのではない。そればかりか，われわれはこの書物を，その中心にあるのではないけれども，それに絶えず取り憑いているように思われるある問いを介して論じているのである。それは，現象学の可能性についての問いである。だが，このテクストは「お返しを」すべきテクストではない。

(10)　それぞれ「贋金」と『贈与論』である。

(11)　前掲『時間を与える』(p. 156)。

(12)　幽霊の観念に隣接する諸観念はここでは，亡霊や痕跡や贈与という，シェークスピアの『ハムレット』の表現にならえば「蝶番を外れた」(out of joint) 時間性での出来事の観念と区別されているが，前掲の『マルクスの幽霊たち』において再び作業台に載せられる。

(13)　ここでは，再びレヴィナスに近づいたデリダが痕跡についてなしている複雑かつ厳密な話は脇に置くことにする。それによれば，痕跡とは言説と時間性が結びつき，容器のような仕方でではなく，ある徴しの遂行性（performativité）として内容を取り集め，それを主題化するところの「場所」である。

(14)　われわれは J.-L. マリオンと同じ資格で M. アンリに現象学の神学化への非難を向けることができるとは考えていないし，E. レヴィナスに対してはなおさらそう考えていない。

(15)　F. ダスチュールが 1992 年の「現象学・解釈学研究センター　パリ・フッ

サール文庫」でのセミナーで示唆しえたように,「現れないもの」(*unscheinbar*) は「気づきえないもの」(*unbemerklich*) という意味に取られるべきではないだろうか。

(16) 前掲『還元と贈与性』。

(17) 「いくつかの問いへの返答」(« Réponses à quelques questions », *Revue de métaphysique et de morale*, 1991, n° 1, p. 69, n. 1) を参照。そこには,「デリダ以上に『還元と贈与性』を支配している問いを前もって十分に定義した者はいない」とある。

(18) 『還元と贈与性』の第一章「突破と拡大」は,『声と現象』について論じている。

(19) 「呼び声と現象」(« L'appel et le phénomène », *Revue de métaphysique et de morale*, 1991, n° 1, *op. cit.*) での F. ラリュエルの指摘を参照のこと。

(20) 『還元と贈与性』最終章と結論, 特に p. 305 を参照のこと。

(21) ただし, この区別はあくまで慎重に用いられねばならない。それほどこの区別は素朴であり, 素朴なまでに形而上学的であるのだ。ただし, ただ単にこの区別の外で思考することができると強弁することもまた同じ程度に素朴である。

(22) 触発と時間性とのつながりについては, 拙稿「時間性と触発」(« Temporalité et affection », in *Alter*, n°2, Fontenay-aux Roses, 1994) で展開された分析を参照。

(23) 前掲「いくつかの問いへの返答」(p. 67)。

(24) これはまさに, 事象そのものの贈与性は決して直接的にはなされないということを示している。

(25) 『声と現象』参照。

(26) われわれにとってここで問題になっているのは, デリダとマリオンの『論理学研究』読解を比較し, このフッサールのテクストを解明する両者の力を測るべく努めることではないとはっきり言っておこう。この点についてわれわれは何も言わず, デリダによるフッサールの読解をマリオンがどのように扱ったかという点と, この扱い方において何が賭けられているかを検討するにとどめる。

(27) 『還元と贈与性』(p. 35–37)。

(28) 同前 (p. 36)。

(29) これが「意義作用の誤認？」と題された第四節の最後で得られた成果である (p. 38)。

(30) 『還元と贈与性』第五節「直観なき現前」(p. 40)。

(31) 同前 (p. 43)。

(32) 同前 (p. 44)。

(33) マリオンが「矛盾」と名指しているものは, 哲学者と呼ばれるにふさわし

い哲学者に関してはまさしく考えられないものであると思われる。「フッサールが数行の内で自己矛盾していると強弁するのでなければ，以下のことを認めなければならない……」(同前 p. 43)。

(34) 同前（p. 34)。

(35) われわれはマリオンのテクストが，理性的明証性の光に先立つ夜の部分たる信に根を下ろしているのをみずから覆い隠しているのではないかと疑いたくなる。この隠蔽という振る舞いは，一切の真正な哲学がその始まりとして認めるはずの不透明な核を覆い隠そうとしているのではないかとさえ思える。

(36) 「いくつかの問いへの返答」(p. 65)

(37) というのもマリオン自身にとっては，この戦略的姿勢は哲学的思考の実践に対立せず，むしろ逆であるからだ。「というのも，真の思考を乗り越えるのは，それに反論することによってではなくそれを反復することによってであり，更にはその思考から手段を借り受けて，その思考とともにその思考の彼方へ思考することによってだからである」と，彼は『還元と贈与性』（p. 10）で書いている。尊敬している対象——というのも彼はそれを尊敬しているからだが！——を手段として扱えるようになったとき，その尊敬に含まれた曖昧さを測ることができる。ある意味で，マリオンの思考はたゆまず贈与に接近しようと努めながら，もっぱら手段と目的の計算のなかで動いているのではないだろうか。

(38) もちろん，探求と戦略の違いはこのようにはっきりとしたものではありえない。探求のなか，計算不能なもののなかには，つねにいくらかの戦略が，計算がある。これを否認し，純粋に計算ずくの戦略に対立する無私で純粋な探求というものがあるなどと信じるのは素朴さの極みであろう。肝要なのは，戦略によって探求を払い除けてしまわないことである。

(39) デリダの呼び声は，機械的な用法のせいで「トリック」（ほとんど *Gestell*〔組み立て〕と言ってしまってもいいかもしれない）として骨抜きにされているわけではないがゆえに，全面的にその倒壊力を保っている。デリダへと捧げられた『固有名』〔合田正人訳，みすず書房，1994 年〕での論考「まったく別の仕方で」で，レヴィナスが喚起した，倒壊した数々の光景のことが思い出される……。

(40) 無の縁からのハイデガーの撤退が逆に，ハイデガーがそれによって不安にさせられていたことの証しを表しているということも十分ありうる。つまり，微かに触れられるためにのみ一歩退いたのだ，と。

(41) われわれは当然ながらここで，前提の不在を根底的に要請する哲学と，つねにすでに所与を，信の措定を前提とする神学——信の措定から神学の根底で実証科学がうまれる——との間にハイデガーがもたらした揺るぎない対立を念頭に置いている。この問題については，F. ダスチュールの「ハイデガーと神学」(« Heidegger et la théologie » , in *Revue philosophique de Louvain*, t.

92, 1994) を参照。この主題についてのハイデガーの主要なテクストがすべてそこで引用され註解されている。

(42) このような信と不問に付すこととの等置は自明ではない。キリスト教を例にとれば——われわれの見るところでは，キリスト教はマリオンの現象学にあってひとつの例以上のものなのだが——，信はそれ自体において，解消不能な仕方で不安と懐疑を含んでいるのを想起しておく必要があるかもしれない。それにもかかわらず信は——まさにこれこそわれわれがここで目にしていることだが——開示された真理にふさわしい特殊な支持の様態であることに変わりはなく，開示された真理とはまさに，論証における理性や理性的な明証には与えられない真理，理性を拒み，曇らせさえする真理である。

(43) 以上がまさにマリオンの論証の核心である。つまり純然たる現前を規定から解放し，したがって形而上学が（フッサールとハイデガーをも含めて……）純然たる現前に与えてきた様々な形象による限定から解放しなければならない。残るは，無規定的な純然たる現前を目指す傾向が信に属しているという点を示すことである。当然ながら，この手の思考にはどんな否定神学にもつきまとう問いがたえず課せられる。つまり，これらの形象《フィギュール》は自分が示す無規定的な純然たる現前性を明らかにすると同様に消し去ってしまう——これが否定神学の言い分である——のか，それとも，無規定的な純然たる現前とは，これらの形象を始点とする幻想的な投影以外の何ものでもなく，それゆえ，断固として最初にあるのはこれらの形象なのか，という問いである。

(44) 「いくつかの問いに対する返答」(p. 67)。

(45) J.-L. マリオンは——意図的にだろうか——「空欄」(case vide) という構造主義的な観念（G. ドゥルーズが「構造主義はなぜそう呼ばれるのか」[« A quoi reconnaît-on le structuralisme ? », in *Histoire de la philosophie*, Hachette, 1973, dir. F. Châtelet〔シャトレ編／中村雄二郎訳，『二十世紀の哲学（西洋哲学の知』白水社，1998 年〕] で，ラカンやフーコーについて語っていることを参照）を，少なくとも呼称のうえで「自分も使っている」のに気がつくだろう。しかしながら，ドゥルーズによれば，構造主義は空欄を埋めてしまう誘惑に警戒していることが思い起こされる……。

(46) しかし，この身振りに対して可能な限り素朴にならないよう心がける必要があるだろう。この身振りを完全にまぬかれたと自称するのはおそらく，なおもこの素朴さの形《フィギュール》のひとつであり，あるいはその最も根底的な形かもしれないということを見失わずにいること……。

(47) 「無の無」の幽霊は幽霊としての「無の無」に他ならないが，それはおそらく，ある意味で余すところなく概念化されざるもののに属している。この問いについてはデリダの分析ならびに，まさに本書の前章と全体の結論でわれわれが語っていることを参照。マリオンのテクストは最大限の概念化への

要請として提示されており，デリダがいう――しばしば二重化された――数々の不可能性に抗して可能性を呼び求めている。だがそうすることで，マリオンは触発されることを拒んでいるのではないだろうか。

(48)　つまり，『還元と贈与性』の第六章と最終章で。

(49)　『還元と贈与性』（p. 295）参照。「当然ながらここでは現象学の領野を拡大するために神的啓示にもとづく権威に頼っているわけではない（…）」。

(50)　同前（p. 278）参照。

(51)　マリオンがハイデガーに与えている読解についてここでは論じない。いずれそれを取り上げる機会があるだろう。ここでは，レヴィナスにこれに類似した数々の見地が見られるということに注意を促すにとどめたい。ただその場合，レヴィナスは，最後から出発するのは可能であり必要ですらあるとの考えを断固として批判しているのだが。

(52)　したがって，「現象学的に」「呼び声の純粋形式」を確定することが問題となるだろう。『還元と贈与性』（p. 296）参照。

(53)　この表現はマリオンのものである。

(54)　『還元と贈与性』（p. 295）参照。

(55)　本書の執筆はジャン＝リュック・マリオンが『与えられた存在者――贈与性の現象学試論』（*Étant donné. Essai d'une phénoménologie de la donation*, Paris, PUF, 1997）が出版された時には完了していた。したがってこの著作については，ここではその豊かさのすべてが論じられていない。しかしながらわれわれは，『現象学と神学』所収の「飽和した現象」（« Le phénomène saturé », in *Phénoménologie et théologie*, Paris, Critérion, 1992, p. 79–128）の読解にもとづいて，飽和した現象の問題系を参照している。『与えられた存在者』はそれを再録している。

(56)　キリストは，キリストを信じるものにとってしか飽和した現象ではない。

(57)　『啓示の哲学』（*Filosofia della rivelazione*, M.-M. Olivetti (dir.), Padova, 1994）所収。このデリダ読解は後に『与えられた存在者』に再録される。

(58)　問題（*problema*）とアポリアの差異は，障害となりながら同時に盾として保護し，更には跳躍台として「投企」さえする一方の問題と，行き止まりであり麻痺である他方のアポリアの差異であり，これは決定的な差異である。マリオンの哲学は問題の哲学であり，デリダのそれはアポリアの哲学だ。ここに，彼らのあいだの差異の最も深い点がある。われわれはこれから，逆説的にも，アポリアが生産性と豊饒性の特別な形式を有していることを示すべく努める。

(59)　信の「明晰な晦渋さ」――理性の光にとって暗い夜のうちに何があるかを見せる仕方――が理性の中心にこそあるとする非常に興味深い仮説に同意すると想定するとしても，そのことで逆に，信と理性のあいだにあって両者の内密さそのものを成す深淵的差異を消し去ってはならないという要請を疑義

に付すことにはならない。この主題については，アラン・キュニョ『理性の核心に——理性と信』（Alain Cugno, *Au cœur de la raison. Raison et foi*, Paris, Le Seuil, 1999）参照。

(60) 前掲「贈与の現象学的概念の素描」(p. 79)。「もし現前が現在（贈与性における贈与）を解体してしまうのであれば，現在に到達するためには現在を現前から守る必要がある」。

(61) 「(…) 最も多くを与える贈与はまったく何も与えない。いかなる事物も客体も与えない。それはこの贈与が期待を裏切るからではなく，この贈与の与えるものが現実性にも客観性にも属さないからだ」(同前 p. 85)。この命題がマリオンのデリダに関する戦略を完璧に要約している。マリオンの第一章はデリダにつき従うが，それは第二章で転倒され，第二章にとって逆のものないし相対立するものの手段たらしめられている（無が，現実性や客観性と境を接することなきある現前の基層を作っている，というのだ）。

(62) とはいえマリオンが語っている可能性は，留保としての現前以外の何ものでもない。それは可能性を全面的な規定性であるがゆに，現働化すべき潜勢態，結局は論理的にそして／あるいは存在論的に制約された潜勢態たらしめる，そのようなものではまったくない可能事の諒解に基づいている。逆にそれはある純粋で未規定な高邁〔寛大さ〕なのである。

(63) 前掲「贈与の現象学的概念の素描」(p. 84)。

(64) 例えば「贈与の現象学的概念の素描」(p. 82)。「「贈与の真理は非贈与もしくは贈与の非真理に等しい」［というデリダの定式］についての二つの解釈もまた，贈与の二つの語義（所与もしくは条件を与えること）と同じように，ある境界を予感しており，この境界を乗り越えれば，デリダ自身によって矛盾へと至らしめられる規定とはまったく異なる贈与の規定へと至ることになるだろう」。まさにデリダが踏み越さず我慢せよと命じる境界を侵犯することがマリオンにとっての課題であることが明らかである。

(65) われわれは後に，この不可能なものの試練が繁殖性という特殊な形式を有し，その限りでこの試練がデリダの著作を特徴づけていることを明らかにするべく試みる。

(66) このように解するなら，境界は数々の場の外（hors lieux）にある。場と場の間で宙吊りになり，それらのシステムをまぬかれる。

(67) 限界と／もしくは境界の問い，アポリアの実践としての思考におけるこの問いの二重化については，J. デリダの『アポリア』(*Apories*, Galilée, 1996〔港道隆訳，人文書院，2000年〕）を参照。われわれはこの作業の結論でこのテクストの分析を行う。

(68) 現象学の神学化と言ったけれども，限界の実践というわれわれの問題系は，D. ジャニコーが問いを立てたやり方を乗り越えようと試みるものである。より詳しく言えば，われわれがJ.-L. マリオンをほとんど非難していると言

ってもよいのは，彼が，D. ジャニコーによって提案された一刀両断的な分割に組み込まれているからで，それによると，現象学は，結局のところ実証主義と重ね合わされて，神学に反対していることになってしまう。

(69) というのも，J.-L. マリオンの説明によれば，受領者を「敵」——贈与を否定する者——として，更に根源的には「忘恩者」——贈与を甘受しない者——として括弧に入れることで，贈与を贈与性の純粋さへと，つまりあらゆるエコノミーから引き離された返礼なき純然たる無償性へと還元することが可能になるのだから。「贈与の現象学的概念の素描」（p. 90, 91）参照。

第三部

(1) 『内的時間意識講義』（p. 99）。

(2) この確認は，J. デリダについては含みをもたせる必要があるだろう。だがただちに言えるのは，主体性の脱構築は決して主体性の単なる除去を意味するものでは決してなかったということである。

(3) 例えば M. アンリは，「われわれが世界を経験するとはおそらく，われわれの根底での絶対的主体性というこの自己の最初の試練を経ることにもとづいてでしかない」と「哲学と主体性」（« Philosophie et subjectivité », in *L'Univers philosophique*, PUF, 1990, p. 46）で書いている。彼はまた一貫して，「表象の諸構造を，主体性において損なわれた純然たる試練——そこにはいまだいかなる世界も，世界を構成する諸関係もない——へと事後的に」（強調引用者）投影するのは避けるべきだとも書いている（前掲『質料的現象学』，p. 171）

(4) 自己へと繋縛された，もしくは「自己へ指名された」自我，「トラウマ」としての，「曝露」としての，「忍耐」としての自我，「自己のうちへの放逐」，「自己性の再帰」としての自我，等々を参照。前掲『存在するとは別の仕方で』（p. 162 et s.）

第一章

(1) 『フッサールによる意識と人間性』（*Conscience et humanité selon Husserl*, Paris, PUF, 1995, p. 16）。

(2) 『他者のような自己自身』（*Soi-même comme un autre*, Paris, Le Seuil, 1990, p. 27〔久米博訳，法政大学出版局，1996 年〕）。

(3) F. シャトレ編『哲学史』（in *Histoire de la philosophie*, Hachette, 1973, F. Châtelet (dir.), p. 331）所収。

(4) 同前（p. 331）。

(5)　このフッサール読解は本書の第一部で展開されている。

(6)　『研究』(*Études*, Gaillée, 1995, p. 56)。

(7)　この問いを徹底して論じたもので，フランス語での最近の仕事に限るなら，R. ベルネの前掲『主体の生』，J. ブノワの前掲『フッサールをめぐって』がある（後者の，特に第一章「驚異のなかの驚異」［« La merveille des merveilles », p. 13-103］を参照)。

(8)　「W. ジェイムズにおける意識の内的流れ」(« Le flux intensif de la conscience chez W. James », in *Philosophie*, n° 46, Éd. de Minuit, 1995, p. 55-76) で，D. ラプジャッドによって引用された表現。

(9)　『論理学研究 I』(p. 274)。

(10)　フッサール『数学から歴史へ』(Husserl, *Des mathématiques à l'histoire*, Paris, PUF, 1995, p. 26)。

(11)　D. ラプジャッド「W. ジェイムズにおける意識の内的流れ」(p. 74) 参照。

(12)　「フッサール現象学における主体主義と「無主体的」現象学の可能性」(« Le subjectivisme de la phénoménologie husserlienne et la possibilité d'une phénoménologie "asubjective" », dans *Qu'est-ce que la phénoménologie ?*, trad. fr. E. Abrams, Grenoble, Million, 1988, p. 189-216) において。

(13)　例えば彼の『時間についての考察』あるいは「『内的時間意識講義』随想――流れる時間から崩れ去る時間へ」(« Libre propos sur les *Leçons sur la conscience intime du temps*: du temps qui s'écoule au temps qui s'écroule », in *Alter*, n°2, 1993, p. 417-433) において

(14)　『現象学とは何か』(p. 203)。

(15)　同前。

(16)　前掲『主体の生』参照，特に結論の一部では「エゴ論的主体性の発生」が論じられている (p. 300-307)。

(17)　R. ベルネはまた，〈エゴ〉を有害なものとみなすサルトルと異なり，フッサールは『論理学探究』において〈エゴ〉を「不用」としかみなしていないと説明している。とすると，フッサールがもはや知覚的所与にだけでなく，現在化（他者の現在化，特に第二次想起によって構成された他者の現在化――ここで過去把持に由来する問題が先鋭化する）にも興味を示すとき，つまり非－贈与性が単なる時空間的素描の現在化よりも根底的である場にも関心を示すとき，〈エゴ〉は「有用」なものとなるだろう。

(18)　J.-T. デザンティは，われわれが先ほど J. パトチカの，次いで R. ベルネの歩みにおいて実行した分析ときわめて近い分析を生み出している。デザンティは，最初から，つまり『論理学研究』の第VI巻からすでに胚胎していた，〈エゴ〉の承認へと向かう変動を明らかにしているが，その際，カテゴリー的な意味作用の志向性――例えば論理的接続詞――の充実によって提起される困難は，いまだ『論理学研究』には〈私〉も〈純粋自我〉もないにもかか

わらず,「対象の狙い〔思念〕という意味での意識の距離を保った現前をしるす内的能力としての」「〈私〉はできる」に頼ることでしか解消されえないと指摘している（前掲「『時間についての内的意識の研究』への自由な所見: 流れる時間から崩れ去る時間へ」p. 417–433, とりわけ 420)。

J. ブノワはというと, 次のように示唆的な書き方をしている。「贈与性が(したがって現前が) ある限りでエゴはある」(…)「エゴはこの放射［狙い・思念の放射］の不動点であり, したがって, それにもとづいて初めて「放射」のイメージが意味をもつところのものである」(前掲『フッサールをめぐって』p. 67)。

(19) より厳密に言えば, ハイデガー的な自己性は, 自己をそれ自身の外へと投企する存在の出来事について証言するや否や自己化され, つまりは本来的に自己自身となる。

(20) 『見えるものと見えないもの』(*Le visible et l'invisible*, Paris, Gallimard, 1964, rééd. « Tel », p. 299〔滝浦静雄・木田元訳, みすず書房, 1989 年／中島盛夫監訳, 法政大学出版局, 1994 年〕) において。

(21) 同前。

(22) 『アポリア』(*Apories*, Galilée, 1996, p. 116–117) 参照。

(23) 他にも数多の著作があるが, レヴィナスについては『全体性と無限』(p. 7), そしてアンリの『現出の本質』(p. 421, 830, 857〔北村晋・阿部文彦訳, 法政大学出版局, 2005 年〕) を参照。この指摘と参考文献をわれわれは J. コレットの「レヴィナスとフッサール現象学」(« Lévinas et la phénoménologie husserlienne », p. 19–36, dans *Les cahiers de la nuit surveillée E. Lévinas*, Verdier, 1984, p. 29) に負っている。

(24) この地面という観念には, 根底 (*Grund*) がもつ存在論的な威光や密度がなく, 源泉と結びついた寛大さもないが, そこから始めることしかできないような, 予め選ばれたのではない出発点の偶然性と必然性をそれは有している。したがって, この観念もまた M. アンリと E. レヴィナスによって分かち合われている。

M. アンリについては例えば以下を参照。「(…) カフカはこう自分の考えを述べている。「君がその上に立っている地面が, それを覆う二本の足よりも広いものではありえない, と幸運 (chance) は言う。」それが「幸運」であろうと, 自己へと追い詰められた生の耐え難い重荷なのであろうと, いずれにせよ, 生の根底的な内面性, すなわちそこにおいて生が生自身に対して逐一ぴったり合わされているような内面性は, 生を内側から試練として構築する。すなわち, この内面性は, われわれが事物についてそれが同じものであると言うような事物の外的な同一性のなかにではなく——逐一自己に合わされ, そのような仕方でみずからを感じ, みずからを体験する限りでの内面性なのである」(『質料的現象学』p. 162–163)。

E. レヴィナスについては例えば以下を参照。「主体はその上に立つ。(…) 主体にとって意識の浮動性，その定着性は，観念的空間の何らかの座標への不変の準拠によるものではなく，意識の〈立ち位置《スタンス》〉，つまり，自分自身にしか準拠しない意識の定位という出来事，定着性一般の起源——始まりという観念自体の始まり——であるこの出来事に由来している。場所はひとつの地理的空間であるより前に，ハイデガー的世界の具体的な雰囲気であるより前に，ひとつの土台である。それゆえに身体とは，意識の出来そのものなのだ。(…) 身体が定位されるのではなく，身体そのものが〈定位〉なのだ」(『実存から実存者へ』p. 122〔西谷修訳，ちくま学芸文庫，2005 年〕)。

(25) 誕生の主題系はレヴィナスとアンリの著作に顕著だが，この主題系は主体性が彼らの思考のうちでもつ意義を明かすものであるようにわれわれには思われる。本書第二章と第三章を参照。

(26) 本書第二部第二章を参照。

(27) あらゆる空間的な含意から現象学的に切り離された内在と超越の概念における，〈自己〉の自己への内在を思考することが，アンリとレヴィナスに共通する要請である。しかも，〈自己〉の特異性が絶対的であることについて一歩も譲らずに思考しているのだが，その絶対性の名は両者において共に，「孤独」である。自己であることとは，自己と共に独りであることだ，これがレヴィナスとアンリが分かち合う直観である。アンリについて，自己から出発するのが自明であるのに対して，レヴィナスが〈他者〉の他性を起源的だみなすのは，彼もまた彼なりに，〈自己〉が実存することの孤独を起源として思考する限りにおいてであるということは十分に指摘されてはいない。「自己」と「関係」という，その繋がりが決定的であるような二つの観念が前面に押し出される。「自己への関係」なくして自己はないのだ。ジャン＝リュック・マリオンの表現をもう一度使えば，関係のカテゴリーは実体のカテゴリーに先行し，ゆえに関係のカテゴリーは伝統的に理解されてきた実体の観念から自由となる。関係の〈自己〉へのこの先行性は，時系列的なものでも論理的なものでもない。それは隔時性であり（レヴィナス），〈脱－存的〉な時間の外である（アンリ）。みずからを孤独として意味づける〈自己〉のこの起源性に注意を促す必要がある。もう一つ強調しておくべきは，この絶対的な孤独は，自己性がある意味で自己性それ自体にとっての起源であるという仕方でしか自己性たりえないことを意味しているという点である。しかしながら，この孤独が隔たりを関係の「可能性の条件」として前提としているということも強調しなければならない。たとえその関係が「自己への関係」であったり，逆説的にも「無媒介的関係」だったとしても。より逆説的になるが，この関係が断絶から成る以上，ある意味では無関係だということにも気づかれるだろう。自己の内奥そのものがずれを含んでいること，断絶をもち，それゆえ自己への関係が可能になること，これこそ，先に記した

「自己に釘づけにされた自我」あるいは「自己へと追い詰められた自我」という表現がまさに示していたものだ。こうした表現は，アンリの文章にもレヴィナスの文章にもまったく同程度に頻出する。自我と自己が釘付けにされていることは，起源にある隔たりが自我を自己から「隔て」，区別しているということをある意味で前提とする。だがこの関係がつねにすでに鎖として語られることは——連繫という隠喩的ネットワーク，錘や負荷の，更には「行き詰まり」の隠喩的ネットワークは，M. アンリとE. レヴィナスによって，〈自己〉のそれ自身との関係について実に広範にまた意味深い仕方で動員されている——，〈自己〉のそれ自身への遅れ，ひいては〈自己〉の無力を意味し，また〈自己〉がそれ自身へと追い詰められていることを意味し，〈自己〉に宿る起源の隔たりがまずは〈自己〉をそれ自身から逃すための「遊び」の空間ではなく，反対に〈自己〉に自己の試練を強いる微細なずれであることを意味している。

(28)　幽霊が〈生〉に対立するように。だがこれはおそらく単純な対立ではない。

(29)　デリダ，アンリ，レヴィナスにおける主体性の問題についてのわれわれの歩みは，いままで読まれてきたように，ピッチ角による制約があり，したがってまったく網羅的なものではない。アンリとレヴィナスに関しては特にそうだ。レヴィナスにおけるこの問題については，まったくもって完璧な紹介が以下で見られる。G. ベラーシュの『E. レヴィナスにおける主体——脆さと主体性』(G. Bailhache, *Le sujet chez E. Lévinas, fragilité et subjectivité*, PUF, 1994)。

ここではわれわれが語ることを控えた二つの重要な点だけに注意を促しておこう。

一，主体性が，呼びかけ，会話という界域で，つまり発語の遂行能力において生まれつつあるものとして記述されているということは，ここではほとんど問題とされていない。われわれはこの特性に，本書の第四章で着手する。

二，われわれはここでは，主体性がどんな実体性よりも古く，更にある意味ではどんな同一性よりも古い原－起源的な水準へと参入する点にはほとんど触れていない。

この方向での分析は，M. アンリにもE. レヴィナスにも同様に数多くある。〈自己〉の「同一性なき〈唯一性〉」(E. レヴィナス)，「絶対的な〈ここ〉」(M. アンリ）は，空間，論理的要素，（実体もしくは実体性の源泉としての）存在，ないし（みずからを与えるものの地平としての）世界の内で特定される〈自己〉のどんな同一性よりも手前で自己化する。客観的空間，ロゴス，〈存在〉は，更には時間も，時系列へと誘導された場合には，「個体化原理」である限りで安定的で同質的である。それゆえ，これらのうちに現れるものは数えることができ，比較することができる。実際のところ，数え，比較できるのは——つまり切り離し，その同じ動きで関係づけることができるのは

――比較可能なものだけであり，つまりは同じ性質のものだけだ。ご承知のように，数が分割可能であるのはその性質が変わらないからである。「一」として数えられるのは，同質性という光で照らし出されたものだけだ。レヴィナスとアンリが研究した〈自己〉の唯一性は，同一的統一性の手前に位置しているのだが，この同一性は，レヴィナスとアンリに至るまで哲学において枢要だった，存在（オントス）と論（ロゴス）との同一性，ロゴスの光のもとでの〈存在〉の同一性なのである。つけ加えるべきは，同一的統一性は当然ながら，近代哲学が主体性の公式化として提案しうるものよりもさらに古いものでなければならないということだ。つまり同一的統一性はどんな「自己表象」よりも古いものでなければならず，この表象は，自己の試練の絶対的特異性にはつねにすでに大きすぎる衣装として告発されると同時に，「前に持つ」（tenir devant）という活動において無媒介性の試練を裏切るものとして告発されている。つまりは同一的統一性は，カントにおける超越論的主体性がひとつの形相であり少なくとも同一化の能力であるという点で，どんな超越論的主体性よりも古いのでなければならない。

第二章

(1)「可能なものと出来事」(1)（«Le possible et l'événement» (I), *Philosophie*, n° 40, décembre 1993, p. 84）において。（あるいは，これはC. ロマーノが検討している仮説だが，誕生の現象は，死へと向かう存在の実存的現象に「含まれて」おり，したがってハイデガーがこれを省略したと非難することはできないと考えられるかもしれない。）

(2)『存在と時間』（*Être et temps*, p. 306 de l'éd. Allemand.［ページ数はここで引用するマルティノー訳の余白のもの］）参照。「われわれは先に規定したように死を実存論的に，実存の不可能性の可能性と解釈した（…）。」

(3) 前掲『全体性と無限』（p. 27）。

(4) この考えはとりわけ『全体性と無限』（p. 23 et s.）の「無神論あるいは意志」で展開されている。

(5)「ある」（«Il y a», p. 107-108, in *L'intrigue de l'infini*, Flammarion, 1994）を参照。「ある」は最初に『デウカリオン』第1号に1946年に発表されている。

(6) ハイデガーによっては虚無が存在から「演繹されている」，あるいは，虚無が存在を「目指している」という批判を，レヴィナスは『神・死・時間』（前掲書）で表明している。

(7) この「彼方」の意味について誤解してはならない。「彼方」は存在からの根底的な解放を要請するが，この概念を「彼方の存在の」概念と密かに置き換えること以上にこの概念を裏切ることはないだろう……。そこから，われわれが絶えず解明しようとしている「カミソリの刃先上の」限界の実践が帰結

するのだが，この実践はつねにその戯画に脅かされている。その結果，デリダはレヴィナスの思考についてまったく正しく次のように言っている。「それは限界についてのひとつの思考ではない。少なくとも，「彼方」という言葉であまりにも簡単に表せるような境界についての思考ではない」（「今まさにこの時この著作で我ここに」［« En ce moment même dans cet ouvrage me voici », in *Psyché, op. cit.*, p. 170］）。ダブル・バインドに，われわれはいつも捕らわれている。そしてどんな言表も——言表は戯画化される可能性を宿しているのだから——，その反対の言表による修正をすでに受けざるをえず，その逆もまた真という形で続いていく……。

(8) われわれはレヴィナスの仕事の時系的な線形性を信じてこの分析に着手したが，後にこのアプローチを再考しなければならなくなるのが分かるだろう。

(9) 強調は引用者。『実存から実存者へ』（Vrin, 1947, p. 116, rééd. 1986）参照。

(10) アンリの現象学ではそうではないように思われる。アンリの現象学は，内世界的ならざる出来事の超越論的誕生——したがって起源的な誕生——の名のもとに誕生を説明しようとしているとしても，死についてはそれを内世界的な出来事という派生的で非本質的な資格のまま放置する。あたかも，生の絶対性の現象学は，誕生という枠組みで説明するという未聞の努力はなしえたものの，死を非本質的な内世界性の外部にまで高める試みにはまったく同意できなかったかのように。次章を参照。

(11) J. ロランと D. フランクがそれぞれ，『逃走論』（*De l'évasion*, Fata Morgana, 1982, p. 11-64）の序文と，「差異の身体」（« Le corps de la différence », in *Philosophie*, n° 34, Paris Éd. de Minuit, 1992）で示唆しているように。E. レヴィナス自身も時折，『倫理と無限』でのように，自分の著作についてこのような読解を提示しているように思われる。このレヴィナスの思考の進展，徐々に起きた重点の移動を，われわれが否定しているのでないことは言うまでもない。われわれはレヴィナスの思考のある別な運動を明るみに出そうと試みているのであり，その運動はレヴィナスの思考の内世界的時系列も，その時系列に固有の価値も廃棄するわけではない。この別な運動を，レヴィナスは彼自身の歩みに適用したとはほとんど思われない。『存在するとは別の仕方で』では，彼はこの運動を，哲学的言説一般がその本来性において把握される場合に有効なものとして記述しているのだが……。

(12) 「いくつかの問いへの返答」（« Réponses à quelques questions », *Revue de métaphysique et de morale*, « À propos de *Réduction et donation* de J.-L. Marion », 1991/1）において。

(13) 因みに，「弁証法」と「瞬間」とを結びつけるという着想は，ヘーゲル的というよりもまさにバシュラール的なものだ。『瞬間の直観』（*L'intuition de l'instant*, 1932〔掛下栄一郎訳，紀伊國屋書店，1997 年〕）と『持続の弁証法』（*La dialectique de la durée*, 1950〔掛下栄一郎訳，国文社，1976 年〕）を参照。

バシュラールは瞬間を出来事として，つまり非連続性および断絶として思考し，相互浸透的な多様性としてのベルクソン的持続に抗して思考した。この観点からすると，E. レヴィナスがバシュラールとの親近性を示唆したのはまったく正当とみなされる。というのも，基体としての主体性は，出来事と断絶の時間性に組み込まれているからだ。少なくとも未規定なあるの単調さとは断絶しているからだ。だが，バシュラール的瞬間がベルクソン的持続に対立するとしても，それは後者の利にしかならない。というのも，出来事の不連続性がバシュラールにとって思考可能なのは，この非連続性が持続によってその内的原動力として「馴致され」ている限りでしかないからだ。不連続性の契機は実にヘーゲル的な仕方で「乗り越えられる」。「瞬間の弁証法」という観念についてのレヴィナスによる理解が，バシュラール的な「瞬間の弁証法」の上記の特徴に対立するものであるのは自明の理である。レヴィナスが理解するそれは，いかなる場合にも連続性へと回収されない根底的な非連続性たらんとしているのだ。その意味では，この理解はその後レヴィナスが「隔時性」と名づけるものの予兆ではないかと考えることもできる。われわれは続く箇所でこの問題に立ち戻るだろう。

(14)　例えば前掲『実存から実存者へ』(p. 109–115) を参照。

(15)　例えば，「不眠の有用性」(« De l'utilité des insomnies », entretien avec B. Révillon, 1987, repris dans *Les imprévus de l'histoire*, Fata Morgana, 1994, p. 199 à 203) を参照。同じく，『観念に到来する神について』(*De Dieu qui vient à l'idée*, Vrin, 1986, p. 50 à 52) の，特に註 24 を参照。そこではレヴィナス自身，確かに暗示的ではあるが，不眠とあるの観念に彼が当初付与していた意味を転倒するとともに保持するこの複雑化に言及している。

(16)　因みに，実存者が「存在するとは別の仕方で」とこのように関係するとしても，この関係はやはり実存者を孤独な者にとどめ，この起源的な孤独を創設しさえする。というのも，実存者はそのすべてが遅れのうちに存するからだ。

(17) そのため，あるにおけるこの実存者の出現は，与えられるものすべてがみずからを与える地平としての世界，あるいは存在者たちの全体，存在者として規定され，つまりはすでにあるから脱出した存在者たちの全体としての世界に先行している。したがって，なぜレヴィナスにおいて主体性がまさにその誕生において起源的なもので，世界が決してそうでないのかが理解される。後期メルロ＝ポンティによれば，世界から主体性が現れるのであって，主体性は還元不能な仕方で全面的に二次的なものなのだが。

あるにおける主体性の誕生のこの起源性は，有限なものの〈無限〉への対立にも先立っている（前掲『逃走論』p. 73–74 参照)。レヴィナス自身がそう書いていることに驚く向きもあろうが，実際，このことは完全に論理的に一貫している。とはいえ，これは単に，〈無限〉によって基体が亀裂を入れ

られるためには，まずは基体が措定されていなければならないということではない。より根底的に，たとえ〈存在するとは別の仕方で〉のトラウマがつねにすでにあるにおける主体性の自己産出を包摂しているとしても，それでもあるは根底的に，主体性が自分を自分自身から引き出すところの裂け目なき孤独の自己産出なのだ。この指摘の重要性はいくら語っても十分ではあるまい。この指摘が示しているのはまさに，主体性の問題系と創造物についての神学的問いとの差異なのだが，この差異は，おそらく単に無視することのできない奇妙な隣接性としての，両者の関係の只中にある。

第三章

(1)　この章の最初の版は，M. アンリを主題とする 1996 年のスリジーでの学会で発表され，その記録『ミシェル・アンリ，生の試練』(*Michel Henry, l'épreuve de la vie*, dir. A. David et J. Greisch, Le Cerf, 2000）に掲載された。

(2)　誕生の観念はこの時以降前面に押し出される。とりわけ，「発語と宗教——神の発語」(« Parole et Religion: la Parole de Dieu », in *Phénoménologie et théologie*, Paris, Critérion, 1992）および「現象学と誕生」(« Phénoménologie de la naissance », in *Alter*, n° 2, Fontenay-aux-Roses, 1994）においてだが，これらは『我は真理なり』(*C'est Moi la Vérité*, Paris, Le Seuil, 1996）の準備稿となっている。

(3)　前掲「目覚めと誕生」参照。

(4)　この忘却は両義的な仕方で含意を伴っている。というのも，記憶が時間的隔たりならびに／もしくは表象を前提としているなら，忘却とはまさに，生が生として現出する，言い換えるなら，世界を拒むものとして世界の内に現出する仕方だからである。

(5)　世界からのこの残余なき脱出は，作業中の任意の現象学者にとって，今ここで，その具体的な運動において可能である。なぜなら，この脱出は根本的には，つねにすでに起きたことだからだ（このことは他方で，脱出が操作としては，また，みずからの起源性の場所での運動としては廃棄されることを含意としている)。つまり，〈生〉を指し示す現象学のテクストは，〈生〉がそれらのテクストにその「本質」として——気づかれていないにせよ——取り憑いているからということでなければ，〈生〉を指し示しえないのである。

(6)　みずからに「固有の」数々のアポリアを回避することの拒否は，われわれが先に言及したように，アンリ現象学に特徴的な一切の現象を統合することへの意志を，別の仕方で説明している。

(7)　『我は真理なり』でM. アンリは，彼が「ロマン主義的思考」と名づけたものについての誤解を斥けることで，この反論——とりわけ『質料的現象学』最終章での読解に対して格別に説得力ある形で提起された——を打ち消すこ

とになる（前掲『我は真理なり』p. 153）。この場合，「ミシェル・アンリ――現象学と形而上学のあいだで」（« Michel Henry entre phénoménologie et métaphysique », *Philosophie*, n° 15, 1987）で M. アール（M. Haar）が，アンリの哲学とロマン主義との親近性を指摘し，アンリの哲学をわれわれと同時代のロマン主義たらしめるに至っていることを想起する必要がある。ただ単にアンリの哲学を哲学におけるロマン主義へと引き下ろすのでない限り――この種の振る舞いはつねにあまりに容易だ――，この指摘は熟慮されてしかるべきである。

M. アンリにとっては，哲学におけるロマン主義との双子関係から身を引き離し，この奇妙な親近性を壊すことが重要である。ロマン主義が贖罪の山羊の代わりになっていないかという気もしなくはないが……。

(8) 前掲『我は真理なり』（p. 131）参照。

(9) 例えば，同前（p. 133）。

(10) 例えば，同前（p. 101, 108, 116, 163）を参照。

(11) 同前（p. 135 et s.）。

(12) われわれはここでは，M. アンリによる自己の誕生と，先の章で取り上げた E. レヴィナスによる〈自己〉の誕生とのあいだのきわめて強い類似にはこだわらないが，ただ言っておくと，いずれにとっても，〈自己〉は「誕生しつつある」という事態が決定的だということが本質的な近接性を成している。「二義的に起源的な」〈自己〉について記述のなかには，鏡のなかでの対称性のようなものがある。だが，アンリにおける誕生の記述が，内在性に全面的に内在する隔たりを記述するという未聞の挑戦であるのに対して，すでに見たように，誕生についてのレヴィナスの記述はまさしく，超越性が内在性に「分節化」する地点に専念するという点で，この鏡は相手を歪めて映すものとなる。

(13) 前掲『我は真理なり』（p. 137）を参照。

(14) 起源的な内在性を取り出して記述するという――少なくともある意味では超越性に抗してなされる――未聞の作業において，アンリ現象学は，超越性からは最も遠いはずであるのに，アンリ現象学の訓練を受けていない目には絶対的に超越性に似て見えるものに，内在性の核心を成すものとして遭遇する。アンリ現象学はこの「犬と狼のように見分けがつかず」奇妙に近接したものを，截然と躊躇なく，混交もなく引き裂くと強弁する。われわれの読解はこの身ぶりに絶対的に付き従い，おそらくは可能な限り遠くまで付き従うことになるのだが，それは，アンリ現象学が，自己からの脱出という「悪しき」超越性と，自己への到来という「善き」隔たりを截然と分割する可能性を暗黙のうちに問いただしているからだということがきっとお分かりになるだろう。

(15) E. レヴィナスについても言えることだが，このように記述された主体性は，

語の神学的な意味での被造物に近いこと，また，まったく同様に主体性の誕生は創造に似ていることに注目すべきである。この近接性は覆い隠されるべきでも，同一性へと引き下げられるべきでもない。いずれにせよ，レヴィナスとまったく同様に，そしてより暴力的で徹底した仕方で，M. アンリが（自己）産出を創造からはっきりと区別しようと意図していることに注目していただきたい。更に，〈生〉における息子の誕生は創造に対立している。ここでもまた，この差異化の動機がレヴィナスとアンリに共通している。創造という問題系は起源性を欠いている，というのだ。E. レヴィナスにとって，創造はあるからの脱出が遂行済みであることを前提とし，したがってある世界を前提としている。M. アンリにとって，創造は世界へと与える（あるいは創造の最も根底的な部分では，創造は世界を与える）。

(16)　というのも，そのいずれもがみずからそれを試練にかけながら踏破すべき思考への要請であるような指示的徴しのなかに住まうことでないとすれば，哲学的なテクストを読むとはいったい何なのか分からないからだ。私のものであるこの身振りは，それに忠実さを強いる他者たるテクストの運動に内部から密着する。しかし同時に，私に与えられたテクストの運動を一人称で引き受けることによって，私が私自身であることの自由をこの運動が私に与えるなかで，私はこの運動を模倣する。その点で，私はこの運動を，それによって私が自分であることが可能になるものとして絶対的に尊重するのである。

(17)　自己性と同様，「間主観性」の手段をもみずからに与えるアンリの思想の能力は，〈最初の生者〉という位格に依存しているように思われる。

(18)　ここからの分析は『我は真理なり』のいくつかの節，とりわけ p. 158 以降に依拠している。そこから，次の数行を抜き出しておこう。「いかなる意味で，いかにして，〈キリスト〉は〈生〉を与えるのか。いかなる生者であれ，〈生〉を獲得するためにはその〈生〉が，自己性の形式を自己においてすでに受け入れ，その自己性の形式の消えない刻印を印された〈生〉として生者に譲り渡されているのでなければならないという点で，である。というのも，この種の〈生〉のみが，つまり起源的に自己化された〈生〉のみが，われわれがそうであるような生者たちを生者にすることができるからだ。これは生者たちが〈生〉と同時に受け取る〈自己〉において起こることだが，生者とは，その生身の肉体において成長でき，その存在において一瞬ごとに大きくなることができる超越論的自我であるような者のことである。〈原－自己性〉の凱旋門をくぐったものだけが行き来して牧草地を見つけることができ，柵の中で草を食む羊たりえるのだ。」（『我は真理なり』p. 158）

(19)　実際ここでは，本章が取り組んでいる中心的な問題が扱われているのだから，くどくど言う必要はないだろうが，自己性が自己性であるためには，ある観点からすれば自己性はそれ自体にとって起源を成すものでなければならず，かつ同時にその根底的な受動性において，決してそれ自体の起源にあっ

てはならない。

(20) これは言ってみればアンリの思想の戯画ということになろう。哲学は決してその戯画に帰されることはない。だから，みずからの戯画について哲学にすべての責任を負わせることはできないとしても，哲学がその戯画を前もってつねにすでに禁じていないという点について問いただす権利はある。その哲学における何が，戯画が存在する余地をいわば表面上残したのかを問う権利はあるのだ。

(21) 同一化を現象学の――そして哲学一般の――神学化の基準のひとつとすることで，われわれは〈存在〉についてのハイデガーの考えを神学から次のような仕方で放免するJ.-M. サランスキに同意する。「〈存在〉についてのハイデガーの考えは，それが導入する神秘的で無限な行為者，つまり〈存在〉のいかなる同一化も含まない。このように，彼の考えは通常神学と呼ばれるものとは異なっていると私には思われる。この歴史において〈存在〉は，私がそれを思考することへと必然的な仕方でもたらした何かであり，顔も歴史もメッセージも持たず，少なくとも最初の分析では私を何ら必要としない何かである」(in *Heidegger*, Les Belles Lettres, 1997, p. 66)。

そのうえで，われわれがすでにこの神学化の問題を，呼び声の源泉の同一化として，J.-L. マリオンの『還元と贈与性』について提起していたことを指摘しておこう。そしてその際，われわれがJ. デリダが書いたもののうちに，ここでサランスキによって構築された型の反論をすでに見出していたことも指摘しておこう。だが，現象学的要請の神学化のリスク性がいかなるものかについてのわれわれの評価は，一方のJ.-L. マリオンに関してと他方のM. アンリに関してとでは根底的に異なっている。前記の第二部第二章と第三章を参照のこと。

第四章

(1) われわれがここで引用しているのは，「「ちゃんと食べなければならない」あるいは主体の計算」(«“Il faut bien manger” ou le calcul du sujet» entretien avec J.-L. Nancy, in *Cahiers Confrontation*, XX, 1989. Repris dans *Points de Suspension*, Galilée, 1992, p. 269-301〔「「正しく食べなくてはならない」あるいは主体の計算　ジャン＝リュック・ナンシーとの対話」鵜飼哲訳，ナンシー編『主体の後に誰が来るのか』現代企画室，1996年〕）である。

(2) 『ユリシーズ グラモフォン』(*Ulysse gramophone*, Paris, Galilée, 1987〔合田正人・中真生訳，法政大学出版局，2001年〕）参照。まったく同様に，『海域』(*Parages*, Galilée, 1986〔若森栄樹訳，書肆心水，2010年〕）あるいは「ウィの数」(«Nombre de oui», in *Psyché*, *op. cit.*, p. 639-650）を引用してもよいだろう。

(3)　『ユリシーズ グラモフォン』（p. 131）。
(4)　同前（p. 121）。
(5)　というのも，「あらゆる肯定よりも古い」肯定的なウィとアブラハム的な「我ここに」（Me voici）とを対立させることはもちろん，両者を厳密に分離する必要すらないからだ。このことはデリダが様々なテクストで，『救済の星』でのローゼンツヴァイクによる原－語（*Urwort*）としての，神におけるウィに向けた注意からも分かる。
(6)　この註で，哲学的なものと神学的なもの（ならびに／もしくは宗教的なもの）との関係について議論を始めるつもりはないが，指摘しておきたいのは，この問いはまさに，初めは宗教的なもののうちにあった動機の哲学的なものによる「我有化」をめぐる問いであり，この「我有化」は，この動機が還元不能な仕方で宗教に属しているのか，哲学が自分に課された要請に譲歩することなくこの動機にアプローチできるのかを知りたいという不安のうちでなされる。別様に言えば，これは混同が起きないかどうかを知りたいという不安である。しかしながら，この厄介な不安は，まさにデリダが書いているように，それとは逆の不安によって裏打ちされている。すなわち，「そのあり方が本質的に未規定なテクスト，つまり神学的なものや（超越論的であろうと存在論的であろうと）哲学的なもの，賛辞や賛歌のあいだでウィと言う（肯定を語る）すべてのものとして，われわれに起源的なウィを想起させる」（in «Nombre de oui», *op. cit.*, p. 643）不安である。原－起源的なウィが問題である限り，この二重拘束の試練に耐え続けなければならない。
(7)　前掲「今まさにこの時この著作で我ここに」参照。「死を与える」（«Donner la mort», in *L'éthique du don, J. Derrida et la pensée du don*, Paris, Métailié, 1992, p. 11-108, とりわけ p. 71 et s.）参照。最後に，前掲『アデュー』（とりわけ p. 99 et s.）では，主体ならびに／もしくは主体性についてのレヴィナスのいくつかの命題の一つとして，次の根本的な命題，「〈私〉という語は，万事と万人について責任を負う〈我ここに〉を意味している」が註解されている。
(8)　『マルクスの幽霊たち』参照。そこには，「現象学的エゴ（私，きみ，等々）は幽霊である」（p. 215）と書かれている。
(9)　例えば「人文諸科学の言説における構造，記号，戯れ」（«La structure, le signe et le jeu dans le discours des sciences humaines», in *L'écriture et la différence*, Le Seuil, 1967, repris dans la collection «Points», 1979, p. 409-428〔『エクリチュールと差異』下，法政大学出版局，1983 年〕）を参照。
(10)　『ポジシオン』（*Positions*, Éd. De Minuit, 1972〔高橋允昭訳，青土社，1981 年〕），特に J. クリステヴァとの対談「記号学とグラマトロジー」（«Sémiologie et grammatologie»）を参照。
(11)　「しかし限界においては，ウィはどんな言明とも拡がりを同じくしている

ので，フランス語において，いやまずは英語において，すべてを連続的なウィによって裏打ちし，しばしば『ユリシーズ』で起こるような，休止や囁かれた間投詞の形をまとったリズム，息継ぎ［強調引用者］の単なる徴しによって発せられたウィをもそれによって裏打ちしたいという誘惑は大きい。ウィは，私から私へ，私から他者へ，他者から私へと，最初の電話のアロ〔もしもし〕を確証することになる。「ウィ，そう，そうだよ，（…）ウィ，ウィ」」（前掲『ユリシーズ グラモフォン』，p. 124）。

(12) このウィならびに，デリダの文脈のなかでそれに連動した力，リズム，音調の観念——それらをわれわれはここで主体性の観念と綯い合わせている——については，「デリダにおけるニーチェの戯れ」（« Le jeu de Nietzsche dans Derrida », in *Revue philosophique de la France et de l'étranger*, PUF, 1990, p. 207–227）で，それらについてミシェル・アールが語ったことならびに，彼が行ったこれらの観念と「基礎づけることなき土台」との関係づけを参照できるだろう。

(13) 特に『弔鐘』（*Glas*, Paris, Galilée, 1974）および『郵便葉書』（*La carte postale, de Socrate à Freud et au-delà*, Paris, Flammarion, 1980〔『絵葉書 I』若森栄樹・大西雅一郎訳，水声社，2007 年〕）を参照。

(14) 自己矛盾に陥ることなく，このことを逆の仕方で定式化することができる。私の固有名は，私の所有物ではないという条件でのみ，より根底的には私を私自身からつねにすでに「脱固有化する」という条件でのみ，私の固有名である，と。

(15) 前掲『弔鐘』（p. 188）。

(16) より踏み込んだ研究として，J. ロゴザンスキの「真理が必要である——デリダの真理についての覚書」（« *Il faut la vérité*: notes sur la vérité de Derrida », J. Rogozinski, in *Rue Descartes*, n°24, juin 1999）を参照することができる。

(17) 本書 254 頁で引用した『ユリシーズ グラモフォン』の一節を参照のこと。

(18) 同前（p. 122）。

(19) 前掲「死を与える」（p. 87 et s.）を参照。特に次の箇所。「病理的源泉の内在化（神が私のなかで見ている）は秘密の終わりを，しかし逆説の起源を印しているが，それはまた内面性としての還元不能な秘密の起源でもある。秘密があればあるほど，秘密はもはやない（…）」（p. 95）。

(20) 方法的次元に属する指摘を一つしておく。われわれはここで一貫して，作動中の「前‐エゴ論的‐自己性」（デリダによって用いられたいまひとつの表現を用いるなら）を指し示すために〈自己〉という措辞を用いている。デリダの数々のテクストはこのような一貫性と一義性をもたない。ここで問題になっていることの原‐起源性ならびに計算不能な性格は，なぜそうなのかを十分に語っている。

(21)　「署名はつねに「ウィ，ウィ」である。ある約束と，どんな関与をも条件づけるある記憶との総合的遂行性なのである。」(『ユリシーズ グラモフォン』(p. 94)。

(22)　「死を与える」(p. 85 et s.)，特に次の箇所を参照。「不可視性の絶対性，それはむしろ，例えば声のように可視的構造をもたないもの，語られるものもしくは語ろうと欲するもの，声である。音楽は，ヴェールで覆われた彫像が見えないように見えないのではない。声は衣服の下の皮膚と同じように見えないのではない。音色や囁きの裸性は，男や女の胸の裸性と同じ質のものではないし，いずれの場合でも恥じらいや不可視性と同じ性質のものではない。」

(23)　因みに，こうしてデリダはマリオン的読解の戦略の恒常的補助線たらしめられるのだが，それに即すると，現前を脱構築するデリダの身振りは「超現前」とも言うべき何かに通じるものとなる。われわれはまさにここで，また本書第二部第二章で，このようなものとしてマリオンの戦略を明らかにするとともに，J. デリダの仕事がつねにすでに，あらかじめそうしているかのように，それに敵対していることを示そうと試みた。

(24)　したがってわれわれは，次のように語る R. ベルネとまったく一致している。「「差延」の思考が現前の哲学に異議を唱えるのは，不在の名においてではなく，現前と不在，本質と事実，時間と空間，精神と肉，意味と記号，知覚と想像力，発語と筆記の分かち難い「絡み合い」の名においてである。「差延」がまとうこれら多様な形象の各々についての詳細な分析は，「差延」が二元的対立関係の形式に還元されるものでないことを確証している。このような二元的対立関係はそれ自体が今度は，ある項から他の項を派生させる「還元」の操作に委ねられることになるだろう」(前掲『主体の生』p. 270)。

(25)　括弧を二重にすることで，「そのもの」がその脆弱化のなかでも生き延び，更にはそのようにしてしか生きられないことを示したいところである。

(26)　ここで賭けられていることを語るのは非常に難しい。というのも，起源性へと，更には原－起源性へと向かっているので，近似的にしか，いわば無際限な仕方でしか自己を表現するに至らないからだ。どの命題も，それをして断言させた拘束を二重化するような拘束によって脱構築されることを要請しているのだ。だから，私が主体性の脱構築を超えて主体性のある種の「そのもの」を維持するとしても，この「そのもの」が今度は脱構築されるのを要求し，以下同様に続くのである。

(27)　これは本章の話題ではないけれども，この比較はアンリの言う〈生〉を無傷のままにはおかず，〈生〉をそのつどつでに穿ち賦活しているような隔たり――それはどこまで起源的なのか――を範例的に現出させるのを可能にするだろう（まさにここと本書第三部第二章を参照)。この比較はおそらく，見かけとはちがって，アンリの思考がアポリアと無縁ではないことを示しさ

えするのを可能にするだろう（われわれはすでに本書の第四部第三章でこれを試みた）。

だから，次のような読解の仮説を示唆するところまで歩を進めることができる。デリダのアンリへの言及は稀れで，われわれの知る限り，アンリはデリダにまったく言及したことがないのだが，それにもかかわらず，これら二つのテクストを，生と死の緊張，その二重拘束をめぐって組織された交叉配列を形成するものとして読むことは，ある程度可能ではないだろうか。その場合，これら二つのテクストは，同じ緊張を引き受けながらもそれを別様に強調し，その各々が緊張の極を明らかにし，そのとき他方は地下に潜って密かにそれに作用していることになるのではないだろうか。

(28)　例えば，本書 254 頁で引用された『ユリシーズ グラモフォン』の一節を参照。指摘しておくと，そこで主体は息継ぎのごときものとして記述されているが，それと同様に「「ちゃんと食べなければならない」あるいは主体の計算」でも，主体はリズムの一時休止のごときものとして指し示されている (p. 300)。ということは，より正確には主体は，リズムを断つものとして「局所化される」のであって，リズムそのものは，拍子とは逆のもの，不断に差異化させるものとして思考されている。きっとご理解いただけただろうが，リズムとそれに住まう一時休止との絡み合いは絶対的に起源的である。なぜなら，リズムが一時休止によって断たれるのは，リズムがつねにすでに一切の留め具を断ってしまっており，リズムと一時休止については，一方が他方なしには何ものでもなく，一方が他方のいわば秘密の心臓部であるかのようになるからだ。本章のこれに続く箇所でこの問いに立ち戻りたい。

(29)　この意味論的ネットワークを第一義的かつ主題的に論じたデリダのテクストをわれわれは知らない。けれども，かなり古いテクスト——例えば「差異は音色的である」（« La différence est tonale », in *D'un ton apocalyptique adopté naguère en philosophie*, Galilée, 1983, p. 94〔『哲学における最近の黙示録的語調について』白井健三郎訳，朝日出版社，1984 年〕）から最も最近のテクストまで，この意味論的ネットワークに関してなされた指摘の散種の執拗な繰り返しは，原‐起源的なものならびに決定的なものがそこで，同時に最も内密で最も疎遠なもののなかで，われわれの声の音色とリズム——まさに計算も主題化もされないもの——のなかで問われていることを告げている。その結果，リズムという主題系の不在が生じたのだ。主体というものが，斜交いに，いわば散種のなかでしかアプローチされえないものであるとすれば，リズムについてはなおさらそうである。というのも，主体は，リズムにとって，それを安定させる留め具であるからだ。リズムの問いには本書第四部で立ち戻る。

(30)　注意を促しておくと，『ユリシーズ グラモフォン』でグラモフォニー（*gramophonie*）の観念にデリダが向けた注意は強調点の移動という点でわれわれには意味深く思える。声はある意味ではつねにすでに痕跡ないしグラム

〔文字・線〕によって録音され，つねにすでに住まわれていると言わなければならないのと同様に，同じ運動によって，またそうすることでのみ，声は生きた声であるとも言わなければならない。これこそ，テクストの観念のごとき観念が消し去ってしまう，とは言わないまでも明らかにすることのないことである。

(31)　「(…)（主体は一時休止であり，滞留であり，安定させる留め具であり，措定，というよりもむしろわれわれがつねに必要とするであろう［強調引用者］仮設〔仮の措定〕である）(…)。」（前掲「「ちゃんと食べなければならない」あるいは主体の計算」p. 300）

(32)　もちろん，主体はまったく同様にそれを分離させるこの根底的超越性でもある。なぜなら，この超越が主体の心臓を成しているからだ。デリダの文脈では，それは原－起源的なウィであって，それが〈自己〉の声にリズムを与える。〈自己〉をしてこれらの極の一方にとまったく同様にその他方にも位置させる繊細な「分節」に後で立ち戻るべきだろう。

(33)　J. デリダと M. アンリとのこの差異の背景には，自己への触発としての起源的主体性にこだわる二つの思考の親近性がある。確かに，デリダは「異質的同性」(hétéro-tautologie) を『ユリシーズ グラモフォン』(p. 130) で語っており，それに対してアンリは，彼にデリダ的な言語を話させるのであれば，おそらく「同性的異質性」(tautohétérologie) に言及するだろう。この強調点の差異こそ，親密性（おそらくこれらの著者自身によって，とりわけ M. アンリによって見誤られた）であり，かつ，二人のテクストを切り離しては結びつける決定的差異なのである。

(34)　感染は〈自己〉の「不可能な」エコノミーのなかで，レヴィナスにおける隔時性と同じ微妙な機能を有している。感染は，隔時性とはちがって，連続性の只中での中断の刃先ではなく，その逆であるが，隔時性と同様に，それが論理的なものであれ，存在論的派生に係わるものであれ，ただ単に時系列的なものであれ，単純な順序に従うことはもはやない。

　この感染（例えば『ユリシーズ グラモフォン』p. 120）は，ウィが「ウィ，ウィ」としてつねにすでに避け難く反復され二重化されているという決定的な事実によって何よりもまず印しづけられる。内在的なものとして絶対的に最初であるようなウィは存在しないのだ。ウィはつねにすでにその反復のなかに捕らわれていて，そのことがまさにウィをそれ自身に請け負わせ，その結果，この反復の外では決して何もないことになるのだ。

　これと同じ観念の順序において指摘しておくと，J. デリダは数多のテクストのなかで，「計算の彼方に向かうと主張するのはつねに計算であり」（前掲「死を与える」p. 100 の表現を援用した），なおもそうであるという考えにこだわっている。因みに，レヴィナスに関して，デリダの筆のもとで繰り返される故意の沈黙は，レヴィナスによる多くの定式化が，レヴィナスが〈他

者〉そのもの，〈他者〉の「そのもの」，ひいてはそれと相関的に，一切の計算の彼方に全面的に，純粋に曝露された主体性の可能性を信じすぎたと考えさせる点に注意を促している。

(35) この視点から，幽霊性はまさに，他の数々のテクストでJ. デリダが「準－超越論的なもの」(quasi-transcendantal) と呼ぶものが現れることの様相である。「準－超越論的なもの」とは言い換えるなら，少なくとも，カント的な超越論的なものとはちがって，自己自身への，ひいては現れるものすべてへの主権性をもたず，しかし，この脆弱さのなかで，「それなしには」何も与えられないものであり続ける，そのようなものなのだ。原－起源的ウィはまさに準－超越論的なものに属している（前掲「ウィの数」参照)。しかし，現前の形而上学の主体もまたそれなりの仕方で……。

第四部

(1) これら様々な連繫を引き出すために，われわれは特権的な仕方でE. レヴィナスのテクストに依拠することになるだろう。彼のテクストはこの視点から見て範例的である。とはいえ，これらの連繫はまったく同様にJ. デリダとM. アンリのテクストについても有効である。

(2) 前掲『存在するとは別の仕方で』，第二章第四節「〈語ること〉と主観性」，特に，a)〈語られたこと〉なき〈語ること〉(p. 78) ならびに，b)〈他者〉への曝露としての〈語ること〉(p. 81) を参照。

(3) いくつか指標となるテクストを挙げておこう。E. レヴィナスについては，特に前掲『存在するとは別の仕方で』第五章第二節，b)，d)，e) を参照。M. アンリについては，彼の場合このような観念は明示的に名づけられてはいないが，例えば，「発語と宗教――神の発語」(« Parole et Religion: la Parole de Dieu », in *Phénoménologie et théologie*, Paris, Critérion, 1992, p. 129–160) を参照。J. デリダについては，彼の場合このような観念は徐々に強調され……散種されていくのだが，例えば，『他者の単一言語性』(p. 39 et s. 〔『たった一つの，私のものではない言葉――他者の単一言語使用』守中高明訳，岩波書店，2001年〕) を参照。

もちろん，呼びかけや，証示および／あるいは証言といった観念は，ハイデガーからの遺産伝承（『存在と時間』§54から58を見よ）を成しているが，系譜学的な視野はわれわれのものではないから，ここで展開することはしない。たとえこうした遺産伝承が，反復においてつねに非常に自由であり，レヴィナスとデリダにおいて明示的であるとしても，アンリにおいてはそれは否認されている――おそらく実際ほとんど現実性をもたない。更に，三人が全員，ハイデガーを超えて，こうした主題に関する聖書的源泉へと根本的に

関係している。

(4) もし，デリダの思考を微妙な含みをもたせて説明しようとするなら，この点は忘れられてはならない。

(5) たとえ，レヴィナスの『存在するとは別の仕方で』においてそのことが明示的に理解され，またたとえ，J. デリダにおいて声という問題設定がテクストという問題提起と「競合する」としても（われわれはここでそのことに立ち戻ることはしない。本書中のJ. デリダによる「幽霊的主体性」に捧げられた章を参照），このことは無媒介性の思想家，M. アンリに関しては自明ではない。われわれは後続する頁においてM. アンリがこの問題設定の形象と無縁ではなく，更には本質的に声と係わっていることを提示しようと努めるだろう。

(6) したがって，整合的かつ厳密な逆説として，このような哲学的言説，つまり，つねにすでにテクストに捕らわれているものとしての哲学的言説に注意することで，われわれは，現象性が主体性に逆説的に与えられるという試練から遠ざけられるどころか，この試練の最も近くへと，声が変質するに至るまで試練を証言する〈発語〉の最も近く……少なくとも試練の可能な限り近くへと導かれるのである。そしてもしテクストの痕跡が〈発語〉の谺としてつねに「聴取＝理解され」なければならないとしたら，逆に〈発語〉は，その痕跡においてしか本当には響き渡ることができないものとして，その谺，つまりすでにある意味においてその「テクストと成ること」においてしか本当には自身たりえないものとしてつねに聴取＝理解されなければならない。そこから，レヴィナスのような人にとっては，哲学的な〈語られたこと〉と〈語ること〉が絡み合う哲学的テクストの合法性，更にはその必然性さえもが到来するのである。すなわち，哲学的テクストは究極の谺のごときもの，あるいは少なくともこの未聞の試練に谺する最も根本的な要請のごときものなのである。それは，矛盾することなく中断それ自体を超えて結び直される中断の根底性としての隔時性が，その谺あるいは痕跡のなかにつねにすでに留まることによってしか無－意味をまぬかれることはなかっただろうからだ。（こうした点すべてについては，『存在するとは別の仕方で』，第二章および第五章第二節を参照）「言説の中断あるいは言説への私の恍惚を語ることで，私はその糸を結び直す」と，レヴィナスは『存在するとは別の仕方で』の第五章で書いている。

(7) われわれは『存在するとは別の仕方で』に特権的な仕方で入り込むことでこの分析を展開したが，『全体性と無限』，特に，教えをもたらす発語の記述（p. 38. et s.）を起点としても同様の分析を展開できただろう。そこでは，教えの遂行的側面は次の点を含意するような仕方で記述されている。すなわち，意味作用とは，すでに構成されていて，しかる後に「伝達」しなければならないような前提条件ではなく，師が発語と顔においてもたらす攪乱のなかで

出来する――顕現する――ものであって，師の発語と顔は，かくして召喚されたものにとって現前するのである。現在とはまさに召喚の時間であり，召喚とはまさに意味の場なのである。とはいえ，師の顔における率直さと顕現のこうした無媒介性が決して単に自己への密接性ではないことを理解しなければならない。実際，召喚される者の視点から考えると，この現在とはトラウマである。つまり，召喚される者がみずからを現在として現前させるのは，召喚の衝撃のもとでその発語に「加護をもたらす」ことによってだが，厳密に言えば，召喚は，発語の新しさにおいて召喚される者に「襲いかかる」のである。というのも，召喚は召喚される者に高みから向けられるからだ。現在はそのとき密接性のいかなる形態ももたないし，特にベルクソン的な持続の連続性をもつことはない。現在とは，起源的なトラウマを起点とする「自己自身の不断の捉え直し」である。かかるトラウマは現在をつねにすでに自己自身から追放してしまっているのだ。

(8)　正確を期しておくなら，われわれに課せられた問題提起では暗示的な仕方でしか接近することができないけれども，問題の重要性は強調しておくべきこと，それはつまり，E. レヴィナス，M. アンリ，J. デリダを一方とし，否定神学を他方とする関係をめぐる問題である。

(9)　*Alter*, n° 1, 1993, p. 213–239.

(10)　前掲『他者の単一言語性』(p. 81)。

(11)　前掲『哲学における最近の黙示録的語調について』(p. 25–26)。

(12)　「排除されたものの回帰」(«Le retout de l'exclu», in *Le passage des frontières*, M.-L. Mallet（éd.), Galilée, 1994, p. 151)。

(13)　拍子《テンポ》が計算不能なリズム，「絶対的な仕方では定義されない運動」であるとすれば，リズムはそのとき拍子である。P. ロロー『思考の拍子』(P. Loraux, *Le tempo de la pensée*, Paris, Le Seuil, 1993）参照。また『デリダの文体』(*Les styles de Derrida*, Bruxelles, 1994）での R. ステンメッツ（R. Steinmets）を参照することもできる。

ここでわれわれはこの点をみずからの分析の軸にすることはしないが，次のことには注意を促しておくべきだろう。つまり，リズムおよび／または音調が「集摂と連結の諸権能」に蒙らせるこの位相差――この水準ではロゴス（*logos*）とラチオ（*ratio*）の差異は無視しうる――は，情動性と関係がある。これは例えば口調のリズムや調子において，感情の最も内的なものが吐露されるからではないだろうか。

(14)　こうした観点から H. マルディネを参照しなければならないが，彼のリズムについての分析は，少なくとも現象学においては定礎的なものである。特に『眼差し，発語，空間』(*Regard, parole, espace*, Lausanne, l'Âge d'homme, 1973, puis 1994）を参照。なかでも特にマルディネは次のように書いている。「レーザーのような凝集性の光が不純なクリスタルの使用を必要とするよう

に，真のリズムも，その基礎となる諸要素の厳密な拍子とは両立不可能である」。これに次の註が付け加わる。「この言明は逆説的であり，さらには理解不能である。リズムと拍節《カデンツ》を執拗に多少なりとも混同し続けている限りは」（「リズムの美学」«L'esthétique des rythmes», p. 154）。

マルディネは有名なバンヴェニストの分析を挙げているが，それによると，リュトゥモス（*rutmos*）は *ru* という語幹（これはギリシア語で「流れる」を意味している）にもかかわらず，流れ（*flux*）を指示してはいない。欠損なき流れの連続性に対するこのリズムの自律――というのも，流れが流れであるのは，その多様な契機の相互浸透が，それを分解しうる最小の「空き」や繫ぎも残さない限りでだからだが――，流れに対するこのリズムの自律は，だから，リズムを不連続性における純粋な分散に委ねたりはしない。リズムはこの場合，形式《フォルム》として認められるのだ。ただ，ただちに正確を期して言っておかねばならないのは，リズムはどのような形式でもいいというわけではなく，この形式は，それが，消失することを背景として「明滅する」限りで，現れることの原初的な緊張にまさに取り憑かれた形式なのである。リズムとは形式ではあるが，それはまさに贈与であるところのもの――というのもそれは現出であるのだから――を現前させる形式であるとともに，一切の連続性を脅かす――というのもそれは現れることという出来事であり闖入であるのだから――形態なのである。原初的緊張とはこうしたものであり，これがまさに収縮における集結の運動のなかで，拡張における爆発という原初的なリズムを形づくるのである。

われわれがここで読解している著者たち――特に E. レヴィナスだが――には中断の次元を強調する傾向があるが，この次元を思い切って，彼らのフレージングのリズムを構成するばかりか，より根本的に，一切の現象性を与えるとろのリズムをも構成する切分音《シンコペーション》と呼ぶこともほとんどできるかもしれない。（問題はつねに，いったいどの程度まで根底的にこのような身振りが可能なのかというものであり続ける。）J.-L. ナンシーが書いていることがここで思い出される。「切分音（ギリシャ語では例えば，ある単語のなかで一文字飛ばすことであり，音楽では休符上に強拍が来ることである）は同時に接合し分離する。これら二つの操作はもちろん相互に付加されることも，また相殺されることもできない。切分音そのものが残り，同じ切分されたものが残る。つまり，部分に分かたれ（これが第一の意味である），かついわば切断によって再結合，再凝集されたものが」（『切分音の言説』［*Le discours de la syncope*, Flammarion, 1976, p. 14］）。

(15)　たとえ，リズムがわれわれにとってただ言語の水準で捉えられるべきものではないにせよ，もし「汎リズム主義」が次のように解されているなら，われわれは「汎リズム主義」との批判をまぬかれると思う。すなわち，それはリズムの場がもつ外延を（宇宙のリズムから私の身体のそれへと）拡大する

という大いなる誘惑とリスクであって，その結果，「すべて」がリズムであるのだから，そのときリズムそれ自体は何も明確なものをもたないことになる。きっとお分かりいただけると思うが，われわれにとって肝要なのは，すべてがリズムだと言うことではなく，現象性としての現象性の根底にリズムを見出すことなのである。「汎リズム主義」の問題については，H. メショニックとP. ソヴァネとのあいだの討論（『リズムと哲学』［*Rythmes et philosophie*, P. Sauvanet et J.-J. Wunenburger (dir.), Paris, Kimé, 1996］を参照。この論集中の，H. メショニックによる「哲学にとってのリズムという賭け」(H. Meschonnic, «L'enjeu du rythme pour la philosophie»）およびP. ソヴァネによる「いかなる条件下でリズムに関する哲学的言説は可能か？」(«A quelle conditions un discours philosophique est-il possible ?»）を参照。

(16)　『リズムと世界——同一性と他性の裏面』(*Rythmes et mondes. Au revers de l'identité et de l'altérité*, Millon, 1991）を参照。特に第六章「存在の詩的・エネルギー的不連続性」(«Discontinuité poétique et énergétique», p. 422 et s.）を参照されたい。注意を促しておくと，J. ガレッリによって展開されたのと親近性をもつリズムについての理解は，M. リシールに見出すことができる（『現象学的省察』［*Méditations phénoménologiques*, Millon, 1997, p. 127］を参照。また特に，「持続の不連続性とリズム——時間意識の抽象化と具体化　」(«discontinuités et rythme des durées: abstraction et concrétion de la conscience du temps», in P. Sanvanet et J.-J. Wunenberger (dir.), *op. cit.*, *Rythmes et philosophie*）を参照。

(17)　だから，リズムに関して，メルロ＝ポンティ的と形容しうる現象学的な「家族」(J. ガレッリもこれに属している）と，われわれが叙述しようと試みる「家族」とのあいだには，共通の関心のまさに只中に，構造化する対立があることが改めて見出される。

(18)　われわれが先に行った分析と完全に合致することだが，リズムは言語の遂行的側面に属することが明らかとなる。この視点からわれわれはM. リシールの判断に賛成する。それによると，「リズムは容易には見極め難く提示しがたい。なぜなら，それはつねに言語《ラング》体の背後にある言語活動を作るからであり，それも，意味作用を表現する力能においてではなく（というのもそこでは，リズムはすでに論理的・言語的諸構造を利する形で失われているからだが)，まさしく現前する意味を作る力能においてそうするのである。だから，言語の諸リズムのための言語は存在しないのだが，しかしおそらく，言語が垣間見る数々のリズムと調和した（*eurythmie*）言語そのものの可能性はあるのだろう。だから，それは言語の芸術（*art*）——学知では決してない——であり，法外に要求の多い実践（*praxis*）であって，これは生きる技術（art de vivre）としか，(…)，ある種の文体＝様式としか共存できない(…)」(前掲「持続の不連続性とリズム——時間意識の抽象化と具象化」，p.

109)。

(19) この絡み合いはレヴィナスの術語では〈語ること〉と〈語られたこと〉との絡み合いとして定式化される。〈語ること〉の意味作用が，構成された〈語られたこと〉には何も負うことのない絡み合いであるとはいえ，そのような意味作用は構成された〈語られたこと〉のなかでしか反響することができない。前掲『存在するとは別の仕方で』(p. 64 et s.) を参照。

第一章

(1) この章は同じ題名で『エスプリ』1997 年 7 月号に発表された。

(2) 「今まさにこの時この著作で我ここに」での，J. デリダによるレヴィナスのこの表現への註解（これにわれわれは多くを負っている）を参照。

(3) レヴィナスの読解におけるこの善き自己制御は，われわれによれば，その対称的な対立において非常に近接している二つの読解の態度をショートさせることを含意している。まずは，弟子の態度である。ただし，弟子という言葉を，現実的なるものとの出会いにおいてあらゆる驚きを予防しようという密かな希望を抱いて，ある哲学の言表の織物全体に留保なしに執着する者の意味に解するならばだが。次に，拒絶という態度も同じである。それはあるテクストによって課せられた試練を前にしてのあまりにも徹底した後退であり，それゆえこの態度は，かかる試練から永久に解放され，それとのあらゆる関係をまぬかれたと主張する。読解しないことの二つの様態であり，読解の二つの拒絶である。

(4) 彼がこうした区別を行うのは，対談や討議のように，なんらかの仕方でそうすることを強制されたときだけである。例えば，『知とは別の仕方で——E. レヴィナス』(*Autrement que savoir, E. Levinas,* Osiris, 1988) を参照。特に，J.-F. リオタールがレヴィナスのことを執拗にユダヤ教思想家にしようとして，レヴィナスがそれに憤慨するくだり。

(5) ここから，レヴィナスの言説を，われわれが先に指摘した哲学と宗教との二者択一に直面させることのあの拒否が帰結する。

(6) こう述べることで，われわれは——非常に伝統的な仕方で現象学的な，起源性への競り上げの姿勢をまさに採りつつ！——，ハイデガーの超越は存在から「演繹」されており，ハイデガーにおいては存在がつねに「前提」されているとレヴィナスが指摘するとき，まさにレヴィナス自身がハイデガーに対して提起した異議をレヴィナス自身に対して提起しているのである（例えば前掲『神・死・時間』所収の「死と時間」を参照)。

(7) 宗教的教義《ドグマ》については次のことを指摘しておこう。宗教的教義とはそのものとして，つねにすでに，J.-L. マリオンの表現によればある意味で概念的な偶像崇拝であり，つねにすでに哲学とは言わないまでも知であるのだ。

(8)　この純粋さはしたがって，不純さにつねにすでに解消されているわけではないが，一度も現実のものとなったことのない純粋さである。

(9)　こうしたものが起源的な両価性であって，それが，哲学とはまさに驚き——シビレエイの放電——であるとともに，すでに知，構成された〈語られたこと〉であり，また宗教も，無限のまさに逆転であるとともに，すでにして教義あるいは神学，ある意味で知であると主張するのである。このような両価性では，一方は他方のためにあるが，折悪しくも一方が他方を従属させることもある。

(10)　自分の言説が，絶対的に根底的なものであるがゆえに，その反対物に向かうリスクを冒さざるをえないこと，レヴィナスはこのことを知っていて，それを語っている。「道徳と愚弄とのあいだの性質《たち》の悪い混同を今は糾弾する時である」(『存在するとは別の仕方で』p. 201)。

(11)　『倫理学——〈悪〉の意識についての試論』(*L'Ethique, Essai sur la conscience du Mal*, Paris, Hatier, 1993, p. 23〔『倫理』長原豊・松本潤一郎訳，河出書房新社，2004年〕) 参照。

(12)　『全体性と無限』(Nijhoff, 1re éd., 1961, p. 172) の言葉をもじって言うと，レヴィナスのテクストはある意味で，彼が語る顔と同様に，つねに「戯画の限界にある」ことになろう。

(13)　すぐに思い浮かぶのは，みずからを産み出したマグマを覆っている——つまり隠し保護している——凝固した溶岩流のイメージである。(このイメージがJ. ロランによってレヴィナスについて使われたのみならず，デザンティやグラネルによっても現象学のなかで作動しているものについて使われたのは示唆的である。)

(14)　これに隣接する領域をここで論じることはできないが，序でに注意を促しておくと，この暴力が与えられるのは，おそらくまず，そして本質的に，レヴィナスのテクストの構文のねじれと断絶としてである。

(15)　私が語らねばならないことを他人に語らせるのがレヴィナスにおいてこのように不可能であることについては，J.-L. クレティアンの「選びと負債」(J.-L. Chrétien, « La dette et l'élection », in *Cahiers de l'Herne Emmanuel Levinas*, Paris, 1991, p. 262–274) 参照。

(16)　『実存から実存者へ』参照。

(17)　他人との連関の相異なる諸様態はもちろん『全体性と無限』において厳密に差異化されている。

(18)　マルク・リシール「現象と無限」(M. Richir, « Phénomène et infini », *Cahiers de L'Herne Emmanuel Levinas*) ならびにフランソワ・マルティ「高さと崇高」(François Marty, « La hauteur et le sublime », *ibid.*) を参照。

(19)　実際，中断を超えてのこの捉え直しがまさに明滅を成すのである。明滅というこの観念において指し示されているのは，すでに注意を促す機会があっ

たように，もちろん，隔時性としての時間性というレヴィナスの考えである。
(20) 前掲『観念に到来する神について』(p. 141–142)。
(21) ここで争点として賭けられているものについては，本章の第一節の分析を参照。
(22)「それ［イマージュによる現実の脱肉化］は存在論的次元から生じるが，この次元はわれわれと把握すべき現実とのあいだに広がっているのではなく，現実との交渉がリズムであるようなところに広がっている（「現実とその影」(« La réalité et son ombre », in *Les temps modernes*, novembre 1948, p. 131, reprise dans *Les imprévus de l'histoire*, Fata Morgana, 1994, p. 123-148)。リズムの観念については，特に p. 128 を銘記されたい。「現実とその影」を註解したジャック・コレオニの「レヴィナスと芸術――現実とその影」(Jacques Colléony, « Levinas et l'art: La réalité et son ombre », in *La Part de l'œil*, n°7, 1991, p. 81–90)，特に，厳密な意味でのリズムの観念を論じた p. 85 を参照することができるだろう。
(23) ただし，リズムの「局所化」について語ることができるのは論を端折っているからでしかない。なぜなら，レヴィナスは著しく現象学的な仕方で，リズムを現実的なものそれ自体の特徴として定義しているのではないからだ。「リズムの観念を芸術批評は実に頻繁に援用して，暗示的で万能の漠然とした観念に貶めてしまっているが，このリズムの観念が指示しているのは詩的秩序の内的法則というよりはむしろ，詩的秩序がわれわれを触発する仕方である」(前掲「現実とその影」p. 128)。
(24) 同前 (p. 130)。
(25)「音楽での音に合わせた行進や舞踏に特有の自動運動は，無意識的なものがそこにまったくないような存在様相であり，そこで意識は，自由を麻痺させられながらも作動している。それはこの働きのなかに完全に吸収されてしまっているのだ。この場合，音楽を聴くことは舞踏や行進を控えることである［強調は筆者］」(同前 p. 129)。
(26) 例えば，前掲『実存から実存者へ』(p. 109–115) を参照。因みに，不眠そのものの意味は，レヴィナスの著作の流れにおいては「反転」される定めにある。まさにここで引用されているテクストをめぐる，第三部第二章でのわれわれの分析を参照。
(27) 語の厳密な意味において，それはこの出来事が〈他性〉ではないだろうからだ。
(28)「あるの不断のざわめき」については，前掲『存在するとは別の仕方で』(p. 255) を参照。
(29) きっとご理解いただけると思うが，こうした視点からすれば，リズムはあるのなかに住まい，ある意味でリズムはあるの逆説的な「存在様態」なのである。(あるに関しては，本書第三章の「E. レヴィナスにおける主観性の誕

生」と題された章で展開された分析を参照)。

(30) この点を正確に述べるのほとんど無用である。それほどまでに対立は明白なのだ。すなわち，E. レヴィナスがあるへの溶解としてリズムを「否定的に」特徴づけたことは，J. ガレッリが原初的で個人に先立ち実体に先立つ(J. ガレッリは「原－存在的と言っている」) 準安定性から「生じる」と同時に「そこへと連れ戻す」位相差としてリズムを「肯定的に」特徴づけたことと正確に対応している。リズムの地位に関するこうした対立はもちろん，あるの無名性からみずからを引き剝がすことのできない「幽霊たち」に対するレヴィナス的不信と，自己化された（あるいは少なくとも個人化された）諸実体の環境の縁を覆う無名の準安定性についてのメルロ＝ポンティ的な評価とのあいだの中心的対立によって構成された焦点に従属している。

(31) このとき芸術がそこに捕らわれている，戯画，偶像，停止，影像の意味論的ネットワークについては，前掲「現実とその影」(p. 138–139) を参照。

先行するいくつかの註で言及した，リズムとあるの観念の絡み合いは，最初の読解では驚嘆させるものでしかないこの両義性を解明することを可能にする。つまり，芸術はレヴィナスによって，一方ではリズムへと，他方では偶像化するもの，運動を停止させるものとしてのイメージとまったく同時に結びつけられているのだ。これは矛盾しているように思えるかもしれない。だが，まさしく，リズムをイメージに近づけるもの，それは脱実体化，脱現実化という企図において両者が共通しているということである。こうした両者の交わりゆえに，リズムに宿っている運動は，こうした観点から，そしてかなり逆説的なことだが，自分自身の帰結として，レヴィナスによって解されていることになる。この運動がつねにすでに導かれたであろう生気なき戯画における鬱積，停止に照らして読解されたものとして。この意味で，この運動は身を苛むリフレインである。そして，そこで含意されているのは，レヴィナスが合間 (*entretemps*) とも，また「間隙の永遠の持続」とも名づけている，時間性のまったく特殊な様態である。それは何だろうか。生と死のあいだに位置するもの，真に始まることも，したがって真に終わることもできないものの時間性である。生の影のための，ある意味で存在する勇気も存在せざる勇気も持たないもののための，時間性の影である。それはあるから脱出することのできない幽霊たちの断末魔の苦しみの時間性なのである。そして芸術は，亡骸，すでにして戯画的な仮面，もはや生ではないがまだ死でもないものの非現実性の影における停止として，レヴィナスが「非人間的」,「怪物じみた」と言うこの逆説的な持続を成就する。この時間性の分析を更に明確化するためには，この時間性は，ベルクソンにおけるような生きられた持続のそれ自身に対する充溢ではまったくなく，そればかりか，その完遂が時間の法に従わず，時間的な複数の脱存に即して生きるよう勧告されることもない存在の純粋な自己現前に適合した永遠性でさえないと言わなければ

ならない。時間性は，無制限の持続や冗長性でもなく，あるいは単に無制限の持続や冗長性であるのではない。もっとも，それがいわば「中断された時間性」であるという点において，時間性はそれらにより近づくのではあるが。結局，時間性とは無へと時間が無化することではないのだ。時間性とは何か。生を実行する力をもたないまま生を諦めないという点——それは「生への希求」であるとレヴィナスは言う——で，時間性は空隙の時間性である。このことは，逆の観点から考えると次のことを意味している。死ぬこともまったく同様に不可能であるであるがゆえに，時間性は，宿命としての死への痛切な予感によってつねにすでに麻痺されて，死の観念のなかでいわば凝固させられて「ある」……，それが時間性に生きることを妨げさせ，時間性を生と死のあいだで中断されたままにするのである。（合間の観念については，前掲「現実とその影」p. 137 を参照。）

(32)　このときレヴィナスにおいて作動している，聖書的な預言性に即した——そして預言性による——霊感についてここでは論じることはしない。この問題に関しては，C. シャリエによる「霊感を受けた思考のために」（C. Chalier, « Pour une pensée inspirée », in *Epokhè*, n°2, *Affectivité et pensée*, 1991, p. 281–307）を参照。

(33)　「ジャン・アトランと芸術の緊張」においても同じである。これは後期のテクストである。というのも，それは『アトラン——初期 1940–1954 年』（*Atlan, premières années 1940–1954*, Musée des beaux-arts de Nantes, 1986）に掲載されたからだ。われわれはこのテクストを E. レヴィナスに捧げられた『カイエ・ドゥ・レルヌ』（p. 509–510）における再録から引用している。（このテクストに関しては，同じ『カイエ・ドゥ・レルヌ』p. 499–507 に収録された F. アルマンゴーの「倫理と美学——影から消印へ」（F. Armengaud, « Ethique et esthétique: de l'ombre à l'oblitération »）を参照することもできる。）

(34)　E. レヴィナス「J. アトランと芸術の緊張」（p. 509）。

(35)　前掲「現実とその影」（p. 145）。

(36)　このことは，われわれが出発点とした仮定によれば，リズムについて厳密な意味で語りうるのは，反復の規則性が，どんな集摂をも粉砕する——あるいは，少なくともそうするリスクをもつに至るまで，断絶によって作用されている場合のみであるということを確証している。

(37)　「ジャン・アトランと芸術の緊張」（p. 510）。

(38)　現象性の原初的リズムの二項対立が，アトランの絵筆によって画布の同時性と連続性から「引き剝がされる」ために，さらに——そしてつねに——画布の空間を分離する身振りそのものにおいて画布の空間を前提としているのと同様の仕方で。

(39)　この問題については，本章第一節の分析を参照。

(40)　ここで再び取り上げることはしないが，本章の第一節でわれわれが記述した理由による。

(41)　「度外れのなかのこの節度」というあり方に係わることで二つ指摘しておく。一，「度外れのなかのこの節度」はその全体を定式化することはできないが，その全体を単に指示することはできる。なぜなら，それが完全に主題化されるならば，その場合，それは過度に節度を押しつけ，〈無限〉の，〈存在するとは別の仕方で〉の閃光を窒息させ，その痕跡を消し去ってしまうだろうからだ。二，すでに理解されたのは，「度外れのなかのこの節度」が，存在と〈存在するとは別の仕方で〉のあいだの「中庸」――最も平板な意味においてであって，だからこの語のアリストテレス的意味ではない――の探求には存しておらず，いずれにせよそれは過剰を和らげることではないという点である。それはむしろ，ギリシャ的ではほとんどない仕方で，限界の，閾の試練に存しているのであって，かかる限界では，諸々の緊張の対照が和らげられるというよりも強められるのだ。

(42)　われわれはここで，ある意味では「思考すること，それは舞うことである」という考えを深く究める道には踏み込まない。（おそらくこの考えを，M.-A. ウアクナンが『破砕する読解――愛撫を讃えて』（*Lire aux éclats. Eloge de la caresse*, Quai Voltaire, 1992）で解釈しているようなタルムードの実践における笑いの重要性，そしてある程度は舞踊の重要性に近づけることができるかもしれない。）

最後に一点正確を期しておく。舞踊することへの誘いとしてのレヴィナスのテクストについてのわれわれの結論はおそらく，本章の最初でそれを「引き受けることのできない試練」と形容した際にわれわれが語ったことの音調に変化をもたらすかもしれない。とはいえ，繰り返しておくと，われわれの分析の先行的位相に反論するのでも，それを和らげるのでもなく，おそらくそれ自身が「明滅する」ような註解，これまた断絶に曝露されるけれども，あくまで可能な限り最大限曝露されるような註解において，このテクストのリズムへとわれわれを曝露しなければならないのだ。

第二章

(1)　「（…）キリスト教の決定的な同語反復とは，すなわち「われが道であり，真理であり，生である」（『ヨハネによる福音書』14 章 6 節）である。四つの項の同一性がここで提起されている。すなわち自我＝道＝真理＝生である」（前掲『我は真理なり――キリスト教の哲学のために』p. 159）を参照。

(2)　もちろん，『エチカ』の幾何学的な仕方でという道行きをはっきり脇に置けばの話であるが，こうした観点から――またこうした観点からのみ――アンリの哲学的エクリチュールの体制をスピノザのそれに近づけることが可能で

ある。両者ともまさにそのすべてが肯定的行為のなかに存しているのだ。上述した身振りの第一の型に関しては，それをまったき根底性において範例化するために，否定的なるものの働きが「止揚」されないような，弱められ，ひいては転倒された一種のヘーゲル主義哲学的著作の虚構を構成する必要があるだろう。それは結局のところ逆説的にも，それ自身の「序文」のうちに全面的に留まることになろう。それは，自分自身の閾に留まり，その要請の根底性において自分自身の挫折を成すようなある不可能な著作であるだろう。この最後の点に関しては，『思考の拍子《テンポ》』における P. ロローの分析を参照。

(3)　したがってお分かりのように，――自明のものではない二項対立を簡略化のために使うなら――，アンリの言説が「内容」の面で突き当たる数々の主たる「アポリア」は，その「形式」の水準にも見出される。

(4)　だから，自己－触発としての自己への関係が，自己自身と疎遠になった〈生〉がそこで自分を客観化するような自己への関係へと，不可避的に変容しないように，とはいえ，関係や触発そのものが記述されるようにしなければならない。

(5)　〈生〉についてのアンリ哲学が述定命題的なもののまさに対極のように生きられるということは，次に掲げるテクストにおいて強固に印しづけられる。「言い換えれば，〈存在〉はそれに固有ないかなる語も用いることはなく，〈存在〉は名をもたない。名をもたないのは，〈存在〉があらゆる名を超えているからではなく，逆に，その前につねにある名があるからである。つねに自分に先立って，ある〈発語〉がすでに語っており，それが，存在が存在することをそれに負っている現れることならびに存在者を解き放つのである」（「発語と宗教――神の発語」« Parole et religion. Parole de Dieu », in *Phénoménologie et théologie*（dir. par J.-F. Courtine）, p. 130–155）。

(6)　更に根本的にとさえ言えるだろうが，アポリアの場所であるどころか，〈生〉の自己－顕現はつねにすでに表象固有のものである「見させる」力能のわずかな部分を表象に与えることになる。〈生〉の〈発語〉はつねにすでに，それを窒息させる述定命題的ロゴスを維持していることになろう。

(7)　啓示を表象から分かつもの，それは，表象が自己自身と疎遠になるところの媒体＝環境であるのに対して，啓示はそのつですでに自己－顕現であることだが，その限りで（例えば「顕現とは何か？」« Qu'est-ce qu'une Révélation ? », in *Filosofia della rivelazione*, éd. M.-M. Olivetti, Padova, CEDAM, 1994, p. 51–59 を参照）。

(8)　「この他なる〈発語〉は本質的にあらゆる人間的発語と異なり，単語も意味も，能記も所記も含まず，指示対象をもたず，真の意味での話者から到来するのでもなければ，いかなる対話者にも，誰であれこの〈発語〉の前に存在するような誰にも向けられてはいない」（前掲「発語と宗教――神の発語」p. 131）。この〈発語〉は純粋な現れることであるのだが，だから，純粋な現

れることは，形式論理学の諸規範および意味の論理学の諸規範（後者は指示対象への関係を強いる）と同じく，言葉の物質性の彼方（あるいは手前）に位置している。また，この〈発語〉が純粋な「見させること」以外の何ものでもないこと，この正当な「見させること」が〈発語〉と名づけられているのだ（〈発語〉一般ならびに特殊には〈生〉の〈発語〉の概念に関するより徹底した分析は，『我は真理なり』第12章でなされているが，なかでもp. 275–276を参照)。

この〈生〉の〈発語〉がまた，空間内に定位された二人の個人間の現実的連関の内世界性に書き込まれた音の物質性から成るどんな発語よりも起源的であるのは自明の事態である。しかし，ここで問題となっている〈発語〉は，それが，誕生し，〈世界〉のなかに到来した誰にも宛てられていないとしても，宛先――自分自身への――以外のどこにもないような〈発語〉である。自分自身を起源とし，自分自身へと自分を宛てる行為のなかに全面的にあるものとして，それはしたがってまさに――M. アンリがそれに対してこのうえもない沈黙を守っているとはいえここでふさわしいものと思われるメルロ＝ポンティの用語を採用するなら――，「語る発語」（parole parlante）以外に真の発語はないという点で，〈発語〉である。結局のところ，それは，自分を（自分の）自己－出来事として産出するという点で，自分こそ真に発語する唯一の発語なりと主張するという特殊性を有した，発語する発語なのである。

(9)　『我は真理なり』の第10章「キリスト教の倫理」（p. 216）を参照。また特に同書の第12章（p. 269）を参照。そこから帰結するのは，この倫理とこの実践の中心が，客観的身体と〈世界〉のなかで展開する活動の手前に位置しながらも，このように，自己－啓示に他ならないような世代＝生成における活動の深く内在的な意味をあらわにしているということである。アンリ的に純粋な現れることとして解された〈発語〉が自己－啓示としてしか存しえない以上，それはまさに活動の，そして究極的には，あらゆる倫理ならびにあらゆる実践の真理である。倫理と真の実践は，〈生〉にとっては自己－啓示する行為のうちに存し，またかくして発生した自己性にとっては，この自己－啓示を証示しつつそれをいわば「継続する」行為のうちに存する。

(10)　このことはアンリの努力にもかかわらず自明の事態ではない。われわれはその点を本書第三部第三章で示そうと試みた。〈生〉の〈発語〉の，〈自己〉の〈発語〉への「分節化」という問題は，〈生〉の，〈生〉において誕生する〈（複数の）自己〉への「分節化」という問題ともちろん形式的に相同であるから，われわれはここではこのことに立ち戻らない。

(11)　もちろん，アンリの思想もまた――まるで「原理」によるかのように――それ固有の戯画をまぬかれてはいない。直接性における〈生〉の純粋な内在性と，生者たちがそこから生じる豊饒な隔たりを同時的なものとして見せな

ければならないという二重の拘束に捕らえられて，アンリの思考はわれわれが過剰の実践と呼んだものを実行しなければならない。この過剰の実践それ自体は，過剰の過剰な実践として二重化されることにつねに脅かされていて，この後者の実践はお決まりの文彩の機械的機能のなかに逃れる身振りによって徴しづけられている。このリスクは，思考がそれに対して絶えず警戒しなければならない，空虚な「同語反復」の産出というリスクである。(「過剰の過剰な実践」の錬成については前章を参考。)

(12) 少しE.レヴィナスにおいてと似ているが，別のリズムにおいてである。というのも，ここで係わっているのは明滅の交替ではなく，いわば瞬間的な逆転だからである。

(13) 因みにこれは，異なる視角のもとに眺められてはいるとはいえ，つねに同じ偽の根本的問題であって，M.アンリによればそれは〈生〉の，そして特異的諸抱擁の「分節化」の様態についての誤解に根ざしている。この点で，アンリとメルロ＝ポンティは，まさに内在と脱－存的超越として相互に対立しているにもかかわらず，思考様式において再会するのであって，この思考様式は，問題を，つねにすでに問題を妨げていたであろう原初的明証性に対立させることにまさに存している。メルロ＝ポンティは『知覚の現象学』でこう言ってはいなかっただろうか，独我論の問題が提起されるのは，予めコギトの要塞のなかに閉じ込められた者に対してだけである，と。

(14) われわれはここで主体性の誕生に関して前章で定式化する機会を得た根本的反論を再び取り上げることはしない――というのもそれは，テクストの内容から形式へと循環する同一の根本的アポリアであるからだ（ただし，内容と形式というこの二項対立の安直さに同意するならばだが)。われわれは次の点に注意を促すことだけで満足しよう。このような文脈において，何ものも抵抗せず，何ものにも出会わないしたら，たとえそれが他者の経験でしかないとしても，そのようなものが存在するのだろうか。あるいは更に，この問いを強調点を変えて言うなら，他者の経験はあるのだろうか――他者は全面的に試練から，出会いから生じるのではないだろうか。顔のトラウマをもたらす試練を節約すること，それは，レヴィナスのように語るならば，すでにして他者を節約することではないだろうか。こうした反論は，後期フッサールに関してすでになしえたかもしれない。そこでフッサールは，モナドロジーについてのライプニッツ的モデルによって『デカルト的省察』の第五省察のアポリアを「超克する」ことを試みている。

(15) だから，アンリの作品が生をその普遍性において語っていると言い，かつ，それはひとつの作品であり，そのようなものとして特異なものであり，まさしくある著者の作品であると言うとしても，首尾一貫性がなくなることにはまったくならない。

(16) 後で再び取り上げることになるが，特に『我は真理なり』と「発語と宗教

――神の発語」のいくつかのくだりを参照。

(17) この考えはもちろんショーペンハウアーから強く着想を得ているが，アンリは『意志と表象としての世界』で「表象としての世界」に認められた正当性に関してはそれに従うのを拒絶している。この考えの定式化については，例えば「主観性の書記法」(« Graphie de la subjectivité », p. 42) を参照。「主観性の書記法」は 1987 年に造幣局によってフォン・ブリーゼンの著作に捧げられた巻に掲載されたものだが，「音楽を描く――ブリーゼンの芸術のための理論」(« Dessiner la musique. Théorie pour l'art de Briesen », in *Nouveau Commerce 61*, printemps 1985, p. 49–106) とほとんど同一の版である。

(18) そのなかで，またそれによって〈私〉が〈私〉であるところのこの忘却についてのより詳細かつより精細な分析のためには，『我は真理なり』第 8 章「子であるというみずからの条件の人間による忘却―― "私，私は"，"自我，エゴ"」(« L'oubli par l'homme de sa condition de Fils: "Moi, Je", "Moi, ego" ») の，特に p. 188–189 を参照。そこには例えば次のように書かれている。「このように，子であるというみずからの条件の人間による忘却は，この条件に対する反論ではなく，その帰結であり，その証明である」。

(19) 例えば次のように書かれている。「これまで見てきたように，〈生〉の現象学的本質が，〈生〉を，最大の忘却，いかなる思考もそこへと導けない記憶不能なものたらしめるのである」(同前 p. 290)。ただし，M. アンリが〈生〉の本質におけるかかる〈忘却〉の地位の両義性を最初に示したということは本当である。というのも，この文は次のように続くからだ。「生は，その現象学的地位を定義する〈忘却〉によって両義的［強調は引用者］である」。〈生〉の両義性を主張することは，自己－啓示の直接性としての〈生〉の思想家においてはあまりに稀なことなので，それを指摘できないほどである。それでもやはり，この両義性は結局のところ根底的でも決定的でもないように思われる。実際，アンリ哲学の内部においては，〈生〉は，〈世界〉の〈忘却〉を媒介として本質的に自己を知ることを〈生〉にまぬかれさせるような直接的な「自己を知ること」〔自己知〕をもたないと考えないわけにはいかない。すなわち，「生とは知なしに自分を知るところのものである」(同前 p. 291)。いかなる距離も前提としない〈生〉のこの自己知は自己－啓示である。この知が，子という条件の再び見出された私の知として，私の第二の誕生として顔落するとき，それは〈信〉と呼ばれる (同前 p. 291)。

(20) ただし，まさにこうした理由で，〈記憶不能なもの〉としての〈生〉という主題は結局のところ，アンリ的な視点からは，〈生〉とその忘却はある意味では不可分であるということを意味しえない。それに対して，例えばハイデガーにおいては，存在はその中心において，決して真に存在と共有できない存在忘却によって感染させられていて，まさにそのとき，人は本来性と根源性の公理系のなかにいるのである。

(21)　とはいえ，M. アンリの努力のすべては，〈生〉において自己性の各々が真にその特異性において誕生するということをも同時に思考することに存している。ここではこの点に立ち戻らないが，われわれはこの点について，たとえアンリ的視点からはそのようなアポリアとしては生きられないにせよ，ここに二重拘束，超克不能なアポリアがあることを検証した。

(22)　『現出の本質』以来，ある定式が，若干の変奏を除けば，M. アンリの筆のもと頻繁に繰り返し現れる。つまり，このエックハルトとゲーテから霊感を受けた定式によれば，私が〈絶対者〉を見る眼および〈絶対者〉が私を見る眼は唯一の同じ〈眼〉にすぎない——現象学的に言って，ここには〈眼〉も〈見ること〉も〈世界〉もないことが分かったのだから……。（例えば，「発語と宗教——神の発語」p. 141 を参照。）M. アンリと署名されたテクストと係わる読者の位置は，〈生〉と係わる一切の自己性の状況を語るこの定式によって全面的に記述される。というのも，これら二つの状況のうち前者は後者の重複，より根本的には，後者の単純な変奏だからだ。

(23)　前掲「主体性の書記法」参照。

(24)　こうした親近性は遠回しに M. アンリによって主張されているようにわれわれには思える。それは彼がフォン・ブリーゼンについて，彼は歴史的系譜をもたず，「創造者として（…）その孤独を全面的に意識している」（同前 p. 50）と語るときに明らかになる。一点の疑いもなく，創造者フォン・ブリーゼンの根本的実存の音調は，哲学者 M. アンリのそれと協和的関係にある。あらゆる歴史的系譜を拒否しながら——というのも歴史は実のところこうした観点からすると〈脱－存〉の〈世界〉への記入，したがって忘却の諸様態のひとつにすぎないからだが——，この音調は〈生〉の非時間性，あるいは少なくとも非歴史性において，また〈生〉への関係の特異性の孤独のなかで生きられるのであって，この孤独は同じ運動によって，〈世界〉のなかで，〈生〉を忘却する者たちの群集のなかでのみずからの孤独を成すものでもある。とはいえ，この孤独の只中で，〈生〉を忘れなかった者たち，〈生〉における語の厳密な意味での「兄弟」，より正確には——というのも〈生〉においてわれわれは皆「兄弟」なのだから——，〈生〉を忘れなかった兄弟，暗黙の了解や友愛が彼らとともにすぐに可能になるような「兄弟」との絶対的に距離なき近さが，必然的に稀少なものとして生きられるのだ。この実存の感情に省察を加えるとき，アンリが愛着している「哲学史の著者たち」（特にデカルト，マルクス）と彼との関係の正当な性格づけをそこに見出さないだろうか。ただ，M. アンリが彼に先立つ哲学者たちを，全員が何らかの時点で〈生〉を裏切ったと非難しているということを除けば，である。それに対して，素描家フォン・ブリーゼンはどうかというと，彼自身の〈生〉との近さと同じぐらい大きな〈生〉との近さに信頼を置いていた。それゆえ，もし彼について書くことが必要だとしても，彼に書くこと（彼に〈生〉が何で

あるかを理解させること）はおそらく必要ではないだろう。もし〈生〉の子供たちのすべてが脱－存的忘却の外部で，〈生〉のかたわらで生きているとすれば，そのとき「M. アンリ」と署名されたテクストは必要ではなかったことになるだろう。

(25)　フォン・ブリーゼンの音楽的素描に関するM. アンリの省察に関しては，J. コレットの「音楽と哲学」(« Musique et philosophie », *Philosophie*, n° 15, Minuit, 1987) を参照することができるだろう。

(26)　これをフッサールの用語で語るなら，フォン・ブリーゼンの書記 (graphe) はいかなる意味作用の媒体でもないという意味において表現ではなく，だからどちらかというと，まさに指標の範疇に属しているのだが，この指標は，フッサールが語ることとは反対に，根底的に生けるもので，表現からその〈生〉との関係における直接性の根底性を銘記するだろう。

(27)　M. アンリは，前掲「主体性の書記法」(p. 56) において「擦過」や「切れ込み」や「切開」について語っている。.

(28)　この身振りが，力，内的強度，エネルギー量などの範疇のもとに思考されるのは，まさにそれが一切の表象的構造と絶対的に無縁で，ひとつの意志がそれによってみずからに目的と諸手段を与えるところの一切の計算とも絶対的に無縁だからである。われわれの展望からするとこれは決定的な点なのだが，もうひとつ指摘しておくと，同時に不可視であり計算不能な――というのもラチオの表象と計算は連動しているように思えるからだが――主体的生はこうして，部分的にはカンディンスキーから借用された，音調，音，リズムの界域で語られる。

(29)　カンディンスキーの作品についてのアンリの解釈に関しては，『不可視なものを見る――カンディンスキーについて』(*Voir l'invisible, sur Kandinsky*, Bourin-Julliard, 1988〔『見えないものを見る』青木研二訳，法政大学出版局，1999年〕) を参照することができるだろう。

(30)　前掲「主体性の書記法」(p. 54)。

(31)　M. アンリはまた，例えばこう言っている，フォン・ブリーゼンの素描の形の各々は実際にはある形の「同じ素描」ではなく，「何ものの形でもなく，それが提示するよう仕向けるかに思えるものを自分のうちに取り戻すのだ」，と。

(32)　だから，フォン・ブリーゼンの仕事との平行関係は徹底的に推し進められるべきだと考えることができる。アンリのテクストにおける〈生〉の直観の鉤爪はおそらくアンリのテクストの厳密な構成に存するのではなく，むしろその「同語反復」に存するのであって，これらの「同語反復」はその上にいわば浮かび上がる数々の述定命題的ロゴスの地平で明滅している。そのような資格で，かかる地平は同語反復にとって必要なのだが，もし「同語反復」がその夜を閃光を放つ明るさ，自分自身にとっては暗さそのものである明る

さでもって照らし出さないならば，この地平は非本来性の夜のなかに浸ったままであるだろう。

(33) われわれはこの点が，E. レヴィナスや M. アンリにおけるほどには J. デリダには固有の事態ではないことを示した。ここでのわれわれの使命はトラウマ的暴力の数々の刻印を優先的に研究することであったから，われわれはレヴィナスやアンリというコーパスを特権視したのである。

結 論

(1) この解釈を基底として，われわれはこの思考の身振りを，それと一見すると親しい J.-L. マリオンの思考の身振りと入念に区別した。後者は，純粋思考に至らせる究極的還元を提示できると主張している。

(2) E. アリエズ『現象学の不可能性について――現代フランス現象学について』(E. Alliez, *De l'impossibilité de la phénoménologie. Sur la philosophie française contemporaine*, p. 70. Paris, Vrin, 1995) を参照。著者は，フーコーの註解で G. ルブランが展開した考えに依拠しているが，それによると，「現象学の最も偉大な教えは (…) 現象学の不可能性であろう」。G. ルブランは E. アリエズよりも解釈に微妙な含みをもたせているが，フーコーは，彼が現象学を排除する身振りそのものにおいてなおも現象学者である。この点でフーコーは，フッサール現象学についての彼の探究のラディカリズムへの忠実さゆえに，永続的な自己の侵犯という現象学の能力に忠実だ，というのである。ただし，やはり G. ルブランによると，フーコーがフッサールのいくつかの身振りを利用するのは，それらを本質主義的で，ひいては汎時間的な錯覚から引き剝がす運動においてのみである。フーコーが本質主義者でないのは，単純に彼が，例えば歴史的ア・プリオリというフッサールの概念を使用するときにも，ある特定の時間と地域で人間たちが思考することができ，また思考したはずのものを決定するためにそうするのが彼一流のやり方だからである。そうすると，たとえフッサールの身振りに類似した理論的身振りを使用できるとしても，フーコーは，フッサールの企図についてのメルロ＝ポンティ的な捉え直しを，「非合理主義的なものと化した現象学の破壊」であるようなものとして解釈したのであって，この破壊は「カントに源泉を汲む超越論的哲学である限りでの現象学の破壊の成就」の封印を押すものとなろう。このようなフーコー的展望では，現象学は，自己－破壊によって己が不可能性を証示したものとして，まさに，消え去るべき過去の一時代に属している。こうした点すべてについて，G. ルブランの「『言葉と物』のなかの現象学についての覚書」(G. Lubrun, «Note sur la phénoménologie dans *Les Mots et les choses*, p. 33-53, dans *Michel Foucault philosophe*, Paris, Le Seuil, 1989.) を参照されたい。

(3)　われわれの考えでは現象学の豊穣さはこの分岐点で発揮されるのだが，それはまさに，ある意味では，フッサールのいう生きた現在，更にはハイデガーのいう存在論的差異に関する解釈についてのある決定に存している。

(4)　ドミニック・ジャニコー『クロノス——時間的分割の知性に寄せて』(Dominique Janicaud, *Chronos. Pour l'intelligence du partage temporel*, Paris, Grasset, 1997, p. 52)。序でに指摘しておくと，現象学のデザンティ的実践はここに言うような最小現象学の好例である（cf., *Les Réflexions sur le temps*, *op. cit*）。

(5)　*Chronos, op. cit.*, p. 53.

(6)　結論的な文を綴っているここでは，フッサール，レヴィナス，デリダの様式のあいだの差異を再び展開し，不連続性を記述することは問題にならない。ただ，参考までに，これらの差異のなかでも最も大きなものを思い起こしておこう。

——レヴィナス的隔時性は純粋な中断を意味しているが，それは逆説的にも，己が痕跡のなかで響く限りでのみ真に自分自身たりうる。

——「アナクロニーの好機」(これは『アポリア』の最後のページでの表現である）は，デリダにおいて，連続性を一切の待機の地平から脱臼させる，驚きの時間性を指し示している。そしてこれはきわめて特異な仕方でなされる。というのも，これは，つねに不時の時間性であって，それは出来事に，この時間性とつねにあまりにも早いか，つねにあまりにも遅く係わることを「与える」(donne）からである。非－到来の到来は，すでにして翻に転じている，無際限に継続させられる準備，あるいは，決して真には起こらないであろう出会いの痕跡を含意している。

——M. アンリはというと，「超越論的時間」の名のもとに，〈生〉の「自己への到来」の純粋運動を記述している。この時間性は現前の充溢の時間性であって，隔たりの時間性ではなく，その点で，M. アンリはE. レヴィナスともJ. デリダとも対立している。けれども，両名と同様，彼は出来事の時間性を記述している。実際，出来事は，穴をうがち，隔たりを作るものとしても，絶対的に自己と合致したものとしても理解されうる。そして，後者の展望は，「今」の内在性がこのように時間的線形性の連続性をつねにすでに解体するものとみなされる点で，前者の視点とすら一致する。

——最後に，アンリ的明滅とレヴィナス的明滅との決定的差異をひとつ挙げておこう。M. アンリにとっては，この明滅（明滅という用語はアンリのものではない）の不連続性と交替的性質は時間の不加逆性を無効にする（この点は，〈生〉が自分自身に自分を与えるような享楽と苦痛の局面の交替をめぐるアンリの記述において特に明白である)。E. レヴィナスにとっては逆に，隔時性は，すでに言ったように，先行する瞬間からの次の瞬間の絶対的解放を意味している。この絶対的分離がある意味では可逆性を不可能にする

のだ。模範的には，父／子の諸連関についてE. レヴィナスが行った読解を参照することができるだろう。曰く，「根本的には」「〈無限〉の超越は現在に対する不可逆的な［強調引用者］隔たりである。一度も現在にならなかった過去の隔たりのように」（*Autrement qu'être..., op. cit.*, p. 241）。

(7) 序でに指摘しておくと，デリダを，真理の中傷者にして見せかけの賛美者という侮蔑的意味での「ソフィスト」〔詭弁家〕たらしめる数々の解釈は，この点をほとんど読み取っていない。というのも，すでに示したように，アポリアへの模範的な哲学的関心は，真理を死に追いやること，更には真理の放棄をも意味するものではなく――その場合，真理は現れることの贈与性として再び把持されるだろう――，真理の不可能性を意味しているからだ。これら二つはまったく別のことだ。なぜなら，この場合，真理の不可能性は真理の不可能性の不可能性と連動しているからだ。この点については，J. ロゴザンスキの「真理が必要だ――デリダの真理についての覚書」（J. Rogozinski, « Il faut la vérité; notes sur la vérité *de* Derrida », paru dans *Rue Descartes*, n°24, juin 1999）を参照。

同じ思想的脈絡において，『存在するとは別の仕方で　あるいは存在することの彼方へ』の最後の箇所での懐疑論の本質的機能は，もしこの機能がレヴィナスを啓示とその教義論に追いやるような読解を予防するとすれば，それが一切の真理を危機に陥れることに導かないのは確かであり，この機能はそれよりも複雑な仕方で，隔時性の装置のなかに配置される。そこでは，痕跡がいずれにしても存在するとは別の仕方でとの連関を保証する……。

(8) だからこそ，これらのテクストは作品，言い換えるなら作家（écrivain）の作品なのである。こう述べたからといって，われわれはもちろん，自分の作品の主人たる作者という素朴さをまたぞろ持ち出そうというのではない。そうではなくわれわれは，R. バルトがécrivantとécrivainのあいだに設けた区別に身を置いているのである。前者にとって，書く仕事は厳密に道具的なものでしかないのに対して，後者にとって，意味は，そこで意味が生まれるところの書くという営為と不可分で，何よりも，書くという仕事に自分の存在そのものが懸かっているのである。

(9) ここでわれわれが提示している受容の隔時的美学は，H. R. ヤウスが『受容の美学に寄せて』（*Pour une esthétique de la reception*）のなかで言っていることと一致している。少なくとも，「今後は，作品の構造，芸術の歴史を，実体，エンテレケイアのごときものとして理解することは不可能である」という考え，「作品をテクストとその受容との収斂の帰結と定義するなら，それゆえ，相継起するその歴史的「具象化」のなかでのみ把持されうる力動的構造として作品を定義するなら，行動と作品，作品が生み出す効果とその受容を区別するのは難しい」（p. 269 de la reed. « Tel », Paris, Gallimard, 1978）。根本的問題はもちろん効果と受容との分節の場にある。

(10)　例えば，N. ドゥプラスの「現象学と非－現象学」(N. Depraz, « Phénoménologie et non-phénoménologie », dans les *Recherches philosophiques*, 4, 1995, p. 3-27) を参照。「現象学はひとつの解釈学ではない」とそこには書かれている。

(11)　詳述する必要もないだろうが，解釈学的身振りが，テクストを哲学することの目標（終末）たらしめるどころか，われわれはつねに，意味をそなえた「すでにそこに」のなかに，ある伝承のなかに書き込まれているということを「単に」確認するのだとすれば，論争のこのような展開は滑稽である。

加えて指摘しておくべきは，われわれがここで読んできたテクスト群，少なくともデリダのテクスト，そしてある程度はレヴィナスのテクスト――ただしもちろん M. アンリのテクストはそうではない――は，ジャン・グレシュが『解釈学とグラマトロジー』(Jean Greisch, *Herméneutique et grammatologie*, Paris, Éd. du CNRS, 1977) で主題化した対立を改めて取り上げるなら，解釈学の地平に属しているよりもむしろグラマトロジーの地平に属しているということだ。手短に述べておくと，ガダマーによって提示された解釈学と，デリダによって提示されたグラマトロジーは，テクストは意味への接近において補足的なものではないという考えを共有してはいるけれども，解釈学がテクストの背後にある意味を狙うのに対して，グラマトロジーはテクストとエクリチュールの還元不能な不透明性をあらわにするもので，この不透明性は一なる意味の起源的措定を，構成的遅延のために決定的に破壊してしまう。したがって，思考の集摂という観点と同様，方法と目標という観点からも，グラマトロジーを解釈学と対立させることができる。J. グレシュに従うなら，拙速にも人は，グラマトロジーと解釈学を，笑いと真面目な演出や忍耐，戦略と対話，断絶と媒介，暴力とロゴスの和協ないし中立性の錯覚を対立させるかのように対立させている。

しかし，J. グレシュとともに，「脱構築」というデリダ的方法は決して単なる侵犯，過剰への留保なき賛辞ではないということ，この方法は境界線の乗り越えと彼方への定位ではとりわけないということを強調しておきたい。「脱構築」という方法はつねに，すでに見たように，慎重さと計算でもある。この視点からすると，無起源的《アナルシー》なもののレヴィナス的価値づけはより全面的に過剰の側にある。因みに，すでに言ったように，過剰の使用は，本質的な数々の理由から，E. レヴィナスによっては明確化されていない（明確化することはすでにして，過剰の試練を裏切ることであろう）。しかしながら，われわれが示そうと試みたように，レヴィナスのテクストが，自己を曝露しつつ制御するという力技に成功するような過剰の制御なしで全面的に済ませるわけにもいかないというのもまた真実である。テクストのこの制御の引き受けは結局は読者に，この作家に続く作家に帰することになる。

これらの指摘はまた，『解釈学とグラマトロジー』の後に出たデリダの

数々のテクストの光に照らして，グラマロトロジーあるいは脱構築――符牒はどうでもよいが――をめぐる J. グレシュの紹介に微妙な含みをもたせる機会をわれわれに与えてもくれる。この「方法」によって要請された高邁〔寛大さ〕を強調しなければならないのだ。この「方法」は，到来するものへの全面的曝露ではあるが，計算の戦略に還元されるものでは決してなく，その法外さはしたがって，狂宴での「あらゆる意味の乱調」とよりもむしろ，自己贈与の過多と関係が深いのだ。そうではあるが，この寛大さは，解釈者の抑制された恭しい高邁よりは，その法外さにあってはるかに不安をかきたてる。最後に強調しておきたいのは，〈私〉がそこで生まれて曝露されるという遂行的次元のことで，それがこの場合にはこの「方法」の次元であって，そのことが最終的には，この「方法」を意味の解釈の諸戦略からかなり隔たったところまで導くのである。われわれはこの次元を自分のものにしようと試みたのだが，この次元はいささかの疑いもなく，レヴィナスの方位（レヴィナスにおける名宛人の問題の方位）へのデリダの漸進的で決定的な近づきに由来している。

(12) 「われわれは言葉の喪失のうえで語っている――切迫し記憶を絶した災厄――，同様に，われわれは，われわれがすでにそれを言い直すのを予め示唆することができる範囲でのみ何も語らない」，と M. ブランショは書いている。更にはこうも書いている。「(…) 何らかの決定の権能も，主導権も，端緒も統べてはいないところでは，死ぬことは生きることであり，自分自身から逃れる生の受動性は，待望しつつわれわれが耐えている現在なき時間の災厄［強調引用者］と渾然一体をなす。この待望は，来るべきものではないがつねにすでに到来し，現前することのできない不幸の待望である」(*L'écriture du désastre*, Paris, Gallimard, 1980, p. 39, p. 40)。ブランショ的断片の「不幸な」音調は，それがデリダの著作，部分的にはレヴィナスの著作のいくつかの側面と類似しているとしても，アンリのテクストとはまったく無縁であって，いずれにしても，それはわれわれには「災厄」の概念には本質的ではないように思える。災厄がブランショにおいて無名態のために一切の主体性を持ち去るのに対して，われわれが読んできたテクスト群では，本来的主体性がまさに試練にかけられているということも明言しておこう。これはまた，明白かつ公言された親密な近さの只中での，レヴィナスとブランショとの決定的差異の場所である。

(13) M. アンリを除いてである。M. アンリにおいては，超越論的素朴さはいうなれば要請されてさえいる。ただしわれわれは，この超越論的素朴さがつねに不安によって秘密裡に作用されていることを示そうと試みた。

(14) ここでは，リズムとしての「パ」(「快調な足取《パ》りで歩く」と言われる場合の）と，閾としての「パ」（戸口の敷居《パ》）とのあいだに，デリダによって明らかにされた内密な関係が賭けられている。